AF252027

Publikation des Bucerius Kunst Forums
Herausgegeben von Kathrin Baumstark,
Andreas Hoffmann und Ulrich Pohlmann

Moderne Zeiten.
Industrie im Blick von Malerei und Fotografie

Hamburg 2021

Das Bucerius Kunst Forum
ist eine Einrichtung der

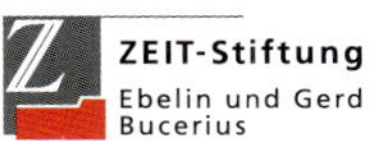
ZEIT-Stiftung
Ebelin und Gerd
Bucerius

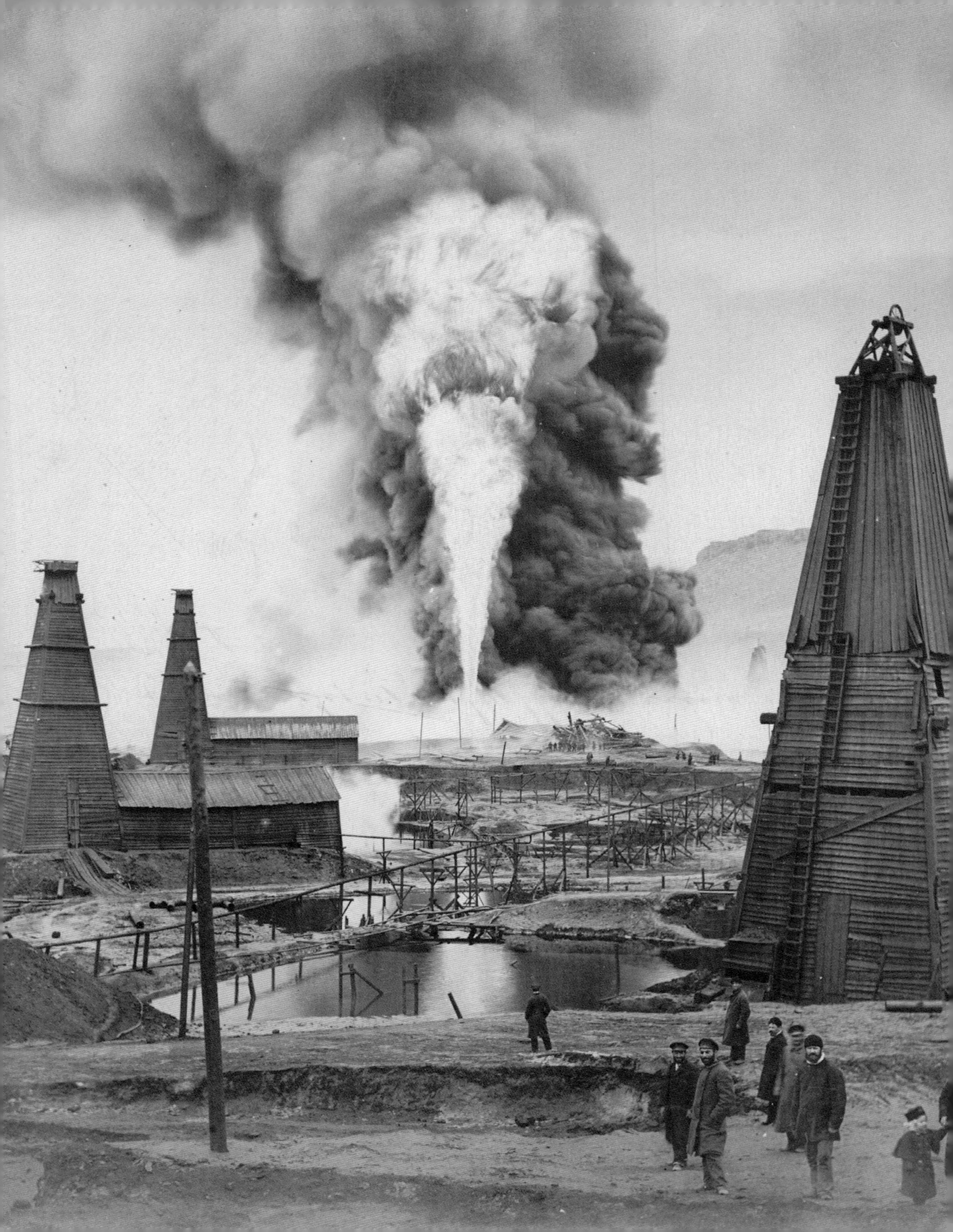

MODERNE ZEITEN.
INDUSTRIE IM BLICK
VON MALEREI
UND FOTOGRAFIE

Ausstellung und Katalog
Kathrin Baumstark und Ulrich Pohlmann

Mit Beiträgen von
Florian Ebner
Sabine Friese-Oertmann
Thilo Koenig
Kristina Lowis
Ulrich Pohlmann
Lukas Schepers
Ralf Stremmel

Bucerius Kunst Forum, Hamburg
26. Juni bis 26. September 2021

HIRMER

GRUSSWORT

Moderne Zeiten – wer denkt da nicht an Charlie Chaplins grandiosen Spielfilm von 1936, der den Taylorismus und die Massenarbeitslosigkeit infolge der Weltwirtschaftskrise kritisch auf die Leinwand brachte? An Aktualität hat dieser Film bis heute nichts eingebüßt und verlieh auch unserer Ausstellung den Titel. Das Zeitalter der Industrialisierung, das in der zweiten Hälfte des 18. Jahrhunderts noch in den Kinderschuhen steckte, führte rasch zu entscheidenden und einschneidenden Veränderungen in Gesellschaft und Umwelt. „Ein großes Jahrhundert liegt hinter uns – das größte vielleicht seit Beginn unserer Zeitrechnung", hieß es im Rückblick auf das 19. Jahrhundert. Doch gilt dies nicht auch für das 20. Jahrhundert und erst recht in Vorausschau auf das 21. Jahrhundert? Die Entwicklung von Technik, Wissenschaft und Produktivität nimmt weiterhin rasant zu. Sie macht sich für jeden von uns im Alltag – bewusst oder unbewusst – bemerkbar und beschert uns unzählige Erleichterungen und Wohlstand. Doch wo Licht ist, ist auch Schatten. Kritisch reflektierte der deutsche Sozialökonom Walter Eucken schon in der ersten Hälfte des 20. Jahrhunderts die Industrialisierung: „Der Geist der Freiheit hat die Industrialisierung schaffen helfen – und diese Industrialisierung ist zu einer schweren Bedrohung der Freiheit geworden." Daher ist es umso wichtiger, einen Blick in die Vergangenheit zu werfen, um für die Zukunft zu lernen. Genau dies ermöglicht diese wunderbare Ausstellung und trifft damit eines der zentralen Anliegen der ZEIT-Stiftung Ebelin und Gerd Bucerius: Wie können wir das Wohlergehen aller stärken und fördern? Knapp 200 Gemälde und Fotografien zeigen uns panoramahaft *Moderne Zeiten* aus Vergangenheit und Gegenwart. Den Auftakt bildet das großformatige Gemälde Carl Eduard Biermanns von 1847, das uns aus der Vogelschau einen Blick auf *Borsig's Maschinenbau-Anstalt* in Berlin gewährt und uns die Unternehmerpotenz und die Innovationen der Technik vor

Augen führt. Doch nicht zu übersehen sind die riesigen Schlote, aus denen dicker, schwarzer Qualm quillt und die gerade heute die Gedanken an Umweltverschmutzung und -zerstörung wachrütteln. *Moderne Zeiten. Industrie im Blick von Malerei und Fotografie* ist eine Ausstellung, die uns als Betrachter über den ästhetischen Genuss und die künstlerischen Ausdrucksformen hinaus Dinge kritisch reflektieren lässt. Für diesen Spagat dankt die ZEIT-Stiftung Ebelin und Gerd Bucerius Ulrich Pohlmann, dem Leiter der Sammlung Fotografie im Münchner Stadtmuseum, der die Ausstellung gemeinsam mit Kathrin Baumstark kuratiert hat, sowie dem gesamten Team des Bucerius Kunst Forums. Lassen Sie sich von den Werken begeistern!

Achim Lange
Vorstandsmitglied der ZEIT-Stiftung Ebelin und Gerd Bucerius

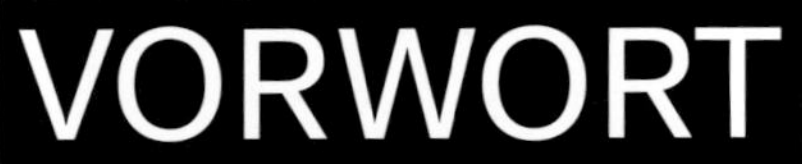

Industrie 4.0, Digitalisierung und New Work sind Schlagwörter, mit denen der zunehmende Einsatz vernetzter und automatisierter Technologien in der aktuellen und zukünftigen Arbeitswelt bezeichnet wird. Nach der ersten, zweiten und dritten befinden wir uns nun also in der vierten industriellen Revolution im Zeitalter des Anthropozäns. Diesem Weg möchten wir mit unserer Ausstellung und dem vorliegenden Band folgen. Unter dem Titel *Moderne Zeiten. Industrie im Blick von Malerei und Fotografie,* der sich an Charlie Chaplins epochemachendes Meisterwerk *Modern Times* anlehnt, gehen wir den Entwicklungen und Veränderungen in der künstlerischen Auseinandersetzung mit dem Thema über einen Zeitraum von 175 Jahren nach. Zum ersten Mal steht auch der Dialog zwischen Malerei und Fotografie im Mittelpunkt einer Industrie-Ausstellung. Dass dieser Dialog so fruchtbar ist und viele neue Aspekte des Themas beleuchtet, ist unserem wunderbaren Gastkurator Ulrich Pohlmann zu verdanken. Mit kluger Weitsicht hat er die Werke der Ausstellung ausgesucht und Autorinnen und Autoren gewinnen können, ihre Forschungsergebnisse zu diesem spannenden Thema beizusteuern. Wir danken Florian Ebner, Sabine Friese-Oertmann, Thilo Koenig, Kristina Lowis, Lukas Schepers und Ralf Stremmel für ihre exzellenten Beiträge zum vorliegenden Katalog. Eine so breit angelegte Themenausstellung mit 200 Werken wäre ohne die Unterstützung der nationalen und internationalen Leihgeber nicht möglich gewesen. Wir sind ihnen zu größtem Dank verpflichtet. Für ihren Rat, ihre Hilfe und ihre Solidarität danken wir allen Kolleginnen und Kollegen der unterstützenden Häuser sowie den Künstlerinnen und Künstlern, die ihre Arbeiten auf die Reise nach Hamburg geschickt haben. Daria Dittmeyer-Hössl, Katrin Dyballa und Dagmar Steffens haben unermüdlich zum Gelingen dieses Projektes beigetragen: Vielen Dank euch! Ohne unsere Lektorin Anke Beck, ohne Heiko Aping, Yvonne Pfeifer und Barbara Bernardy von BrücknerAping, ohne Anke von der Hagen und Tuncay Genceller von Reproline Genceller und ohne den Hirmer Verlag könnten wir keinen so wunderschönen Katalog in den Händen halten, und ohne Gunther Maria Kolck und sein Team keine faszinierende Ausstellung bestaunen. Dafür sind wir sehr dankbar. Unserem gesamten Team danken wir für die großartige Arbeit, die jeder Einzelne jeden Tag leistet. Der ZEIT-Stiftung Ebelin und Gerd Bucerius gilt unser Dank für die Unterstützung bei der Realisation dieser Ausstellung.

Kathrin Baumstark
Künstlerische Leiterin des Bucerius Kunst Forums

Andreas Hoffmann
Geschäftsführer des Bucerius Kunst Forums

MODERNE ZEITEN

INDUSTRIE IM BLICK VON MALEREI UND FOTOGRAFIE

ZUR EINFÜHRUNG

Ulrich Pohlmann

Es vergeht kaum ein Tag ohne alarmierende Nachrichten, die uns auf den besorgniserregenden Zustand des Planeten Erde aufmerksam machen. Riesige Brandrodungen im Amazonasgebiet im Auftrag brasilianischer Fleischkonzerne, die rücksichtslose Ausbeutung von Ölquellen und Bodenschätzen in Afrika oder das Auftauen des Permafrostbodens in Sibirien infolge der Klimakrise – all dies sind Anzeichen eines Szenarios, das durch das rasante Tempo der globalen Industrialisierung über den Zeitraum von zwei Jahrhunderten mittlerweile bedrohliche Wirklichkeit geworden ist. Spätestens seit dem 1972 veröffentlichten Bericht des Club of Rome[1] sind die Folgen des ungehemmten Wachstums für Mensch und Umwelt bekannt, ohne dass dieser Prozess seither entschleunigt werden konnte.

Gegenwärtig vollzieht sich weltweit eine beispiellose Entwicklung und Vernetzung von digitalen Technologien, Kommunikations- und Produktionsformen, die das Wertesystem und die bestehenden Ordnungen von Politik, Wirtschaft und Kultur nachhaltig verändern. Dieser Wandlungsprozess ist an sich keine neue Erfahrung, sondern typisch für die Geschichte der Industrialisierung und der Kommunikation. Die erste Phase dieser Entwicklung ab Mitte des 18. Jahrhunderts war von der Beherrschung der Wasser- und Dampfkraft geprägt. Die Erfindung der Dampfmaschine sorgte für eine Mechanisierung der industriellen Produktion. Die nachfolgende Epoche war bestimmt von serieller Massenfabrikation und Fließbandarbeit, möglich geworden durch die Nutzung der Elektrizität und die wissenschaftliche Erforschung der Beschleunigung von Produktionsabläufen. Die Abkehr von der fossilen und atomaren Energie hin zur Wind-, Sonnen- und Wasserkraft läutete eine neue Phase ein und besiegelte den Niedergang der Montanindustrie, der schon in den 1970er Jahren in Deutschland unter anderem zu einem Zechensterben im Ruhrgebiet geführt hatte. Schließlich veränderte die digitale Revolution seit 1990 die automatisierte Produktion und damit die Industriearbeit grundlegend. In der in Deutschland als Industrie 4.0 bezeichneten Phase wird die Optimierung von Produktionstechnologien unter Einbeziehung der künstlichen Intelligenz und neuer Formen der globalen Vernetzung angestrebt. Gleichzeitig gewinnen Faktoren wie Umweltverträglichkeit und erneuerbare Energien an Gewicht. Ungeachtet dieser fortschrittsorientierten Ausrichtung wächst der Zweifel an den neuen Formen industrieller Wertschöpfung durch digitale Netzwerke, die zunehmend als Dystopie begriffen werden. Die künstlerische Auseinandersetzung mit den Folgen der Globalisierung und Migration, der Ausbeutung und Vergiftung der Natur, dem Klimawandel und der Umweltzerstörung hat im vergangenen Jahrzehnt erheblich an Gewicht gewonnen. Sie geht einher mit der Debatte über den drohenden Kollaps unserer Ökosysteme als Folge von Erderwärmung und Ausbeutung der natürlichen Ressourcen.

Zeitgleich haben die rapiden Umwandlungen von Industrieregionen in moderne Dienstleistungszentren in Europa und Nordamerika zu einer Musealisierung von Industriekulturen geführt. Ehemalige Produktionsstätten und Zechengelände stehen mittlerweile unter Denkmalschutz und sind in Museen oder Lernorte umgewandelt worden, in denen die Erinnerung an traditionelle Methoden des Bergbaus oder der Stahlerzeugung lebendig gehalten wird. In diesem Zusammenhang haben die Fotoarchive großer Industrieunternehmen in Deutschland, die häufig an Industrie- und Technikmuseen abgegeben worden sind, als historische Quelle an Bedeutung gewonnen. So hat der Bildbestand des Elektrokonzerns AEG eine dauerhafte Bleibe im Deutschen Technikmuseum in Berlin gefunden, und die weltweit größten Sammlungen von Industriefotografien aus dem Ruhrgebiet sind im Essener Ruhr Museum und im Historischen Archiv Krupp in der Villa Hügel untergebracht.

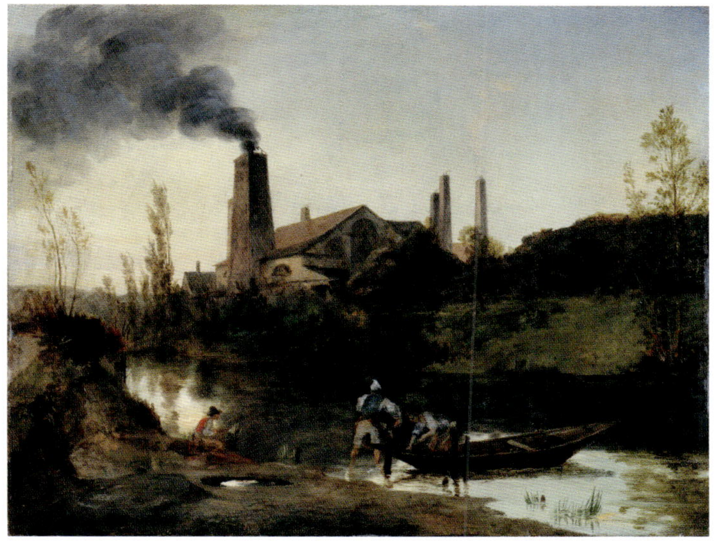

1 Carl Blechen: *Walzwerk Neustadt-Eberswalde,* um 1330, Staatliche Museen zu Berlin, Nationalgalerie

Einige Hamburger Unternehmensarchive haben ihren Standort im Museum der Arbeit, während das Écomusée im französischen Le Creusot das Erbe der Industriedynastie Schneider bewahrt. An den genannten Orten wird das visuelle Gedächtnis einer Region und Unternehmenskultur konserviert, erschlossen und öffentlich gemacht. Dieses Erbe umfasst neben Gemälden und Druckgrafik sämtliche materiellen Erscheinungsformen der analogen Fotografie: Glas- und Zelluloidnegative, Papierabzüge in verschiedenen Techniken, Diapositive und Kontaktbögen. Die konservatorischen und kuratorischen Herausforderungen sind aufgrund der enormen Menge an erhaltenen Zeugnissen beträchtlich. Zudem soll die wissenschaftliche Aufarbeitung neben der Firmengeschichte auch umfassende Bezüge zur Politik-, Wirtschafts- und Kulturgeschichte sichtbar machen.

Die Erforschung von Industriemalerei und -fotografie hat in den vergangenen drei Jahrzehnten vielerorts große Fortschritte gemacht. Es sei auf die reichhaltige Literatur zum Thema in der Bibliografie verwiesen. Besondere Erwähnung verdient hier die umfassende Publikation zur Ausstellung *Die zweite Schöpfung. Bilder der industriellen Welt vom 18. Jahrhundert bis in die Gegenwart* des Deutschen Historischen Museums im Berliner Martin-Gropius-Bau 2002, die Maßstäbe für zukünftige Projekte gesetzt hat.

Unsere Ausstellung *Moderne Zeiten. Industrie im Blick von Malerei und Fotografie* versucht die Entwicklung und Veränderung der künstlerischen Industriedarstellung von 1850 bis heute sichtbar zu machen. Zum ersten Mal liegt das Augenmerk auf dem Dialog von Malerei und Fotografie, die als Repräsentationsmedien bereits in der ersten Phase der industriellen Revolution miteinander konkurrierten. Inhaltlich beschäftigt sich die Ausstellung mit der Frage, welche Auswirkungen die verschiedenen Phasen der Industrialisierung auf Umwelt und Mensch hatten bzw. welche Spuren sie hinterlassen haben. Anhand ausgewählter Gemälde und Fotografien untersucht sie, mit welchen Mitteln und welcher Haltung sich die Künstler der industriellen Lebenswelt genähert haben. Wie haben sie auf die Transformationen und Entwicklungen ihrer Zeit reagiert? Eine enzyklopädische Darstellung dieses Phänomens kann aufgrund der überbordenden Fülle an Kunstwerken weder Ziel noch Absicht sein. In der Auswahl haben wir daher einen Schwerpunkt auf Künstlerinnen und Künstler aus den deutschsprachigen Ländern gelegt.

REPRÄSENTATION, REALISMUS UND RIVALITÄT DER MEDIEN UM 1850

In der europäischen Kunst des 19. Jahrhunderts galten Industrieanlagen und das Arbeitsleben zunächst als wenig angesehene und selten bildwürdige Sujets.[2] Während Künstler in England, Frankreich und Schweden das Motiv der Eisenverhüttung schon vor der industriellen Revolution aufgriffen, verlief die Entwicklung in den deutschsprachigen Ländern verzögert. Zwar beschäftigten sich, wie die Ausstellung *Das Bild der deutschen Industrie 1800–1850* des Museums für Kunst und Kulturgeschichte Dortmund 1958 eindrucksvoll belegen konnte, im Biedermeier zahlreiche Künstler mit der beginnenden Industrialisierung und hinterließen eine Vielzahl von Lithografien, Zeichnungen und Aquarellen, doch hatten repräsentative Gemälde Seltenheitswert.[3] Zu diesen zählen *Das Lendersdorfer Walzwerk* von Carl Schütz (1838, Leopold-Hoesch-Museum und Papiermuseum Düren) oder *Borsig's Maschinenbau-Anstalt zu Berlin* von Carl Eduard Biermann (Kat. 1). Während kleinformatige Bilder wie Carl Blechens *Walzwerk Neustadt-Eberswalde* (Abb. 1) oder Andreas Achenbachs *Die „Neusser Hütte" in Heerdt* (1860–1867, Stadtmuseum Düsseldorf) die Fabrikgebäude in idyllischer Symbiose mit der Landschaft in romantischer Stimmung zeigen, dominieren in dem im

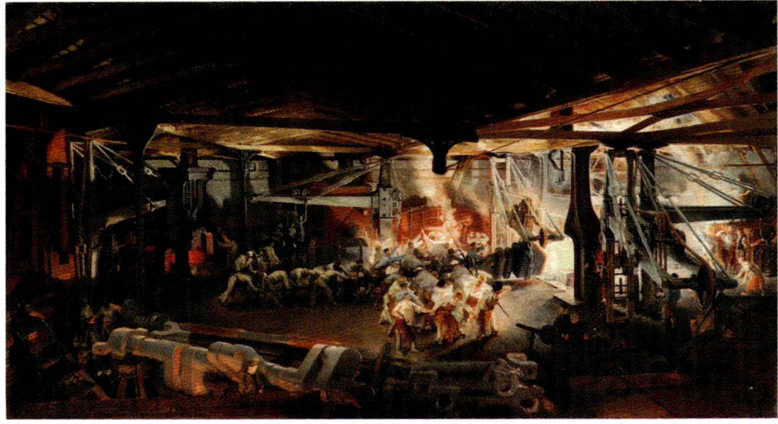

2 François Bonhommé:
Forgeage au marteau-pilon dans les ateliers d'Indret de l'arbre coudé d'une frégate à hélice de 600 chevaux, um 1865, Écomusée de la Communauté Le Creusot – Montceau-les-Mines

Auftrag des Unternehmers August Borsig ausgeführten Gemälde Biermanns die rauchenden Fabrikschornsteine wie Kathedralen des modernen Maschinenzeitalters. Diese „Obelisken der Industrie"[4], wie sie ein Zeitgenosse bezeichnete, sind eindrucksvolle Symbole unternehmerischer Potenz.

Nach einem Besuch der Lokomotivenfabrik Borsig empfahl der Kunsthistoriker Friedrich Eggers 1852 im *Deutschen Kunstblatt* den Künstlern, sich Motive der Industriearbeit als „reiche Fundgrube zu den schönsten Bildern" anzueignen, um „lauter kräftige und nahe liegende lebensvolle Natur" darzustellen.[5] Eggers' Aufforderung blieb nicht folgenlos und regte unter anderem Adolph von Menzel an, sich mit der Welt der Industriearbeit und den von Eggers als „Cyklopen" bezeichneten Arbeitern am Hochofen zu beschäftigen (vgl. den Aufsatz von Sabine Friese-Oertmann, S. 24–32).

Die künstlerische Nobilitierung von Industriearbeit nahm Bezug auf die antike Mythologie und berief sich auf deren ikonografische Tradition. Insbesondere das Motiv der Schmiede des Vulkan war seit dem Barock Gegenstand zahlreicher Gemälde von Künstlern wie Diego Velázquez, Peter Paul Rubens oder Luca Giordano. Dieses Thema lebte ebenfalls in den Gemälden des französischen Künstlers François Bonhommé wieder auf, der seit Mitte des 19. Jahrhunderts in Le Creusot wirkte (Abb. 2). Bonhommé, der den Beinamen „le Forgeron" (der Schmied) trug, war als Anhänger des Saint-Simonismus überzeugt, dass die Industrie sich die Natur mit Unterstützung der Arbeiter als „Industriesoldaten"[6] zum Gemeinwohl untertan machen sollte. Seine Werke waren in Form von Lithografien weit verbreitet und inspirierten auch Menzels epochales Gemälde *Eisenwalzwerk* (Abb. 3), das wiederum Generationen von Malern zum Vorbild wurde. Dank massenhafter Vervielfältigung als einfarbiger Lichtdruck durch den Leipziger Verlag Seemann geriet Menzels Gemälde schließlich sogar

als repräsentativer Wandschmuck in die bürgerlichen Wohnstuben. Die dargestellte Arbeitsszene im oberschlesischen Königshütte, der etwa 150 Skizzen Menzels vorausgingen, spiegelt jenseits einer Apotheose der menschlichen Arbeit die komplexen Wechselbeziehungen zwischen Arbeitern, Fabrikbesitzer und Künstler wider, wie Werner Busch eingehend analysiert hat.[7] Den offenkundigen Realismus des Gemäldes kommentierten Zeitgenossen als „treue[n] Spiegel der Natur".[8] Doch handelte es sich nicht um die Wiedergabe eines hochmodernen Industriebetriebs, wie Menzel anmerkte. „Höchst bezeichnend für unser heutiges ‚Heut' ist, dass noch während ich an dem Bilde malte, diese Construction der Betriebseinrichtung schon veraltete. Dies sagte mir ein Besucher in meinem Atelier ([Barthold] Suermondt aus Aachen) ‚das Alles macht man heut schon anders'."[9]

Den aktuellen Zustand einer modernen Produktionsstätte konnte die Fotografie ungleich präziser und authentischer dokumentieren. Bereits 1842 hatte der schottische Ingenieur Alexander Gordon vorhergesagt, dass Fotografen zukünftig „Ansichten von Gebäuden in der Konstruktion, oder sogar Maschinen, allerdings nicht in Bewegung, mit perfekter Genauigkeit innerhalb kürzester Zeit und ohne besonderen Aufwand" festhalten könnten.[10] Die Fotografie gehört ebenso wie die Dampf- und die Nähmaschine, die Telegrafie und der mechanische Webstuhl zu den Erfindungen der industriellen Revolution, wie die Karikatur *La Daguerréotypomanie* von Théodore Maurisset (Abb. 4) aus dem Geburtsjahr des Mediums 1839 anschaulich macht. Die Fotografie wird hier als Allegorie des technischen Fortschritts vereint mit Dampfkraft, Eisenbahn und Aeronautik dargestellt. Im ersten Jahrzehnt nach der Erfindung des Mediums sollte sich die Industriefotografie in Europa und Nordamerika zunehmend etablieren. Zu den frühesten Bildern gehören mehrere Daguerreotypien von Marie-

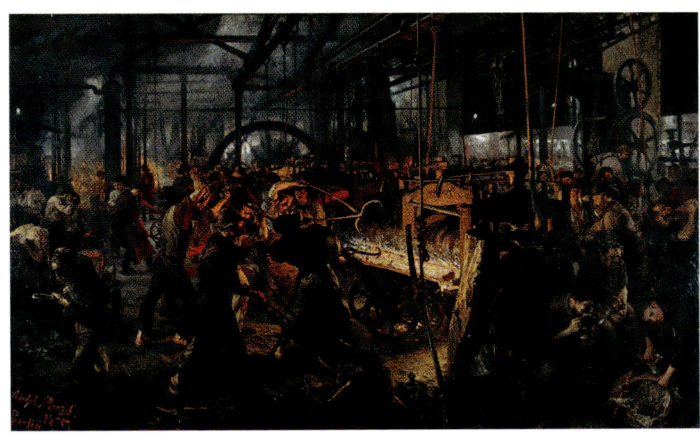

3 Adolph von Menzel:
Eisenwalzwerk (Moderne Cyklopen), 1872–1875,
Staatliche Museen zu Berlin, Nationalgalerie

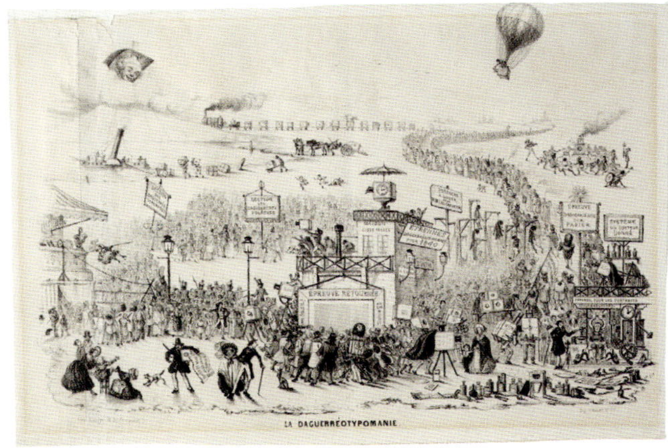

4 Théodore Maurisset:
La Daguerréotypomanie, 1839

Charles-Isidore Choiselat und Stanislas Ratel, entstanden während einer mehrmonatigen Reise 1845 unter anderem zu den Minen und Kohlegruben bei Decazeville (Kat. 11).[11] Ratel, Schüler der École des Mines in Paris und späterer Eisenbahningenieur, hielt in seinem Reisetagebuch fest, dass die „Daguerreotypie definitiv als ein Instrument des Reisenden angesehen werden kann, um der Wissenschaft und vor allem der Geologie nützliche Dienste zu erweisen".[12]

EISENBAHN UND TECHNISCHER FORTSCHRITT

Der eigentliche Motor der Industrialisierung war die Verbreitung der Eisenbahn. „Die Poesie der Gegenwart ist die Industrie, jeder Lokomotivzug ist ein Triumphzug des menschlichen Geistes, die Zeit der Romantik ist vorbei."[13] Gemäß dem Stand der Industrialisierung war der Ausbau der Bahnstrecken in Großbritannien, Belgien und Frankreich am weitesten fortgeschritten. Das ständig wachsende Streckennetz ermöglichte auf dem europäischen Kontinent die Verbindung von National- und Kleinstaaten und hatte wesentlichen Anteil am Güterhandel. Folgenreich war die neue Mobilität auch für die soziale Entwicklung. Der berühmte Ausspruch des rheinischen Industriellen und liberalen Politikers Friedrich Harkort, die Lokomotive sei der Leichenwagen des Absolutismus,[14] verdeutlicht die mit dem technischen Fortschritt verbundene gesellschaftliche Umwälzung vom Feudalismus hin zum bürgerlichen Zeitalter.

In den Königreichen Preußen und Bayern wurden gelegentlich bekannte Künstler engagiert, um die Infrastruktur der neu errichteten Eisenbahnlinien mit Bahnhöfen und Brücken bildlich festzuhalten.[15] Für die auf Betreiben von König Friedrich Wilhelm IV. gegründete Preußische Ostbahn wirkte der Vedutenmaler Eduard Gaertner um 1850. Nahezu zeitgleich dokumentierte in Bayern der an der Münchner Kunstakademie ausgebildete Maler Karl Herrle die Ludwig-

Süd-Nord-Bahnlinie und andere Teilstrecken (Abb. 5). Für das Honorar von 2500 Gulden entstanden mehr als 100 Aquarelle, die König Max II. am 31. Dezember 1855 als Album übergeben wurden.[16] In Frankreich kamen entsprechende lithografische Mappenwerke schon ein Jahrzehnt früher auf den Markt.[17] Dort machte der Ausbau des Streckennetzes im Second Empire große Fortschritte und verband die Hauptstadt Paris mit Städten in der Provinz. 1852 weihte Kaiser Napoleon III. die Strecke von Paris nach Straßburg ein, und fünf Jahre später veröffentlichte der bekannte Landschaftsmaler und Lithograf François-Adolphe Maugendre, der sich auf Industriedarstellungen spezialisiert hatte, unter dem Titel *Les Chemins de fer de l'Est* ein Album mit 30 Ansichten im Chromolithografie-Verfahren. Diese mit hoher Präzision gezeichneten Darstellungen, Souvenirs für Reisende, standen in ihrem Detailreichtum Fotografien kaum nach (Abb. 6). Doch erwuchs den „Eisenbahnmalern" bald ernste Konkurrenz durch die Fotografen, die im Auftrag von privaten oder staatlichen Eisenbahngesellschaften ihre Kameras vor den im Röhren- und Gitterbau errichteten Brücken oder Tunneln aufstellten.

Schon 1844 hatte Carl Ferdinand Stelzner die Bahnhofsanlagen der Eisenbahnlinie Altona–Kiel im Daguerreotypie-Verfahren abgelichtet (Kat. 4–6). Die Aufnahmen fanden sich als Holzstichillustrationen in der Leipziger *Illustrirten Zeitung*. Im Auftrag des Bankiers Baron James de Rothschild fertigte Édouard Baldus 1855 Aufnahmen der Bahnstrecke von Paris nach Amiens und Boulogne an, die Napoleon III. der britischen Königin Viktoria bei ihrem Besuch der Pariser Weltausstellung 1855 als Album übereignete, mit der Absicht, Frankreich als führende Industrienation zu profilieren.[18] Natürlich gaben Baldus' Aufnahmen die Eisenbahnbauten und Landschaften ungleich realistischer wieder, als dies die romantisierenden Lithografien Maugendres vermochten.

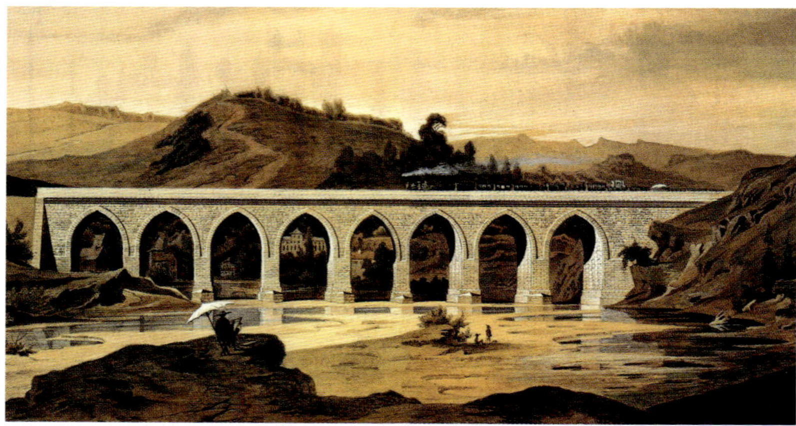

5 Karl Herrle:
Saalebrücke bei Unterkotzau, 1852,
DB Museum

Fortan waren ähnliche Projekte in Europa weit verbreitet. In Süddeutschland, Tirol und der Schweiz übernahmen Franz Hanfstaengl, Georg Böttger, Moritz Lotze und Adolphe Braun die Aufgabe, den Bau der Fichtelgebirgsbahn oder der Gotthardbahn zu dokumentieren (Abb. 7). Von zentraler Bedeutung waren Ansichten der sogenannten Belastungsprobe, bei der eine Lokomotive mit Waggons über eine Eisenbahnbrücke fuhr, um die Festigkeit des Bauwerks zu demonstrieren (Kat. 7). Zahlreiche Fotografien sind ferner Dokumente einer tiefgreifenden Zerstörung der Naturlandschaft durch die gewaltigen Erdarbeiten. Allerdings hatten die Fotografen nicht die Absicht, diese Veränderungen kritisch zu kommentieren. Vielmehr handelten sie affirmativ im Sinne der Auftraggeber und schufen repräsentative Darstellungen zur Baukontrolle und Werbung, die dem Primat des Fortschrittsglaubens verpflichtet waren. Daher sind diese Aufnahmen nicht als autonome künstlerische Arbeiten zu werten.

Dass Fotografien aufgrund ihrer Wirklichkeitstreue als Studienvorlagen für Gemälde Verwendung fanden, belegt Paul Friedrich Meyerheims in realistischer Manier gemalter Zyklus *Lebensgeschichte der Lokomotive* (1873–1876, Märkisches Museum, Berlin; Deutsches Technikmuseum, Berlin; Muzeum Narodowe, Stettin). Der Künstler, dessen Fotoarchiv der heutigen Universität der Künste Berlin 1919 als Schenkung überlassen wurde, verwendete für mindestens eines der Ölgemälde auf Kupferplatten fotografische Vorlagen.[19]

AUFGABEN DER INDUSTRIEFOTOGRAFIE IM 19. JAHRHUNDERT

Zwischen 1850 und 1945 ist das Gros der Industriefotografien und -gemälde im Auftrag von Unternehmen entstanden. Ihre Funktion war klar definiert: Sie dienten der positiven Selbstdarstellung der Betriebe durch eine öffentlichkeitswirksame Wiedergabe der Fabrikationsstätten, Produkte und Arbeitsbedingungen. Als Werbeträger auf Ausstellungen oder für Publikationen genutzt, sollten die Aufnahmen die Leistungsfähigkeit der Firmen demonstrieren. Der Wirklichkeitsbezug der Fotografien war häufig das Ergebnis sorgfältiger Inszenierung, etwa wenn sich die Arbeiter an ihrem Arbeitsplatz nach den Regieanweisungen der Fotografen aufzustellen hatten. Das erste Unternehmen, das eine eigene fotografische Abteilung aufbaute, war der Essener Stahlkonzern Friedrich Krupp (vgl. den Aufsatz von Ralf Stremmel, S. 54–65). Krupp sollte Maßstäbe setzen. Die Fotografie wurde konsequent für Werbung im Kundengeschäft auf den Industrie- und Weltausstellungen verwendet (Kat. 34). Dort wurden die Produkte, die sich aus logistischen Gründen nicht im Original präsentieren ließen, durch Fotografien anschaulich gemacht. Dem Vorbild von Krupp folgten Ende des 19. Jahrhunderts andere Betriebe im Bergbau und Hüttenwesen, der Chemie- und Textilindustrie sowie der Energiewirtschaft (Abb. 8).

Häufig sind die Urheber der Fotografien ungeachtet ihrer bildnerischen Qualität anonym geblieben. Eine Ausnahme bildet der aus Erfurt stammende Fotograf Carl Heinrich Jacobi, dem frühe Ansichten der Gruben- und Hüttenanlagen des Saarbrücker Steinkohlenreviers zu verdanken sind (Kat. 13–15).[20] Auf einigen Aufnahmen sind Arbeiter zu erkennen, die in Richtung Kamera blicken und wie auf Kommando in ihrer Bewegung erstarrt sind. Jacobis Aufnahmen muten zeitlos modern an, da sie die Zusammengehörigkeit von Landschaft, Bergbaugebäude und Wohnsiedlung abbilden, wie das ein Jahrhundert später in der Aufnahmeserie *Bergwerke und Hütten* von Bernd und Hilla Becher der Fall ist (vgl. den Aufsatz von Lukas Schepers, S. 230–243).

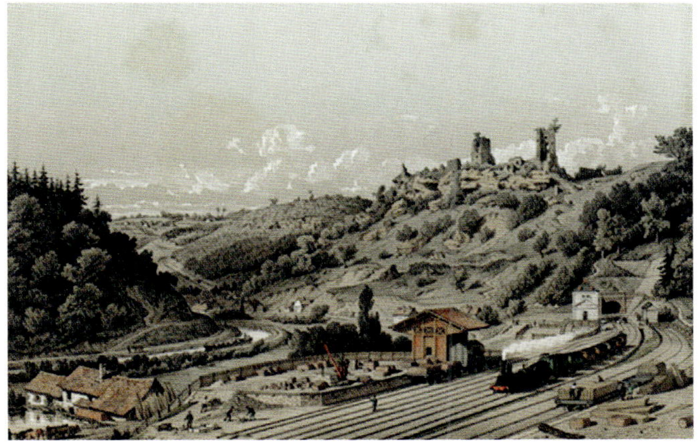

6 François-Adolphe Maugendre:
Loutzelbourg, vue prise du chemin de fer, 1857,
Bibliothèque Alsatique du Crédit Mutuel, Straßburg

Zur Tätigkeit des Industriefotografen im 19. Jahrhundert zählten nicht nur eindrucksvolle Außen- und Innenansichten von Fabriken und Hüttenwerken oder die Dokumentation des Eisenbahnbaus, sondern auch andere Dienstleistungen, für die das Medium dank seiner reproduktiven Eigenschaften prädestiniert war. Die Vervielfältigung von Plänen und Zeichnungen für Ingenieure gehörte ebenso dazu wie die Anfertigung von kartografischen Darstellungen der Grubenanlagen.[21] Im Bergbau wurden die Veränderungen im Kohleflöz fotografisch dokumentiert, während in der Stahlerzeugung Materialreaktionen mit Hilfe von Mikrofotografie anschaulich gemacht wurden.[22] Außerdem spielte die Industriefotografie als Vorlage für Holzstiche oder Autotypien bei Firmenschriften und populärwissenschaftlichen Veröffentlichungen eine gewisse Rolle.

Besonderer Stellenwert kam der Fotografie im Hinblick auf soziale Zwecke zu. Wenn ein verdienter Mitarbeiter in den Ruhestand ging, wurde ein Fotograf beauftragt, dessen Bildnis im Foto festzuhalten, das unter Kollegen als Souvenir verteilt wurde. Eine vergleichbare Funktion besaßen die Gedenkbücher in Albumform, in denen Fotoporträts von Mitarbeitern zu bestimmten Anlässen wie Firmenjubiläen gesammelt wurden. Einen besonderen Moment repräsentierte zweifelsohne das Gruppenfoto der Belegschaft, die meist im Freien vor dem Fabrikgebäude nach den Vorgaben des Fotografen vor der Kamera posierte (Kat. 20–30).[23] Als die Lokomotiv- und Maschinenfabrik Joseph Anton Maffei 1864 ihr 25-jähriges Jubiläum und die Herstellung der 500. Lokomotive feierte, stellte sich die gesamte Belegschaft mit 700 Mitarbeitern zum Gruppenfoto auf (Kat. 20). Zur Rhetorik des Gruppenfotos gehört eine pyramidale Anordnung der stehenden oder sitzenden Personen. Kennzeichnend ist die Unterordnung der Individuen in ein harmonisches Ornament der Masse, Sinnbild für eine homogen auftretende Belegschaft. Bei genauerer Betrachtung dieser vielköpfigen

Personengruppen werden jedoch die soziale Hierarchie und Ordnung des Betriebs sichtbar. Die Mitarbeiter unterscheiden sich durch die Kleidung, ihre Körperhaltung und ihr Verhalten vor der Kamera. Häufig haben sich Spuren der verschiedenen Tätigkeiten in ihre Physis eingeschrieben. Von schwerer körperlicher Arbeit gezeichnete Arbeiter in verschlissener Arbeitskluft setzen sich deutlich vom Erscheinungsbild der neuen Elite der Industriebürger, den gut gekleideten Eigentümern, Gesellschaftern, selbstbewussten Ingenieuren und anderen Amtsträgern ab. Gelegentlich wird auch die bis Anfang des 20. Jahrhunderts weit verbreitete Kinderarbeit sichtbar: Die als billige Hilfskräfte engagierten Heranwachsenden befinden sich häufig auf dem Boden liegend auf der untersten Ebene der Pyramide abgebildet.[24]

„UNSER ZEITALTER DES GEWALTIGEN TECHNISCHEN AUFSCHWUNGS IST NICHT NÜCHTERN, SONDERN UNERHÖRT PHANTASTISCH"[25]

Der Aufstieg des wilhelminischen Kaiserreichs zu einer der führenden Industrienationen Europas beförderte in Deutschland die Entstehung eines neuen Berufszweigs: der Industriemalerei. Der Industriemaler – dieses Metier war und blieb eine ausschließlich männliche Domäne – schuf im Auftrag von Großunternehmen Innen- und Außenansichten von Fabriken, Zechen, Grubenanlagen und Darstellungen vom Arbeitsleben in repräsentativen, meist monumentalen Gemälden. Klaus Türk unterscheidet für die Gründerzeit bis zum Ersten Weltkrieg vier „heterogene und miteinander konkurrierende Strömungen" in der europäischen Industriemalerei: einen „emphatischen Realismus", den er in Belgien verortet, einen sehr dominanten „apotheotischen Produktivismus", einen „sozialkritischen Realismus" und einen „impressionistischen Positivismus".[26] Den Kategorien des „apotheotischen Produktivismus" bzw. „impressionistischen

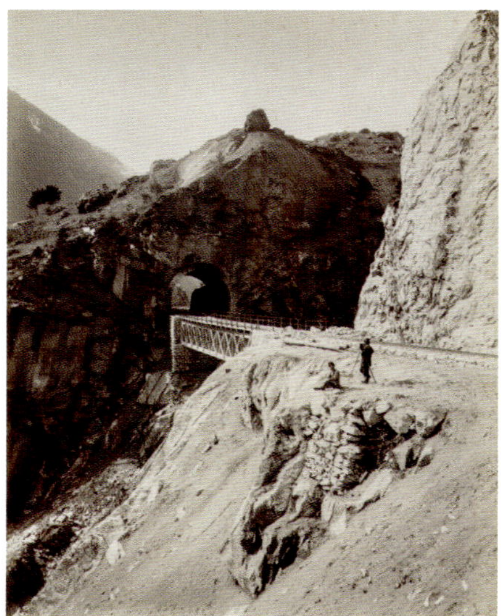

7 Adolphe Braun:
Strahllochbrücke bei Wassen, 1881/82,
Münchner Stadtmuseum,
Sammlung Fotografie

Positivismus" können die Werke der Künstler Heinrich Kley, Eugen Bracht und Otto Bollhagen zugerechnet werden. Kley beispielsweise greift in seinem Gemälde *Die Krupp'schen Teufel* (Kat. 31) auf eine allegorisch-symbolistische Bildsprache zurück, um mit satirischem Augenzwinkern auf die gewaltigen „dämonischen" Kräfte bei der Stahlproduktion hinzuweisen, die gleichwohl durch die Arbeiter und damit durch das Unternehmen kontrollierbar bleiben. Auftragsarbeiten von Eugen Bracht stehen wiederum stilistisch dem Neoimpressionismus nahe (Kat. 54). In seinen Werken verwandelte der Maler ein Stahlwerk oder einen Hochofen in ein malerisches Stimmungsbild, in dem sich eigenwillige Lichteffekte in den Rauch- oder Dampfwolken studieren lassen. Dagegen sind die riesigen Formate von Otto Bollhagen eher einer faktisch-dokumentarischen Bildsprache verpflichtet. Maschinen und die Arbeitssituation werden möglichst präzise und wirklichkeitsgetreu wiedergegeben. Aufgrund ihrer modellhaften Ausrichtung eignen sich Bollhagens Gemälde auch als didaktische Schautafeln, wie die zahlreichen Werke des Künstlers im weltweit größten Technikmuseum, dem Deutschen Museum in München, demonstrieren (Kat. 71).[27] Der gemeinsame Nenner dieser hier kurz skizzierten Gemälde beruht, so unterschiedlich ihre künstlerische Ausführung auch sein mag, auf ihrer Zweckbestimmung und einer bejahenden Haltung gegenüber Bildgegenstand und Auftraggeber, den industriell-technischen Fortschritt auch als gesellschaftlichen zu legitimieren.

Während sich französische Künstler des Impressionismus wie Claude Monet oder Gustave Caillebotte die Forderung Émile Zolas nach Modernität zu eigen machten – „die Poesie der Bahnhöfe zu entdecken, genauso wie ihre Väter den Wäldern und Flüssen eine Poesie entlockt haben"[28] –, arbeiteten deutsche Maler vor allem im Geiste traditioneller Ikonografien und von Menzels *Eisenwalzwerk*. Die Industriearbeit am Hochofen oder in der Eisenschmiede inmitten riesiger Maschinen geriet so in Gemälden zum heroischen Akt, der die Virilität der Arbeiter in einer bedrohlichen Umgebung mit dramatischen Lichteffekten feierte. „Mit Getön und Gedröhn, mit furchtbaren Hammerschlägen, mit fauchenden Feuermäulern, sausenden Riesenrädern und der zischenden Gewalt des Dampfes entrollen wir Bilder unserer Kraft, die großartig und schön zugleich ist."[29] Obwohl auch zahlreiche Frauen in der Schwerindustrie tätig waren, blieben sie von einer bildlichen Repräsentation ausgeschlossen.

Gegen das schwerblütige nationalistische Pathos eines Arthur Kampf (Kat. 19) behaupten sich Georg Friedrich Zundels Porträtgemälde (Kat. 58 und 59) in ihrer strengen Sachlichkeit. Vor neutralem Hintergrund werden die Physiognomie der Industriearbeiter und die Spuren ihrer Tätigkeit präzise abgebildet. Im Unterschied zu den kaisertreuen Malerkollegen stand Zundel politisch dem Sozialismus und der Sozialdemokratie nahe.[30] Er betonte die kraftvolle Präsenz seiner Modelle als Geste der Selbstbehauptung gegenüber schwierigen sozialen und politischen Verhältnissen. Der kritische Realismus seiner Gemälde wirkt wie aus der Zeit gefallen und scheint stilistisch die Malerei der Neuen Sachlichkeit zu antizipieren.

KUNSTFOTOGRAFIE UND KINEMATOGRAFIE

Im Unterschied zu den Industriemalern vor dem Ersten Weltkrieg nahmen die Piktorialisten, wie die künstlerisch ambitionierten Amateurfotografen um 1900 bezeichnet wurden, nur selten Fabriken und Szenen aus dem Arbeitsleben auf (vgl. den Aufsatz von Kristina Lowis, S. 78–87). Der belgische Kunstfotograf Gustave Marissiaux, Sohn eines Mineningenieurs, hielt beispielsweise im Auftrag des Syndikats der Kohlenminen von Lüttich um 1904/05 die Arbeitsprozesse in 400 Negativen und 150 stereoskopischen Aufnahmen fest.

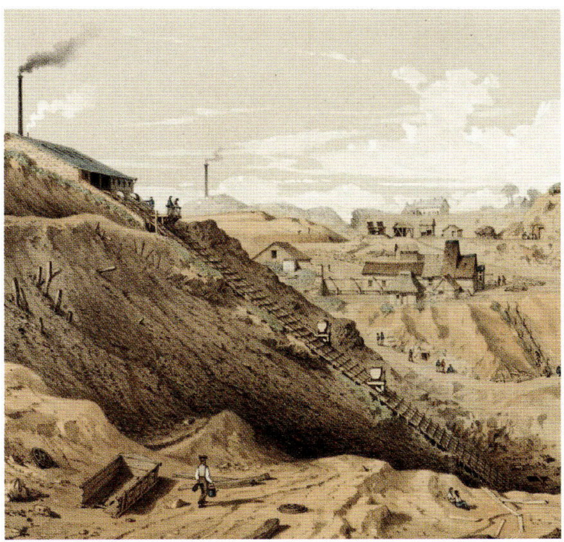

8 François-Adolphe Maugendre: *Mine de zinc, Neutral-Moresnet,* 1855, Science Museum, London

In seinen Kompositionen werden trotz der romantisierenden Perspektive die harten Arbeitsbedingungen, unter denen die Kinder und Frauen Kohlebehälter be- oder entluden, sichtbar. Die giftigen Ausdünstungen der kohlenstaubhaltigen Atmosphäre scheinen sich den im Kohledruck oder als Heliogravuren hergestellten Abzügen geradezu eingeschrieben zu haben. Seine Aufnahmen präsentierte Marissiaux, von Zeitgenossen als „Constantin Meunier der Fotografie" bezeichnet,[31] in den Kunstsalons der Piktorialisten. Wie Marissiaux war auch Félix Thiollier mit der Steinkohleförderung und dem Arbeitsleben der Bergleute aus langjähriger Kenntnis wohlvertraut (Kat. 46–52). In seinen Aufnahmen aus der Industrieregion von Saint-Étienne, damals eine der schmutzigsten Städte Europas, dominiert die Farbe Grau in verschiedensten Ausprägungen.[32] Wenn Thiollier die Männer und Frauen, die auf den rauchenden Halden Kohlestücke sammeln, fotografiert, dann wird neben dem Eindruck des Sublimen und Pittoresken auch Respekt und Wertschätzung für die Arbeiter spürbar. Hier wird, wie in den Gemälden von Constantin Meunier (Abb. S. 237), die Mühsal der Arbeit erfahrbar. Thiollier zog seine Negative auf schwarztonigem Bromsilbergelatinepapier ab und experimentierte mit dem Autochrome-Verfahren, mit dem er die Ruinenlandschaft der Industrie in apokalyptisch anmutender Farbigkeit wiedergab.[33]

    Nicht unerwähnt bleiben soll, dass im ausgehenden 19. Jahrhundert die Industriedarstellung auch Eingang in die neu erfundene Kinematografie finden sollte. Der erste Stummfilm der Brüder Lumière zeichnete 1896 die Arbeiter und Arbeiterinnen beim Verlassen der Lumière'schen Fabriken auf. *La Sortie des usines Lumière* blieb ein einflussreiches Dokument in der Geschichte des Films, das beispielsweise den deutschen Filmemacher und Künstler Harun Farocki ein Jahrhundert später zu einem längeren Filmessay mit dem Titel *Workers Leaving the Factory in Eleven Decades* anregte, um die Rhetorik von Arbeitsbildern zu hinterfragen. Zuletzt hat der Künstler Andrew Norman Wilson im Jahr 2011 mit seiner Videoarbeit *Workers Leaving the Googleplex* auf den Film der Lumières Bezug genommen und die Arbeitsverhältnisse und das Selbstverständnis eines Giganten der Informationstechnologie kritisch reflektiert.

NEUE SACHLICHKEIT, KAPITALISMUSKRITIK UND POLITISCHE PROPAGANDA

Zwischen den Weltkriegen erfreute sich das Industriebild in Malerei und Fotografie infolge der wachsenden Produktivität der Unternehmen und der allgemeinen Technikeuphorie großer Wertschätzung. Neu war der hohe Anteil an Fotografinnen, die sich die ursprünglich männliche Domäne der Industriedarstellung eroberten. In der Fotografie etablierte sich eine experimentelle Bildsprache, die durch ästhetische Merkmale wie die Dynamisierung von Perspektiven, die Fragmentierung und versachlichte Wiedergabe des Bildgegenstands bestimmt wird. Zur taktilen Versinnlichung der Maschinen und Produkte trug zudem eine nahsichtige Erfassung bei. Diese Bildformen bestimmten nicht zuletzt die neusachlichen Aufnahmen eines Albert Renger-Patzsch (Kat. 65). Dagegen beschwor Heinrich Hauser in seinem atmosphärisch dichten Fotobuch *Schwarzes Revier* (Abb. 9) die eigentümliche Schönheit und Tristesse des Ruhrgebiets, einer in Europa einzigartigen Industrielandschaft, bestehend aus Zechen, Arbeitersiedlungen, Eisenbahntrassen und Landstraßen.

    Infolge der verstärkten Präsenz von Industriebildern in den illustrierten Zeitschriften, Magazinen und anderen Publikationen mehrten sich auch jene Stimmen, die, wie Walter Benjamin, Ernst Bloch oder Bertolt Brecht, den affirmativen Charakter von Auftragsarbeiten kritisierten,

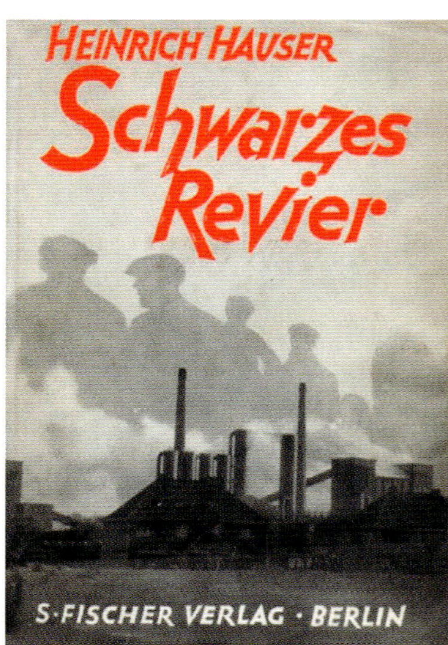

9 Heinrich Hauser: *Schwarzes Revier*, Berlin 1930, Buchumschlag

da sie keine Aussage über die Produktions- und sozialen Klassenverhältnisse vermittelten, sondern ästhetisch ansprechende, konsumierbare Bilder aus den Fabriken lieferten. Gleichzeitig warnten Autoren wie Georges Duhamel oder Oswald Spengler vor dem „technologischen Exzess"[34] mechanisierter Industriearbeit als akuter Bedrohung der westlichen Zivilisation. Max Bonhomme hat auf die vielschichtige Rezeption von Industriemotiven am Beispiel der populären Darstellung von Zahnrad und Industriearbeiter, deren Ikonografie auf die antike Figur Ixion zurückgeht, aufmerksam gemacht.[35] Im 19. Jahrhundert wird das Rad vor allem als Symbol des Fortschritts verstanden, wie in Paul Friedrich Meyerheims Ölskizze vom Schmieden eines Treibrades (Kat. 3). Nach Werner Busch dient es als „Metapher für die urwüchsige Kraft der Industrie und die Kraft, die von der planenden Intelligenz der Firmenleitung, verkörpert im Firmenbesitzer, installiert und in Gang gehalten wird".[36] Eine ungleich pessimistischere Sicht gewährt František Kupkas Lithografie eines Arbeiters, der wie Christus am Kreuz an ein riesiges Zahnrad gefesselt ist (Abb. 10). Während Kupka den Menschen als Gefangenen und Opfer der modernen Zivilisation ausweist, begreift Lewis W. Hine den Arbeiter als elementaren Bestandteil des Produktionsprozesses (Kat. 76). Ähnlich nahtlos fügt sich in Alice Lex-Nerlingers Collage der Maschinist in die Mechanik der Maschine ein (Kat. 75). Dagegen mutiert in Charlie Chaplins Film *Modern Times,* der unserer Ausstellung ihren Titel gab, das Verhältnis von Mensch und Maschine zum dystopischen Zustand, dem sich der gegen die heillose Überforderung rebellierende Protagonist nur durch Flucht aus der Situation entziehen kann (Kat. 77 und 78). Im Sozialismus war das Motiv von Rad und Arbeiter politisch eher positiv konnotiert. So hat der in Untersicht aufgenommene Arbeiter in Arkadi Schaichets Fotografie wie eine monumentale Figur die volle Kontrolle über den Produktionsprozess erlangt; er beherrscht die Maschine und bestimmt deren Rhythmus (Kat. 80). Dagegen war Herbert List vorrangig an dem Motiv als Chiffre des erotischen Begehrens interessiert (Kat. 79).

Außerdem rückten in den 20er und 30er Jahren die soziale Frage und die Kritik an der kapitalistischen Wirtschaftsordnung in den Fokus. Soziale Probleme wie Arbeitslosigkeit und die Pauperisierung des Proletariats fanden ebenso wie Demonstrationen und Streik Eingang in die Bildwelt, wie Fotografien von Walter Ballhause (Kat. 88) und August Sander oder das Gemälde von Otto Nagel (Kat. 82) belegen. Die Utopie eines besseren Gesellschaftssystems sahen viele kritische Zeitgenossen dagegen in dem jungen sozialistischen Staat Sowjetunion verwirklicht. Einflussreich wirkte hier El Lissitzkys Gestaltung des sowjetischen Pavillons auf der PRESSA in Köln 1928. In der rheinischen Metropole hatte sich zu dieser Zeit um die Maler Heinrich Hoerle und Franz Wilhelm Seiwert (Kat. 74) der Kreis der Kölner Progressiven gebildet, die in ihren Arbeiten mittels einer konstruktivistischen Bildsprache sozialistische Ideen und Kapitalismuskritik artikulierten. „Wir gebrauchen das Bild um die Tatsache aussen im Bild Tatsache werden zu lassen: Profitmaschinen, Arbeitssklaven, Ausbeuter, Ausgebeutete. Unsere Bilder stehen im Dienste der Ausgebeuteten, zu denen wir gehören."[37] Die Kunst der Gruppe progressiver Künstler sollte die Aufklärung des Proletariats fördern. In diesem Sinn machte auch der Grafiker Gerd Arntz in dem Holzschnitt *Fabrikbesetzung* (Kat. 73) aus dem Zyklus *Zwölf Häuser der Zeit* auf die dialektischen Beziehungen von Kapital, Arbeit und Klassenkampf aufmerksam.

Im Nationalsozialismus blieb die Darstellung von Industrie und Arbeitsleben ähnlich wie in der wilhelminischen Ära einem heroischen Menschenbild verpflichtet. Die Fotografien von Ruth Hallensleben, Erna Lendvai-Dircksen

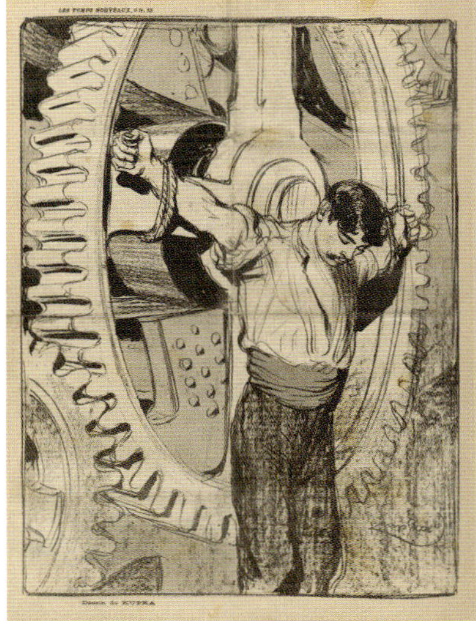

10 František Kupka:
Civilisation, in:
Les Temps nouveaux,
8. Dezember 1906

(Kat. 89) oder Erich Retzlaff zeigen Arbeiter in propagandistischen Rollenbildern, in denen sich jedes Individuum den
Interessen eines imaginären Kollektivs unterordnen
musste. Kriegsbedingt erfuhr die Industriefotografie durch
den Erlass des Reichsministers der Luftfahrt vom 7. März
1942 allerdings erhebliche Einschränkungen, da es
nunmehr untersagt war, Werk- und Betriebsstätten, Lager
oder Verwaltungsgebäude abzubilden.

ABSTRAKTION, ARCHÄOLOGIE, PROTEST.
INDUSTRIEFOTOGRAFIE IM ZEITALTER DES ANTHROPOZÄNS

Nachdem sich die westdeutsche Wirtschaft nach Kriegsende
bald erholen konnte und rauchende Fabrikschlote wieder
als Zeichen von Produktivität und Prosperität wahrgenommen
wurden, hatte auch das Industriebild wieder Konjunktur.
Auftragsarbeiten in der Malerei existierten jedoch vor allem
in den staatssozialistischen Ländern wie der DDR und
Sowjetunion, während in der westlichen Hemisphäre die
Fotografie diese Aufgabe größtenteils übernehmen sollte.
Das geschah auf einem hohen gestalterischen Niveau.
In Deutschland tat sich dabei vor allem die Gruppe fotoform
hervor, die sich 1950 mit Peter Keetman, Toni Schneiders,
Heinz Hajek-Halke und Ludwig Windstosser um den
Pädagogen und Arzt Otto Steinert formiert hatte (vgl. den
Aufsatz von Thilo Koenig, S. 104–119). Experimentelle
Techniken wie Pseudosolarisation oder Negativdruck kamen
zum Einsatz, und in den abstrakten Kompositionen verwan-
delten sich die spitzkegeligen Abraumhalden in „Pyramiden"
des Kohlereviers (Kat. 112 und 114). Viele Aufnahmen sind in
ihrer Funktion nicht immer eindeutig zu verorten, sie
sind angesiedelt zwischen Repräsentation, künstlerischem
Experiment und zivilisationskritischem Kommentar. In
den 50er Jahren mehrten sich zudem die Fotoreportagen, die
Einblicke in das Alltagsleben und das Freizeitverhalten der

Industriearbeiterinnen und -arbeiter vermittelten. Dafür
stehen exemplarisch die bildjournalistischen Arbeiten
von Rudolf Holtappel (Kat. 124 und 125), Bruce Davidson
(Kat. 126 und 127) und Chargesheimer (Abb. S. 63).

Mit dem zunehmenden Verschwinden traditioneller
Industriebetriebe wuchs auch das künstlerische Interesse,
sich dieser aussterbenden Industriekultur zuzuwenden
(vgl. den Aufsatz von Florian Ebner, S. 174–183). Eine heraus-
ragende Stellung nimmt hier das Düsseldorfer Fotografen-
paar Bernd und Hilla Becher ein, das seit den 60er Jahren
industrielle Funktionsarchitekturen wie Wassertürme,
Fördertürme oder Zechen systematisch mit der Kamera
dokumentierte (Kat. 130–135). Ihre zu Typologien zusammen-
gestellten Werkserien haben diese heute nicht mehr
existenten Bauformen in größtmöglicher Sachlichkeit und
Neutralität aufgezeichnet. Auch zahlreiche Schülerinnen und
Schüler der Bechers wie Andreas Gursky, Thomas Ruff,
Thomas Struth, Tata Ronkholz oder Claudia Fährenkemper
haben sich mit dem zeitgenössischen Erscheinungsbild von
Industrie auf unterschiedliche Art und Weise beschäftigt.
Während Fährenkemper die riesigen Schaufelbagger im
Braunkohlerevier (Kat. 138) und Ronkholz das Fabriktor als
transitorische Grenzschwelle zwischen Fabrikgelände und
Außenwelt ablichten, beschäftigen sich Gursky und Ruff mit den
museal gewordenen Einrichtungen der Industrieproduktion
wie der traditionellen Waschkaue oder ausgemusterten
Maschinen (Kat. 140 und 139). Mitte der 70er Jahre rückte
auch die zeitgenössische Industriearchitektur zunehmend in
den Fokus. Lewis Baltz hat auf unsentimentale Weise in
seiner Studie *The new Industrial Parks near Irvine, California*
von 1974 die gesichtslosen Containerbauten von Industrieunternehmen untersucht, die weltweit das gleichförmige
Erscheinungsbild von Gewerbegebieten prägen (Abb. 11).

Mit der Immaterialisierung von Arbeitsprozessen
in der modernen digitalen Welt von Hightech-Unternehmen

11 Lewis Baltz:
*The new Industrial Parks near
Irvine, California,*
New York 1974, Buchumschlag

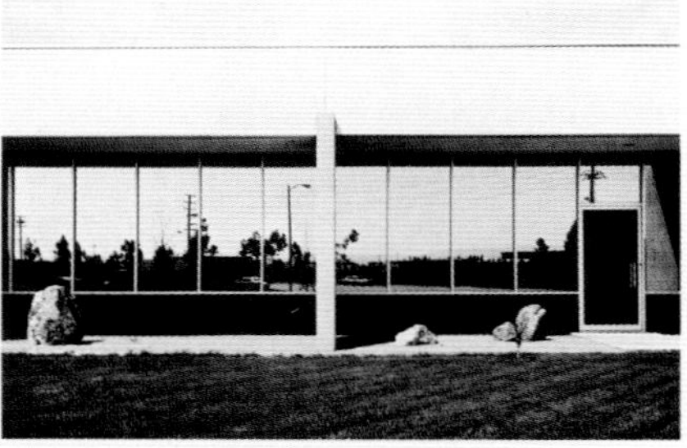

beschäftigt sich Timm Rautert in seinem Zyklus *Gehäuse des Unsichtbaren* (Kat. 146 und 147). Die Innenansichten von nicht näher identifizierbaren Räumen zeigen anonyme Nicht-Orte, Schauplätze für von außen nicht mehr nachvollziehbare Handlungsabläufe. Das mit der Steuerung beschäftigte Personal in Schutzanzügen, „einsame Männer an Kontrollinstrumenten",[38] prägt seit der dritten industriellen Revolution vielerorts das Bild von modernen Arbeitsplätzen. Hendrik Spohler und Thomas Struth haben die Weiterentwicklung des digital optimierten Arbeitsplatzes in ihren Arbeiten aufgegriffen. Spohler hat sich in dem Zyklus *0/1 Dataflow* mit der seriellen Cluster-Architektur von Servern für die Verwaltung und Verarbeitung von gigantischen Datenströmen beschäftigt und damit, an sich ein Paradoxon, ein Bild des Nichtsichtbaren realisiert (Kat. 149). Seine lebensfeindlich wirkenden Räume kontrastieren mit den vielfarbigen Ansichten von Struths Hochtechnologie-Apparaturen, deren Funktion und Gebrauch sich einer Lesbarkeit ebenfalls entziehen (Kat. 151–155).

Mit den Schattenseiten der Industrialisierung im Zeitalter des Anthropozäns haben sich seit den 70er Jahren zahlreiche Fotografinnen und Fotografen auseinandergesetzt. Industriekatastrophen und ihre Auswirkungen auf die Bevölkerung und Umwelt sind durch investigative Fotoreportagen gelegentlich aufgedeckt worden. Eine Schlüsselstellung nimmt W. Eugene Smiths über den Zeitraum mehrerer Jahre entstandener Fotoessay über die Verklappung von Quecksilberrückständen durch den Chemiekonzern Chisso im japanischen Fischerdorf Minamata ein (Abb. 12). Nachdem Smith mit seiner Frau, der japanischen Schriftstellerin Aileen M. Smith, über die Langzeitfolgen der Vergiftung berichtet hatte, musste der Konzern für die Verunreinigung der Gewässer einstehen. Inge Rambow setzte sich in ihrem Zyklus *Wüstungen* mit den Hinterlassenschaften ehemaliger Braunkohlegruben in

Bildern eigentümlicher Schönheit auseinander (Kat. 166). Boris Mikhailov wiederum hielt in seiner Serie *Salzsee* die Paradoxien des Alltags in der Ukraine fest, wo die Bewohner Erholung in einem durch industrielle Abwässer verseuchten Badesee suchten (Kat. 167–169). Zu den unbeherrschbaren Technologien gehört auch die Atomenergie, der sich Jürgen Nefzger und Andrej Krementschouk in ihren Langzeitdokumentationen *Fluffy Clouds* (Kat. 172–175) und *Tschernobyl* (Kat. 170 und 171) widmen. Robert Voit, der seit einem Jahrzehnt die Spuren der Reaktorkatastrophe im japanischen Fukushima mit seiner Kamera dokumentiert, ist in unserer Ausstellung durch seinen älteren Zyklus *New Trees* (Kat. 156–161) vertreten, in dem er eine Typologie der in Naturform getarnten Mobilfunkmasten erstellt hat.

Julian Röders Bilder von der Rüstungsmesse in Abu Dhabi, einer temporären Shopping-Mall modernsten Kriegsgeräts für Waffenhändler und Potentaten, demonstriert, dass die Präsentation von Waffenschmieden auf den Weltausstellungen auch in der Gegenwart eine Kontinuität hat (Kat. 178–182). Die Arbeitsbedingungen der global agierenden Textilindustrie in Bangladesch sind Gegenstand der Fotoarbeit *Death of a Thousand Dreams* von Taslima Akhter, in der die Aktivistin die miserable Lebenssituation der einheimischen Arbeiterinnen durch die Ausbeutung westlicher Textilkonzerne offenlegt (Kat. 183–188).

Als Gegenentwurf zu einer mächtigen und einflussreichen Bildpropaganda von Unternehmen, die für Verbrechen wider Mensch und Natur verantwortlich sind, hinterfragen die künstlerischen Positionen die zeitgenössischen Erscheinungsformen der kapitalistischen Wirtschaftsordnung. Sie machen auf die akuten Gefährdungen im Industriezeitalter aufmerksam und fordern eine gerechtere Arbeitswelt und den Schutz der Umwelt vor Ausbeutung und Zerstörung.

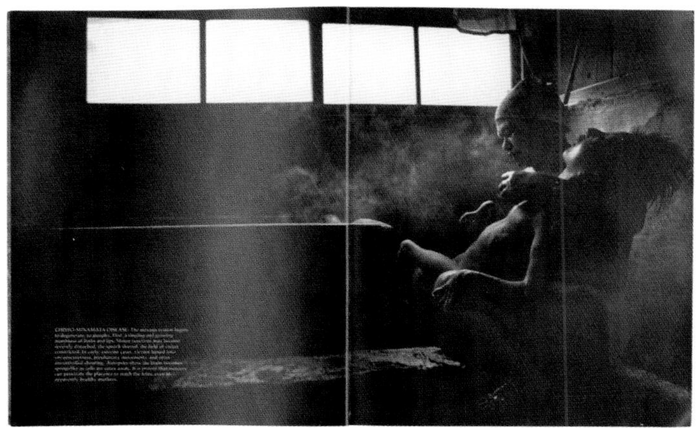

12 W. Eugene Smith und Aileen M. Smith: *Minamata. The story of the poisoning of a city and the people who choose to carry the burden of courage*, New York 1975, S. 18 f.

1 Dennis L. Meadows, Donella Meadows und Jørgen Randers: *Die Grenzen des Wachstums. Bericht des Club of Rome zur Lage der Menschheit,* Stuttgart 1972 (Originalausgabe: New York 1972).

2 Vgl. Françoise Forster-Hahn: Industrie, in: Fleckner/Warnke/Ziegler 2011, Bd. 2, S. 14–19.

3 Vgl. Dortmund 1958. Von den dort aufgeführten Künstlern seien beispielhaft die österreichischen Maler Matthäus Loder (1781–1828), Johann Max Tendler (1811–1870) und Josef Gabriel Frey (1791–1884) erwähnt, die zahlreiche Darstellungen der steirischen Eisenindustrie, zum Beispiel in Donawitz, schufen.

4 *Illustrirte Zeitung,* 14. Dezember 1867, S. 407.

5 Friedrich Eggers: Ueber Stoffe für Genre- und Landschaftsmaler, in: *Deutsches Kunstblatt. Zeitschrift für bildende Kunst, Baukunst und Kunsthandwerk* 3,13 (1852), S. 107 f., hier S. 108.

6 *Les soldats de l'industrie* lautet der Titel einer Skizze von Bonhommé im Musée Carnavalet, Paris (Inv.-Nr. D.5333).

7 Werner Busch: *Adolph Menzel. Leben und Werk,* München 2004, S. 105–114.

8 Karl von Lützow, in: *Neue Freie Presse,* 7. Dezember 1895, S. 3. Der Realismus wurde von zeitgenössischen Rezensenten auch als synästhetisches Erlebnis beschrieben: „man hört geradezu das Surren der Treibriemen, das Knistern des glühenden Eisenklotzes, das schwere Atmen der Arbeiter, und ein malender Sozialist hätte es vielleicht das Lied der Arbeit getauft", *Allgemeine Kunst-Chronik* 20 (1896), S. 260. Vgl. auch *Allgemeine Kunst-Chronik* 10 (1886), S. 207.

9 Eigenhändige Randbemerkung Adolph von Menzels auf den Probebögen des Buches *Das Werk Adolph Menzels* von Max Jordan und Robert Dohme (1895), zit. n. *Autographen,* Aukt.-Kat. 79, Kunst- und Auktionshaus Karl Ernst Henrici, Berlin, 1922, S. 37–39, https://digi.ub.uni-heidelberg.de/diglit/henrici1922_09_19/0053/image (aufgerufen am 30. März 2021).

10 Zit. n. Nuno Pinheiro: Industrial Photography, in: Hannavy 2008, Bd. 1, S. 741 (übersetzt vom Autor).

11 Von der hier präsentierten Ansicht des Hüttenwerks existieren drei Varianten.

12 Zit. n. Gilbert Regourd und Christian Meyzindi: Le passage en Aveyron de trois élèves ingénieurs en géologie et l'apparition du daguerréotype dans le département (1845), in: *Études Aveyronnaises. Receuil des travaux de la Société des lettres, sciences et arts de l'Aveyron* 2020, S. 261–276 (übersetzt vom Autor). Das Originalmanuskript des *Journal de voyage dans le centre de la France et les Alpes françaises* wird im Archiv der École des Mines, Paris, aufbewahrt.

13 So lautete ein Kommentar zur Borsig-Fabrik im Berliner Volkskalender von 1855, zit. n. Friese-Oertmann 2017, S. 67.

14 Vgl. Hans-Joachim Kunst: Friedrich Wilhelm IV. als Auftraggeber von Bahnhöfen und Brücken. Das Beispiel Wittenberge, in: *Stiftung Preußische Schlösser und Gärten Berlin-Brandenburg. Jahrbuch* 1 (1995/96), S. 167–179, hier S. 167, https://perspectivia.net//publikationen/spsg-jb/1-1995-1996/0167-0180 (aufgerufen am 8. April 2021).

15 Ein Beispiel ist Johann Jacob Lechners Darstellung der Einweihung der Strecke Nürnberg–Fürth, der ältesten Eisenbahnstrecke Deutschlands, am 7. Dezember 1835.

16 Die Hälfte von Herrles Darstellungen wird im DB Museum Nürnberg aufbewahrt. Ein Album Gaertners mit 14 Aquarellen befindet sich im Schloss Sanssouci.

17 1842 gab Émile Simon die Mappe *Panorama des Vosges et du chemin de fer de Strasbourg à Bâle* mit 14 Lithografien im Panoramaformat von Théodore Müller heraus.

18 Vgl. Malcolm Daniel: Édouard Baldus, artiste photographe, in: New York/Montreal/Paris 1994, S. 17–98, hier S. 42–56. Das Album wird in den Royal Collections im Schloss Windsor aufbewahrt.

19 Vgl. *Vorbilder – Nachbilder. Die fotografische Lehrsammlung der Universität der Künste Berlin 1850–1930,* hrsg. von Ulrich Pohlmann, Dietmar Schenk und Anastasia Dittmann, Ausst.-Kat. Münchner Stadtmuseum / Museum für Fotografie, Berlin, 2020, S. 248–251.

20 Vgl. Roland Augustin: Carl Heinrich Jacobi. Ansichten der Gruben- und Hüttenanlagen des Saarbrücker Steinkohlenreviers, in: Saarbrücken 2009, S. 51–56.

21 Vgl. *Zeitschrift für das Berg-, Hütten- und Salinenwesen* 17 (1869), S. 89.

22 Vgl. *Zeitschrift für das Berg-, Hütten- und Salinenwesen* 28 (1880), S. 202; *Oesterreichische Zeitschrift für Berg- und Hüttenwesen* 29 (1881), S. 274.

23 Vgl. *Oesterreichische Zeitschrift für Berg- und Hüttenwesen* 11 (1863/64), S. 239.

24 Auch wenn das Kinderschutzgesetz von 1904 die Tätigkeit von Kindern unter 12 Jahren außerhalb von Familienbetrieben untersagte, war Kinderarbeit auch zwischen den Weltkriegen keine Seltenheit.

25 Fürst 1912, S. 17.

26 Klaus Türk: Historische Bilderdiskurse der Industrie und Technik, in: Mayring 2008, S. 12–27.

27 Ebd.

28 Émile Zola: Les Peintres impressionistes, in: *Le Sémaphore de Marseille,* 19. April 1877, zit. n. http://www.cahiers-naturalistes.com/Salons/19-04-77.html (aufgerufen am 30. April 2021, übersetzt vom Autor).

29 Fürst 1912, zit. n. Friese-Oertmann 2017, S. 130.

30 Vgl. Otto Krille: Ein sozialistischer Künstler, in: *Arbeiter-Jugend* 2,12 (1910), S. 184.

31 Zit. n. Yves Moreau: *Les Charbonnages liégeois à l'aube du XXe siècle. Un reportage photographique de Gustave Marissiaux (1872–1929),* http://www.patrimoineindustriel.be/public/files/publications/bulletins/piwb/articles/26/1993-06n26-003.pdf (aufgerufen am 30. März 2021).

32 Saint-Étienne wurde damals „la ville noire" (die schwarze Stadt) genannt.

33 Vgl. Paris 2012.

34 Max Bonhomme: Human scale and the technological sublime. An iconology of the „crisis of civilisation" in the 1930s, in: *Shift* 11 (2018), S. 1–16, hier S. 4.

35 Ebd., S. 7 f.

36 Busch 2004 (wie Anm. 7), S. 113.

37 Zit. n. Antje Birthälmer: Das Proletariat als Sujet der Kunst von Klinger bis Hoerle, in: Wuppertal 2020, S. 66–139, hier S. 120 f.

38 Sigrid Schneider: Vorwort, in: Essen 1992, S. 6.

INDUSTRIEARBEIT IN DER EUROPÄISCHEN KUNST DES 18. UND 19. JAHRHUNDERTS

Sabine Friese-Oertmann

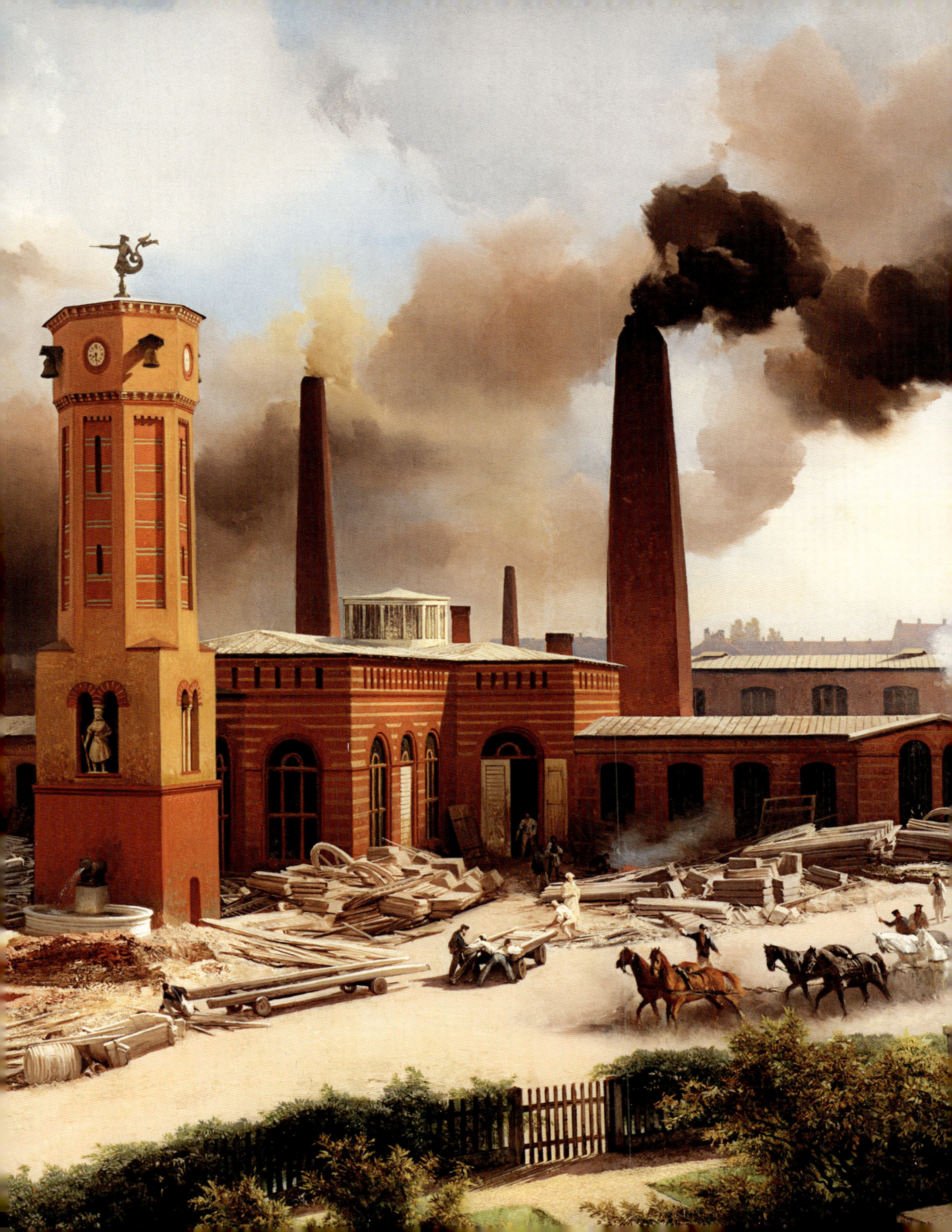

Mit dem Beginn der industriellen Revolution in der Mitte des 18. Jahrhunderts haben Künstler angefangen, sich mit dem Thema Industrialisierung und Industrie zu befassen. Bereits im späten 18. Jahrhundert gibt es erste Versuche, die Arbeit in Bergwerkshütten, Gießereien und Schmieden darzustellen. Neben dem Engländer Joseph Wright of Derby werden der Belgier Léonard Defrance und der Schwede Pehr Hilleström zu Pionieren der Industriemalerei. Nicht zuletzt auch in Verbindung mit den in aufgeklärten Kreisen rezipierten Theorien Adam Smiths zum *Wohlstand der Nationen*[1] werden die Förderung und Verarbeitung von Eisen als bedeutende Quellen nationalen Wohlstands wahrgenommen. Vor diesem Hintergrund stellt das *Intérieur d'une fonderie* (Abb. 1) von Defrance auch eine Würdigung der Arbeiter dar, die der Künstler beim Gießen des glühend roten, flüssigen Eisens mit naturwissenschaftlich genauem Blick, eindrucksvollem Farbenspiel und ausgeprägten Helldunkelkontrasten festhält. Bei dem elegant gekleideten Besucherpaar am rechten Bildrand handelt es sich vermutlich um den Auftraggeber des Bildes – den Eigentümer der Gießerei – mit seiner weiblichen Begleitung. Zu einer Zeit, in der das Live-Erlebnis des eruptierenden Vesuv zur bürgerlichen Bildungsreise, der Grand Tour, gehört, wird auch der Besuch eines Eisenwalzwerks mit seinem lavaähnlichen Feuerspiel als „bildendes und unterhaltsames Spektakel"[2] empfunden und somit als willkommenes Motiv wahrgenommen. Es ist die 1757 von Edmund Burke begründete ästhetische Kategorie des Erhabenen,[3] die Künstler dazu bewegt, nach geeigneten Motiven wie extremen Natur- und Feuerphänomenen zu suchen. Die frühen Industriedarstellungen des späten 18. und beginnenden 19. Jahrhunderts stehen wie das Werk von Defrance noch sehr in der Tradition der Genremalerei. Zu den meist abgeschieden liegenden Fabriken ist Künstlern und Besuchern der Zugang in der Regel verwehrt. Die Veränderungen in der Landschaft, die die Industrialisierung mit sich bringt, bleiben ihnen jedoch nicht verborgen.

VON DER KULTUR- ZUR INDUSTRIELANDSCHAFT

In Großbritannien, der Geburtsstätte der industriellen Revolution, entwickelt sich im späten 18. Jahrhundert die Gattung der Industrielandschaftsmalerei.[4] Der bereits erwähnte Wright of Derby ist der erste Künstler, der eine Fabrikarchitektur zum zentralen Motiv eines Landschaftsgemäldes macht. Mit einer Ansicht der weltweit ersten, 1771 errichteten Baumwollspinnerei im Norden Englands, *Arkwright's Cotton Mills by Night* (Abb. 2), schafft er ein Werk, in dem Natur und Industrie in perfekter Harmonie vereint scheinen. Der Vollmond am Himmel setzt die Fabrikgebäude, deren Maschinensäle von den Gaslampen im Inneren erleuchtet sind, in Szene. Die Spinnereien wirken wie ein festlich erleuchtetes Anwesen – von den rauen Arbeitsbedingungen der damaligen Zeit ist nichts zu erahnen. Die Landschaft im Vordergrund liegt im Dunkeln, so dass die hell erleuchteten Bauwerke eine geradezu magische Aura besitzen und die Blicke des Betrachters auf sich ziehen.

Eines der eindrucksvollsten, auf den Idealen Burkes beruhenden Werke einer frühen Industrielandschaft ist das 1801 entstandene *Coalbrookdale by Night* (Abb. 3) des britisch-französischen Malers Philippe Jacques de Loutherbourg. Dieser hält das gewaltige nächtliche Schauspiel der Arbeiten eines Eisenwerks im englischen Industriezentrum Coalbrookdale fest. Infernal anmutende, rot glühende Feuerwolken im Hintergrund bilden einen spektakulären Kontrast zu den dunklen Gebäuden davor. Die Industrielandschaft wird mit diesem Werk salonfähig, wie Monika Wagner konstatiert. Die Verbindung von Industrie und Feuer wird hier zum zentralen Sujet, wobei die vulkangleiche Anmutung des Produktionsprozesses die künstlerische Behandlung des Themas rechtfertigt.[5]

Neben England entwickelt sich Belgien im 19. Jahrhundert zur zweiten europäischen Industrienation. Vor allem

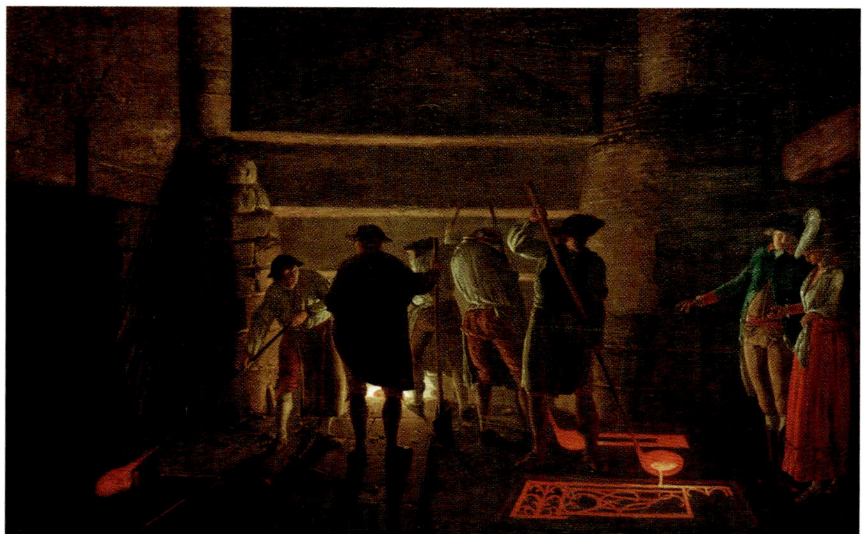

1 Léonard Defrance: *Intérieur d'une fonderie,* um 1777, Musée des Beaux-Arts, Lüttich

die Region Wallonien, die sich durch intensiven Kohleabbau und die Ansiedlung von Fabriken radikal verändert, zieht Künstler aus dem In- und Ausland an, die den Wandel der ehemaligen Kulturlandschaft zu einer durch schwarze Rauchwolken geprägten Industrielandschaft dokumentieren. Bereits zur Mitte des 19. Jahrhunderts ist die Industrialisierung mit all ihren Implikationen so weit fortgeschritten, dass bei vielen Intellektuellen und Künstlern Ernüchterung einsetzt. Der Belgier Constantin Meunier, der ab den 1880er Jahren monumentale Skulpturen und Gemälde von Arbeitern schafft und damit zum Vorbild vieler zeitgenössischer Künstler wird, reist mehrfach in die Kohlegebiete des Borinage, um die Industrialisierung und ihre Folgen festzuhalten. Es sind vor allem Berg- und Stahlarbeiter, die er in würdevoller Monumentalität darstellt, ihn beschäftigt aber auch die soziale Realität ihres Lebens- und Arbeitsumfelds.[6] Eine Reihe seiner im Borinage entstandenen Industrielandschaften verweisen auf den bezeichnenden Beinamen der Gegend: „schwarzes Land". In Meuniers Werk *Au pays noir* (Kat. 44) blickt der Betrachter von einem erhöhten Standpunkt auf die trübe Landschaft hinab, die von ziegelroten Fabriken mit rauchenden Schornsteinen geprägt ist. Die düsteren Brauntöne unterstreichen die Trostlosigkeit der zerstörten, leblosen Gegend – das Ergebnis der Industrialisierung. Auch das Gemälde *Carrières de Gentilly* (Kat. 17) des Franzosen Léon-Auguste Mellé zeigt eine menschenleere Industrielandschaft. Die Atmosphäre ist jedoch eine völlig andere. Die gigantischen Förderräder des Steinbruchs, mit denen die unter Tage gebrochenen Steine an die Oberfläche transportiert werden, dominieren das Gemälde. Die winterliche, von Schnee überzogene Landschaft, in die sie sich einfügen, wirkt geheimnisvoll still, wie von Menschenhand unberührt. Die links im Hintergrund noch erkennbaren Gehöfte und die historische Windmühle, die wie eine Fortsetzung der Räderanordnung

erscheint, fügen sich in die tonige Gesamtkomposition ein und verweisen auf die ehemalige Kulturlandschaft, die nun zu einer Industrielandschaft geworden ist.

DIE INDUSTRIEVEDUTE

Malerische Ansichten der oftmals imposanten Fabrikgebäude werden dem Repräsentationsbedürfnis der sich gesellschaftlich etablierenden Wirtschaftselite gerecht und sind vor allem bis zur Mitte des 19. Jahrhunderts sehr beliebt: Die „Industrievedute [übernimmt] eine neue Repräsentativfunktion für das industrielle Bürgertum".[7] Die Borsig-Werke in Berlin gehören mit der Produktion ihrer prestigeträchtigen Dampflokomotiven seit den 1840er Jahren zu den großen Erfolgsgeschichten der Industrialisierung. 1838 wird die erste preußische Eisenbahnlinie von Berlin nach Potsdam eröffnet, 1846 feiert die Firma Borsig mit ihrer Belegschaft das Fest der 100. Lokomotive.[8] Das Gemälde *Borsig's Maschinenbau-Anstalt zu Berlin* (Kat. 1) von Carl Eduard Biermann, das der Firmengründer August Borsig anlässlich des zehnjährigen Firmenjubiläums beauftragt, steht ganz in der Tradition der seinerzeit beliebten Vedutenmalerei, die in der zweiten Jahrhunderthälfte zunehmend von der fotografischen Industrievedute abgelöst wird.[9] Geschäftiges Treiben auf dem Fabrikgelände wird nicht nur durch die Bauarbeiten vor dem imposanten Fabrikgebäude suggeriert, sondern auch durch das Pferdefuhrwerk, das eine Lokomotive – den Stolz des Unternehmens – aus den Fertigungshallen hinaus auf den Hof zieht. Auch der aus den zahlreichen Schornsteinen schwarz aufsteigende Rauch zeigt an, dass die Produktion bei Borsig auf Hochtouren läuft. Der Betrachter blickt von erhöhter Position aus über eine fiktive Gartenanlage auf die prächtigen Fabrikgebäude, deren Architektur auf berühmte Vorbilder verweist und nicht zuletzt damit den gesellschaftlichen Anspruch des Fabrikanten manifestiert.[10]

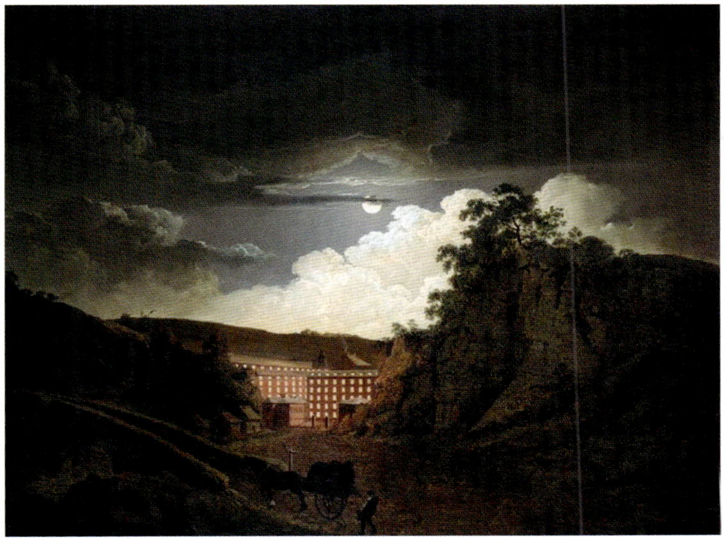

2 Joseph Wright of Derby: *Arkwright's Cotton Mills by Night*, um 1783, Privatsammlung

INDUSTRIEARBEIT UND INDUSTRIEARBEITER –
NEUE MOTIVE IN DER KUNST

Rauchende Schornsteine stehen nicht nur für ein neues
Zeitalter und eine neue Produktivität, sondern werden zum
Symbol für ein Spektakel im Inneren der Fabriken, das
Außenstehenden in der Regel verborgen bleibt. Die Arbeit in
Bergwerken, Eisenhütten oder Walzwerken ist im 19. Jahr-
hundert hart und gefährlich, Kinderarbeit ist an der
Tagesordnung. Kaum ein Unternehmer hat Interesse daran,
Fremden Einblick in die Arbeitswelten seiner Fabriken zu
gewähren. Für die wenigen Künstler, die sich an das Thema
heranwagen, stellt sich die Frage nach den Darstellungs-
und Deutungsmöglichkeiten. Industrielle Arbeit ist
letztendlich ein neues Sujet in der Kunst, der Industriearbeiter
ein neues Phänomen in der Gesellschaft. Neben dem
Bergbau ist es die Eisenindustrie, die im deutschen Kaiserreich zum bedeutendsten Wirtschaftszweig wird und somit
zum wichtigsten Erfolgsfaktor für die – im Vergleich zu
Großbritannien, Frankreich oder Belgien – spät entwickelte,
aber rasant wachsende Industrienation. Somit ist es
von großem politischem Interesse, eine gesellschaftliche
Akzeptanz für die modernen Industrien und die sich
herausbildende Arbeiterklasse zu schaffen. Unterstützend
für eine positive Aufnahme des Themas in den bildenden
Künsten wirkt in diesem Zusammenhang ein bereits
1852 im *Deutschen Kunstblatt* erschienener Aufsatz des
Kunsthistorikers Friedrich Eggers, in dem dieser nach
einem Besuch der Borsig-Werke in Berlin-Moabit die künstlerische Auseinandersetzung mit der Industrie propagiert
und Industriestätten gleichzeitig als vulkanische Schmieden
mit zyklopenhaften Arbeitern mythologisch verklärt.[11]
Das seit der Antike beliebte Motiv der Schmiede des Vulkan
wird zur wichtigsten Inspirationsquelle für Maler, die
sich dem Thema Industriearbeit nähern, der Schmied wird

zum Symbol für Kraft und Produktivität. Auch die zunehmende
Auseinandersetzung mit den Dichtungen des klassischen
Altertums lässt die neuen Industriestätten zu positiv
konnotierten Orten werden. Durch die Legitimation der
gefestigten Bildtradition des Schmiedehandwerks sowie
den Rückgriff auf die elementare Kraft des Feuers als
Garant für Faszination kann sich das Sujet der Industriearbeit in der Kunst des 19. Jahrhunderts etablieren.[12]

    Max Jordan, der damalige Direktor der Berliner
Nationalgalerie, trifft den Zeitgeist, als er Deutschlands
berühmtestem Industriegemälde – Adolph von Menzels
Eisenwalzwerk (Abb. S. 13) – den Titel *Moderne Cyklopen*
verleiht.[13] Das zwischen 1872 und 1875, in der wirtschaftlich
boomenden Gründerzeit des deutschen Kaiserreichs
entstandene Gemälde zeigt eine Werkhalle, in der mehrere
Arbeiter einen weiß glühenden, Funken sprühenden
Eisenblock durch ein Walzgerät befördern. Jeder einzelne
Arbeiter wird von Menzel in seiner Physiognomie,
Körperhaltung und seinen versierten Arbeitsgriffen
festgehalten. Der Produktionsvorgang bildet die Haupt-
szene des Bildes, die links und rechts von Nebentätigkeiten
sowie pausierenden Arbeitern flankiert wird. Mit seiner
dramatischen und dynamischen Ausstrahlung, nicht
zuletzt durch die gesetzten Lichteffekte und die dunstige
Atmosphäre, ist es bis heute eines der faszinierendsten
Industriebilder und Orientierungspunkt für nachfolgende
Künstler. Menzels Anspruch an Authentizität zeigt
sich bereits daran, dass er im Frühjahr 1872 aus eigenem
Antrieb nach Königshütte in Oberschlesien reist. Dort
entsteht keine fotografische Momentaufnahme. Vielmehr
versucht Menzel, die Gesamtheit der Eisenverhüttung
einschließlich des Schichtwechsels in seinem Gemälde zu
erfassen. Während seines wochenlangen Aufenthalts in
Königshütte entstehen über 150 Studien und Zeichnungen,
die ihm später bei der Fertigstellung seines Gemäldes im

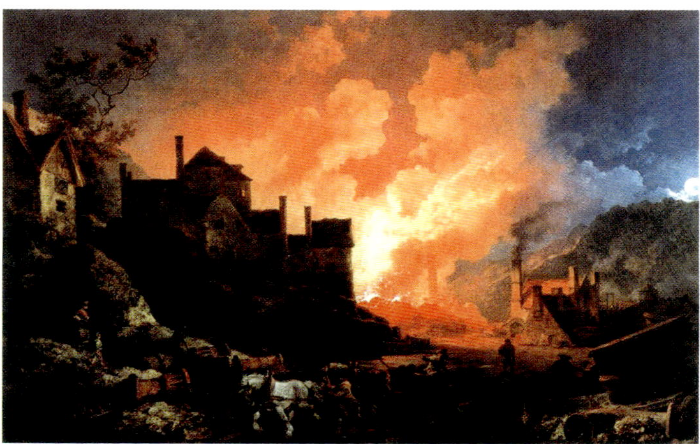

3 Philippe Jacques de Loutherbourg:
Coalbrookdale by Night, 1801, Science Museum, London

Berliner Atelier als Vorlagen dienen. Die außergewöhnliche Gouache *Selbstbildnis mit Arbeiter am Dampfhammer im Walzwerk* von 1872 (Kat. 18) entsteht bereits zu Beginn von Menzels Aufenthalt in Königshütte. Der im Vordergrund in unmittelbarer Nähe zur heißen Feuerglut agierende Arbeiter kontrastiert mit dem bürgerlich gekleideten Künstler im Hintergrund. Der Arbeiter am Dampfhammer wirkt so real, dass man die Glut und den in der Luft liegenden Dunst zu spüren meint. Umso unpassender erscheint der mit seinem Skizzenbuch bewaffnete Menzel im Hintergrund. Das motivisch zunächst irritierende Selbstbildnis bestätigt nicht nur Menzels Interesse am Detailstudium der Arbeitsvorgänge, sondern zeugt von seiner künstlerischen Raffinesse. Auf subtile Weise würdigt er den in einer gefährlichen Umgebung arbeitenden Menschen, nicht zuletzt durch die völlig deplatziert wirkende Positionierung seiner eigenen Person. Menzel gelingt es immer wieder, eine Perspektive zu wählen, die das Einfangen eines spontanen, realen Moments suggeriert und dem Betrachter gleichzeitig das Gefühl vermittelt, als unbemerkter Beobachter an dem Geschehen teilzunehmen.

Menzels Interesse an Motiven aus der industriellen Welt ist nicht neu. Bereits 1855 kommt er beim Besuch der Weltausstellung in Paris mit Industriemotiven französischer und internationaler Künstler in Kontakt – in einer Zeit, in der Industriegemälde in Deutschland noch eine Seltenheit sind und das Thema allenfalls allegorisch behandelt wird. In Frankreich dagegen hatten Künstler wie François Bonhommé bereits monumentale Industriegemälde geschaffen. Das neben zahlreichen anderen auf der Weltausstellung ausgestellte panorama-artige Gemälde Bonhommés *Tôlerie des Forges d'Abainville* (Abb. 4) dürfte auch Menzel Anregungen für sein Hauptwerk geliefert haben. Bonhommé führt den Betrachter

in das Innere der Werkstätten von Abainville und verfolgt mit einer präzisen malerischen Erfassung der verschiedenen Arbeitsschritte die Abbildung des kompletten Produktions-prozesses. Die Arbeiter sind keine Staffagefiguren, sondern werden bei ihren individuellen Tätigkeiten während der Produktion dargestellt. Selbst die Arbeitspause links im Bild wird vom Künstler als Teil des Produktionsablaufs erfasst.[14] Im Vergleich zu Menzels spektakulärem *Eisenwalzwerk* wirkt Bonhommés *Tôlerie des Forges d'Abainville* noch wie ein Setzkasten, in dem die einzelnen Arbeitsszenen erklärend aneinandergereiht sind.

Die vielen in Vorbereitung des *Eisenwalzwerks* entstandenen Studien Menzels dürften auch Inspiration für seinen Künstlerfreund Paul Friedrich Meyerheim gewesen sein, der ungefähr zeitgleich einen Zyklus zur *Lebensge-schichte der Lokomotive* im Auftrag des Berliner Industriellen Albert Borsig schafft.[15] Der Spross des Unternehmensgründers August Borsig beauftragt den als Tier- und Genremaler bekannten Meyerheim mit sieben riesigen Ölgemälden für seine der Öffentlichkeit zugängliche Gartenloggia. Ungewöhnlich ist schon allein der Bildträger: Auf großen Kupferplatten wird die *Lebensgeschichte der Lokomotive* (Märkisches Museum, Berlin; Deutsches Technikmuseum, Berlin; Muzeum Narodowe, Stettin), angefangen von der *Gewinnung des Erzes* (Märkisches Museum, Berlin) bis hin zum *Welthandel* (Märkisches Museum, Berlin), erzählt. Erstmals in der deutschen Kunst steht der Industrie-arbeiter auf monumentalen Gemälden im Mittelpunkt der Bilderzählung, wobei es den Erfolg und die Größe des Unternehmens zu feiern gilt.[16] Während einige der Bilder noch der Tradition der Genremalerei verhaftet sind, gewährt *Schmieden eines Treibrades* (Märkisches Museum, Berlin) einen ausschnitthaften Einblick in die pulsierende, von Rauch und Feuer geprägte Atmosphäre der Werkhalle. Ähnlich wie in dem fertigen Gemälde schwingen in der

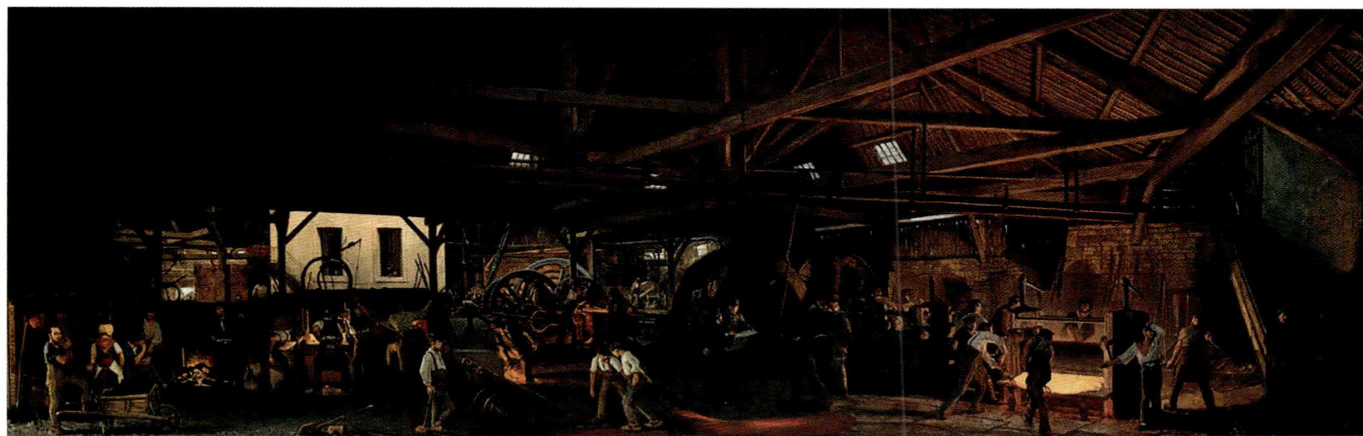

4 François Bonhommé:
Tôlerie des Forges d'Abainville, 1838, Musée de l'Histoire du Fer, Jarville-la-Malgrange

Studie (Kat. 3) drei Schmiede kraftvoll und routiniert ihre
Hämmer zur Bearbeitung eines riesigen Lokomotivrads.
Unterstützt werden die drei von einem weiteren Arbeiter
ganz links im Bild, der das Rad mit einer Zange fixiert. Die
Szene weckt Assoziationen zum mythologischen Motiv der
Schmiede des Vulkan.[17] Die übersteigerten Körperbewegun-
gen verstärken die Dynamik des Bildes und präsentieren
vorbildliche Arbeiter, die ihren Beitrag zur Herstellung der
prestigeträchtigen Lokomotive leisten – ganz im Sinne des
Auftraggebers und Firmeneigners Borsig.

Im ausgehenden 19. Jahrhundert gehen die imperialis-
tischen Bestrebungen der europäischen Nationen oftmals
mit dem Bewusstsein einher, den Industriearbeiter
gesellschaftlich integrieren zu müssen. Vor diesem Hintergrund werden öffentliche Gebäude mit monumentalen
Arbeitergemälden ausgestattet, und der Industriearbeiter
wird zum Protagonisten von Kunstausstellungen. So
präsentiert die Galerie Arnold 1912 in Dresden die Ausstellung *Stätten der Arbeit,* zu der ein Begleitband mit dem
Titel *Das Reich der Kraft* erscheint. Das Frontispiz zeigt
Arthur Kampfs Gemälde *Im Walzwerk* von 1901 (Abb. 5), in
dem der Künstler die Männlichkeit der Arbeiter mit ihren
gestählten, freien Oberkörpern hervorhebt, die mit der
roten Feuerglut des heißen Eisens kontrastieren.[18] Das Trio
der Arbeiter wird zum Hauptmotiv, ihre kraftvollen
Bewegungen verleihen dem Werk eine lebendige Dynamik.
Das Walzwerk wird um die Jahrhundertwende zu einem
äußerst beliebten Sujet innerhalb der künstlerischen
Auseinandersetzung mit Industriearbeit: „um die Metall-
verarbeitung ranken sich […] seit alters her Mythen
und Sagen, ihre Innovationen verschaffen militärische
und ökonomische Erfolge, und das Industriezeitalter
wird von ihr entscheidend geprägt.“[19] Ebenfalls 1912, zum
hundertjährigen Jubiläum der Firma Krupp, findet in
Essen eine Ausstellung mit dem Titel *Die Industrie in der*

bildenden Kunst statt. Menzels *Eisenwalzwerk* schmückt
das Titelblatt des Katalogs, präsentiert werden deutsche
und internationale Künstler wie Robert Sterl, Hermann
Pleuer, Leonhard Sandrock, Friedrich Kallmorgen, Heinrich
Kley oder Constantin Meunier, die sich alle dem Thema
Arbeit und Arbeiter widmen.[20]

INDUSTRIEBILDER – KÜNSTLER IM DIENST DER INDUSTRIE

Neben diesen Kunstwerken, in denen der Arbeiter im Zentrum
steht und in denen geradezu eine Apotheose von Dynamik
und Kraft erfolgt, entwickelt sich eine neue Bildgattung,
deren Werke allgemein als Industriebilder bezeichnet
werden. Eine Reihe von Künstlern spezialisiert sich darauf,
die Abläufe im Inneren der Fabriken so zu erfassen, dass
die Darstellungen dem Repräsentationsbedürfnis der neuen
Wirtschaftselite entgegenkommen: möglichst positivistisch.
Gefragt ist „Sachlichkeit mit etwas Glanz“.[21] Um die Jahrhundertwende erfahren in Europa vor allem der Däne Peder
Severin Krøyer, der Niederländer Herman Heyenbrock sowie
der Franzose Maximilien Luce mit ihren Industriebildern
international Anerkennung.

Im deutschen Kaiserreich nimmt das Unternehmen
Krupp hinsichtlich der künstlerischen Auseinandersetzung
mit Industriearbeit, sowohl in der Malerei als auch in
der Fotografie, eine besondere Stellung ein (vgl. den
Aufsatz von Ralf Stremmel, S. 54–65). Bereits ab den
1860er Jahren spielt die Werksfotografie eine immer größere Rolle: zunächst in Form imponierender Panoramaüber-
sichten, später vor allem zur Dokumentation der vorbild-
lichen Arbeitsabläufe in den beeindruckend monumentalen
Werkhallen.[22] Um die Jahrhundertwende beauftragt das
Unternehmen eine Reihe von Industriemalern, darunter der
damals für seine topografischen Postkartenmotive deutscher Städte bekannte Grafiker Heinrich Kley, Perspektiv-

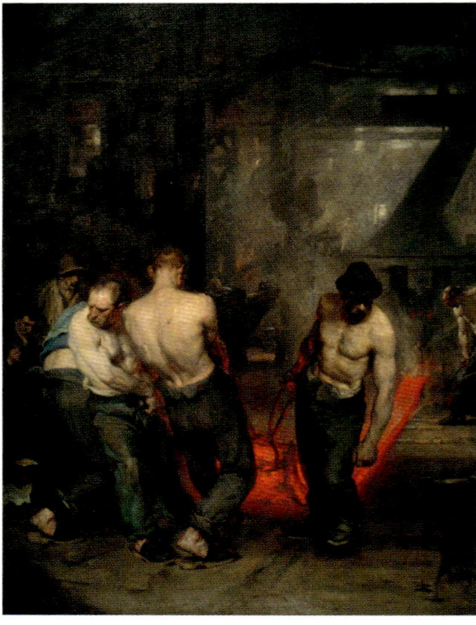

5 Arthur Kampf:
Im Walzwerk, 1901,
Privatsammlung

zeichnungen der Werkhallen anzufertigen und verschiedene
Arbeitsprozesse im Inneren der Fabriken festzuhalten. Ziel
ist es vor allem, die technischen Leistungen des Unterneh-
mens ästhetisch ansprechend zu visualisieren. Einige von
Kleys damals entstandenen Aquarellen dienen als Vorlage
für Postkarten, die zu Werbezwecken eingesetzt werden.[23]
Für den Künstler werden diese Auftragsarbeiten zu einem
Meilenstein in seiner Karriere. Der heute vor allem für seine
humoristischen und grotesken Federzeichnungen bekannte
Kley illustriert bereits 1911 die gesamte Sonderausgabe
der Zeitschrift *Jugend* mit Industriedarstellungen. In den
Jahren darauf entsteht sein malerisches Hauptwerk *Die
Krupp'schen Teufel* (Kat. 31). In dem grotesk verfremdeten
Gemälde, das 1914 ebenfalls in der Zeitschrift *Jugend*
abgebildet ist, werden die Arbeitsabläufe durch sechs
riesige Dämonen gestört, die ihr Unwesen in der Werkhalle
treiben. Die Arbeiter selbst scheinen das bizarre dionysi-
sche Treiben gar nicht zu bemerken.[24] Motiv und Komposition des Werks sind an sein Gemälde *Tiegelstahlguss
bei Krupp* angelehnt (Abb. 6), das das bedeutende Verfahren zur Erzeugung der wichtigsten Produkte des Unternehmens – Waffen, Radreifen für Lokomotiven und Schiffs-
wellen – in beeindruckend atmosphärischer Weise zeigt.[25]
Auch Otto Bollhagen malt den *Tiegelstahlguss im alten
Schmelzwerk* (Abb. 7). Beide Künstler halten die von Rauch,
Dunst und lebendigem Treiben bestimmte Atmosphäre in
der Werkhalle fest. Im Gegensatz zur impressionistischen
Bildauffassung Kleys, dessen Werke durch das atmosphärische Spiel von Licht, Rauch und teils fantastischer
Dynamik geprägt sind, geht es Bollhagen vor allem um das
dokumentarische Abbild, dem er etwas Stimmungsvolles
verleiht. Sein Gemälde ist vermutlich auf der Grundlage
der Werksfotografie *Tiegelguss im Schmelzbau* von
1902 (Kat. 39) entstanden. Der Künstler wählt jedoch
eine Perspektive, die die Monumentalität der Werkhalle
betont. Das rege Treiben der unzähligen Arbeiter nimmt
lediglich das untere Drittel des Bildes ein, der Rest des
Gemäldes zeigt die verzweigte Eisenkonstruktion
der Halle, die durch das vom Tiegelstahl ausgehende gelb-
rote Licht ausgeleuchtet wird. Trotz seines positivistischen
Ansatzes entwickelt Bollhagen eine gewisse Kreativität:
Die Gruppe pausierender Arbeiter am vorderen rechten
Bildrand stellt eine Reminiszenz an Menzels berühmtes
Eisenwalzwerk dar. Sein Selbstbild als „Künstler im Dienste
der Deutschen Großindustrie"[26] impliziert in jedem Fall
eine affirmative Haltung zu seinem Auftraggeber und dem
Sujet.

DIE ANDERE WIRKLICHKEIT

Ende des 19. Jahrhunderts verschärfen sich die gesellschaftlichen Gegensätze in ganz Europa, und auch in der Kunst
nimmt die Polarisierung zu. Während das Bildprogramm
von Politik und Unternehmertum den technischen und
wirtschaftlichen Fortschritt feiert, rücken die miserablen
Arbeitsbedingungen und Lebensumstände eines sich
entwickelnden Industrieproletariats in den Fokus einiger
sozialkritischer Künstler. Gerade in den großen Städten
treten die gesellschaftlichen Unterschiede offen zutage.
Hans Baluschek, ein Berliner Künstler mit Sympathien
für die Arbeiterschicht, hält diese Gegensätze fest
und gibt vor allem den Verlierern der rasant wachsenden
Industrialisierung ein Gesicht. In seinem großformatigen
Gemälde *Arbeiterinnen* (Kat. 57) strömt ein langer
Zug müde wirkender Frauen aus der immer noch hell
erleuchteten Fabrik auf den Betrachter zu und unterstreicht
damit die Brisanz des Themas: Auch wenn der bürgerliche
Beobachter aus leicht erhöhter Position auf die Arbeiterinnen
hinabblickt, wird deutlich, dass sich letztendlich niemand
mehr dem gesellschaftlichen Wandel entziehen kann. Der

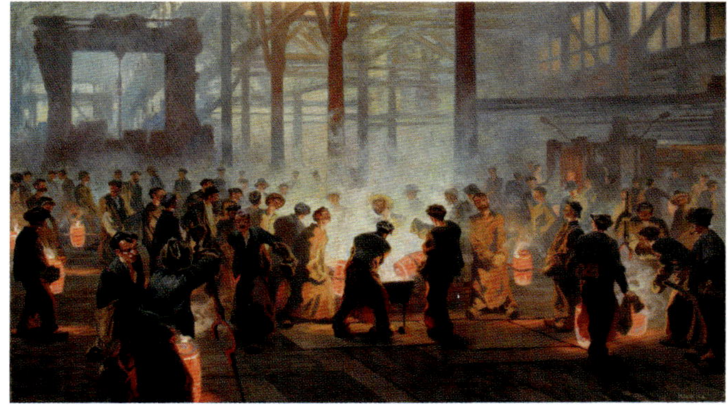

6 Heinrich Kley:
Tiegelstahlguss bei Krupp, um 1906,
Historisches Archiv Krupp, Essen

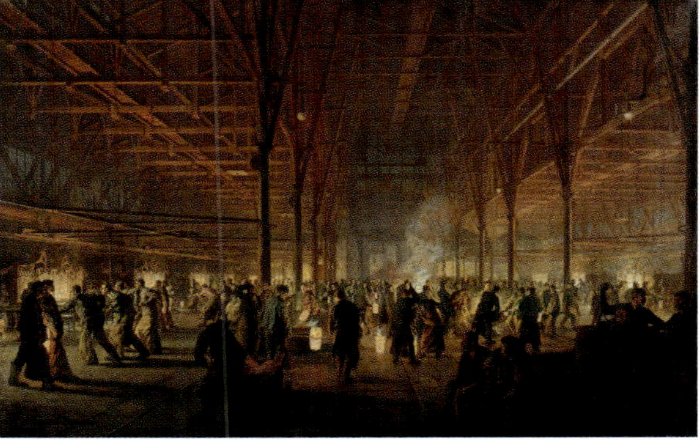

7 Otto Bollhagen:
Tiegelstahlguss im alten Schmelzwerk, um 1912,
Historisches Archiv Krupp, Essen

Arbeiterzug ist ein beliebter Topos in der sozialkritischen Kunst, der dem Betrachter gleichzeitig das Proletariat als Masse wie auch die Individualität jedes Einzelnen vorführen kann. Gerade im Hinblick auf die Thematisierung von Arbeiterbewegung und Arbeiterkampf dient er Künstlern dazu, dem Betrachter die Größe und damit letztendlich auch die Macht dieser Gesellschaftsschicht vor Augen zu führen.[27] In Baluscheks Werk vereinen sich beide Aspekte, und der endlos scheinende Strom von Frauen erinnert auch daran, dass sich die gesellschaftlichen Verhältnisse in Bezug auf die Rolle der Frau geändert haben. Obwohl die auf den Betrachter zuströmende Menge auf den ersten Blick homogen erscheint, wird jede einzelne Frau in ihrer Individualität gewürdigt, sei es über die unterschiedliche Farbgebung der Haare, den Ohr- und Halsschmuck oder die Kleidung. Gemeinsam sind ihnen jedoch ihr starrer Gesichtsausdruck und ihre heruntergezogenen Mund- winkel, die die Bürde und Bedrücktheit ihres Fabrikalltags offenbaren.

Wie ein Vorbote eines neuen Zeitalters wirkt das in Überlebensgröße geschaffene Arbeiterbildnis *Streik* (Kat. 58) des schwäbischen Künstlers Georg Friedrich Zundel, das durch seine stille Expressivität beeindruckt. Vor neutralem Hintergrund, ganz aus seiner Arbeitsumgebung herausgelöst, steht der Mann aufrecht und breitbeinig, die rechte Hand zur Faust geballt, die linke lässig in die Tasche gesteckt, dem Betrachter in erhöhter Position gegenüber. Sein Blick ist in die Ferne gerichtet, seine Gesichtszüge drücken Entschlossenheit aus. Die nüchterne Monumentalität des Bildes bekräftigt das neue Selbst- bewusstsein eines sich langsam emanzipierenden Standes.

1 Der britische Ökonom Adam Smith hatte mit seiner Schrift *An Enquiry into the Nature and Causes of the Wealth of Nations* von 1776 die These untermauert, dass Arbeit die Quelle allen Wohlstands sei.

2 Margot Th. Brandlhuber: Die Wissenschaft vom „Eisernen Zeitalter" – Léonard Defrance, Pehr Hilleström d. Ä. und Joseph Wright of Derby, in: Berlin 2002, S. 54–59, hier S. 54; zur Darstellung früher Beispiele industrieller Arbeit vgl. auch Türk 2000, S. 155 f.

3 Edmund Burke: *A Philosophical Enquiry into the Origin of our Ideas of the Sublime and Beautiful*, London 1757.

4 Vgl. Monika Wagner: *Die Industrielandschaft in der englischen Malerei und Grafik 1770–1830*, Frankfurt am Main 1979.

5 Ebd., S. 60, 72.

6 Zur Industriemalerei in Belgien und insbesondere von Constantin Meunier vgl. Türk 2000, S. 180–184.

7 Wagner 1979 (wie Anm. 4), S. 10.

8 Vgl. Dieter Vorsteher: Das Fest der 1000. Locomotive. Ein neues Sternbild über Moabit, in: *Die Nützlichen Künste. Gestaltete Technik und Bildende Kunst seit der Industriellen Revolution*, hrsg. von Tilmann Buddensieg und Henning Rogge, Ausst.-Kat. Messegelände am Funkturm, Berlin, 1981, S. 90–98, hier S. 92.

9 Zur fotografischen Industrie- vedute vgl. zum Beispiel Hugo van Werden: *Die Krupp'sche Gussstahlfabrik, Essen*, 1864 (Kat. 33).

10 Der Turm mit der Wetterfahne im Vordergrund ist beispiels- weise angelehnt an den antiken Turm der Winde in Athen, der für zahlreiche Bauten des 19. Jahrhunderts zum Vorbild wird. Die fiktive Gartenanlage spielt auf die bereits geplante Villa mit Gartenanlage in Alt-Moabit an, die die Familie wenig später bezieht. Vgl. Dieter Vorsteher: Das Industriebild als Auftrag zwischen Vormärz und Gründerzeit, in: Berlin 2002, S. 66–71, hier S. 67.

11 Vgl. Friedrich Eggers: Ueber Stoffe für Genre- und Land- schaftsmaler, in: *Deutsches Kunstblatt. Zeitschrift für bildende Kunst, Baukunst und Kunsthandwerk* 3,13 (1852), S. 107 f.

12 Vgl. Hubert Köhler: Die Dar- stellung des Schmiedes in der bildenden Kunst. Aspekte eines Bildmotivs im Wandel der Zeitabläufe, in: Türk 1997, S. 50–61; Friese-Oertmann 2017, S. 67–69.

13 Vgl. Françoise Forster-Hahn: Adolph Menzels „Eisenwalz- werk": Kunst im Konflikt zwischen Tradition und sozialer Wirklichkeit, in: Berlin 1981 (wie Anm. 8), S. 122–129, hier S. 123.

14 Vgl. ebd., S. 126; Ausführungen zum allegorischen Industriebild in Deutschland finden sich u. a. bei Monika Wagner: Die neue Welt der Dampfmaschine. Industriebilder des 19. Jahr- hunderts, in: München 1980, S. 12–29.

15 Vgl. Karin Gafert: *Die soziale Frage in Literatur und Kunst des 19. Jahrhunderts. Ästhetische Politisierung des Weberstoffes*, Kronberg 1973, S. 131; zum gesamten Zyklus von Paul Friedrich Meyerheim vgl. Vorsteher 2002 (wie Anm. 10), S. 69–71.

16 Vgl. Friese-Oertmann 2017, S. 73–80.

17 Ein Beispiel für eine Dar- stellung des Themas in der bildenden Kunst ist Luca Giordano: *La fucina di Vulcano*, um 1660, Eremitage, St. Petersburg.

18 Vgl. Fürst 1912.

19 Klaus Türk: *Mensch und Arbeit. 400 Jahre Geschichte der Arbeit in der bildenden Kunst. Die Eckhart G. Grohmann Collection an der Milwaukee School of Engineering*, Milwaukee 2003, S. 35.

20 Vgl. Essen 1912.

21 Türk 2000, S. 220 f.

22 Zur Bedeutung der Werks- fotografie bei Krupp vgl. Tenfelde 1994.

23 Vgl. Kunkel 2010, S. 70.

24 Türk weist darauf hin, dass das Werk im damaligen Kasino des Krupp-Hüttenwerks in Duisburg-Rheinhausen hing und der Titel in Anlehnung an die Bezeichnung der Krupp'schen Werke als *The Devil's Foundry* in der Londoner *Illustrated War News* gewählt wurde. Kley wollte diese Charakterisierung ins Satirische wenden. Vgl. Türk 2000, S. 227 f.

25 Vgl. Friese-Oertmann 2017, S. 135 sowie 137 f.

26 Scholl 1992, S. 24.

27 Prominente Beispiele sind Jules Adler: *La Grève au Creusot*, 1899, Musée des Beaux-Arts, Pau, sowie Giuseppe Pellizza da Volpedo: *Il Quarto Stato*, 1901, Museo del Novecento, Mailand.

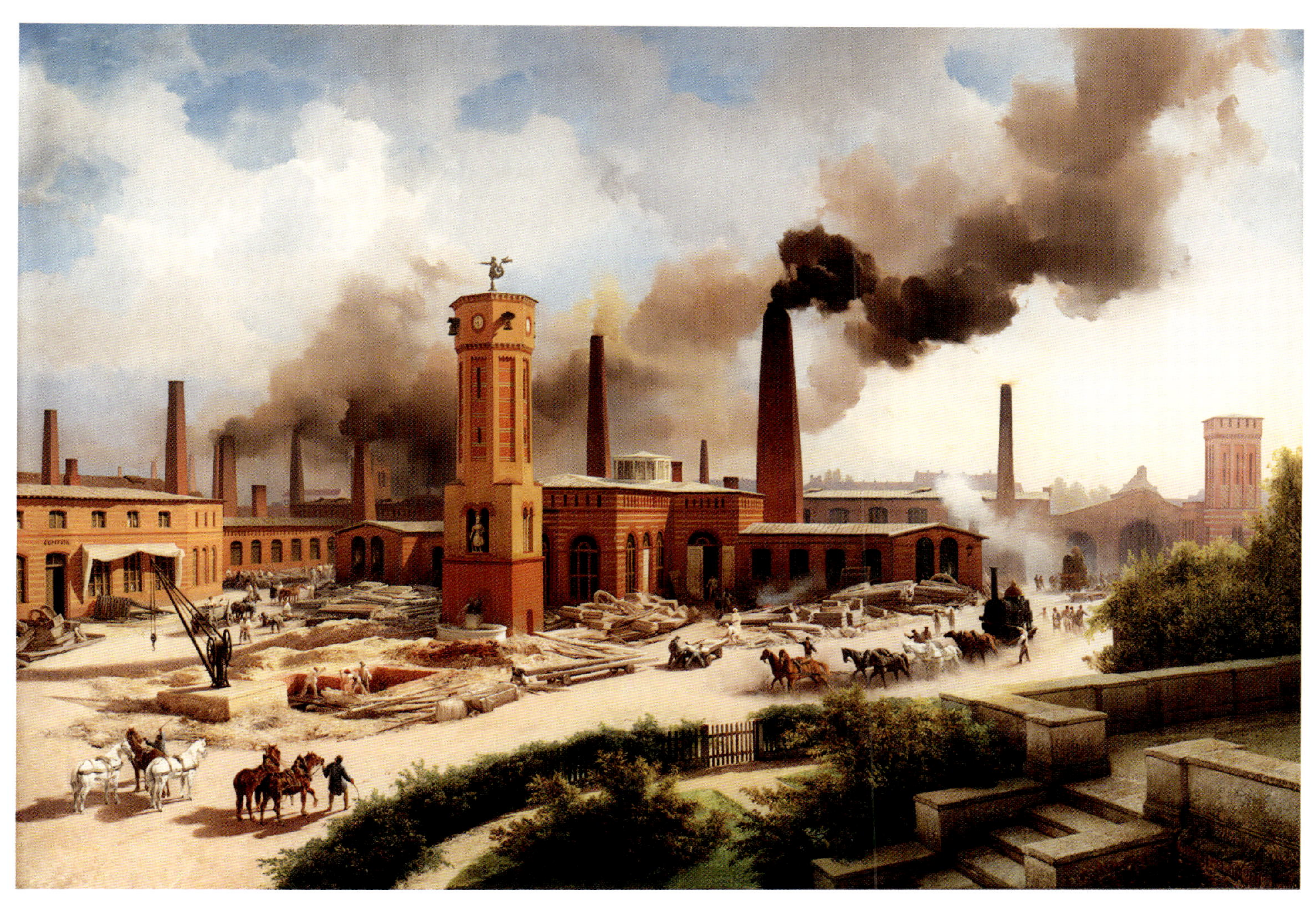

1 Carl Eduard Biermann:
Borsig's Maschinenbau-Anstalt zu Berlin, 1847

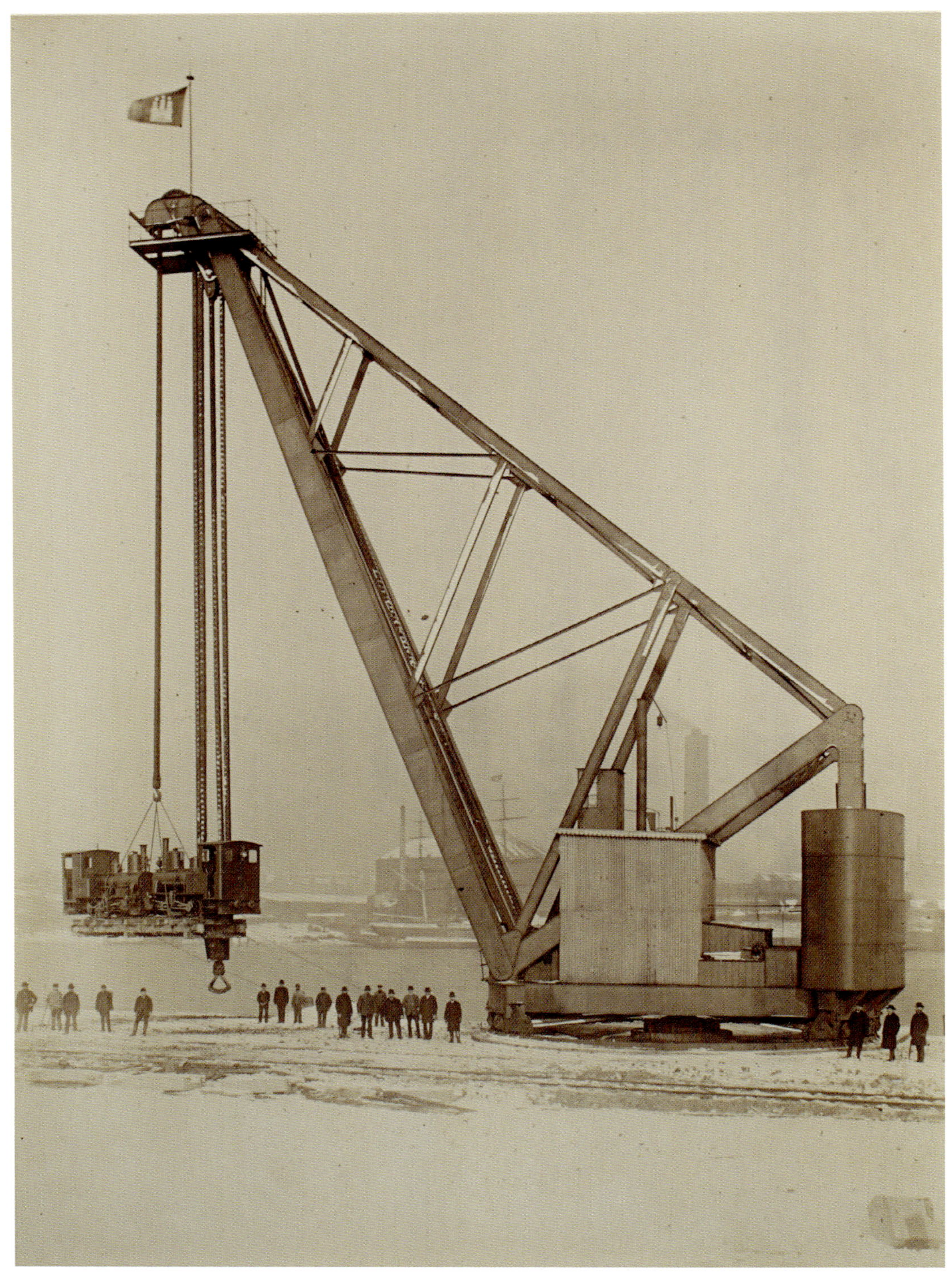

2 Georg Koppmann:
150 Tons Kran am Segelschiffhafen,
Februar 1888

3 Paul Friedrich Meyerheim:
In der Werkhalle beim Lokomotivenbau,
Schmieden eines Treibrades, 1872/73

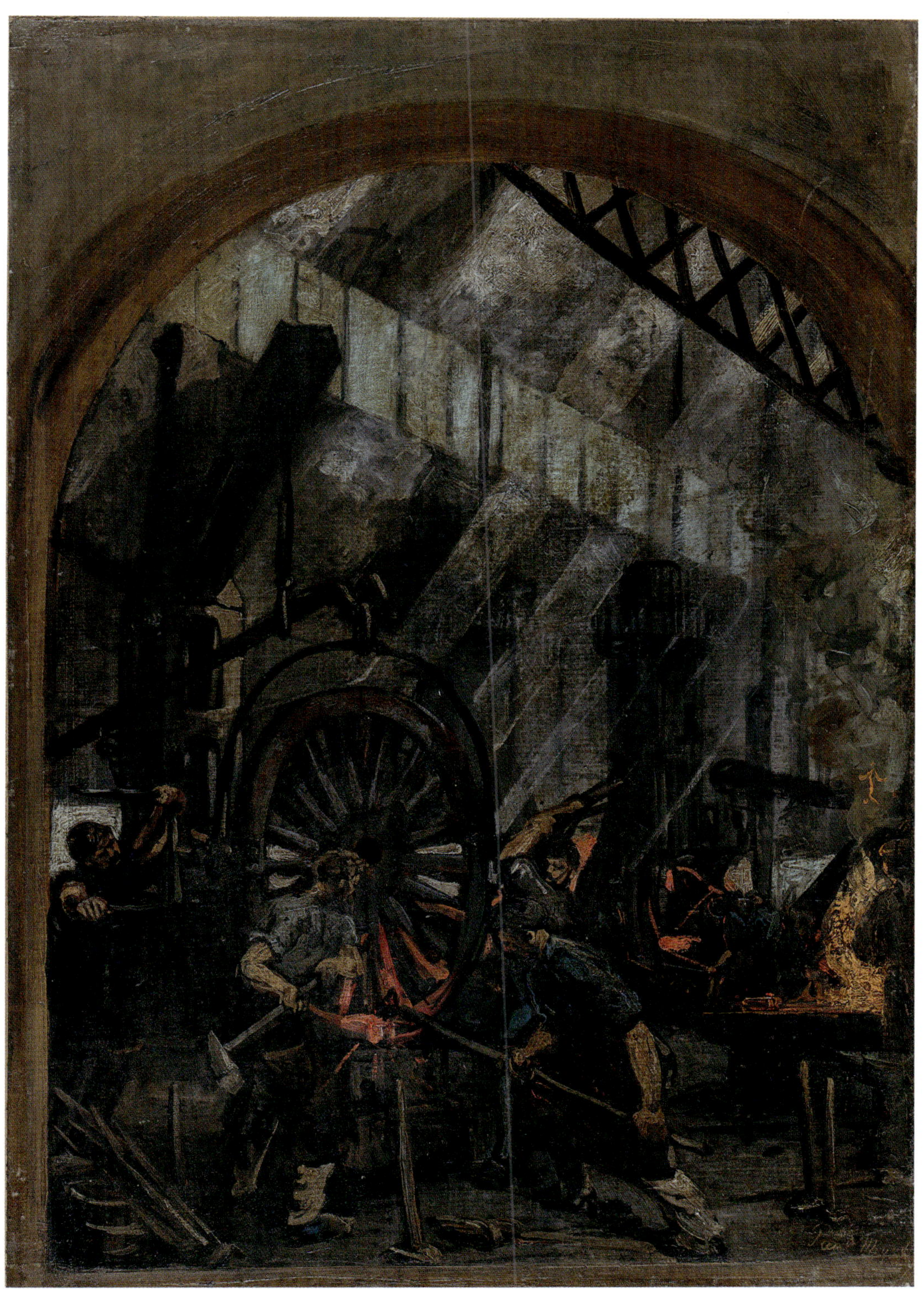

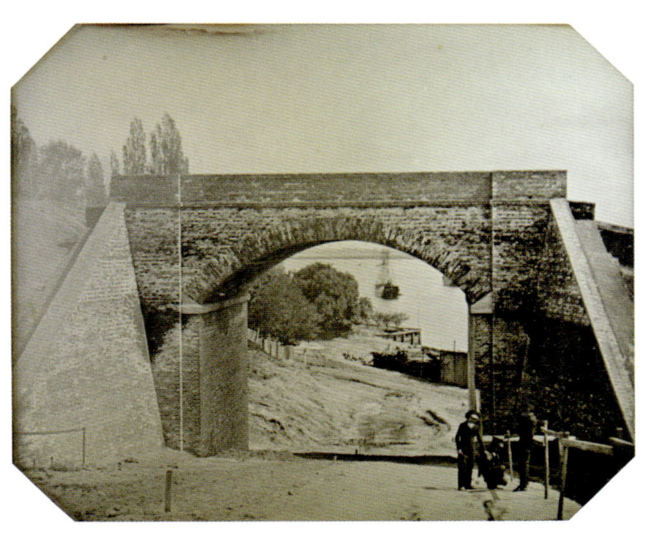

4 Carl Ferdinand Stelzner:
Eisenbahnbrücke von Altona-Neumühlen, 1844

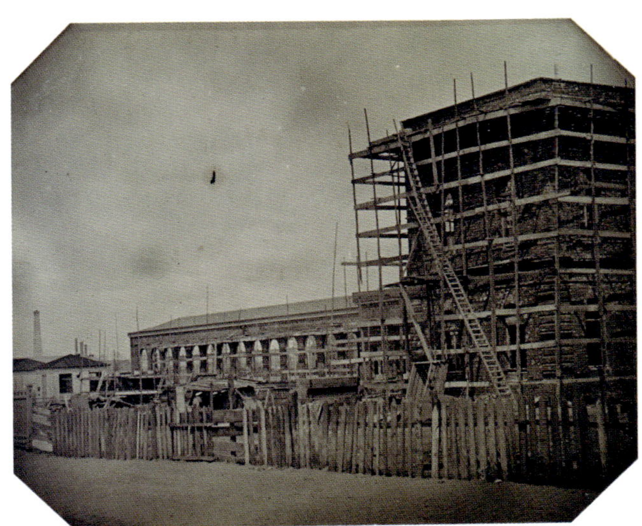

6 Carl Ferdinand Stelzner:
Altonaer Bahnhof, 1844

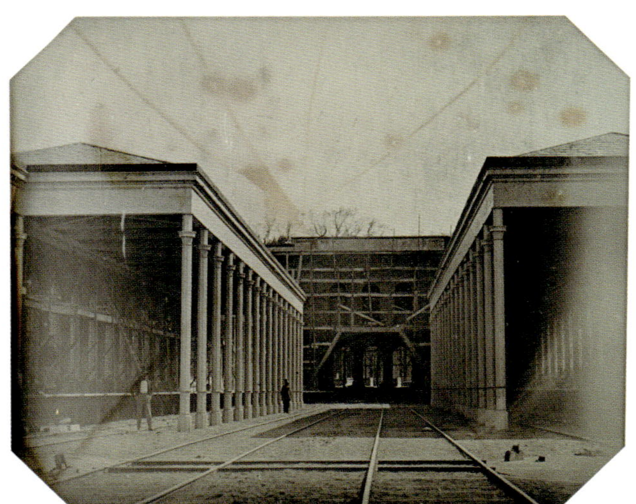

5 Carl Ferdinand Stelzner:
Altonaer Bahnhof, 1844

Belastungsprobe der Großhesseloher Brücke in München, 1857

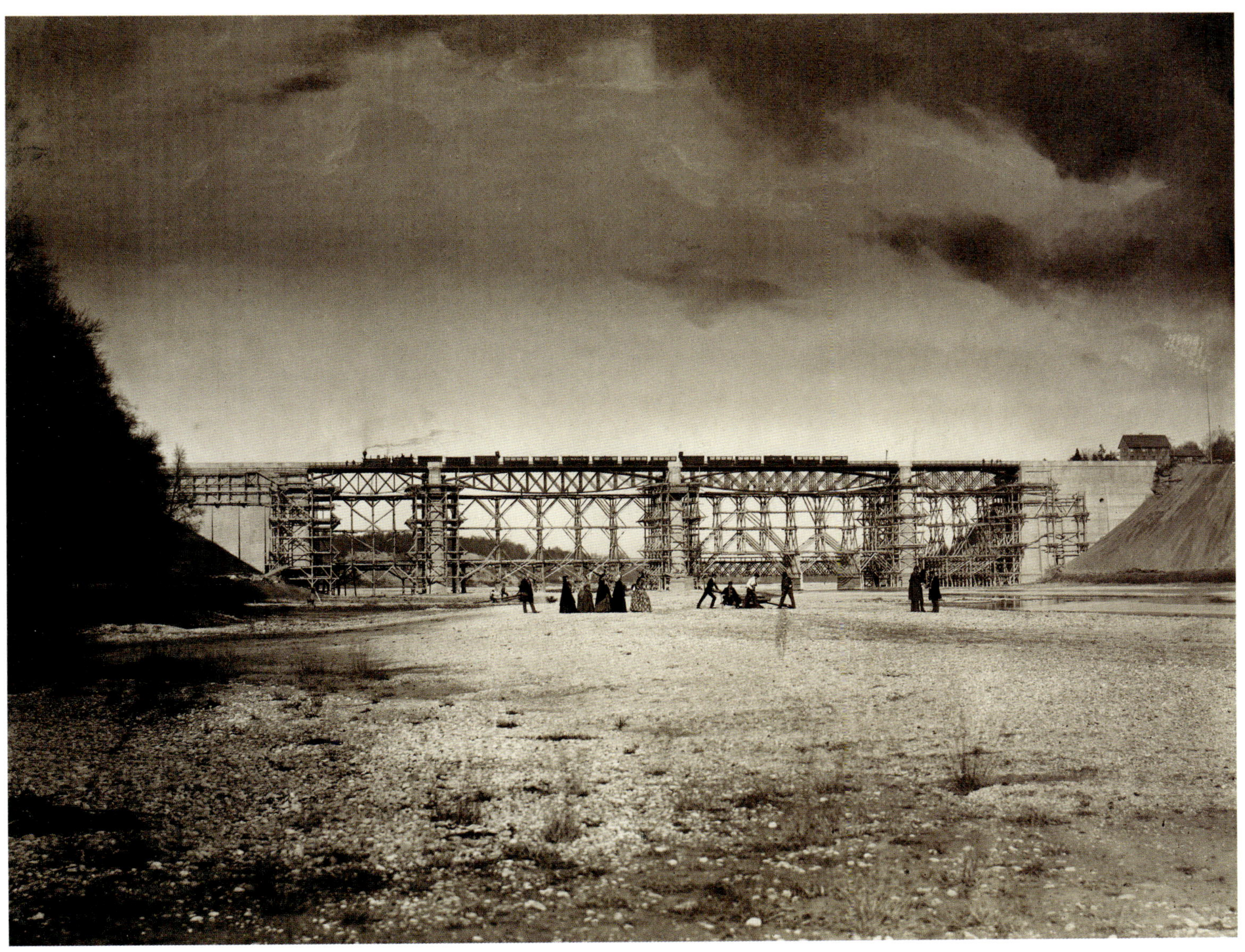

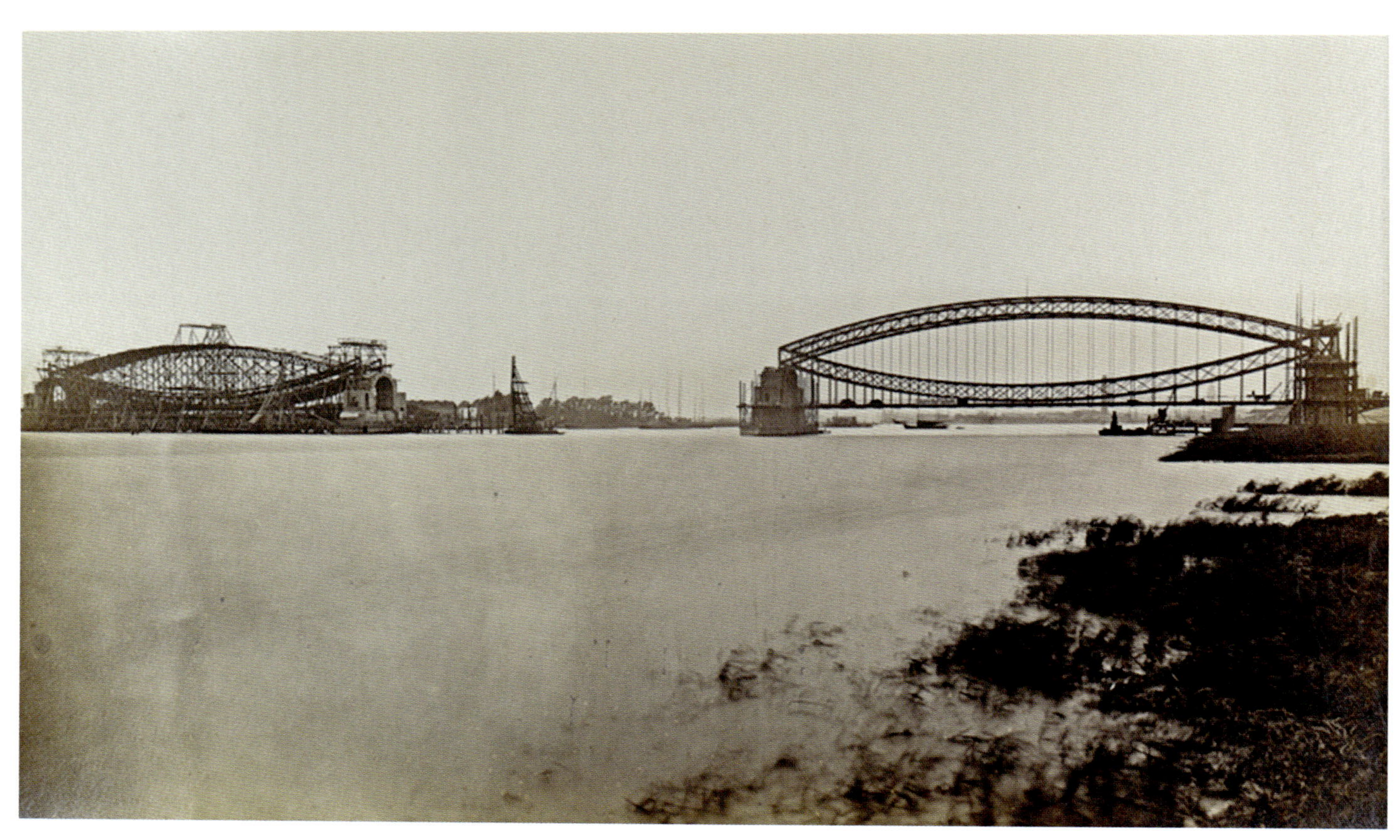

8 Anonym:
Die unvollendete Elbbrücke bei Harburg,
um 1870

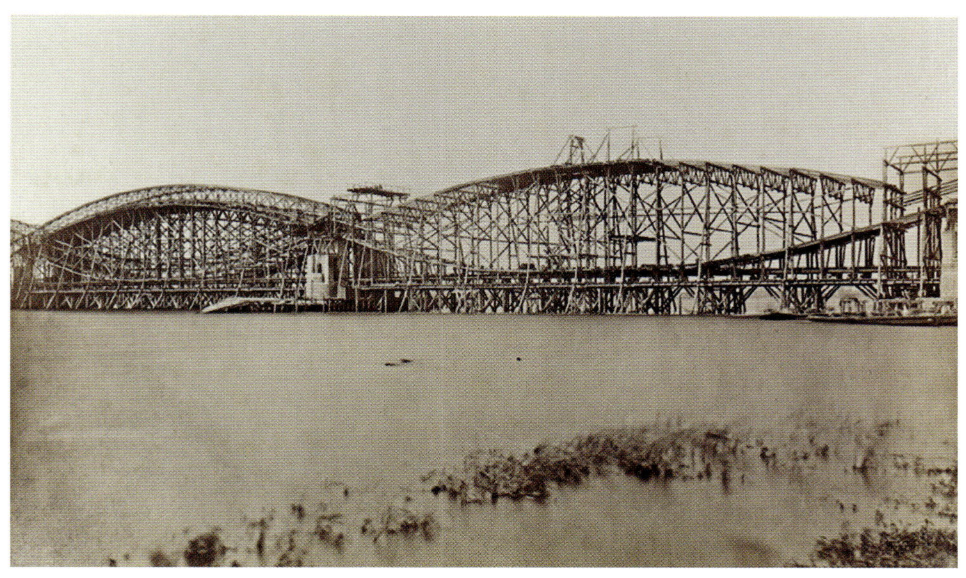

9 Anonym:
Die unvollendete Elbbrücke bei Harburg,
um 1870

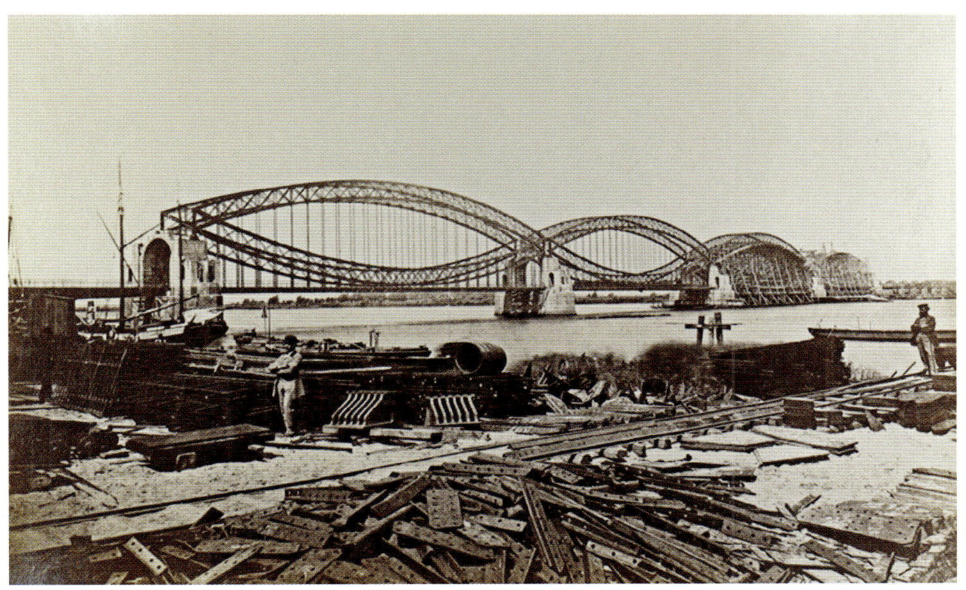

10 Anonym:
Die unvollendete Elbbrücke bei Harburg,
um 1870

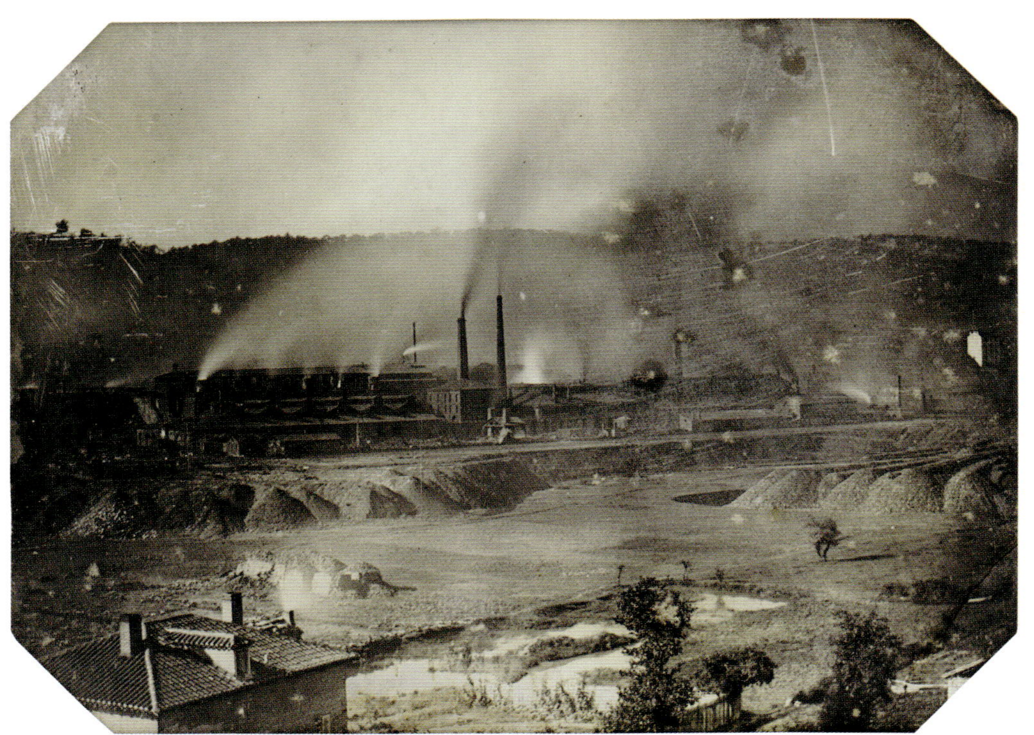

11 Marie-Charles-Isidore Choiselat
und Stanislas Ratel:
Stahlwerk in Decazeville, 1845

12 Johann Joseph Leyendecker:
Mechernicher Bleibergwerk, 1854

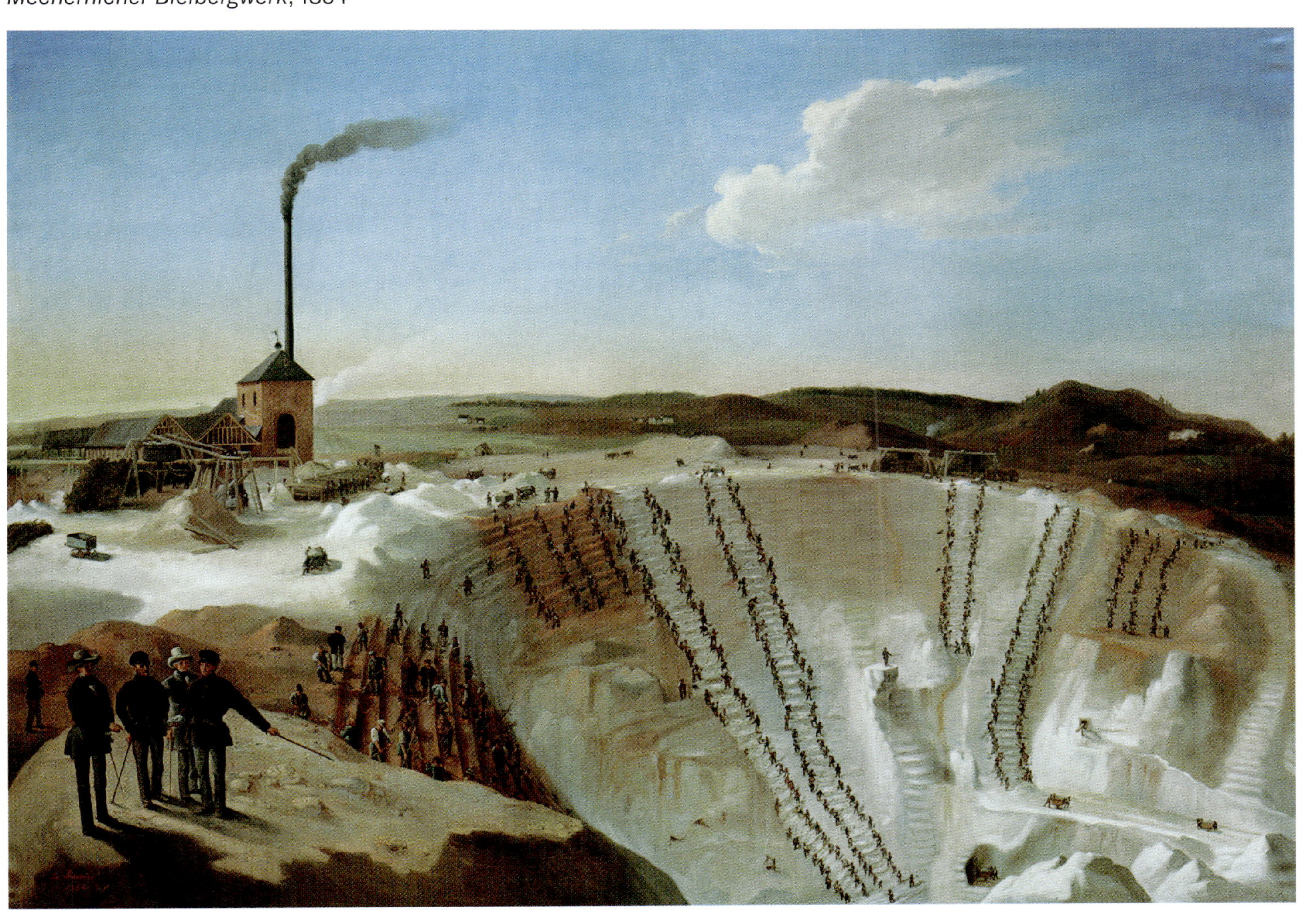

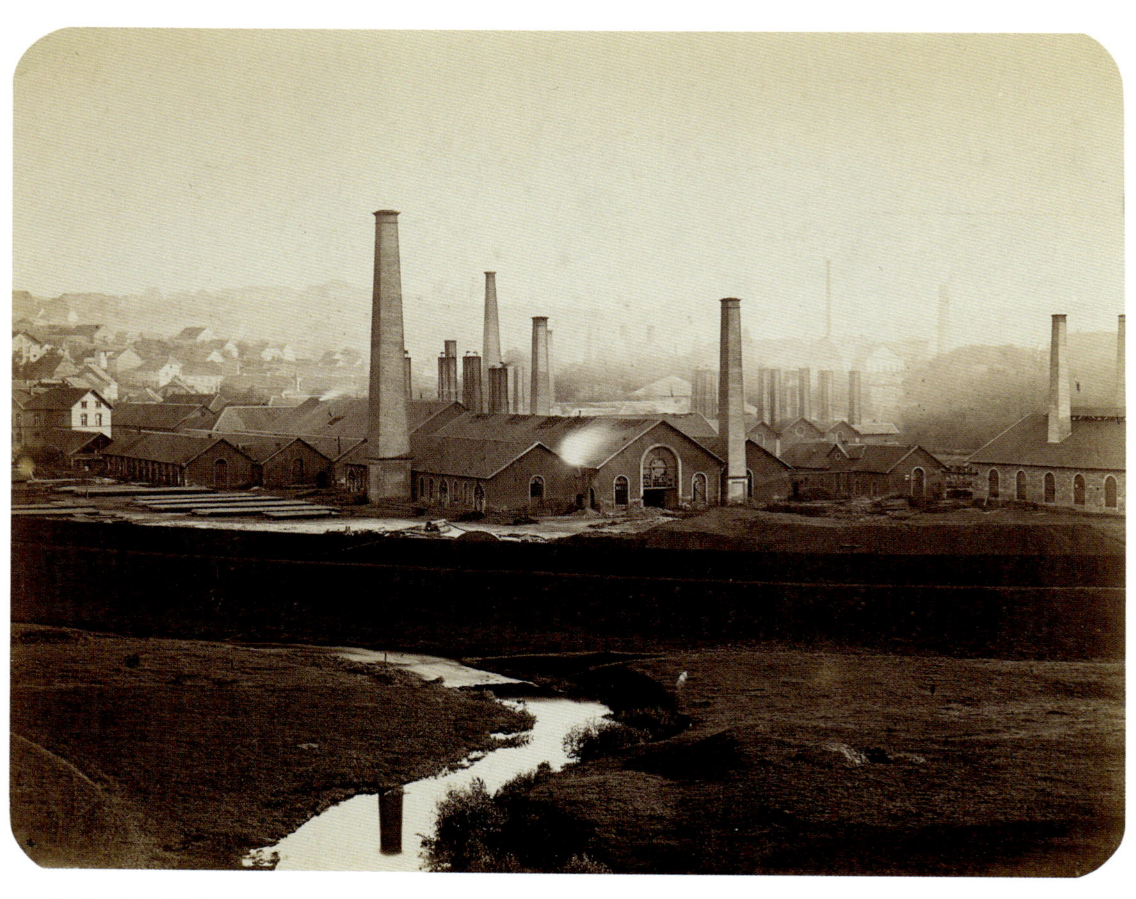

13 Carl Heinrich Jacobi:
Neunkirchener Eisenhüttenwerk aus der Mappe *Ansichten der Gruben- und Hütten-Anlagen des Saarbrücker Steinkohlenreviers*, 1860–1868

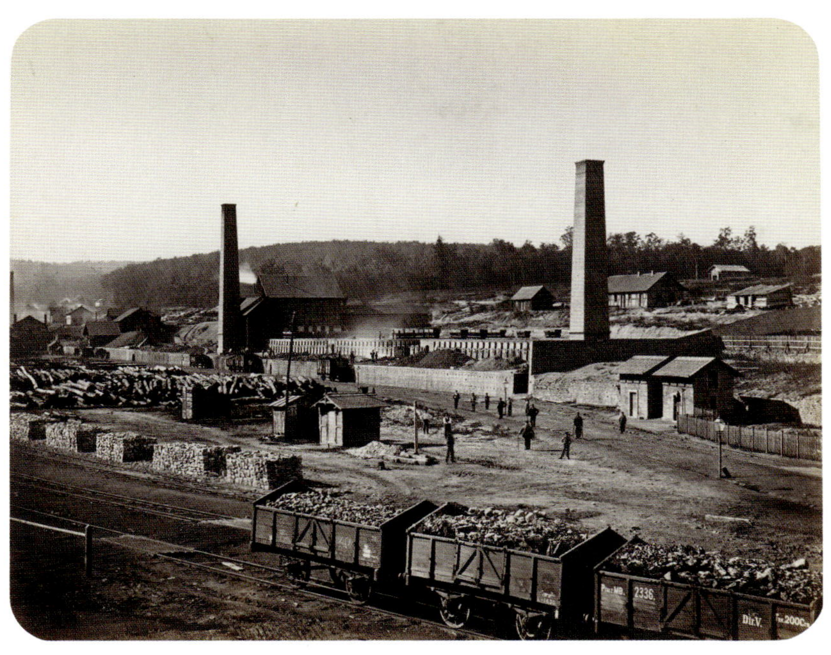

14 Carl Heinrich Jacobi:
Grube Heinitz, Coaksanlage von Schmidtborn und Gebr. Röchling
aus der Mappe *Ansichten der Gruben- und Hütten-Anlagen des
Saarbrücker Steinkohlenreviers*, 1860–1868

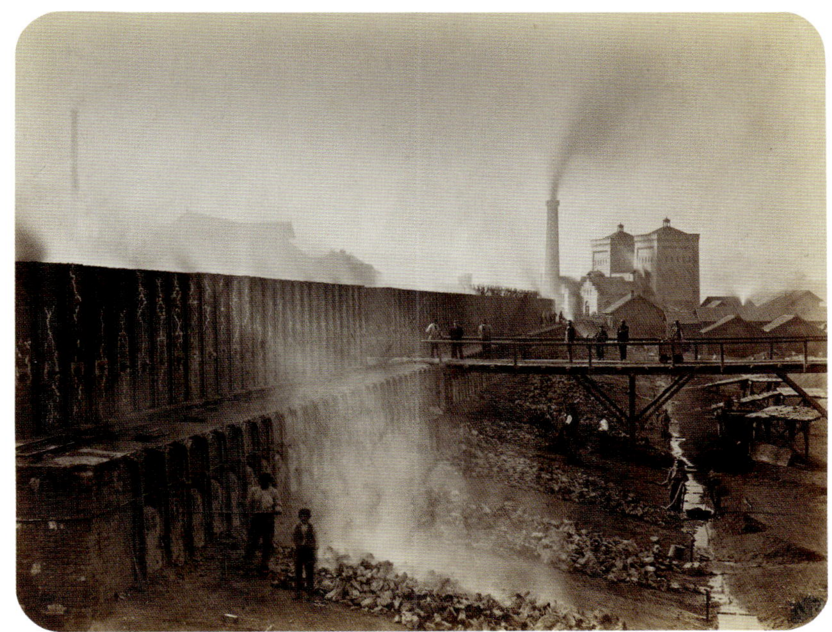

15 Carl Heinrich Jacobi:
Dechen-Schächte, Coaksanlage von Lamarche & Schwarz
aus der Mappe *Ansichten der Gruben- und Hütten-Anlagen des
Saarbrücker Steinkohlenreviers*, 1860–1868

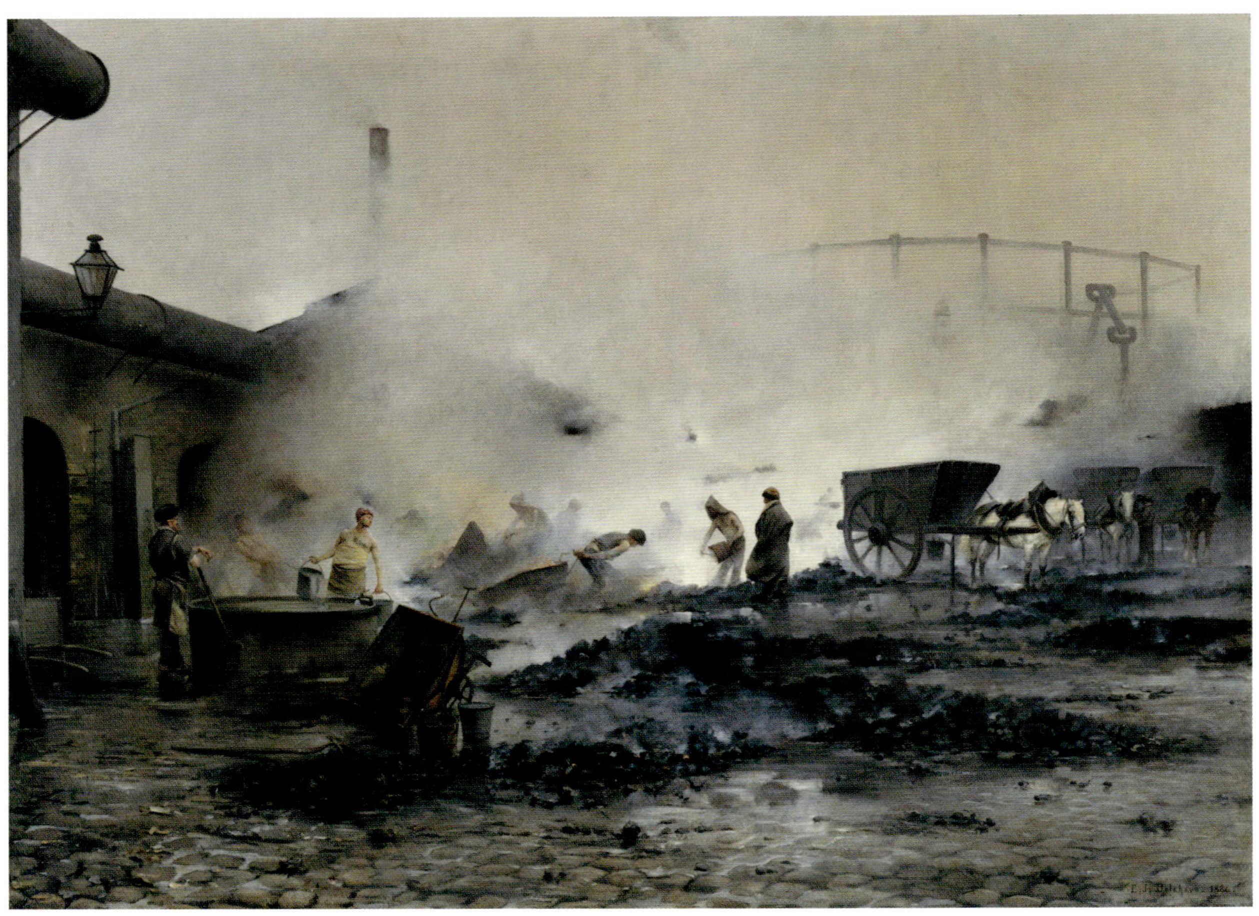

16 Ernest-Jean Delahaye:
L'Usine à gaz de Courcelles, 1884

17 Léon-Auguste Mellé:
Carrières de Gentilly, 1879

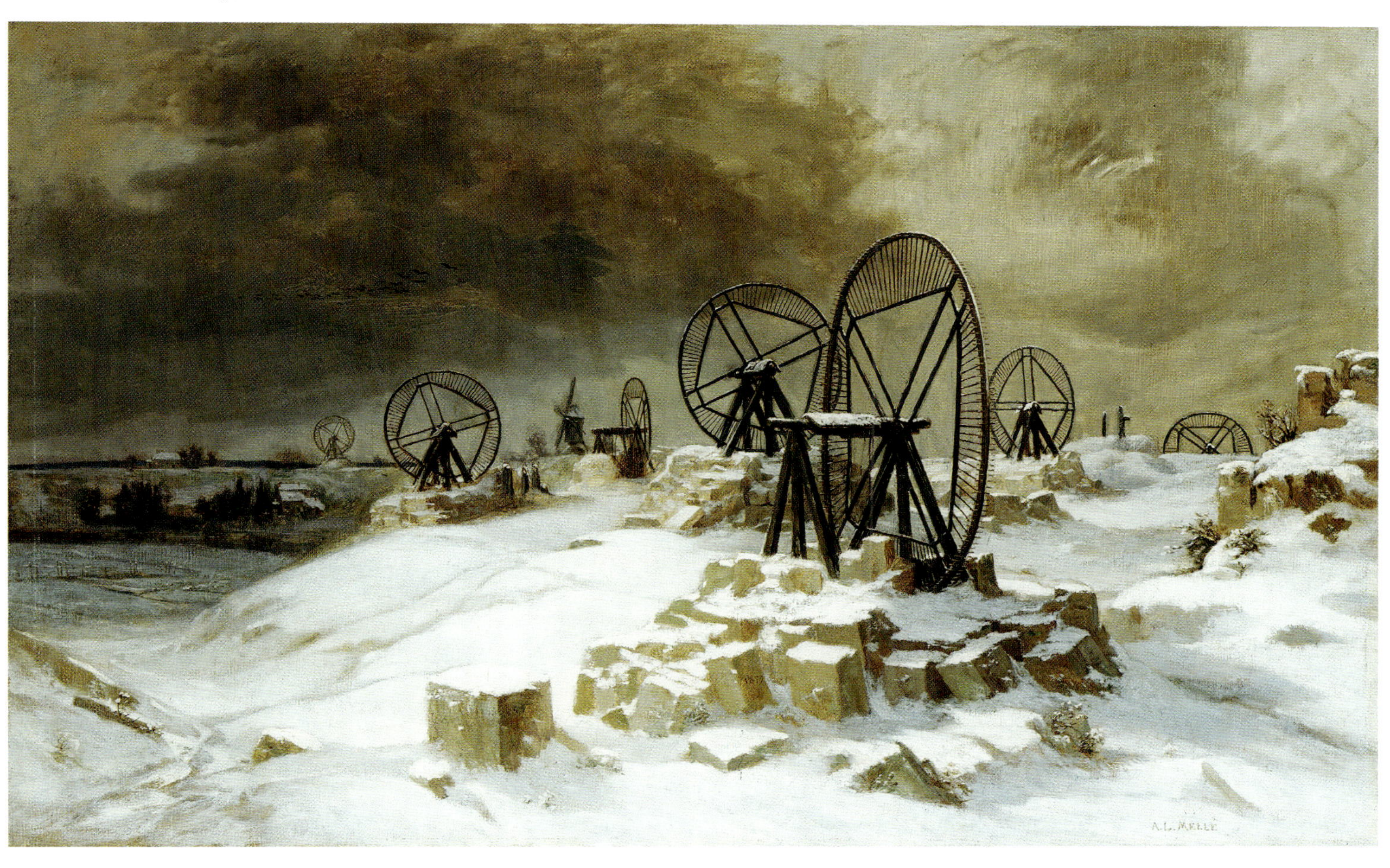

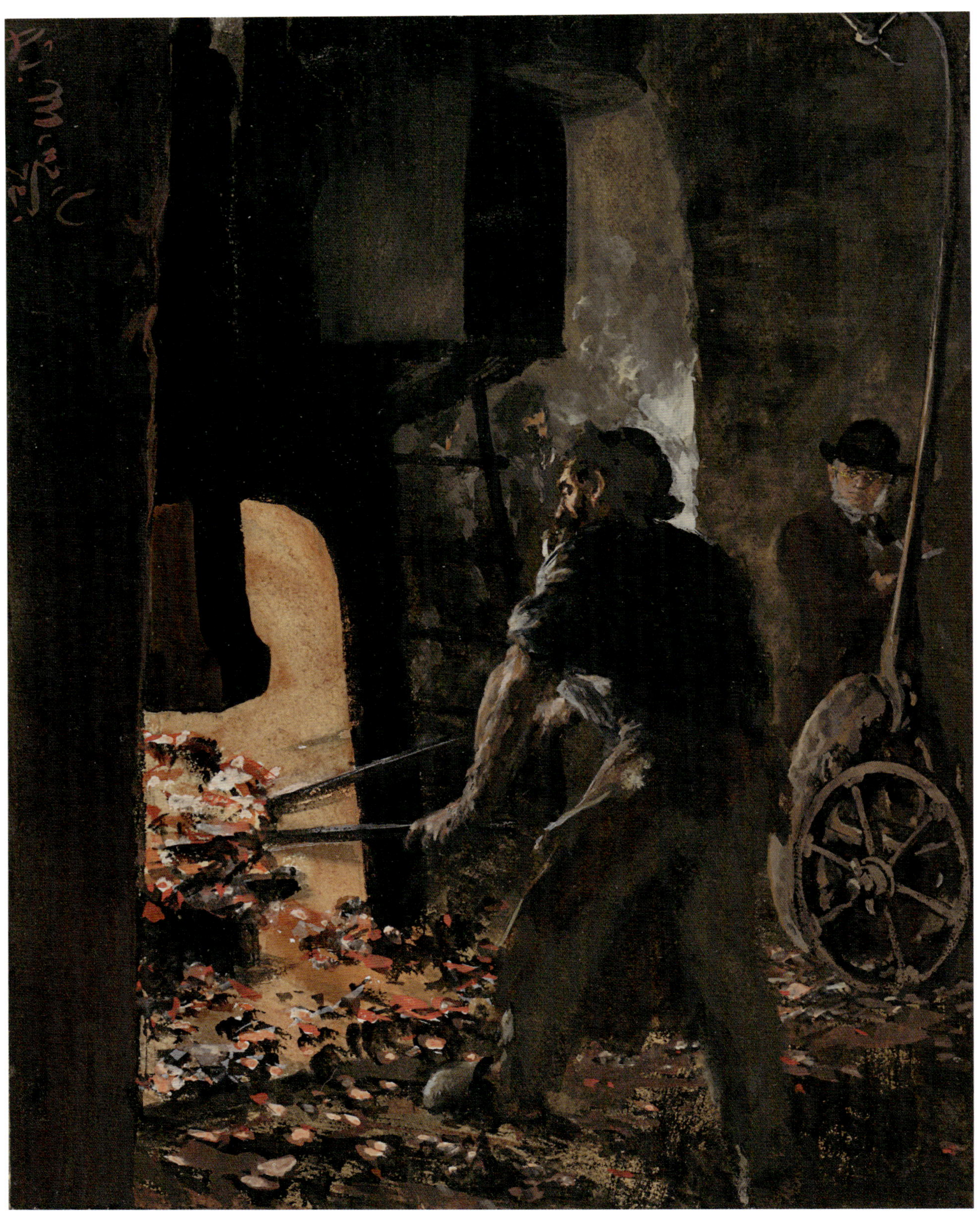

18 Adolph von Menzel:
Selbstbildnis mit Arbeiter am Dampfhammer im Walzwerk, 1872

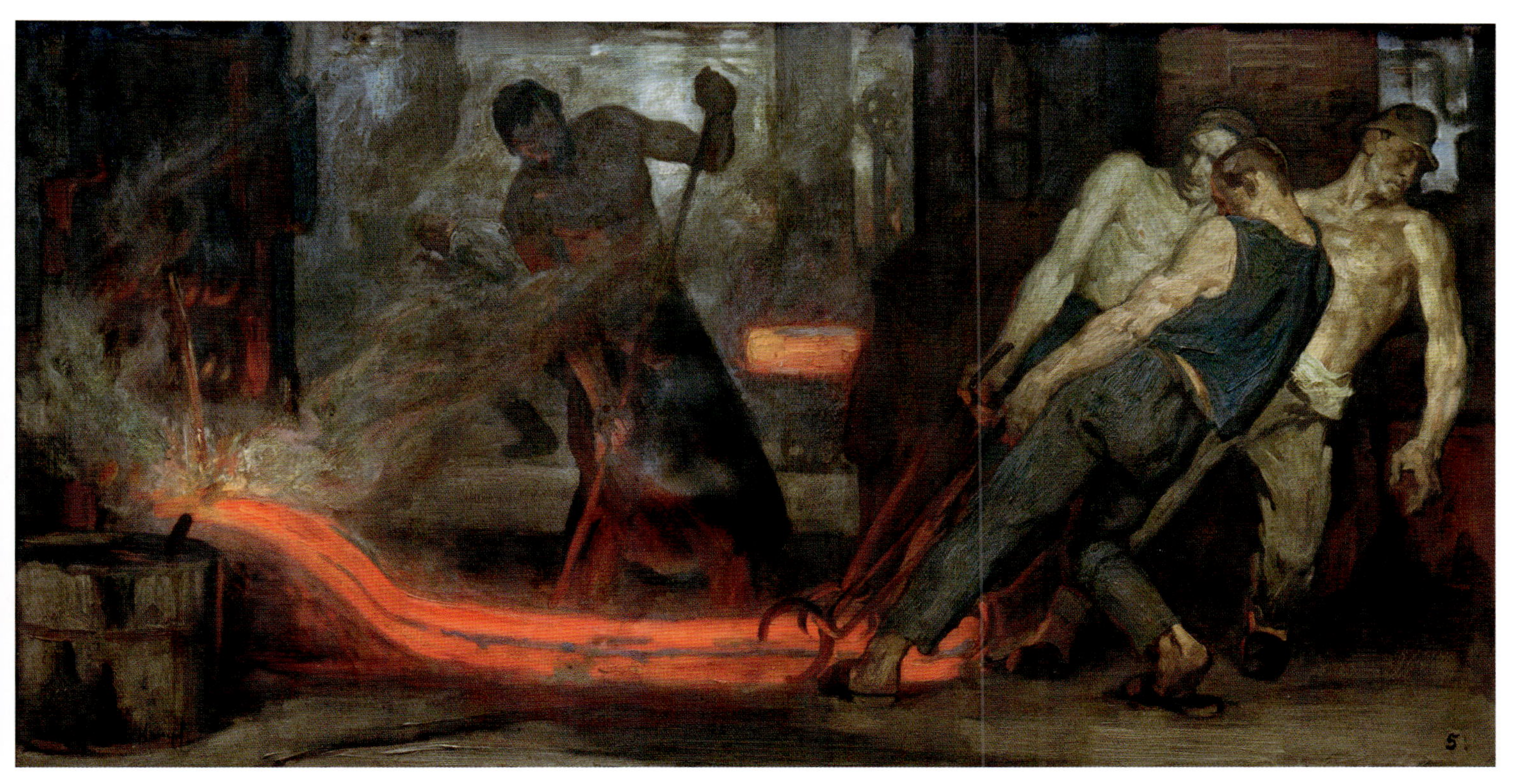

19 Arthur Kampf:
Walzwerk, um 1904

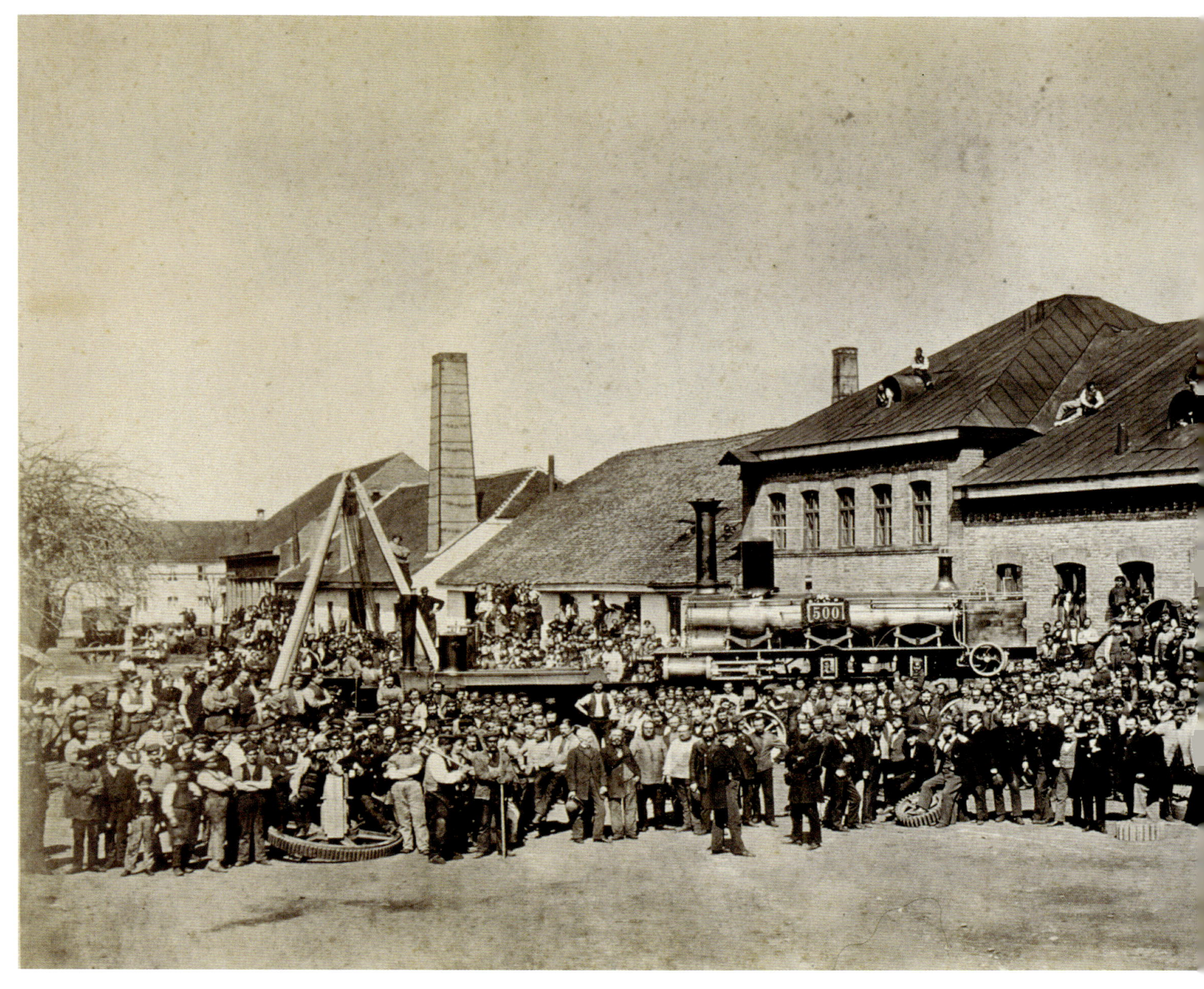

20 Joseph Albert:
Belegschaft der Lokomotivfabrik Maffei anlässlich der
Herstellung der 500. Lokomotive, München-Hirschau, 1864

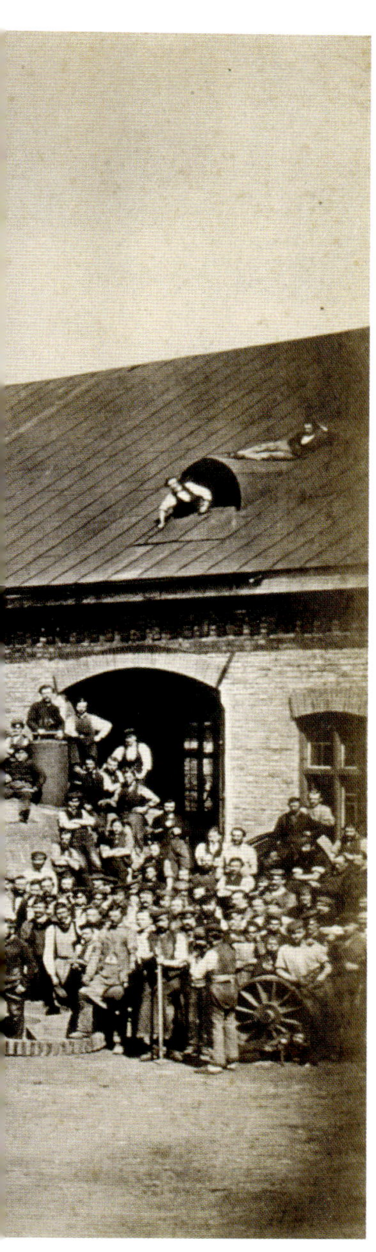

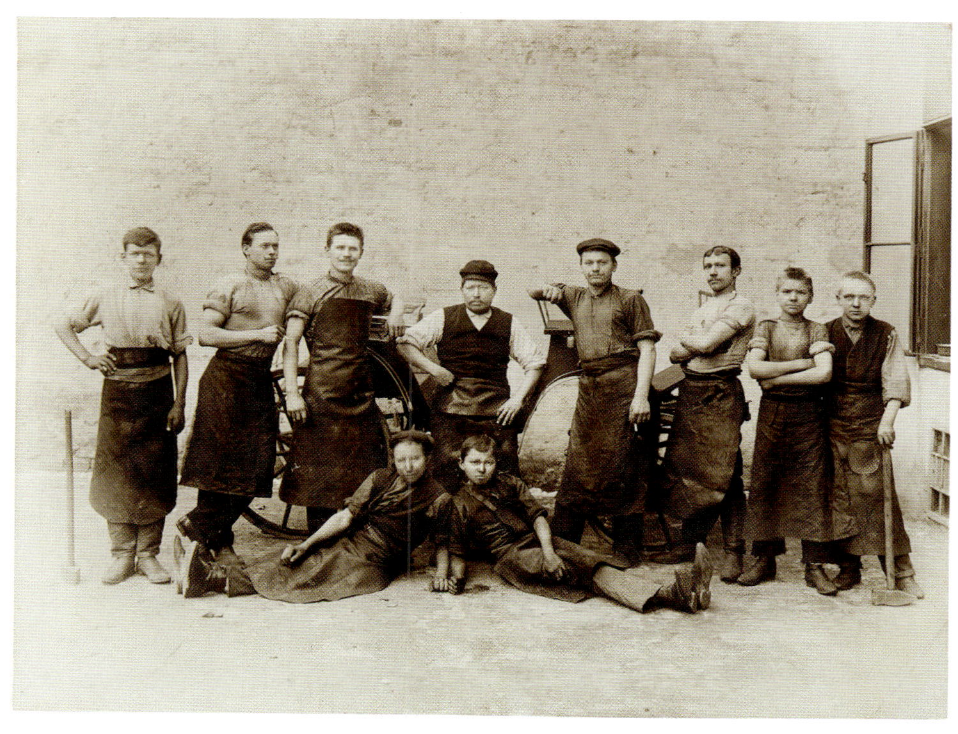

21 Julius Hesz:
Schmiede, Wien, um 1910

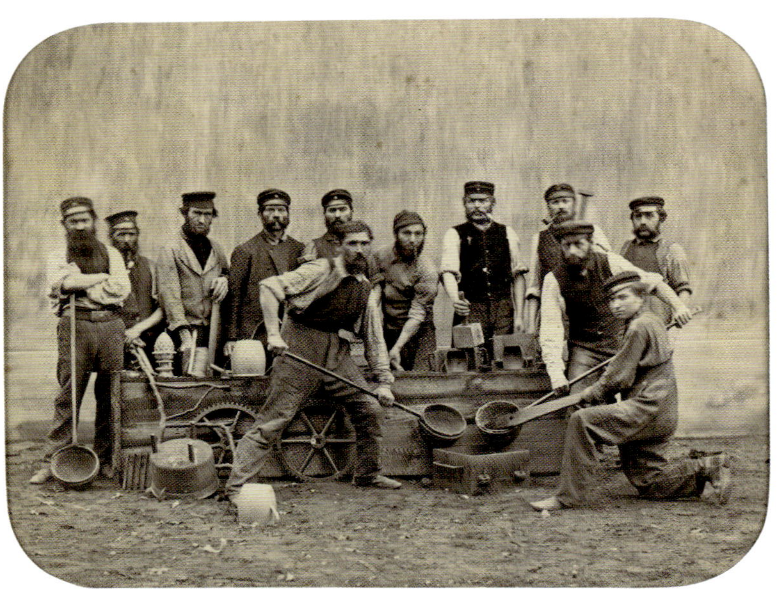

22 Anonym:
Arbeiter einer Gießerei, Neusalz in Schlesien
aus dem Album *Ihrem Hochverehrten Herrn Chef*
von dem Personal des Neusalzer Hüttenwerks
am 7. Dezember 1865, 1865

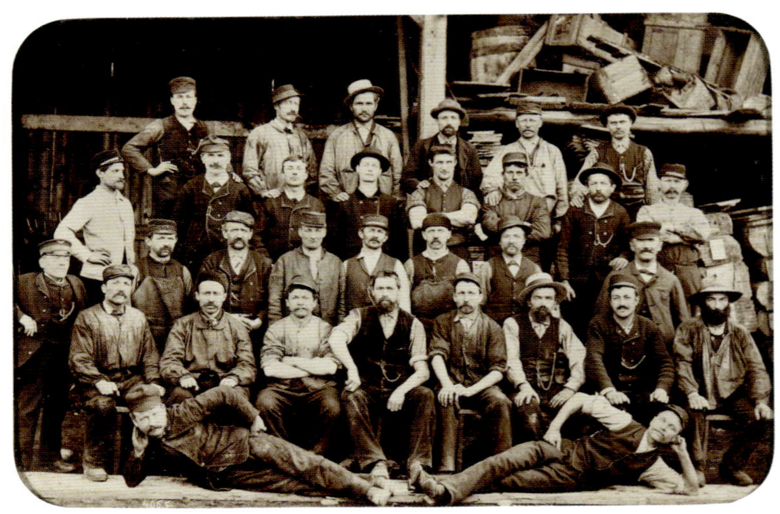

23 R. Law:
Arbeiter, Fribourg/Schweiz, 1893

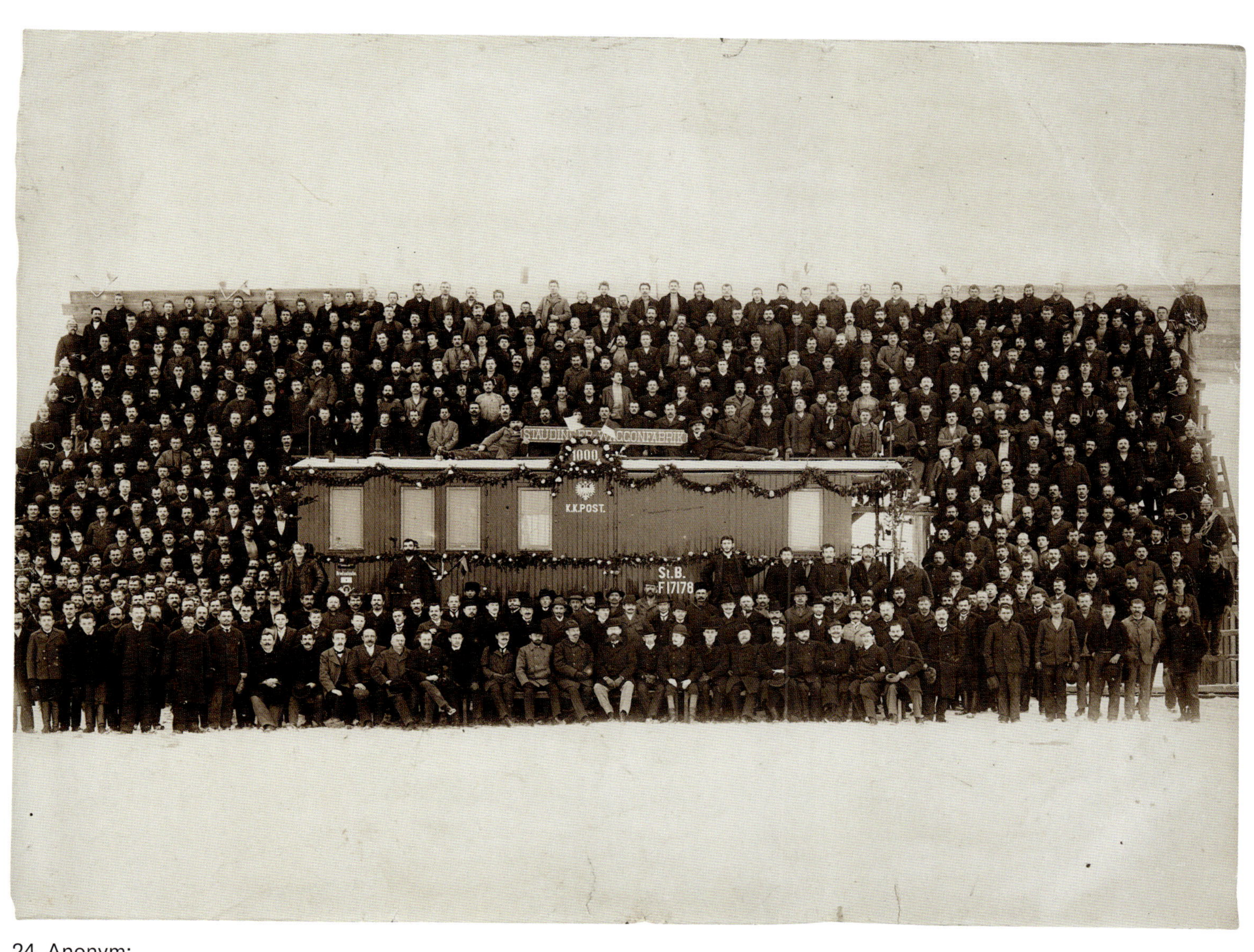

24 Anonym:
Waggonfabrik in Stauding, um 1905–1910

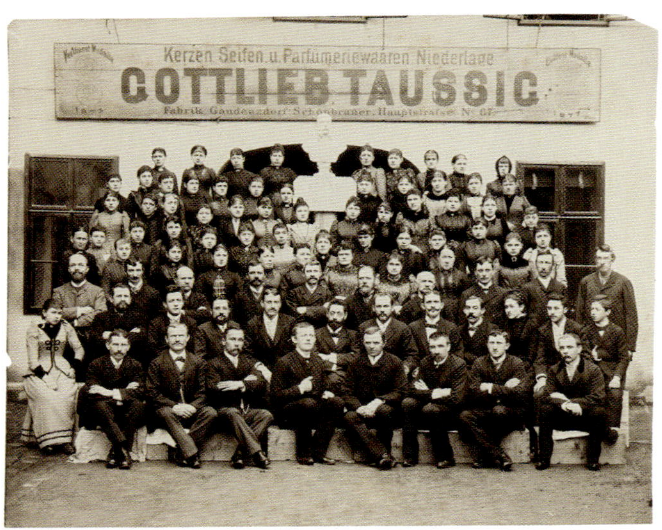

25 Anonym:
Parfümerieangestellte, Parfümerie Gottlieb Taussig,
Wien, 1892

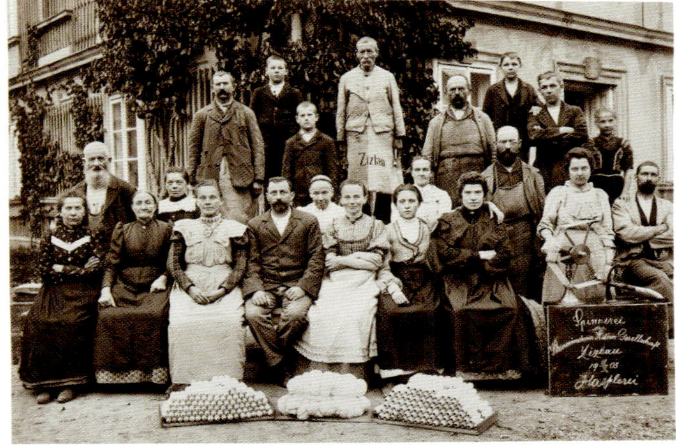

26 Anonym:
Spinnereiarbeiter der Kleinmünchener Actien
Gesellschaft, Zizlau, 1903

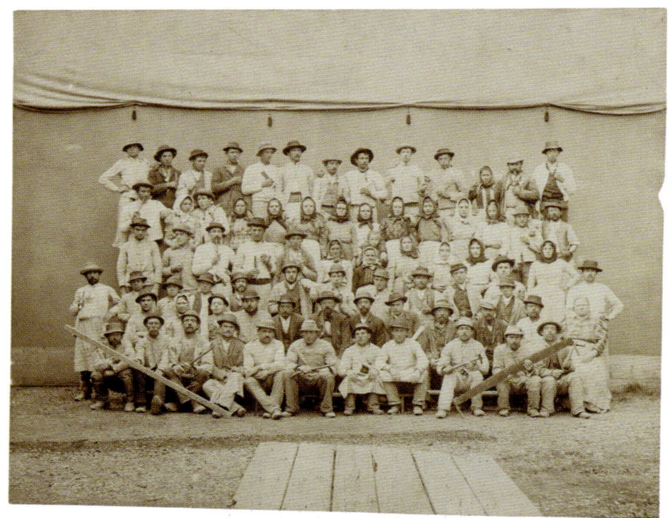

27 Atelier Anton Wasserbauer:
Handwerker in Wien, um 1885

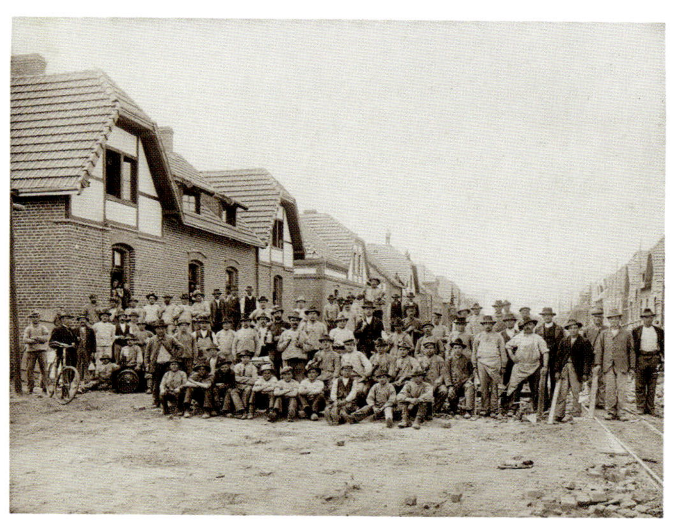

28 Anonym:
Zimmerer, um 1900

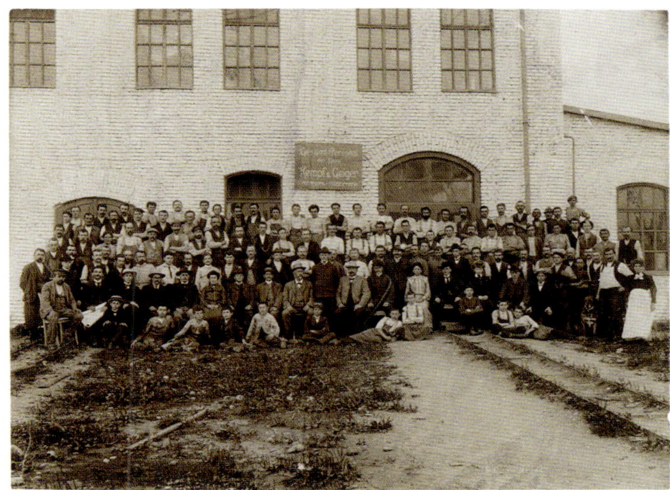

29 Rudolf Schrötter:
Gesamtpersonal der Firma Kempf und Geiger,
Abteilung Möbelbau, Mühldorf am Inn, um 1900

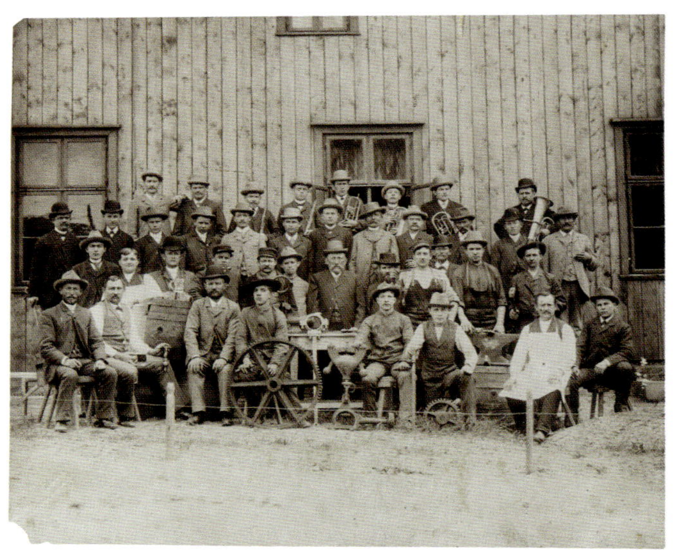

30 Thomas Backens:
Deringsche Handwerker, Brunsbüttel, 1894

DOKUMENTIEREN UND INSZENIEREN

INDUSTRIEFOTOGRAFIE IM RUHRGEBIET VON 1860 BIS 1960

Ralf Stremmel

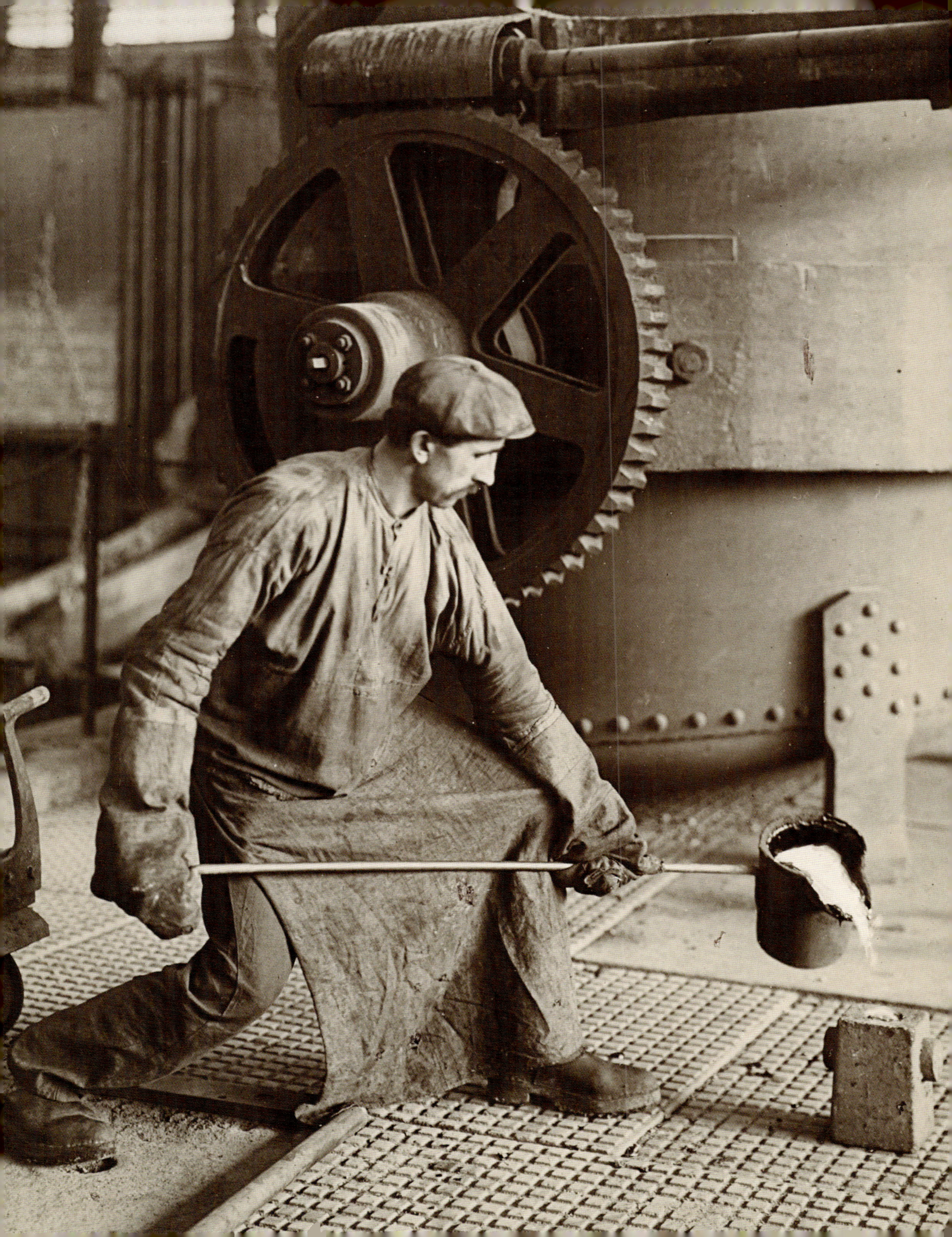

Die Geschichte der Industriefotografie ist untrennbar mit dem Ruhrgebiet verbunden. Über lange Zeit hinweg war die Region auf diesem Gebiet Impulsgeber und Experimentierfeld. Industriefotografen schufen hier Millionen von Bildern und setzten mehr als einmal wegweisende Akzente. Ohne Zweifel webten sie am Mythos Ruhrgebiet mit. Industriefotografie jedoch als bloße Inszenierung abzutun, greift deutlich zu kurz.[1]

Die besondere Bedeutung des Ruhrgebiets in der Industriefotografie hängt mit vier Faktoren zusammen:

1. Im Ruhrgebiet entstand 1861 wahrscheinlich erstmals weltweit in einem Unternehmen, und zwar in der Essener Gussstahlfabrik Krupp, eine Abteilung für Fotografie, die sogleich außergewöhnliche Arbeiten schuf.
2. Im Ruhrgebiet erhielten renommierte Vertreter des Fachs, wie etwa Albert Renger-Patzsch, immer wieder Aufträge und entwickelten innovative Konzepte.
3. Im Ruhrgebiet haben sich in Archiven und Museen wohl mehr als sechs Millionen Industriefotografien erhalten – von den Anfängen des Mediums bis hin zur digitalen Welt des 21. Jahrhunderts.
4. Im Ruhrgebiet ist die Industriefotografie als Bildquelle eigenen Ranges und Thema wissenschaftlicher Forschung mitentdeckt worden. Seit der bahnbrechenden Monografie von Reinhard Matz aus dem Jahr 1987 und dem 1994 erschienenen Sammelband von Klaus Tenfelde[2] sind zahlreiche Studien aus unterschiedlichen Perspektiven erschienen.

Der vorliegende Beitrag zeichnet die Entwicklung der Industriefotografie im Ruhrgebiet bis in die 1960er Jahre in groben Zügen nach. Industriefotografie wird hierbei in einem engen Sinn definiert, das heißt, es geht um Aufträge von Unternehmen für eigene Zwecke. Die Arbeiten freier Fotografen, die sich aus eigenem Antrieb mit industriellen Phänomenen auseinandersetzten, werden nur in Seitenblicken einbezogen. Vieles muss skizzen- und thesenhaft bleiben, nicht nur aus Platzgründen, sondern auch da die Forschung trotz ihrer Breite nach wie vor gravierende Lücken aufweist.

Ein kritisch-reflektierter Umgang mit Fotografie ist essentiell, etwa im Sinne einer Visual History.[3] Dieser Leitbegriff, propagiert besonders von Gerhard Paul, markiert einen der vielen sogenannten Turns in der Geschichtswissenschaft der letzten 20 Jahre. Folgt man Paul, befasst sich die Visual History sowohl mit der Historizität des Visuellen als auch mit der Visualität von Geschichte. Stark vereinfacht heißt das: Zum einen sind Fotografien selbstverständlich kein simples Abbild der Realität, aber sie zeigen doch Ausschnitte, Elemente der Wirklichkeit. Zum anderen hat jede Fotografie ihre eigene Geschichte, ist also etwas Gewachsenes, mit spezifischen Absichten, Techniken und Ästhetiken. Sie geht aus von Menschen, insbesondere Auftraggebern und Fotografen, und wendet sich an ein bestimmtes Publikum. Jedes Foto hat also seine eigene Verwendungsgeschichte.

DER ERSTE WERKSFOTOGRAF

Weder die früheste Industriefotografie in Deutschland noch im Ruhrgebiet sind eindeutig zu bestimmen, doch wird man davon ausgehen können, dass spätestens Mitte der 1850er Jahre Industrie fotografiert wurde.[4] Eine sprunghafte Vermehrung der Lichtbilder mit industriellen Motiven ist erst einige Zeit später zu beobachten, was nicht zuletzt Alfred Krupp zu verdanken ist. Obwohl er nicht eigenhändig fotografierte, muss er als Pionier der Industriefotografie gelten. 1861 gründete er in seiner Stahlfabrik nach heutigem Kenntnisstand die weltweit erste „Photographische Anstalt".[5] Krupp hatte erkannt, dass das immer noch junge

Hightech-Medium Fotografie ein vorzügliches Kommunikationsinstrument war, und beschäftigte sich intensiv mit Produktionsproblemen und Wirkungsmechanismen. Er ließ den technischen Zeichner Hugo van Werden zum Fotografen ausbilden und investierte viel Geld in die hochwertigsten und größten Plattenkameras seiner Zeit. Die Ausrüstung kostete etwa so viel wie das Jahresgehalt eines Betriebsleiters im Unternehmen. Darüber hinaus formulierte Krupp detaillierte Instruktionen für seine Werksfotografen. Beispielsweise wies er sie an, die Fabrik im Mai aufzunehmen, „wenn Alles grünt und der Wind stille ist". Er wünschte „in größtem Maaßstabe eine oder besser zwei Ansichten mit Staffage und Leben auf den Plätzen, Höfen und Eisenbahnen. Ich würde vorschlagen, daß man dazu Sonntage nehme, weil die Werktage zu viel Rauch, Dampf und Unruhe mit sich führen [...]. Ob 500 oder 1000 Mann dazu nöthig sind, stelle ich anheim. Es ist nachtheilig, wenn zu viel Dampf die Umgebung unklar macht, es wird aber sehr hübsch sein, wenn an möglichst vielen Stellen etwas weniger Dampf ausströmt. Die Locomotiven und Züge sind auch sehr imponirend so wie die großen Transportwagen für Güsse. [...] Diese Bilder müßten für mehrere Jahre vorhalten und wenn sie so schön werden wie ich mir denke, so mag die Aufnahme incl. Vergütung für die Leute ein Paar Tausend Thaler kosten".[6]

Unter anderem entstanden zu Beginn der 1860er Jahre ebenso großartige wie überdimensionale Panoramafotografien des Werks, auf denen zum Teil, wie von Krupp gefordert, Beschäftigte mit ihren Werkzeugen und den Produkten arrangiert sind (Kat. 33). Dahinter stand oftmals ein immenser Aufwand. Das größte fotografierte Objekt, das überliefert ist, hat eine Länge von fast acht Metern. Der Fotograf nutzte riesige, zentnerschwere Kameras mit Stativ. Im nassen Kollodiumverfahren mussten Glasplatten mit einer Kollodiumschicht – durch Silbernitrat lichtempfindlich gemacht – nach der Belichtung sofort entwickelt werden,

damit sie nicht austrockneten. Es konnten nur 1:1-Abzüge hergestellt werden. Die von Krupp eingesetzten Glasplatten hatten eine Größe von bis zu 57 x 67 cm.

FRÜHE AUFTRÄGE AN EXTERNE FOTOGRAFEN

Krupps Beispiel fand lange Zeit keine Nachahmer, vermutlich auch weil der Aufbau eigener Abteilungen für Fotografie äußerst kostspielig war. Andere Montankonzerne des Ruhrgebiets, so die Gutehoffnungshütte oder der Bochumer Verein, engagierten von Fall zu Fall freie Fotografen, wobei sie auf renommierte Vertreter des Fachs zurückgriffen, um ihre hohen Qualitätsansprüche zu befriedigen. Viele dieser Männer konnten sich mit dem Titel des „Hoffotografen" schmücken, der fachliche ebenso wie soziale Reputation ausdrückte. Die Auftragsvergabe lief wohl meist über persönliche Netzwerke. Unter anderem sind Anselm Schmitz, Hermann Günther, F. Albert Schwartz, Wilhelm Otto und Edmund Risse als Fotografen nachzuweisen. Zwar hatte sich keiner von ihnen auf Industriefotografie spezialisiert, jedoch dürften sie alle gern für die Wirtschaft gearbeitet haben, da diese Aufträge höchst lukrativ waren. Risse, der schon früh einen Filialbetrieb besaß, erhielt 1878 vom Bochumer Verein für wahrscheinlich 20 Lichtbilder den rund anderthalbfachen Jahreslohn eines Arbeiters.[7]

Eine eigene Abteilung für Fotografie garantierte den Firmen neben Flexibilität auch Kontrolle über die Bilder. Zudem bestand die Chance auf Rationalisierung und Spezialisierung der Bildproduktion, weil Werksfotografen Routinen entwickelten und die schwierigen Umfeldbedingungen, wie dämmerige Werkshallen, starke Helldunkelkontraste, kaum erfassbare Dimensionen von Maschinen und Produkten und ein wirres Durcheinander von Gebäuden, beherrschen lernten. Gleichzeitig wuchs der Bedarf an Bildern für die Öffentlichkeitsarbeit, so dass mehrere Ruhrgebietsunternehmen um 1890 dazu übergingen, eigene Einrichtungen für Werksfotografie zu gründen, was auch international ein Trend der Zeit war. Andere folgten erst in der Weimarer Zeit oder griffen, wie die Vereinigten Elektrizitätswerke, noch bis in die 1950er Jahre ausschließlich auf Freiberufler zurück.

VERWENDUNGSZWECKE

Die Nutzung von Industriefotografien innerhalb und außerhalb der Unternehmen war im gesamten Zeitraum, der hier betrachtet wird, äußerst vielschichtig. Ein starkes Gewicht hatte die externe Kommunikation. Fotografien wurden anfangs oft zu Repräsentationsalben bzw. opulenten Mappenwerken zusammengefasst, die Besuchern, Freunden des Unternehmens, Geschäftspartnern, Militärs oder Staatsmännern als Geschenk überreicht wurden. Bereits Alfred Krupp forderte Fotografien seiner Geschütze als Anschauungsmaterial für die „nicht Eingeweihten, Barbaren", wie er sagte, aber auch für „Fürsten und Prinzen", die „solche Bilder mit Leben gern" sähen und „sich Gedanken darüber" machten. Und auch wenn zunächst kein direkter Erfolg, sprich Auftrag, daraus hervorgehe: Mancher, so Krupp, „wird die Bilder sich in's Gedächtnis rufen".[8]

Solche Alben oder Mappen überzeugten durch Haptik, Opulenz und Authentizität, Bücher oder Broschüren indes durch den günstigen Preis, rasche Vervielfältigungsmöglichkeiten und eine breite Streuung. Deshalb ließen Unternehmen neben prächtigen Einzelstücken auch gedruckte Repräsentationsalben herstellen und verwendeten Fotografien für Musterbücher, Bedienungsanleitungen und Produktkataloge. Fotografie diente also unmittelbar dem Verkauf.

Auf Welt- und anderen Ausstellungen konnten die Firmen ebenfalls ein breites Publikum erreichen. Dort war Fotografie spätestens 1867 massenhaft vertreten. Eine große Öffentlichkeit sprach die Industrie auch dann an, wenn sie Abbildungen in überregionalen Illustrierten platzierte. Ein fast vergessener Bereich der externen Kommunikation sind Diavorträge. Im Zeitalter vor Radio, Fernsehen und Internet konnte dadurch gewährleistet werden, dass sich auch die Bevölkerung außerhalb der Industriezentren ein Bild von Industrieunternehmen machen konnte. Firmen wie E. A. Seemann in Leipzig oder Ed. Liesegang in Düsseldorf vermarkteten solche teils handkolorierten Diaserien.[9]

Industriefotografie erfüllte neben externer Kommunikation aber auch interne Zwecke. Besonders in betrieblicher Forschung und Materialprüfung war sie tagtägliches Arbeitsmittel (Abb. 1). Darüber hinaus wurde sie regelmäßig zur Dokumentation genutzt, wobei Faktentreue und eine möglichst genaue Annäherung an die Realität die Ziele waren. Albert Renger-Patzsch (Kat. 65 und 68), einer der wirkungsmächtigsten Fotografen der Moderne, hat betont, die eigentliche Aufgabe der Fotografie liege „in der exakten Wiedergabe der Form, der Inventarisierung und der Schaffung von Dokumenten". Das „Foto als Dokument" werde bleiben, ungeachtet aller modischen Strömungen der Fotografie.[10] Solche Sätze wären von zahlreichen Industrieunternehmen und ihren Fotografen unterschrieben worden. Bereits 1910 wurden die einzelnen Ressorts der Firma Krupp in einem Rundschreiben angewiesen, Bauten, Maschinen und Anlagen, die abgerissen oder verändert werden sollten, vorher zu fotografieren, „damit die Erinnerung an das Alte nicht verloren gehe".[11] Neben der reinen Dokumentation ging es also auch darum, das kollektive Gedächtnis zu beeinflussen und ein Image zu kreieren. Traditionsbildend sollte insbesondere die Fotografie des Dampfhammers „Fritz" vor seinem Abriss 1911 sein (Kat. 38). Sie wurde zunächst als Holzstich in der Werkszeitschrift abgedruckt, dann auch in der Jubiläumsfestschrift und schließlich als Postkarte vervielfältigt.

Gerade im Fall dieses Motivs kann man trefflich nach Schein und Realität fragen. Eigentlich handelt es sich hier

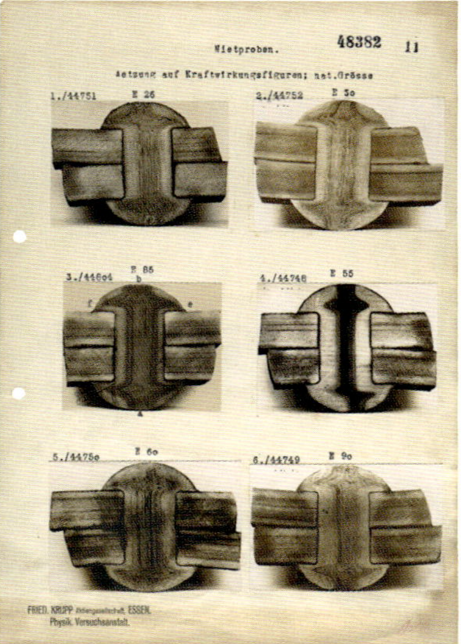

1 Anonym:
Untersuchung von Nietverbindungen, 1922,
Historisches Archiv Krupp, Essen

um „Industrietheater":[12] Zu viele Beschäftigte sind zum Teil
völlig funktionswidrig arrangiert, es bewegt sich real nichts,
und auch das Werkstück ist nicht heiß, sondern weiß
gekalkt. Zugunsten der ästhetischen Komposition wird die
Wirklichkeit zurückgedrängt. Und doch wird der Arbeitsalltag in vielen Facetten greifbar, beispielsweise in den
Kopfbedeckungen, den Holzschuhen oder den ablesbaren
Hierarchien in der Belegschaft. Was ist die Aussage der
Choreografie? Menschen beherrschen Großmaschinen und
stellen als Gemeinschaft ein Qualitätsprodukt her. So
stiftete das Bild vom Hammer Fritz nach innen Zusammen-
halt und Identität, sollte Hierarchien verschleiern und
Gemeinschaft formen – von ganz oben, also vom Unternehmer
und den Direktoren, über die Angestellten und Meister bis
nach unten zu den Facharbeitern und Tagelöhnern.

ÄSTHETISCHE MUSTER

Die ästhetischen Grundmuster[13] der Industriefotografie
bildeten sich, auch im Ruhrgebiet, bereits früh aus und
veränderten sich über die Jahrzehnte trotz aller Variationen
kaum. Besonders anfangs dominierten Abbildungen, die
als Überblicksdarstellungen konzipiert waren. Eine solche
Totale, der immer eine Tendenz zur Monumentalisierung
innewohnt, war der Standard der Industriefotografie.[14]
Typisch ist der Blick über die Werksanlagen oder in die
Werkshallen. Der Bildaufbau ist klar, sachlich und streng,
oft symmetrisch, immer detailreich. Fotografiert wird
frontal auf Augenhöhe, seltener von erhöhtem Standort,
etwa von Wasser- oder Fördertürmen, was Erhabenheit und
Dignität des Dargestellten unterstreicht (vgl. den Aufsatz
von Lukas Schepers, S. 230–243). In zweierlei Hinsicht
sind die Aufnahmen unpersönlich: Der Fotograf verzichtet
auf eine individuelle Bildsprache, und Menschen kommen
auf den Fotos nicht oder nur winzig vor.

Ergänzende, etwas spätere Gestaltungsprinzipien
lassen sich mit Erzählung, Kontrast, Multiplikation und Detail
überschreiben. Die Erzählung versucht, einen Zeitraum
zu veranschaulichen, indem Beschäftigte mit Produktionsmitteln und Produkten arrangiert werden, indem also
ein Handlungsmoment festgehalten wird. In den Köpfen der
Betrachtenden soll eine lebendige Geschichte ablaufen.
Deshalb werden Handgriffe und Bewegungen simuliert. Beim
Kontrast setzt der Fotograf auf spannungsreiche Gegensätze
und verlässt die Ebene des Alltäglichen. Personen werden
in kuriosen Positionen an eine Maschine oder auf ein Produkt
gestellt. Ähnlich funktioniert die Multiplikation: Produkte,
die einzeln für sich keine besondere Wirkung entfalten,
werden in Szene gesetzt, indem sie multipliziert, das heißt
aneinandergereiht oder aufeinandergestapelt werden.
Überhöhung durch Masse. Das Detail fängt ein einzelnes
Produkt oder ein Maschinenteil in der Nahsicht ein, doch
bleibt das Motiv als solches immer identifizierbar.

Den Industriefotografen waren größere Experimentier-
freude oder gar künstlerische Selbstverwirklichung eher
hinderlich. Einflüsse der künstlerischen Fotografie, wie der
Weg in die Abstraktion oder die Vergrößerung des Details,
blieben allenfalls marginal. Stattdessen ging es Industriefotografen immer um Effizienz, Zielorientierung, Routine und
Auftragserfüllung.

MENSCHENBILDER

Im gesamten hier betrachteten Zeitraum konzentrierte sich
die Industriefotografie in ihrem Gegenstandsbereich
vornehmlich auf Gebäude, innen wie außen, Maschinen und
Produkte. Das Interesse galt Produktionsmitteln, nicht
Produktionsverhältnissen. Am Ende des 19. Jahrhunderts
kamen Aufnahmen von Einrichtungen der betrieblichen
Sozialpolitik, von Besuchern und Festveranstaltungen, etwa

Jubilarfeiern, hinzu. Ausgeblendet wurden dagegen alle
Formen von Dissens und Konflikt, etwa Streiks oder
Demonstrationen. Ausgeblendet blieben auch das private
oder gesellschaftliche Leben der Beschäftigten sowie
die Einflüsse von Industrie auf ihre Umwelt.

Ebenso rückte der arbeitende Mensch erst vergleichs-
weise spät in den Fokus,[15] auch weil lange Belichtungszeiten
und überfüllte Werkshallen es kaum zuließen, Produktionsprozesse bildlich einzufangen bzw. Beschäftigte an ihren
Arbeitsplätzen abzulichten. So erschienen Arbeiter meist nur
als winzige Staffagefiguren, die das Industriefoto beleben
sollten, oder wurden zum Größenvergleich neben eine
Maschine oder ein Werkstück drapiert. Darüber hinaus
entstanden sorgfältig arrangierte Gruppenaufnahmen von
Beschäftigten (Kat. 20–30). Individuelle Porträts sucht man,
bis auf rund 1500 Carte-de-Visite-Gesichter von Arbeitern
und Angestellten, die Alfred Krupp 1873 als Geschenk
überreicht wurden, vergeblich. Erst 50 Jahre später widmeten
sich die Werksfotografen auch klassischen Passaufnahmen
von Beschäftigten.

In den 1920er Jahren nahm die Industriefotografie
im Ruhrgebiet dann den Arbeiter, erheblich intensiver
als den Angestellten, an seinem Arbeitsplatz systematischer
in den Blick, wobei eine Tendenz zur Idealisierung, ja
Heroisierung unverkennbar ist. Ganz andere Herangehens-
weisen sind von Fotografen im angloamerikanischen Raum
bekannt. Unabhängig von Firmenaufträgen hatte Lewis W.
Hine schon vor dem Ersten Weltkrieg die in der Industrie
arbeitenden Kinder als verlorene, vereinsamte, ausgebeutete
Wesen interpretiert und Arbeiter entsprechend in großer
Anstrengung und ihrer Auseinandersetzung mit maschinellen
Produktionsvorgängen gezeigt.[16] Derart vielschichtige
Aufnahmen wirkten im Ruhrgebiet nicht stilprägend. Erst in
den Bildreportagen der 50er Jahre wurde der private Alltag
der Beschäftigten in den Blick genommen (Abb. 2).[17]

VON DEN 1920ER JAHREN BIS ZUM ZWEITEN WELTKRIEG

Die Nachfrage der Industrie nach Bildern wuchs in den
20er Jahren exponentiell. Sie wurden unter anderem
für Werkszeitschriften benötigt, die neu herauskamen oder
ein anderes Layout erhalten hatten. Zeitschriften wie *Das
Werk,* herausgegeben von den 1926 gegründeten Vereinigten
Stahlwerken, setzten gezielt auf eine moderne Bildsprache
und gaben der Fotografie besonderen Raum. Dass die
Bilderproduktion so sprunghaft wuchs, hing auch mit neuen
technischen Möglichkeiten zusammen: Lichtempfindlichere
Filme und Handkameras mit lichtstarken Objektiven
ließen jetzt auch Schnappschüsse zu. Die Ermanox und die
Leica kamen 1924 auf den Markt, einige Jahre darauf die
Contax. Sie traten in der Industriefotografie an die Seite der
schweren, unhandlichen Plattenkameras mit Stativ, ersetzten
sie aber keineswegs. Dennoch wurde die Industriefotografie
generell schneller und flüchtiger. Gleichzeitig machte die
Mikrofotografie rasante Fortschritte, und Anfang der 1940er
Jahre experimentierten Unternehmen vereinzelt mit der
kurz zuvor entwickelten Farbfotografie. Der Bochumer Verein,
Teil der Vereinigten Stahlwerke, bebilderte etwa eine
Broschüre zu seinen Sozialeinrichtungen auch mit Farbfotos.
Da das neue Verfahren jedoch teuer und technisch nicht
immer befriedigend war, blieb die Schwarz-Weiß-Fotografie
bis in die 1960er Jahre Standard.

Neu war während der Weimarer Jahre, dass im Ruhrgebiet erstmals vermehrt Industriefotografien außerhalb
unternehmerischer Auftragsverhältnisse entstanden (vgl. den
Aufsatz von Thilo Koenig, S. 104–119). Die Betriebsanlagen
weckten das Interesse freier Fotografen, die sich mit eigenen
Perspektiven dem Sujet näherten und teils radikal anders
vorgingen als die technisch perfekte Werksfotografie. Einen bis
dahin ungeahnten Möglichkeitsraum von Industriefotografie
umriss Heinrich Hauser Ende der 1920er Jahre, doch stand er

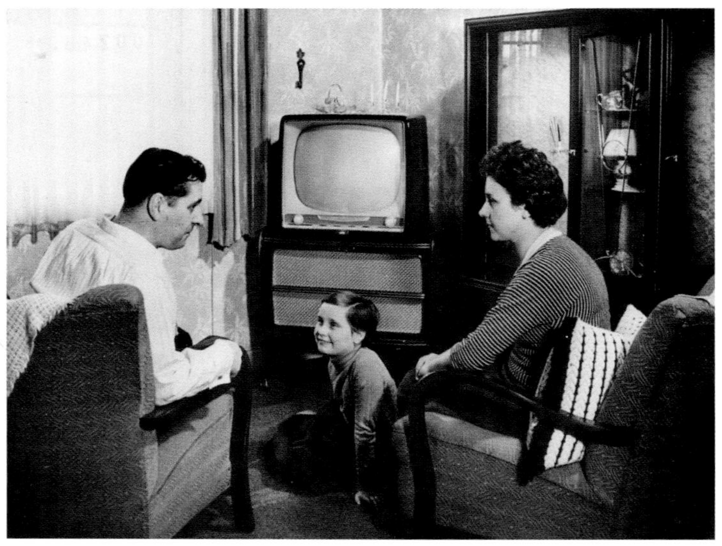

2 Alfons Bobkowski (Werks-
fotograf der Firma Krupp):
*Feierabend bei
Familie Keller,* 1960,
Historisches Archiv
Krupp, Essen

fast singulär.[18] Seine Aufnahmen kommen teils unprofessionell daher, ob bewusst oder unbewusst, sind gekennzeichnet von Unschärfen, Schrägsichten und stürzenden Linien. Hauser wählte originale Anschnitte und Ausschnitte. Er zeigte das Schmutzige, Unübersichtliche, Melancholische – ohne ins Ideologische abzudriften. Dass sein Werk im S. Fischer Verlag erschien und viel besprochen wurde, belegt, dass die Industriefotografie im Ruhrgebiet nun auch überregional Beachtung fand und dass sich mit Industriefotografie Karriere machen ließ.

Neben Hauser war es insbesondere Albert Renger-Patzsch, der den modernen Stil der Neuen Sachlichkeit prägte,[19] sowohl in seinen freien als auch in seinen zahlreichen Auftragsarbeiten. Im Ruhrgebiet fotografierte er für Großkonzerne wie für Mittelständler, darunter Th. Goldschmidt, die Gutehoffnungshütte und die Vereinigten Stahlwerke.[20] Seine streng durchkomponierten Aufnahmen waren unverwechselbar und beanspruchten Realismus und Objektivität. Renger-Patzsch konnte diesen Anspruch jedoch ebenso wenig einlösen wie die Werksfotografen, weil schlicht jede Fotografie aufgrund ihrer technischen Bedingtheit, ihrer Ausschnitthaftigkeit und wegen des immer subjektiven Blicks des Fotografen die Wirklichkeit verkürzen und verzerren muss. In seinen meist menschenleeren Lichtbildern von Industriearchitektur wählte Renger-Patzsch oft ungewohnte Perspektiven von hoher Abstraktion oder schuf Gesamtansichten im Sinne von „Ruhrgebietslandschaften". Nüchtern und präzise fallen extreme Nahansichten von Produkten oder Maschinen aus. Renger-Patzsch legte Wert auf technische Perfektion, Detailreichtum durch Halbtöne und eine klare Gliederung seiner Motive durch Linien und Flächen.

Vergleichbar professionell, aber stilistisch traditioneller und pathetischer wirken Auftragsarbeiten anderer Fotografen dieser Zeit. Romantische Verklärung und piktorialistische Tendenzen lebten etwa in Aufnahmen von Erich Angenendt oder Hermann Hill weiter, die 1928 in einem weit verbreiteten, von Max Paul Block herausgegebenen Bildband erschienen.[21] Zur gleichen Zeit büßten die Fotos der Werksfotografen an auratischer Kraft ein und verloren endgültig ihre Bedeutung als Einzelwerke. Stattdessen wurden sie zu einem massenhaft verfügbaren Rohstoff, der in bislang ungeahntem Ausmaß bearbeitet, verfremdet, arrangiert oder manipuliert wurde, um dann in Bildcollagen[22] oder Fotomontagen in Werkszeitschriften einzufließen oder ausschnitthaft als Element neuer grafischer Designs Verwendung zu finden. Nicht mehr das Einzelfoto zählte, sondern das Arrangement. Für Produktblätter des Bochumer Vereins für Gussstahlfabrikation griff der vom Bauhaus inspirierte junge Werbegrafiker Max Burchartz auf Versatzstücke aus Werksfotografien zurück, die er freistellte oder in Collagen zusammenfügte.[23]

Avantgardistische Techniken wie Fotogramm, Solarisation oder Pseudosolarisation spielten in der Industriefotografie des Ruhrgebiets keine Rolle. Dennoch hatte sich die Bildsprache in den 1920er Jahren breit aufgefächert. Daran änderte sich im NS-Staat nichts; jedoch wurde die Industriefotografie oft ideologisch überformt. Viele Industriefotografen ließen sich, soweit ihre Lebensläufe bekannt sind, willig in den Dienst nehmen und lieferten, was das Regime brauchte und wollte, nämlich Aufnahmen, in denen sich Volksgemeinschaft spiegelte, Bilder, die idealisierte Helden der Arbeit präsentierten, eine scheinbar überlegene deutsche Produktion visualisierten oder soziale Initiativen des Staates zur Aufwertung des Arbeitsplatzes oder für die Freizeit überhöhten. Nicht zuletzt erfüllten Fotografien von prominenten NS-Besuchern in den Unternehmen den Zweck, eine angeblich harmonische Einheit von Partei und Wirtschaft zu demonstrieren. Andere Themen wie die Zwangsarbeit wurden propagandistisch verharmlost. Immerhin ging abseits solcher ideologischen Verzerrungen das Dokumentieren weiter, etwa durch Aufnahmen, die Werksfotografen von Luftkriegsschäden anfertigten.

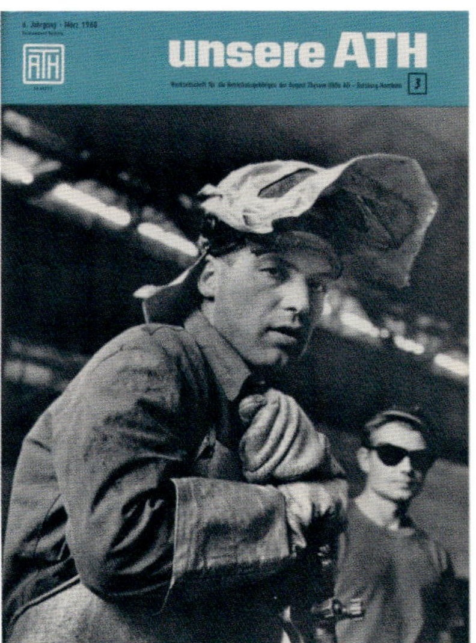

3 Herbert List:
Porträt des Flämmers
Max Kessel, Juni 1959,
Titelblatt von:
Unsere ATH. Werkzeitschrift für die
Betriebsangehörigen der
August Thyssen-Hütte AG 6,3 (1960)

Industriefotografen pauschal zu den NS-Propagandisten zu zählen, würde den Ambivalenzen der historischen Wirklichkeit nicht gerecht. Auch wenn sich ein Mann wie Renger-Patzsch mit dem Regime arrangierte, blieb er doch seiner Bildsprache der Neuen Sachlichkeit treu. Ohnehin sind die Kontinuitätslinien zwischen den 20er Jahren und dem „Dritten Reich" stärker als die Brüche oder Neuansätze. Gemeinschaft zu visualisieren, war etwa lange vor 1933 ein Topos der Industriefotografie, und auch die Porträts kräftig-stolzer Arbeiter waren keine Neuerfindung, sondern knüpften an ältere Traditionen an.

WIEDERAUFBAUJAHRE

Wo, wenn nicht im Ruhrgebiet, ließen sich Wiederaufbau und Wirtschaftswunder perfekt illustrieren? Wo, wenn nicht hier, ließ sich Rheinischer Kapitalismus in Szene setzen, mit den Organen der Mitbestimmung und den Projekten betrieblicher Sozialpolitik? Das Städtemarketing der Nachkriegszeit suchte nach neuen Bildern, und die Industrie wollte sich in Imagebroschüren als Motor des Fortschritts neu präsentieren. Der Bedarf an Fotografien wuchs auch deshalb stetig weiter, weil nun verstärkt internationale Illustrierte wie *Time, Life* oder *Fortune* Interesse am Ruhrgebiet zeigten.

In jeder Hinsicht sollten die Bilder neu sein. Das ging einher mit einem schleichenden Bedeutungsverlust der Werksfotografie.[24] Die Unternehmensleitungen oder Kommunikationschefs trauten ihr nicht mehr zu, den industriellen Wiederaufstieg in Szene zu setzen. Stattdessen engagierten sie international bekannte Magnum-Fotografen wie Herbert List[25] (Abb. 3) oder Erich Lessing.[26] Auch vergaben sie Aufträge an junge Wilde wie Peter Keetman[27] oder Ludwig Windstosser[28] (Kat. 101–108), die der Subjektiven Fotografie nahestanden und als Mitglieder der Gruppe fotoform eine innovative Bildsprache repräsentierten. Ohne

Zweifel setzten diese Fotografen neue Akzente durch das Spiel mit Licht und Helldunkelkontrasten, durch überraschende Perspektiven von oben oder unten, gelungene Bildkompositionen von Mensch und Maschine oder das Ausloten von Elementen der Fabrikarchitektur. Doch blieben sie in den Auftragsarbeiten durchweg konventioneller als in ihren freien Studien. Einen revolutionären, Maßstäbe setzenden Ansatz wie in seinem Projekt für das VW-Werk (Kat. 116–118), der überregional viel Beachtung fand, wählte Keetman im Ruhrgebiet nicht, und auch Lists Lichtbilder von der Thyssen-Hütte fielen hinter seine metaphysisch angehauchten Stillleben zurück. Die Industriefotografie im Ruhrgebiet der Nachkriegszeit war also gebremst innovativ, semiunkonventionell. Experimentelles floss nur in homöopathischen Dosen ein. Innovative, in ihrer Gestaltung einzigartige Aufnahmen wie das Gruppenporträt der Krupp-Führungsspitze, das Erich Lessing 1955 gelang (Abb. 4), gingen in ihrer Idee wohl eher auf den Kommunikationschef als auf den Fotografen zurück.

Mag sein, dass die alte, traditionsreiche Industrie des Ruhrgebiets weniger zu experimenteller Fotografie animierte, dass die Schwerindustrie schwerfälliger und weniger bereit war, sich Neuem zu öffnen, als etwa die junge Automobilindustrie. Auch das Bildprogramm folgte weitestgehend den älteren, bis ins Kaiserreich zurückreichenden Schemata – mit den skizzierten Ausnahmen im Hinblick auf den arbeitenden Menschen und den zunehmenden Schwierigkeiten, anonyme, automatisierte, elektronisch gesteuerte Produktionsprozesse überhaupt zu visualisieren. Immer noch atmeten die Bilder ungebrochenen Fortschrittsglauben: Der Dampf der Schornsteine bedeutete Aufschwung und Wohlstand, nicht Umweltzerstörung und Klimawandel.

Das galt auch für die Auftragsarbeiten der älteren Generation, wobei das romantisierende Pathos von Erich Angenendt mit viel Rauch und Dampf und lachender Kumpeln (Kat. 98–100) ebenso wie die statischen Inszenie-

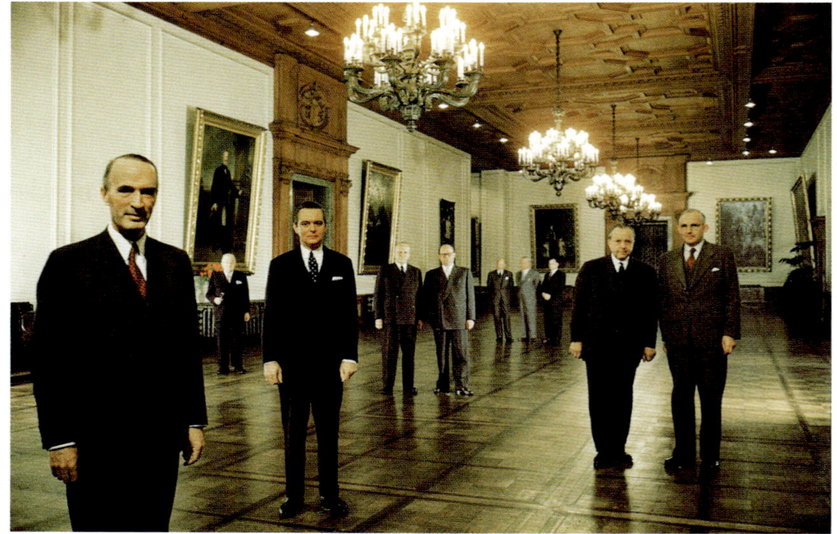

4 Erich Lessing: *Alfried Krupp von Bohlen und Halbach, Berthold Beitz und das Krupp-Direktorium in der Villa Hügel,* 1955

rungen von Ruth Hallensleben manchmal aus der Zeit
gefallen wirken.[29] Auch Renger-Patzsch fotografierte weiter
im Auftrag, offenbar aber mit wachsender Unlust: „Alle
diese Dinge" – er sprach von Aufnahmen in Essen, Bochum
und bei den Siepmann-Werken in Warstein – interessierten
ihn „eigentlich nur im Augenblick der Aufnahme".[30]

Eine weitere Neuerung der 50er Jahre ist abschließend
zu erwähnen: Erstmals öffneten die Werke ihre Tore für
Bildjournalisten, die in keinem Abhängigkeitsverhältnis zu
den Unternehmen standen, sondern nur sich selbst oder
den Redaktionen der Illustrierten, von denen sie ihre Aufträge
erhielten, verpflichtet waren. Besonderes Interesse galt
wieder einmal Krupp, weil es ein Familienunternehmen war
und sich nach dem Krieg in spezieller Weise neuerfinden
musste. René Burri (Kat. 42), Hanns Hubmann, Hilmar Pabel
und Robert Lebeck fotografierten dort.[31] Ein Mann wie
Chargesheimer kam demgegenüber als Autoren-Fotograf ganz
ohne Auftrag in einige Betriebe, um gemeinsam mit Heinrich
Böll einen Band über das Ruhrgebiet zu veröffentlichen.
Das Buch erschien 1958 und löste sofort heftige Kontroversen
aus. In seinen Industriebildern suchte Chargesheimer neue
Perspektiven:[32] Arbeit verlor das Pathetische und Heroische,
stattdessen zeigte er, wie selten ein Industriefotograf zuvor,
das Alltägliche bzw. Banale, das Öde und Schmutzige,
das Einfache, ja Primitive und Elende, das der Industriearbeit
anhaftete (Abb. 5). Es bleibt ein dringendes Desiderat,
die Arbeiten von Fotojournalisten, Werksfotografen und
Fotokünstlern im Ruhrgebiet aus kunst-, technik- und
sozialhistorischer Perspektive miteinander zu vergleichen.[33]

AUSBLICK

Die Bedeutung der Industriefotografie im Sinne von Auftragsfotografie nahm seit den 1950er Jahren sukzessive ab, auch
weil andere Medien in den Vordergrund rückten, so der Film.

Spätestens in den 1970er Jahren wurde die eigentliche Werksfotografie auf eine reine Dienstleistung für Dokumentation
und Werbung zurückgeworfen; sie setzte keine ästhetischen
oder inhaltlichen Akzente mehr. Parallel wuchs allerdings,
stärker als je zuvor, das Interesse freier, auch künstlerisch
ambitionierter Fotografen am Industriesujet. Paradebeispiel
sind Bernd und Hilla Becher (Kat. 130–135), deren Neuerung
insbesondere das Serielle ihrer Fotografie war, ebenso
der Blick auf sterbende, außer Funktion gesetzte Betriebsanlagen. Eigenartigerweise blühte die Industriefotografie
im Moment des Strukturwandels, des Niedergangs noch
einmal auf und erweiterte ihre Sichtweisen fundamental:
nicht nur in ästhetischer, wie bei den Bechers, sondern auch
in inhaltlicher Hinsicht. Lost Places weckten nun Interesse.
Dirk Krüll dokumentierte den Umzug der Dortmunder
Kokerei Kaiserstuhl nach China. Manfred Vollmer begleitete
den Arbeitskampf im Hüttenwerk Rheinhausen und hielt
Widerständigkeit und Protest fest. Die freie Industriefotografie, nicht aber die Werksfotografie öffnete sich der
Perspektive der vom Strukturwandel betroffenen Beschäftigten.
In gewisser Weise wurden allerdings auch hier die alt-
vertrauten Mythen vom Monumentalen fortgeschrieben und
Arbeiter als Helden, wenn auch tragische, gefeiert.

RUHRGEBIETSMYTHEN

Industriefotografie geriet und gerät schnell unter ideologie-
kritischen Generalverdacht, alles sei Fake, sei Schwindel,
sei bewusste Täuschung. Bertolt Brecht hat es auf den
Punkt gebracht: Eine Fotografie der AEG oder der Krupp-
Werke verrate „beinahe nichts" über diese Unternehmen.[34]
Ohne Zweifel: Fotografie ist nicht neutral, das Objektiv
ist nicht objektiv. Nicht selten kommt es aber in der
Diskussion um Fotografie als historisches Medium zu einer
dichotomischen Gegenüberstellung von „böser" Industrie-

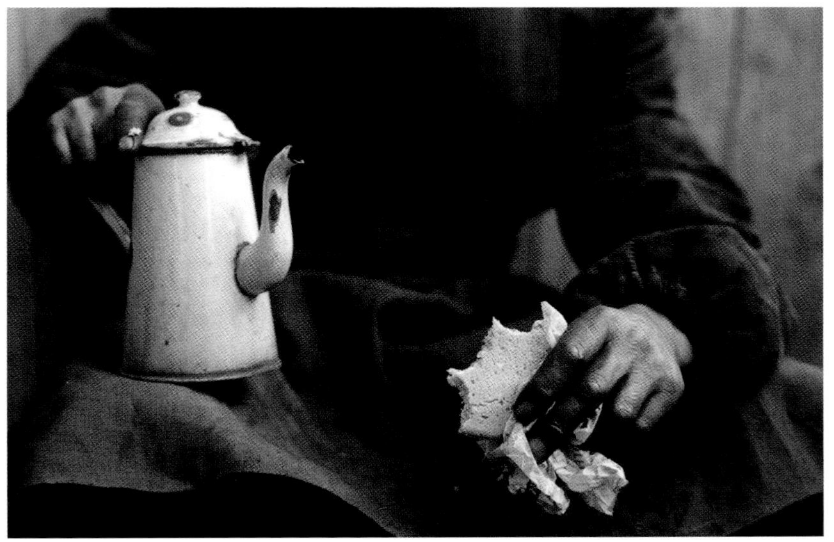

5 Chargesheimer:
Frühstück, 1958,
in: Heinrich Böll
und Chargesheimer:
Im Ruhrgebiet,
Köln 1958, Abb. [92]

fotografie, die die Realität gezielt verfälsche, und „guter" Kunstfotografie, der es um die reine Wahrheit gehe. Das ist eine Verkürzung, welche die medialen Eigengesetzlichkeiten, die ästhetischen und technischen Produktionsbedingungen jedweder Fotografie außer Acht lässt. Zudem wird oft unterschlagen, dass Industriefotografie überwiegend dem internen Dokumentieren und der Produktentwicklung diente und nur zu einem kleineren Teil für die Öffentlichkeit gedacht war.

Unbestreitbar sind Industriefotografien oft Mythosmaschinen und kreieren eigene Realitäten. Aber schon auf diese Art, sozusagen dialektisch, verraten sie ja etwas über das Unternehmen. Und mit heuristischen Verfahren analysiert, kritisch befragt und kontextualisiert, kann fast jede Industriefotografie helfen, historische Wirklichkeit besser zu verstehen und zu erklären.

Die Industriefotografie des Ruhrgebiets schuf nicht die singuläre Bildikone, nicht den „Bildakt" im Sinne von Horst Bredekamp.[35] Doch durch die schiere Masse an Fotografien mit immer ähnlichen Motiven und ihre Allgegenwärtigkeit in zahlreichen Medien wie Zeitungen, Zeitschriften, Broschüren, Büchern, auf Ausstellungen, später im Fernsehen und im Internet dürften sich im Kopf vieler Menschen Narrative verfestigt und bestimmte Motive zu Typen verdichtet haben: der kernige Malocher, der hart schuftet und stolz darauf ist; die Gemeinschaft und Solidarität in den Unternehmen; die gewaltigen, übermenschlichen Dimensionen der Produkte, der Maschinen und der industriellen Leistung schlechthin. Mehr ungewollt als bewusst webt die Industriefotografie seit Jahrzehnten mit am Mythos Ruhrgebiet, ist mythenbildend und mythenstabilisierend. Wie fragil, wie fragwürdig und wie angreifbar dieser Mythos tatsächlich war, danach suchte die Industriefotografie bis in die 1960er Jahre nie.

[1] Eine frühere kürzere Version dieses Beitrages erschien unter dem Titel: Im Auftrag. Industriefotografie im Ruhrgebiet von den Anfängen bis in die 1960er-Jahre, in: *Forum Geschichtskultur Ruhr* 2 (2020), S. 11–16.

[2] Vgl. Matz 1987; Tenfelde 1994. International waren nur kurz zuvor erschienen: Nye 1985; London u. a. 1986.

[3] Vgl. Gerhard Paul: *Visual History*, 2014, https://docupedia.de/zg/Visual_History_Version_3.0_Gerhard_Paul (aufgerufen am 1. März 2021).

[4] Angeführt werden Aufnahmen des Altonaer Bahnhofs von 1844 (Kat. 4–6), vgl. Reinhard Matz: Augenblicke der Erinnerung. Zur zeitgenössischen Funktion und historischen Rezeption von Industriefotografien, in: Dortmund 1990, S. 10–17, hier S. 12. Häufig abgedruckt wird ein Foto der Herstellung der Bavaria in der Königlichen Erzgießerei in München von 1850, vgl. München/Neunkirchen 2011, S. 15.

[5] Vgl. zusammenfassend Bodo von Dewitz: „Die Bilder sind nicht teuer und ich werde Quantitäten davon machen lassen!" Zur Entstehungsgeschichte der Graphischen Anstalt, in: Tenfelde 1994, S. 41–66; Alfried Krupp von Bohlen und Halbach-Stiftung 2011.

[6] Brief von Alfred Krupp an seine Firma, 12. Januar 1867, Historisches Archiv Krupp, Essen, FAH 2 M 78.9.

[7] Vgl. Ralf Stremmel: Repräsentationsalben und frühe Fotografie des „Bochumer Vereins für Bergbau und Gussstahlfabrikation", in: Gisela Parak (Hrsg.): *Bilder aus den Bergwerks- und Hüttenbetrieben. Auftragskontexte fotografischer Repräsentationsalben (1890–1920)*, Halle (Saale) 2019, S. 116–135, hier S. 120.

[8] Brief von Alfred Krupp an seine Firma, 23. Mai 1878, Historisches Archiv Krupp, Essen, FAH 2 M 78.17.

[9] Einige dieser Serien, so zu den Unternehmen Borsig und Krupp sowie zur Steinkohle- und Steine-Erden-Industrie, aber auch zur Entwicklung der Fliegerei, haben sich im Bestand F 41 des Historischen Archivs Krupp, Essen, erhalten; die frühesten datieren von etwa 1903.

[10] Albert Renger-Patzsch: Vom Sinn der Photographie und der Verantwortlichkeit des Photographen (1965), in: ders.: *Die Freude am Gegenstand. Gesammelte Aufsätze zur Photographie,* hrsg. von Bernd Stiegler, Ann und Jürgen Wilde, München 2010, S. 232–239, hier S. 237.

[11] Rundschreiben vom 2. November 1910, in: Fried. Krupp AG (Hrsg.): *Zirkulare und Bestimmungen allgemeineren Inhalts bis 30. Juni 1914,* Essen 1915, S. 172.

[12] Jürgen Hannig: Die „letzte Schicht des Hammers Fritz". Die Deutungen von Fotografien zur Industriegeschichte, in: Gerhard Paul (Hrsg.): *Das Jahrhundert der Bilder. 1900 bis 1949,* Göttingen 2009, S. 116–123, hier S. 121.

[13] Vgl. Stremmel 2017, S. 30–38. Eine etwas andere Herangehensweise hat etwa Rolf Sachsse vorgestellt: Mensch – Maschine – Material – Bild. Eine kleine Typologie der Industriefotografie, in: Hamburg 1999, S. 85–93.

[14] Dazu bereits Matz 1987, S. 29.

[15] Vgl., manchmal überspitzt, ebd., S. 52–81; Fried. Krupp AG Hoesch-Krupp (Hrsg.): *Profile. Typen der Arbeitswelt in der historischen Werksfotografie,* Essen 1994.

[16] Ein exemplarischer Vergleich von Hines *Power House Mechanic* mit einem Foto aus dem Archiv der VEW bei Matz 1990 (wie Anm. 4), S. 11.

[17] Vgl. etwa Ralf Stremmel: Mythen schmieden? Fotografien von Jugend in der Montanindustrie, 1949–1973, in: Barbara Stambolis und Markus Köster (Hrsg.): *Jugend im Fokus von Film und Fotografie. Zur visuellen Geschichte von Jugendkulturen im 20. Jahrhundert,* Göttingen 2016, S. 81–113, hier S. 90 f., 98 f.

[18] Vgl. *Heinrich Hauser. Schwarzes Revier,* hrsg. von Barbara Weidle, Ausst.-Kat. Ruhr Museum, Essen, 2010.

[19] Vgl. Essen 2018a.

[20] Ein zeitgenössisches Loblied auf den Fotografen bei Oskar Schürer: Industrialismus und Photographie, in: *Das Werk. Monatsschrift der Vereinigte Stahlwerke Aktiengesellschaft* 7 (1927), S. 392–394.

[21] Vgl. Block 1928.

[22] Beispiel für eine Fotocollage der VEW (1931) bei Matz 1990 (wie Anm. 4), S. 14.

[23] Beispiele hierfür im Historischen Archiv Krupp, Essen, S 3, Vpr 37/4.

[24] Einblicke in die Arbeitsweise eines Werksfotografen im Ruhrgebiet bietet Gustav Adolf Wüstenfeld: *Industriefotografie 1950–1970. Historische Arbeitsplätze in den Stahl- und Walzwerken der Hoesch Westfalenhütte,* Wetter an der Ruhr 1999.

[25] Vgl. Rasch/Laube 2014.

[26] Vgl. Essen 2014b, S. 27, 40–44, 68, 70 f., 74 f., 87.

[27] Vgl. Matz 1987, S. 52, 55, 137; Essen/Hamburg/München 2016.

[28] Vgl. *Stoffwechsel. Die Ruhrchemie in der Fotografie,* Ausst.-Kat. LVR-Industriemuseum, Dortmund / Ludwiggalerie Schloss Oberhausen, 2018, S. 24, 148–151; Berlin 2019.

[29] Vgl. Hubert Berke und Erich Angenendt: *Hundert Jahre Concordia. Die Geschichte einer Zeche,* Oberhausen 1950; Essen 1990c; Dortmund 1996.

[30] Brief von Albert Renger-Patzsch an Hilde Heise, 10. Juni 1954, Getty Research Institute, Los Angeles, Box 8, Folder 2.

[31] Vgl. Essen 2014b.

[32] Vgl. Essen 2015.

[33] Zahlreiche Beispiele bieten neben Matz 1987 insbesondere Essen 2000; Farrenkopf 2009; Recklinghausen 2010.

[34] Bertolt Brecht: Der Dreigroschenprozeß. Ein soziologisches Experiment (1931), in: ders.: *Gesammelte Werke,* Bd. 18: *Schriften zur Literatur und Kunst 1,* Frankfurt am Main 1967, S. 139–209, hier S. 161.

[35] Horst Bredekamp: *Theorie des Bildakts. Frankfurter Adorno-Vorlesungen 2007,* Berlin 2010.

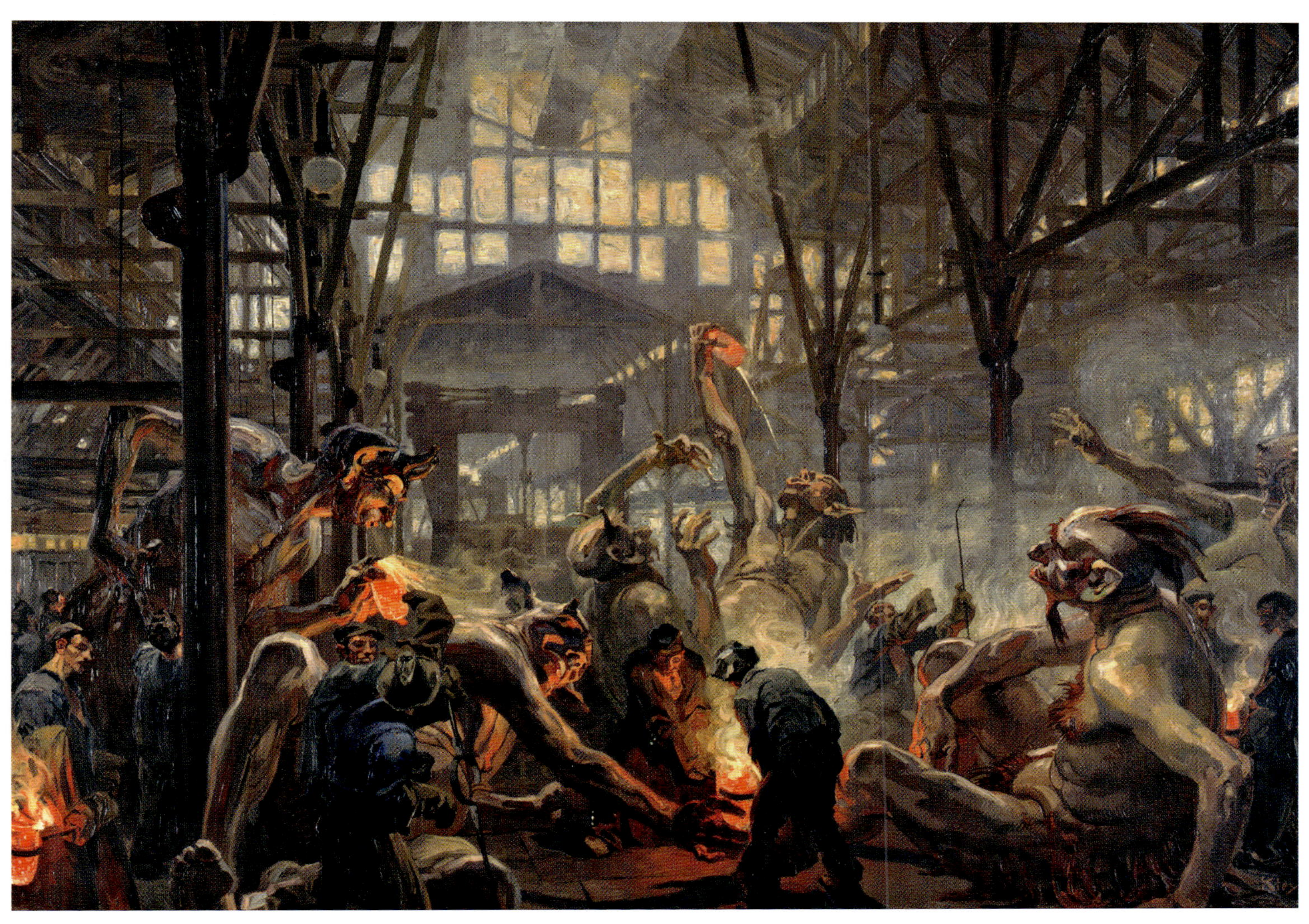

31 Heinrich Kley:
Die Krupp'schen Teufel, um 1912/13

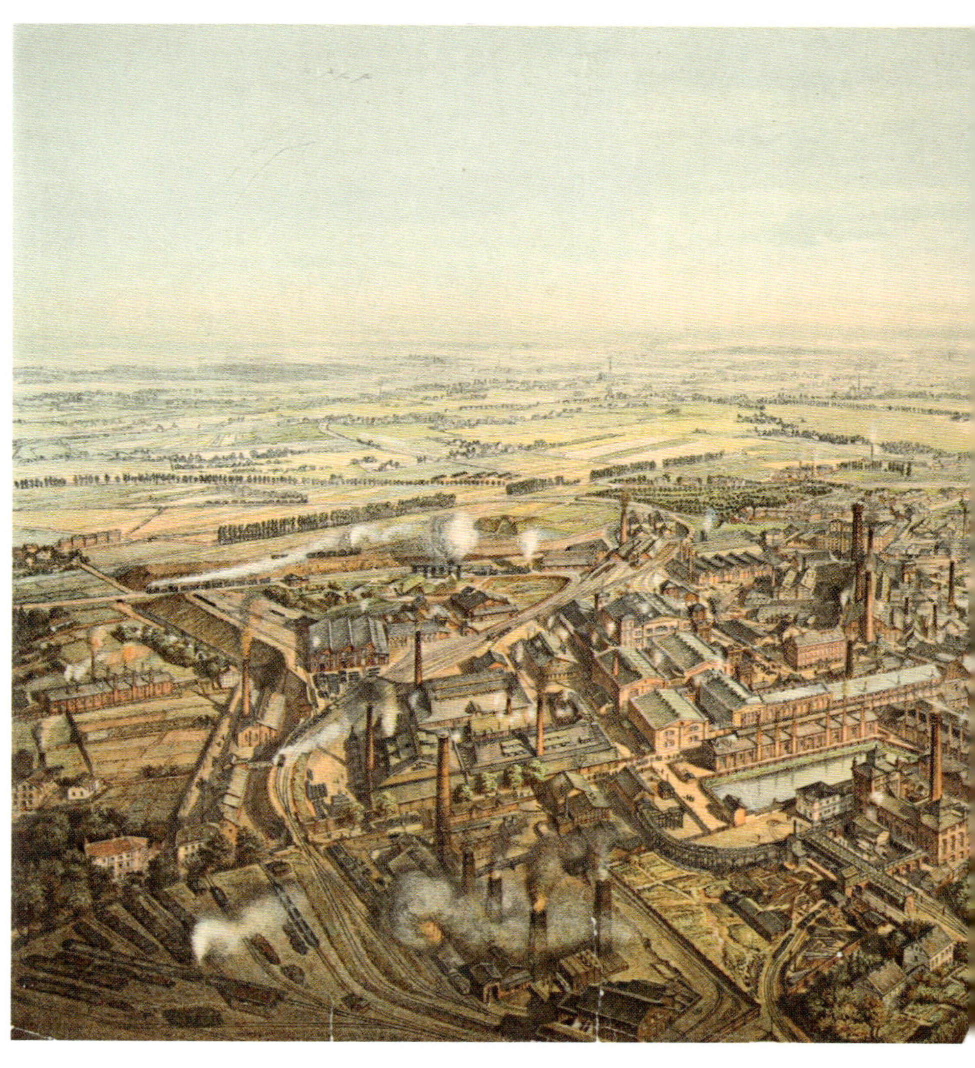

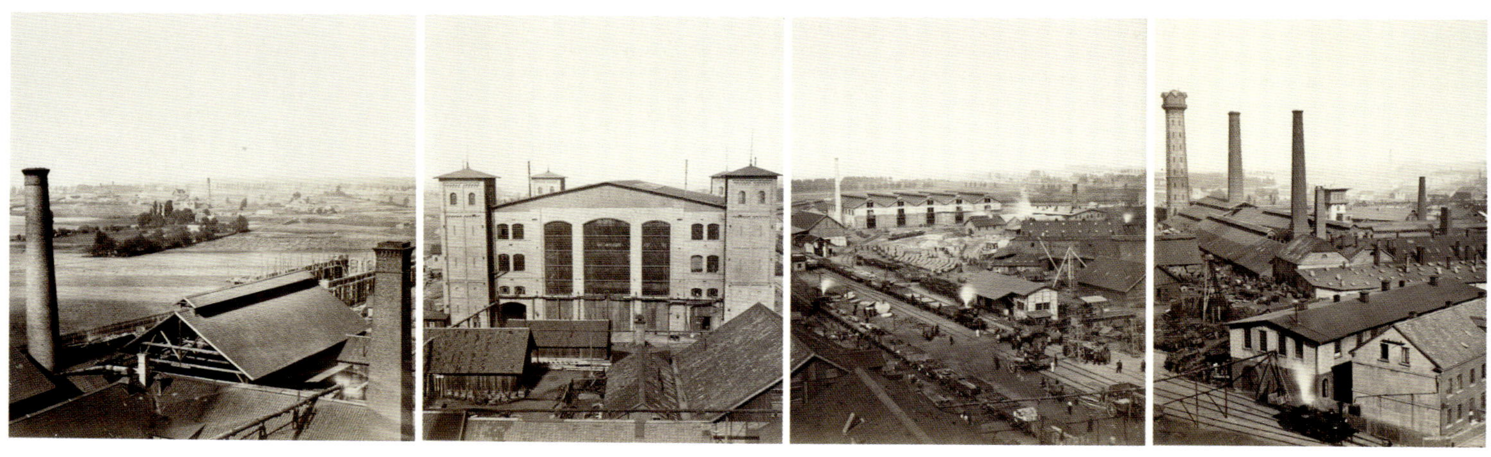

33 Hugo van Werden:
Die Krupp'sche Gussstahlfabrik, Essen,
8-teiliges Panorama, 1864

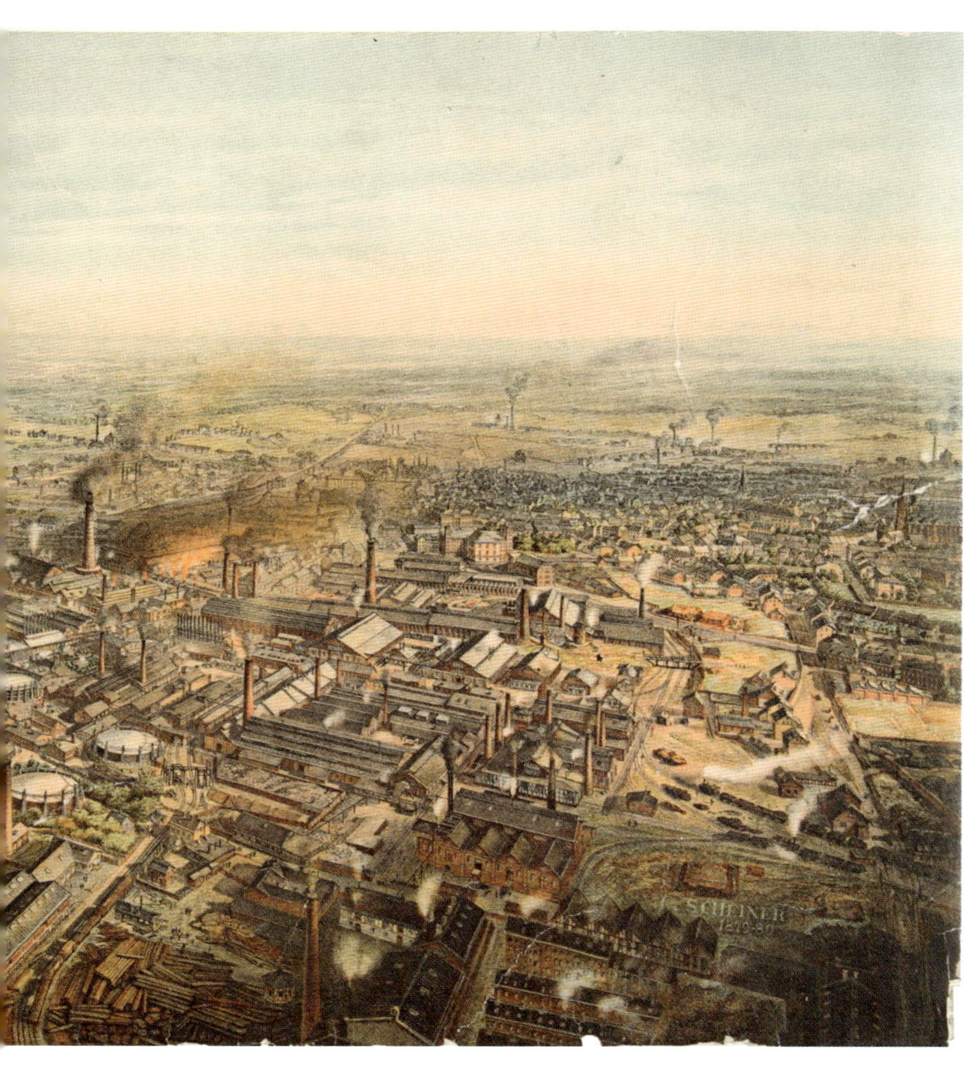

32 Anonym:
Die Gussstahlfabrik Fried. Krupp
aus der Vogelschau, nach einer
Zeichnung von J. Scheiner, 1879/80

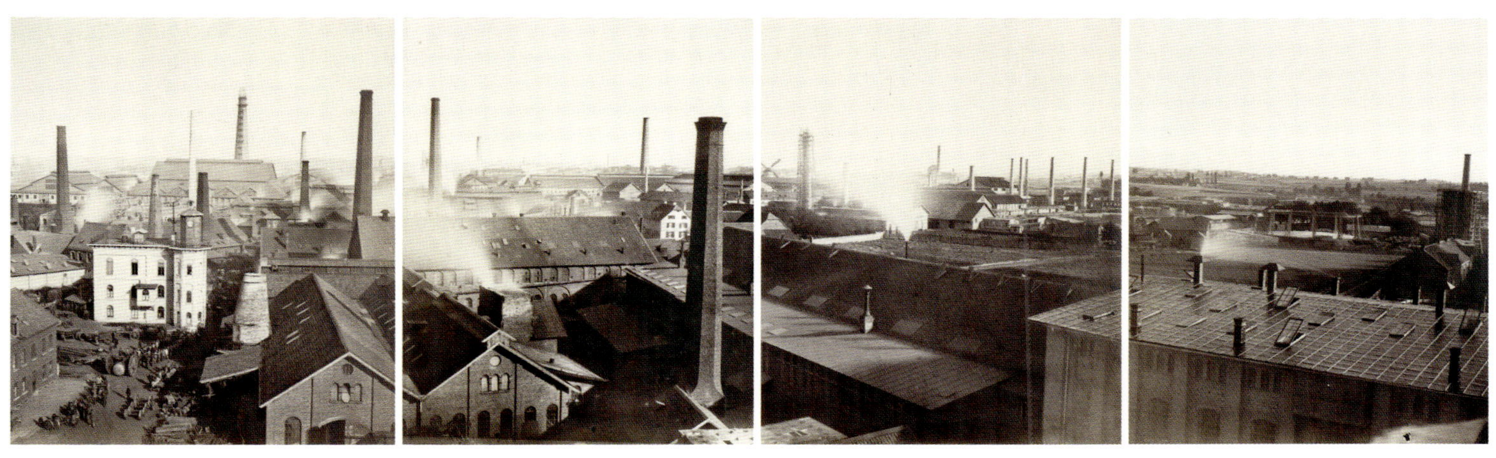

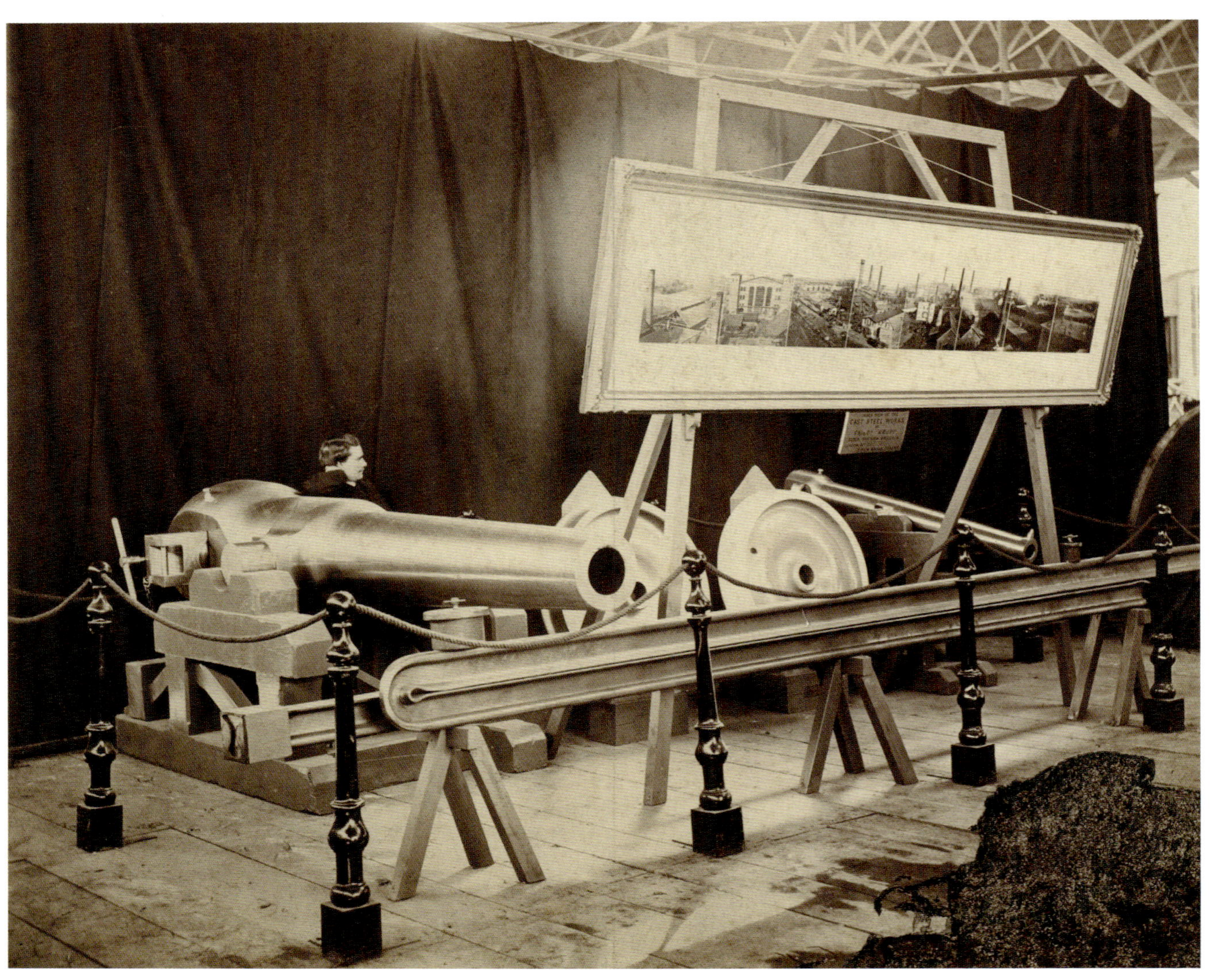

34 London Stereoscopic & Photographic Company:
Krupp-Stand auf der internationalen Kunst- und Gewerbeausstellung in Dublin, 1865

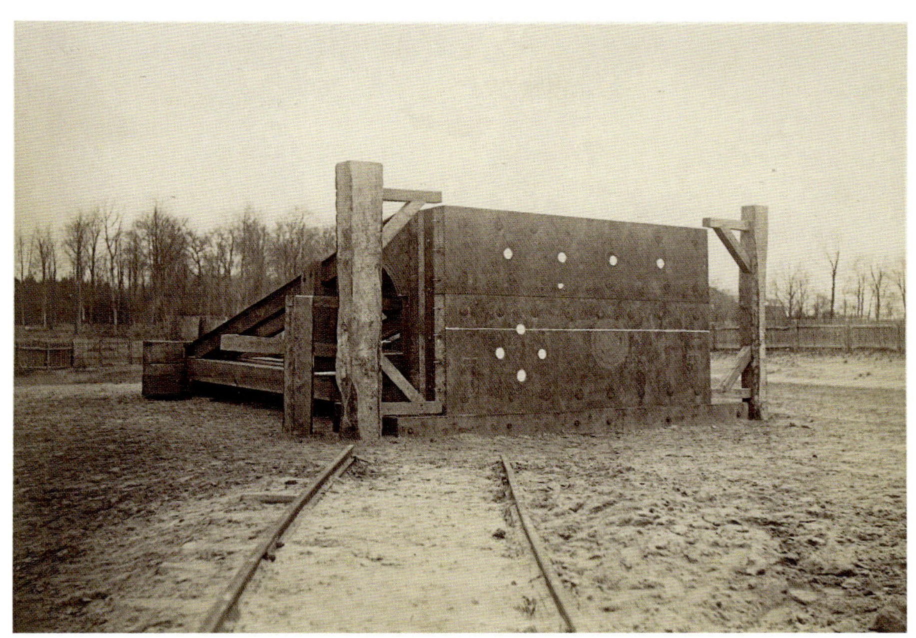

35 Anonym:
Panzer-Schießversuche der Kaiserlichen Deutschen Marine,
Schießplatz Visbeck, 2. April 1875

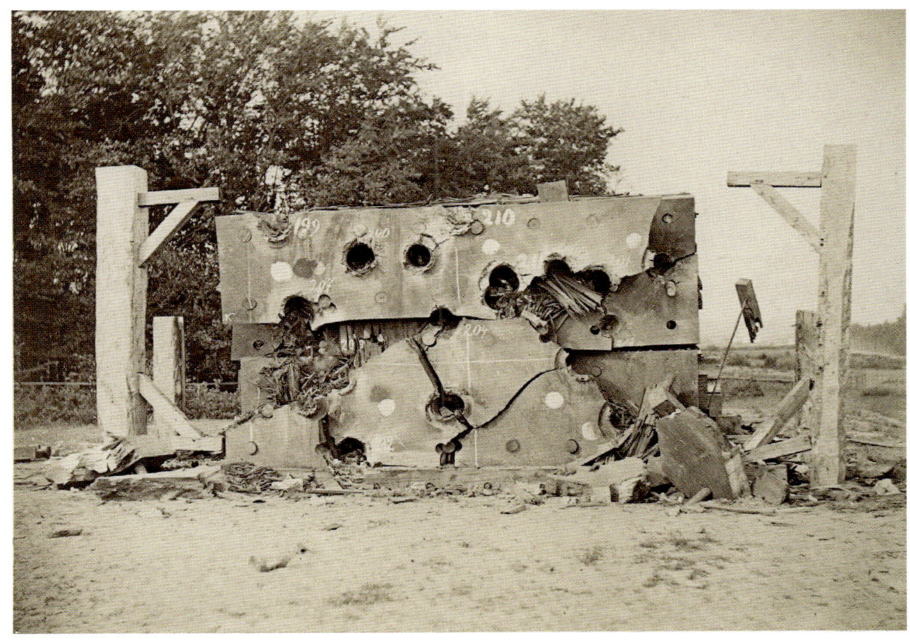

36 Anonym:
Panzer-Schießversuche der Kaiserlichen Deutschen Marine,
Schießplatz Visbeck, 7. Juli 1875

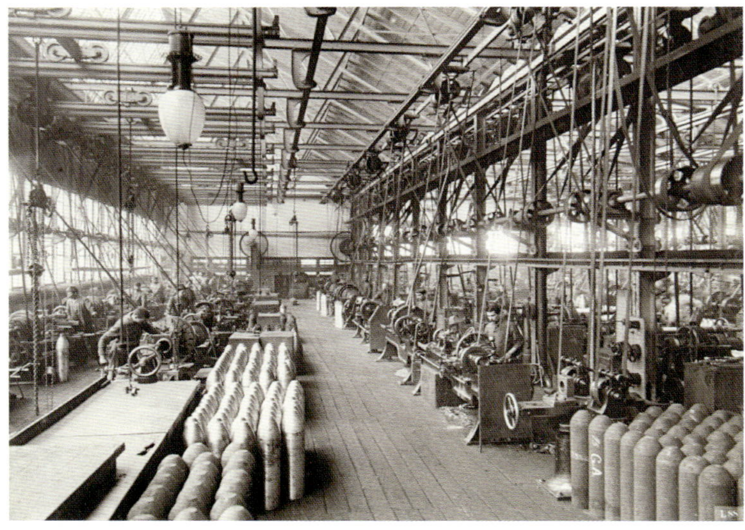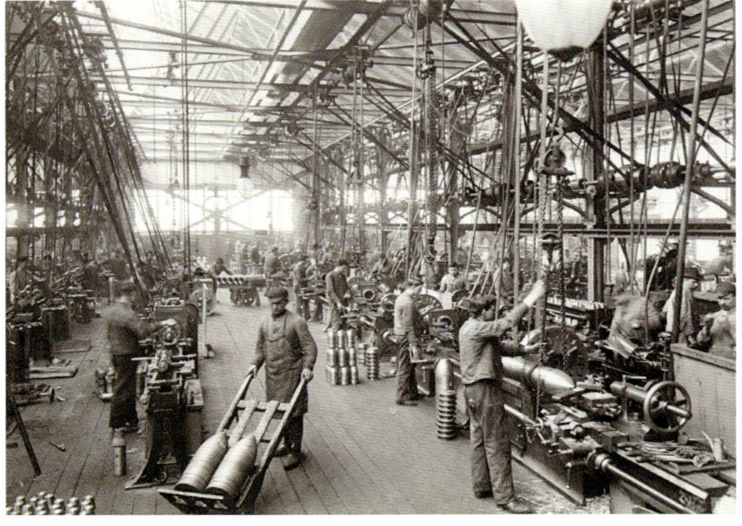

37 Anonym:
Geschossdreherei in Essen, 4-teiliges Panorama, 1905

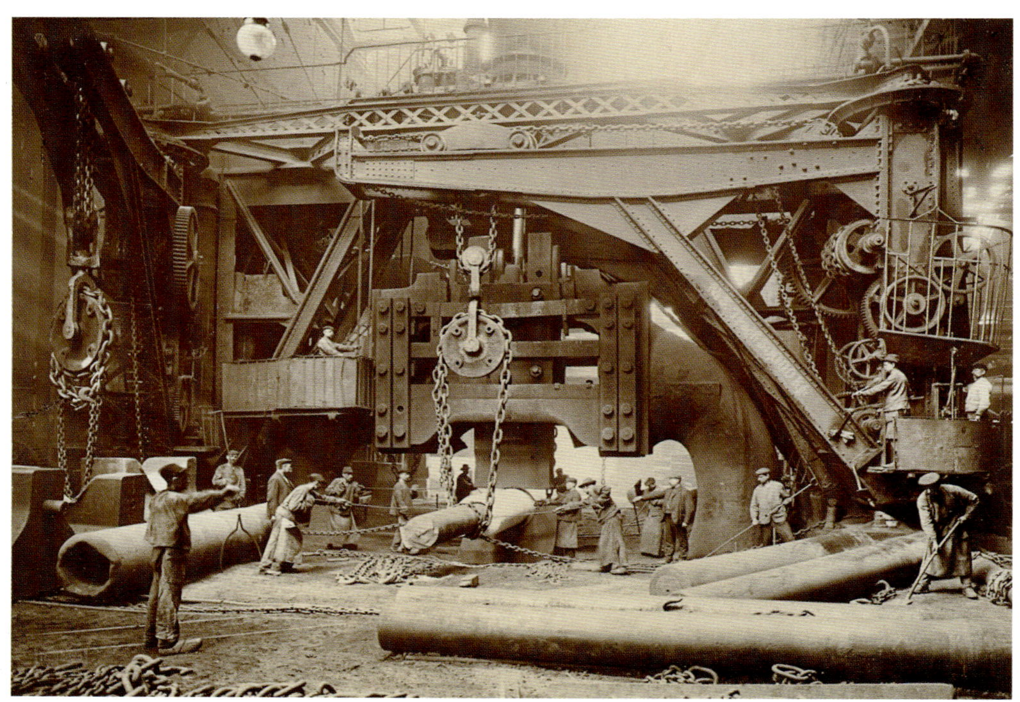

38 Anonym:
„Letzte Schicht des Hammers Fritz",
Gussstahlfabrik der Firma Krupp, Essen,
4. März 1911

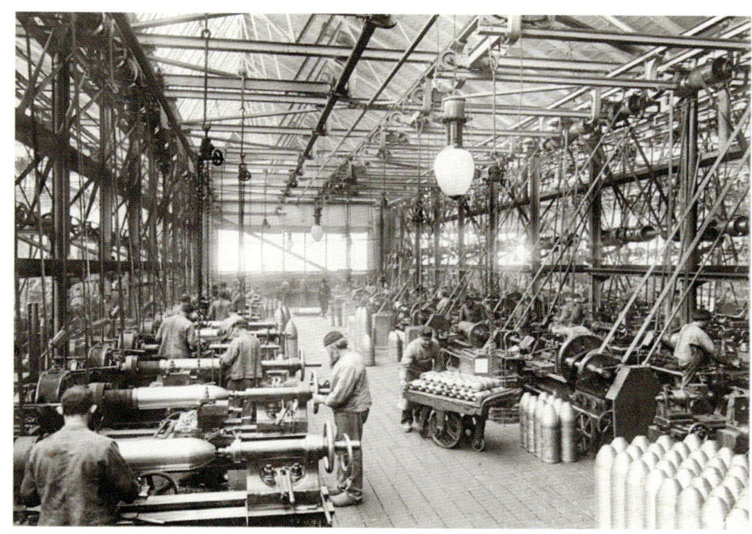
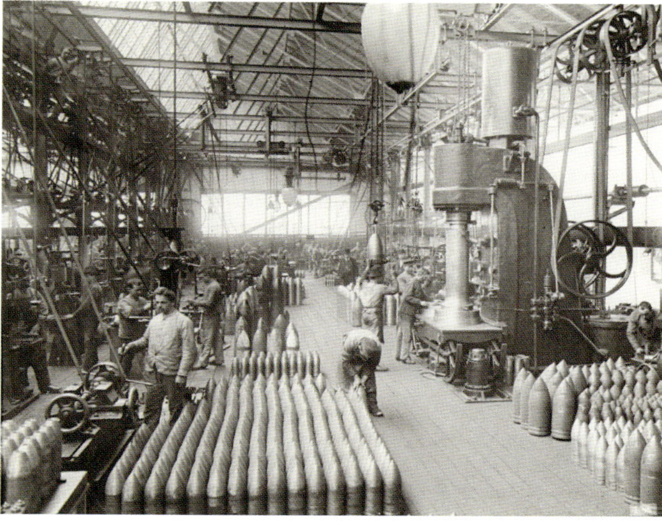

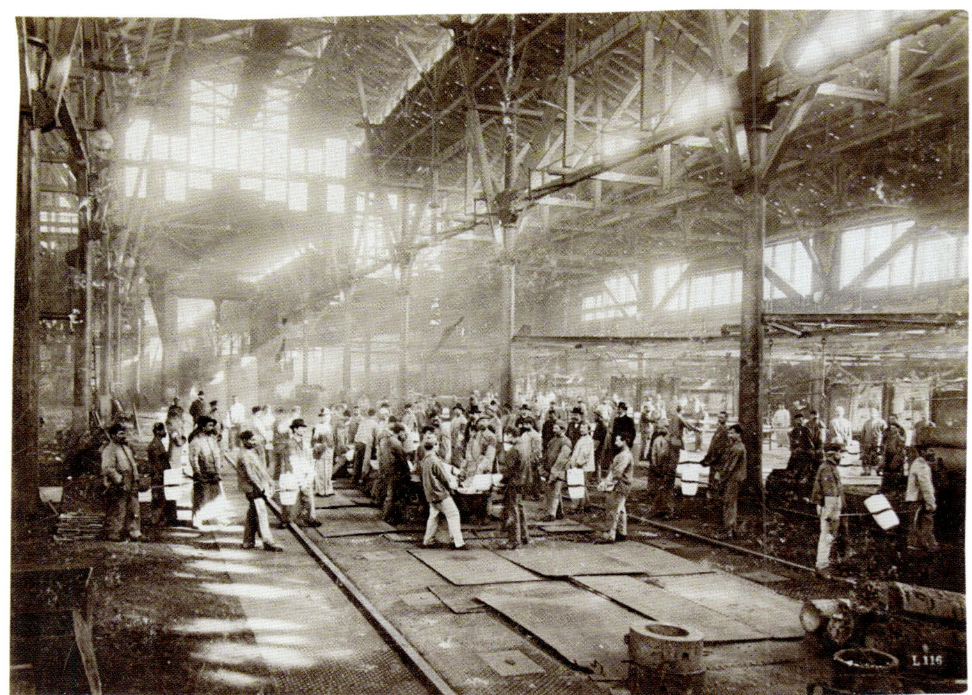

39 Photographische Anstalt Krupp:
Tiegelguss im Schmelzbau der Gussstahlfabrik der Firma Krupp,
6. März 1902

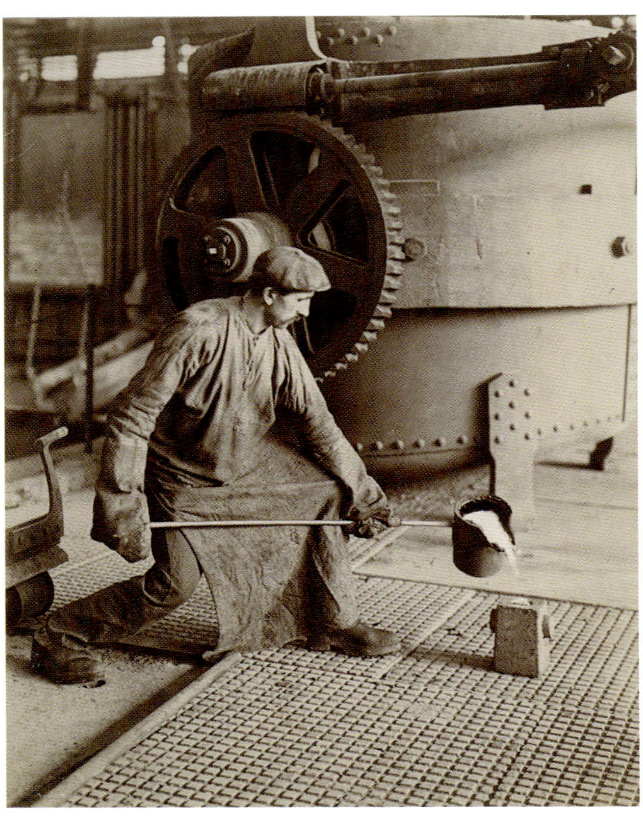

40 Anonym:
Probenentnahme, Essen,
28. Oktober 1899

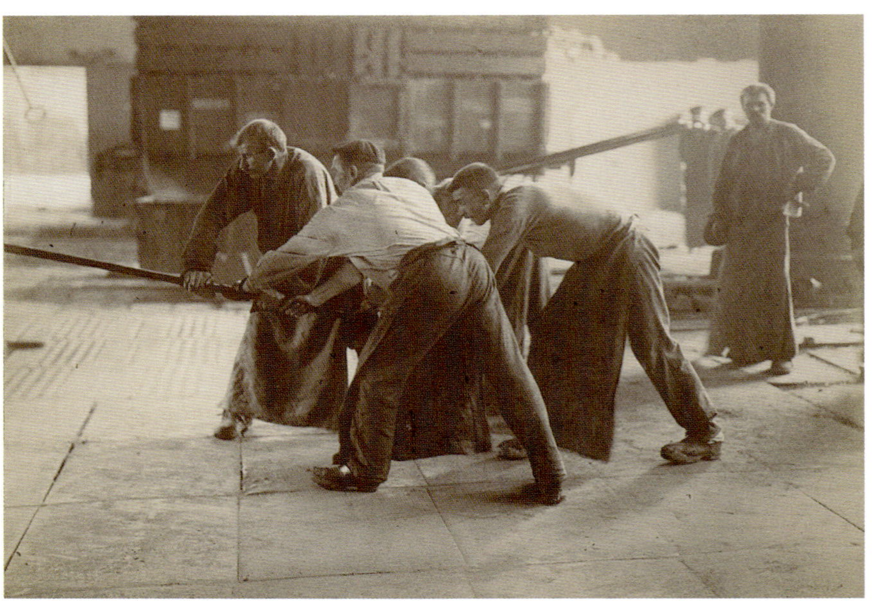

41 Anonym:
Am Puddelofen, Essen,
28. Oktober 1899

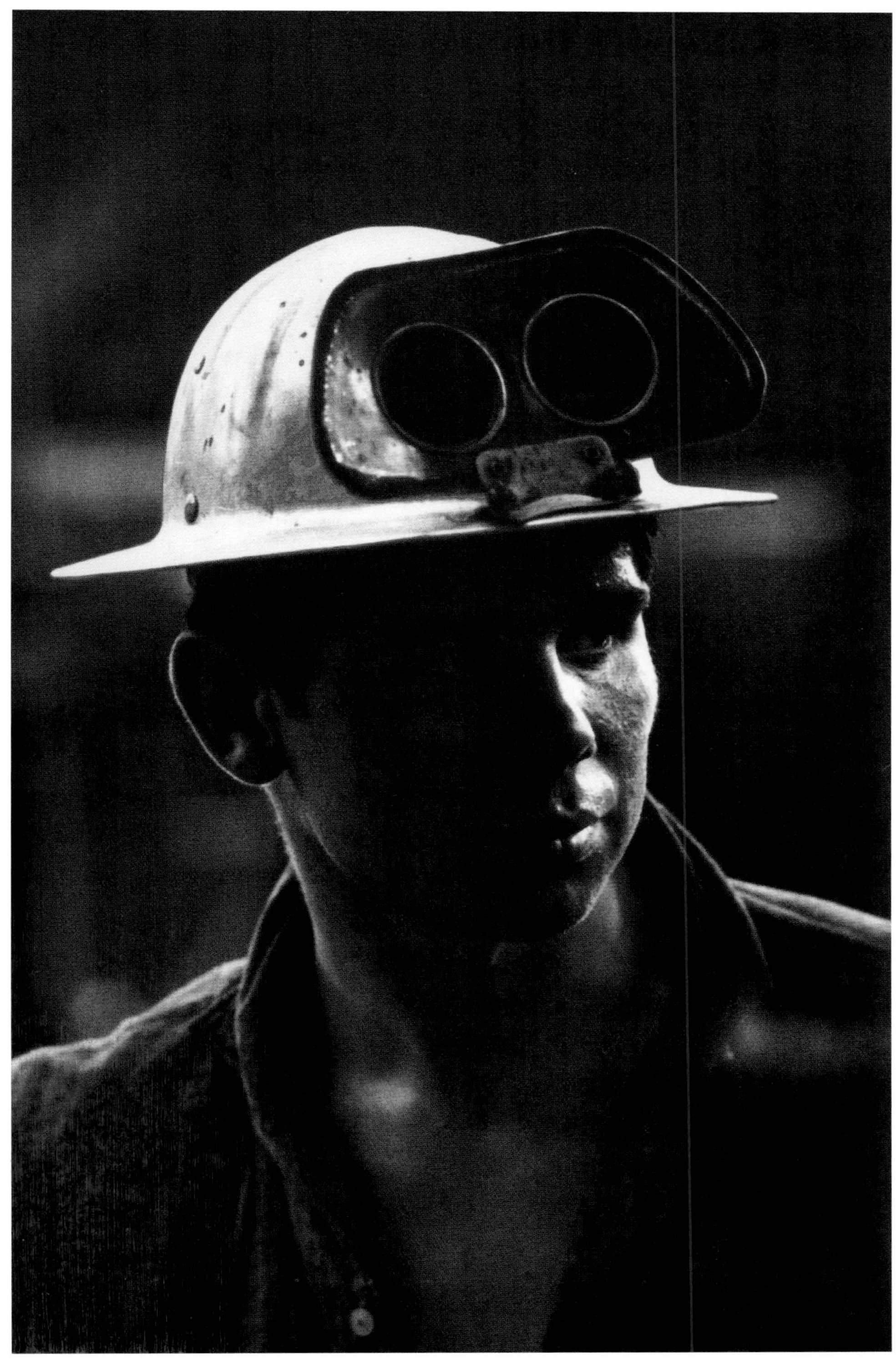

42 René Burri:
Stahlarbeiter, Hüttenwerk Rheinhausen, 1961

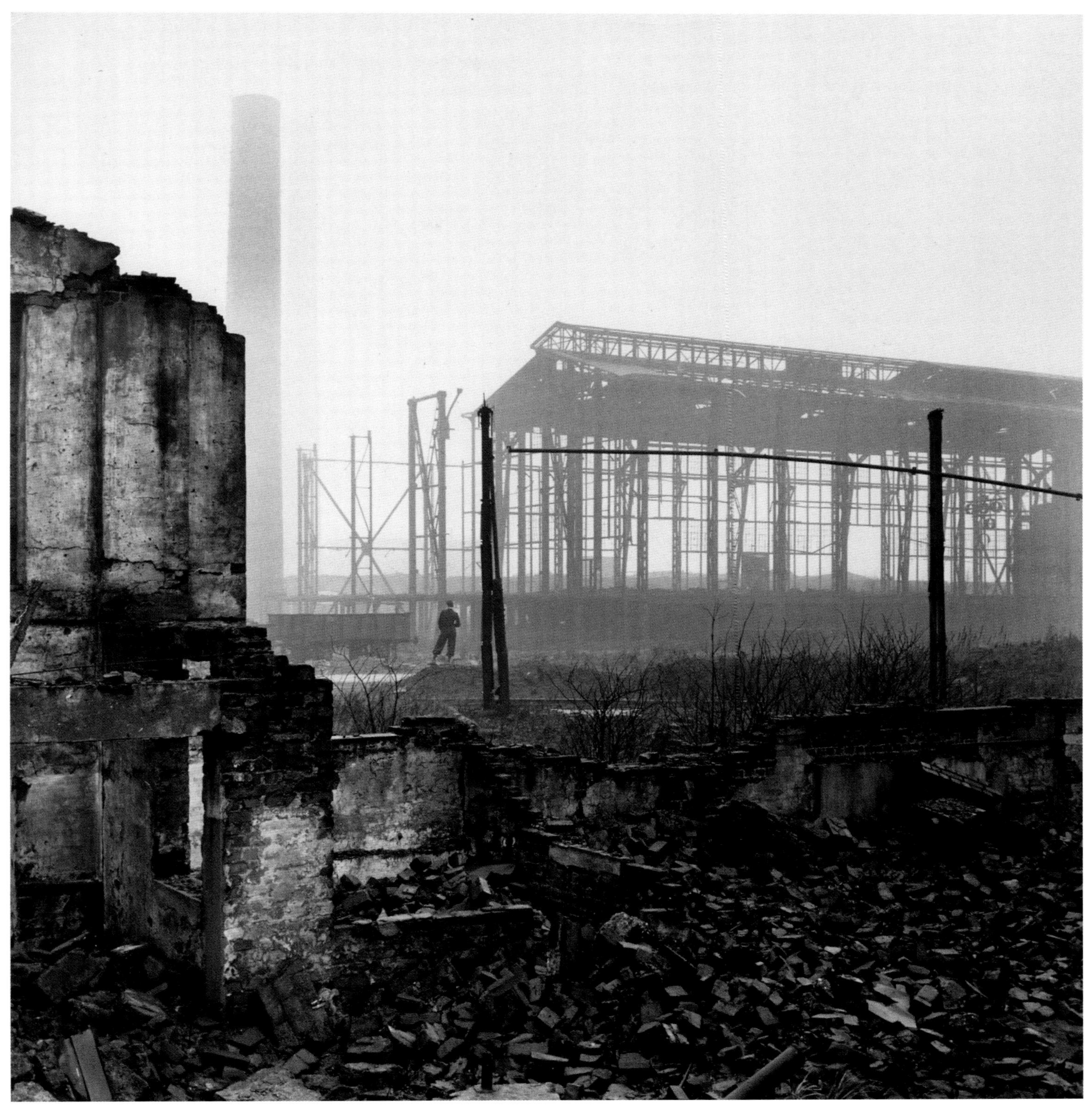

43 Ludwig Windstosser:
Demontiertes Werksgelände von Krupp, Essen, 1946

UNSCHÄRFERELATIONEN IM SCHWARZEN LAND

INDUSTRIEANSICHTEN UM 1900

Kristina Lowis

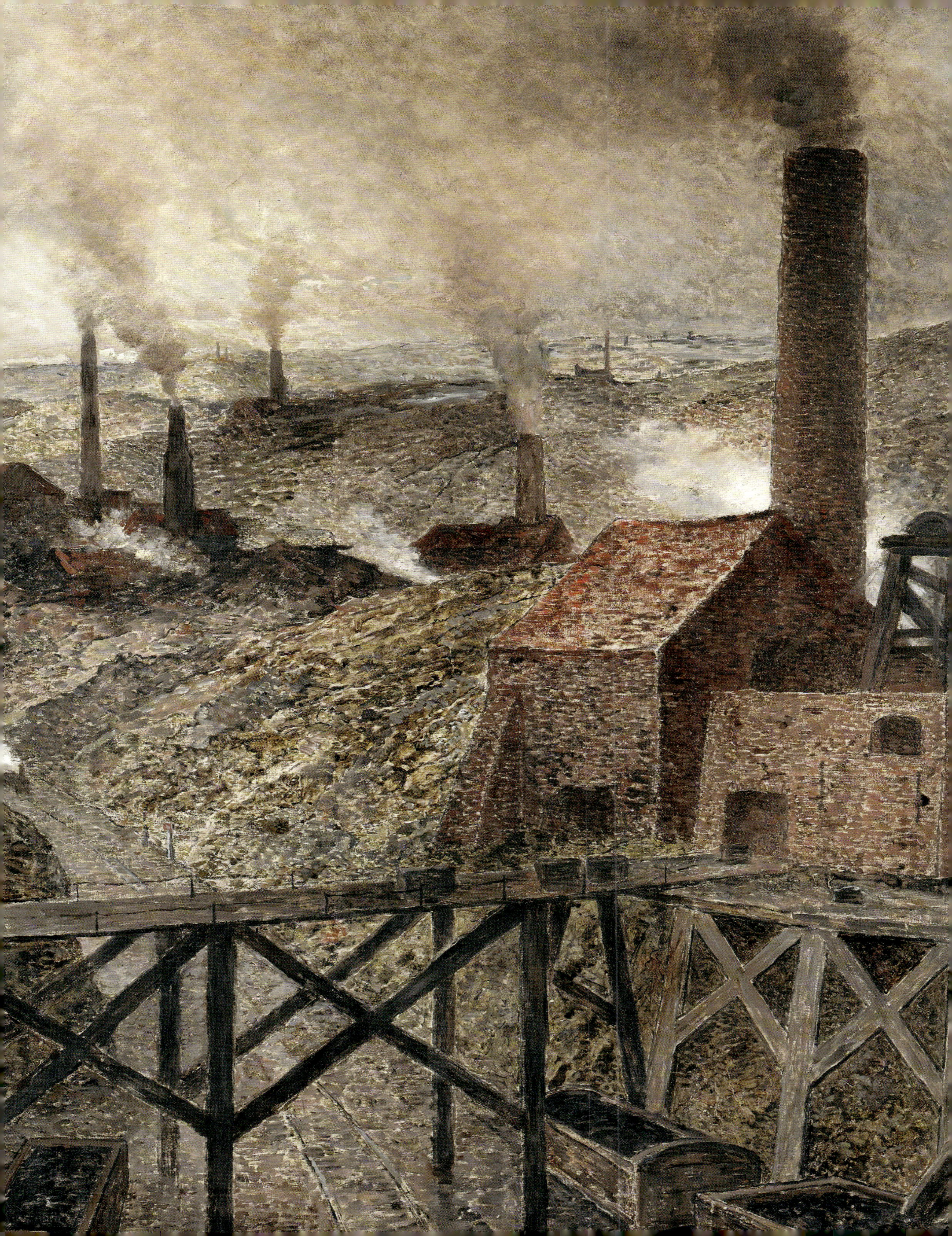

Überall Rauch! Neben mir zwitschert ein schmutziger Kanarienvogel verzweifelt in seinem Käfig. Sein Traum von grünen Feldern und Sonnenschein ist ein sehr alter Traum – der fast ausgeträumt ist, denke ich.“[1]

Bereits 1861 muss die US-amerikanische Schriftstellerin Rebecca Harding Davis erkennen, dass die Menschen in ihrer extraktivistischen Betriebsamkeit gelbe Vögel und grüne Felder verschmutzen. Ihre Erzählung vom Schicksal eines in Armut lebenden Stahlwerkers, der nach kraftraubenden Schichten ergreifende Skulpturen aus Schlackeblöcken schnitzt, angesichts der sozialen Ungerechtigkeit den Verstand verliert und am Ende im Gefängnis den Freitod wählt, beschreibt eindrucksvoll eine Industrierealität, die sich mehr als 20 Jahre später in Frankreich kaum weniger brutal wiederfindet. Allerdings bereitet in Émile Zolas Roman *Germinal* der Minenarbeiter Étienne Lantier seinem Leben kein Ende, sondern organisiert einen Streik, denn seine Zukunftshoffnungen ruhen auf dem gewerkschaftlichen Kollektiv. Doch auch in diesem Text färbt der Rauch die bunten Häuser und ursprünglich hellen Kirchtürme grau, und die Lebensumstände der arbeitenden Klasse – mit Grubengas-explosionen, Kinderarbeit, Hunger und Krankheiten – sind finster.[2] Als „pays noir“ sind die Bergbauregionen in Nordfrankreich und Belgien als Äquivalent des „black country“ in England und des „schwarzen Reviers“ im Ruhrgebiet einschlägig bekannt. Der belgische Schriftsteller Camille Lemonnier taucht seine Farben ebenfalls in dunkle Schwaden: „Ganz oben, in den blassen Tagesflammen, stieß der riesige Hochofen, einem Krater gleich, blaue Gaswirbel aus, die immer wieder brandrosa zündeten; weiter unten, entlang der Koksöfen, prasselten Reihen heller Feuer in einem Nebel aus stinkendem schwarzen Rauch [...].“[3]

Derlei Impressionen bei untergehender Natur sind Fotografen und Maler zwischen 1880 und 1918 unterschiedlich habhaft geworden. Zu einfach wäre es, ließen sich naturalis-tische Details im Bild als Unterpfand für sozial engagierte Dokumentationslust lesen, atmosphärische Stimmung und Symbolik hingegen als Zeichen für Beschönigung und Realitätsverweigerung. Leider ist die Angelegenheit nicht so eindeutig. Die Unschärfen in der künstlerischen Aus-einandersetzung mit dem Industrieuniversum sind jedoch nicht allein den allgegenwärtigen Rauchschwaden geschuldet. Frei nach Heisenbergs Unschärferelation sind Standpunkt und Impuls des betrachtenden Subjekts und der betrachteten Sujets dekohärent, entziehen sich also bei Näherung der zweifelsfreien Deutung. Zu divers in ihrer Motivation, zu sprunghaft in Raum und Zeit, zu vielschichtig sind die zu beobachtenden Faktoren, als dass man daraus eine stringente Entwicklung für die spätere Kunst- und Fotografiegeschichte ableiten könnte.

Zunächst bedeutet die Phase der Hochindustrialisierung die Schaffung neuer Gegebenheiten in den verschmutzenden Landstrichen. Wie rätselhaft diese in den Industrieregionen gebauten Anlagen erscheinen konnten, veranschaulicht eine 1879 entstandene Ansicht der Steinbrüche von Gentilly im Süden von Paris. Léon-Auguste Mellé stellt hier eine recht pittoreske Schneelandschaft dar, die unvermittelt von großen Holzrädern durchbrochen ist (Kat. 17). Einem einzelnen von ihnen gelänge es wohl, die Erinnerung an ein Windmühlenidyll wachzurufen, doch in ihrer Ballung geraten die aus unterschiedlichen Blickwinkeln ansichtigen Räder zu einer keinesfalls selbsterklärenden Natur-erscheinung. Die unterhalb dieser Räder liegenden Stollen, in denen Steine abgebaut und dann mit den handbetriebenen Rädern an die Oberfläche befördert werden, thematisiert Mellé ebenso wenig wie die dort unten arbeitenden Tiere und Menschen. Das Sehenswürdige ist ihm die bizarre Szenerie, die trotz ihrer naturalistischen Erscheinung noch heute als Kulisse eines Science-Fiction-Films durch-gehen könnte.

Die spektakuläre Erscheinung von Industriebetrieben beeindruckt auch Künstler mit einer politischen Haltung. So zeigt sich Maximilien Luce von den Stahlwerken bei Charleroi (Abb. 1) augenscheinlich fasziniert: Lichteffekte aus Flammen und Rauch erhebt er in pointillistischer Manier zum alleinigen Gegenstand seines Gemäldes. Obwohl er in anderen Bildern und Illustrationen für sozialistische und anarchistische Publikationen die Ausbeutung der Arbeiterschaft und die Dringlichkeit gewerkschaftlichen Schulterschlusses thematisiert, ist sein Sujet hier eine harmlos wirkende Impression einer menschengemachten Landschaft.

Eine Reihe von Texten und Bildern macht das vom Kohlenstaub geschwärzte Land explizit zum Thema. Als Camille Lemonnier in den 1880er Jahren seine Eindrücke für das bereits zitierte Buch *Happe-Chair* im Kohlerevier um Mons sammelt, befindet er sich in Begleitung des aufgrund seiner Zeichnungen, Gemälde, Reliefs und Vollplastiken von arbeitenden Menschen bekannten Künstlers Constantin Meunier. Mit *Au pays noir* (Kat. 44) präsentiert Meunier 1893 eine neoimpressionistische Landschaft, eine menschenleere Industrieszenerie in gedämpften, erdig-rußigen Farben. Er war nach eigener Aussage überwältigt von der traurigherben Schönheit der Landschaft und vermittelt in diesem außergewöhnlichen Bild nichts als eine Stimmung – während er andernorts den Bergleuten und Kohlenverladerinnen, den Kesselbauern, Ziegelbrennern, Puddlern und Grubengastoten ein Denkmal setzt.

Das Phänomen, industriell geprägte Landschaften im Bild festzuhalten, schlägt sich disziplinübergreifend nieder. Parallel zu den Malern zeigen auch Fotografen dieses Motiv in ihren Arbeiten. Bevor sich die Düsseldorfer Akademiekünstler hundert Jahre später den Industrieanlagen mit einem typologischen Verzeichnis zuwenden, sind die Fotografien zunächst als Unternehmensaufträge in Form von Produktionsmittelpanoramen (Kat. 33, 37 und 45) mehr besitz-

ständisch-akkumulativ denn konzeptuell-archäologisch entstanden. Es gab jedoch auch dezidiert künstlerisch motivierte Ansichten, wenngleich das Industriemotiv bei den Piktorialisten keine zentrale Rolle spielte. Dennoch ist die Art und Weise, in der sie sich – in Europa und den USA unterschiedlich – den modernen Erscheinungen ihrer Umgebung zuwandten, aufschlussreich. An prominenter Stelle steht der Arzt Eduard Christian Arning mit seinem großformatigen, mehrfarbigen Gummidruck *Hüttenwerk* (Kat. 55). Die tiefblaue nächtliche Ansicht wird von den Flammen auf den Schornsteinen und den erleuchteten Fenstern sachte belebt. Menschen errät man schwerlich. Es ist eine stimmungsvolle Landschaft, die das Werk mit Licht- und Raucheffekten als ästhetisches Phänomen begreift. Auch einige von Arnings Mitstreitern haben Schornsteine und Rauch in Abwesenheit von Figuren ins Visier genommen und in diversen Bildverfahren interpretiert. Die Unschärfe spielt dabei eine tragende Rolle, denn einige gewichtige Vertreter der Kunstfotografie streben, untermauert durch theoretische Traktate, eine Unbestimmtheit an, „in der alles versprochen und nichts gegeben ist, in der alles zu erraten und nichts gebeichtet ist, in der die Figuren und die Landschaften, der Himmel und die Erde, und die Liebe selbst entsprechend den ungewissen Andeutungen des Tagesanbruchs und nicht in der trockenen Klarheit der Mittagsstunden erscheinen".[4] Ihr Interesse gilt dem visuellen Reiz der Anlagen, die sie am liebsten in Rauch und Nebel hüllen oder nach den Prinzipien des japanischen Holzschnitts stilisiert wiedergeben. In diesem Stil präsentierte Alfred Stieglitz mit *The Hand of Man,* der Ansicht einer Dampfeisenbahn, die stolze Gestaltungsmacht des Menschen 1903 in seiner Zeitschrift *Camera Work.*

Der Schrecken des modernen Lebens griff um sich: Es drohten das Aussterben der braven Bauern und die Schmälerung des amateurfotografischen Vergnügens bei der Landpartie. Die alte, einzig bildwürdige Welt ging unter:

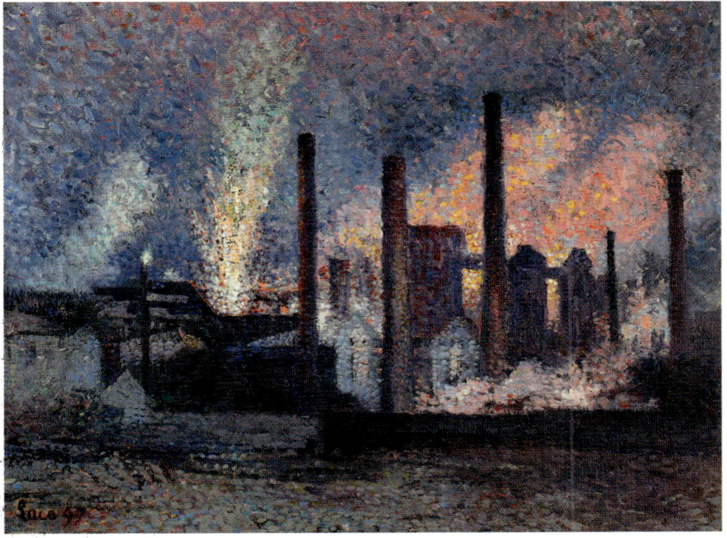

1 Maximilien Luce:
Usines près de Charleroi, 1897,
Musée d'Orsay, Paris

„Aber sie sollten sich beeilen! Schon verblasst die Erinnerung an die alten braun bemoosten Reetdächer, Glanzlack lauert den Wänden moderner Behausungen auf, die früheren Trachten verschwinden, und die Kataloge des Bon Marché und der Belle Jardinière finden überall Verbreitung. Das Land wird dahingerafft! Die mechanische Sämaschine ersetzt die erhabene Geste des Säens. Vielleicht gibt es schon bald keine richtigen Bauern noch richtige Arbeiter mehr, und wir können nur noch Fabriken und Maschinen fotografieren."[5]

Dieser Aufschrei spricht Bände – die Sorge, Fabriken und Maschinen könnten sich zum zentralen Sujet der künstlerisch ambitionierten Fotografie entwickeln, blieb allerdings unbegründet.[6] Solche Bilder der gebauten Umwelt vermitteln das malerische und fotografische Staunen vor neuen Sujets in der Landschaft, vor der Kraft der verbrennungsmotorisch beschleunigten Fortbewegung des Menschen, vor den Lichtern der Großstadt. Das hierzu aufgewandte Aufkommen von Qualm ist beträchtlich. Geradezu parodistisch zeigt Eugen Brachts *Hoeschstahlwerk, Dortmund, Mittagspause* (Kat. 54) keine Arbeiter bei der Mahlzeit, sondern eine mit Volldampf betriebene Anlage, vor der sich einige nicht näher erkennbare Gestalten bewegen. Der Mensch ist also nicht nur das gottgleiche schöpferische Wesen, das mit eigener Hand atemraubende Industrieanlagen errichtet, sondern als Teil der Arbeiterklasse zugleich auch die Ressource, die zu ihrem Betrieb verschlungen wird.

Die sich daraus ergebende Frage, wie eigentlich die Arbeit unter den Rauchwolken bzw. hinter dem Schleier gesehen wird, kann durch Präzedenzfälle in der Malerei und in der Fotografie geklärt werden. So tritt in einer kleinen Gouache, die während der Vorarbeiten zum 1875 vollendeten *Eisenwalzwerk* (Abb. S. 13) entstand, Adolph von Menzel selbst ins Bild und zeigt seine Beobachtung an diesem besonderen Schauplatz. Menzels *Selbstbildnis mit Arbeiter am Dampfhammer im Walzwerk* (Kat. 18) ist in der vorgeblichen Offenlegung des Arbeitsprozesses ein Ausnahmefall. Der Maler betritt Neuland mit seinem Besuch im bisher in der Kunst unbeachteten Stahlwerk, er will das Dokumentarische seines Vorgehens betonen. Zugleich stellt er sein eigenes Tun auf die gleiche Ebene wie das Schuften des Arbeiters am offenen Feuer – oder macht er uns dezent auf seinen breiteren Handlungsspielraum aufmerksam? Er wählt die Pose des den Künstler nicht weiter zur Kenntnis nehmenden, mit grobem Werkzeug hantierenden Arbeiters, fügt seine eigene, hinter Gerätschaften zu erkennende, zarte Gestalt hinzu und kehrt dann ins Atelier zurück, wo er die Gesamtszene in Farbe wiedergibt. Mit diesem Bild stellt Menzel fest, dass es in den Händen der Bildschaffenden liegt, wie Arbeit begriffen wird. Die Fotografiegeschichte demonstrierte diesen Umstand noch deutlicher und bereits ein Jahrzehnt früher: Bei seinen technisch aufwendigen Aufnahmen unter Tage in den Katakomben von Paris griff Nadar (Gaspard Félix Tournachon) 1861 auf eine Puppe zurück, um die Arbeit an diesem für andere unsichtbaren Ort darzustellen. Sorgfältig gestellte Posen veranschaulichen die Tätigkeit des Katakombenarbeiters, der in Nadars Inszenierung gar pietätlos über Gebein geht (Abb. 2). Der Sachgrund für die Inszenierung mit einer Puppe lag an der mehrminütigen Belichtungszeit und den Risiken des Magnesiumlichts. Daneben wurde Nadar so zum Regisseur der Ikonografie der Arbeit, der wie auch Generationen von Fotografinnen und Fotografen nach ihm, unsere Vorstellung vom Beruf und dem Erscheinungsbild des Arbeiters prägte. Ästhetisch inszenierte Handwerksposen wie jene, die Frances Benjamin Johnston 1899 im Hampton Institute festhielt (Abb. 3), haben sich uns in all ihrer properen Reglosigkeit und geordneten Choreografie archetypisch ins Gedächtnis eingeschrieben. Vor diesem Hintergrund werden vergleichbare Ansichten aus der Industrie verständlich, wie

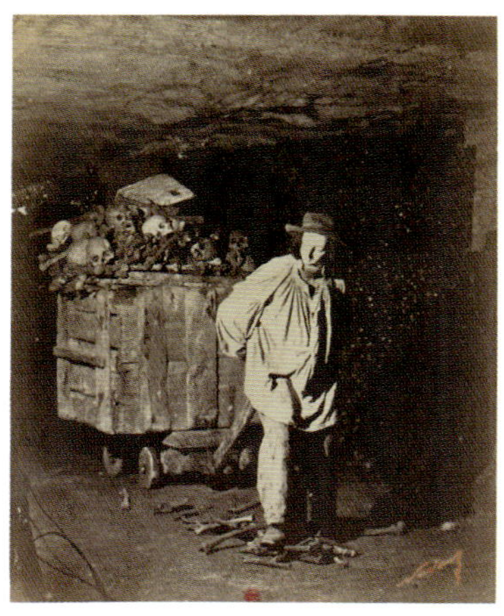

2 Nadar (Gaspard Félix Tournachon):
Catacombes de Paris, mannequin n° 2,
1861

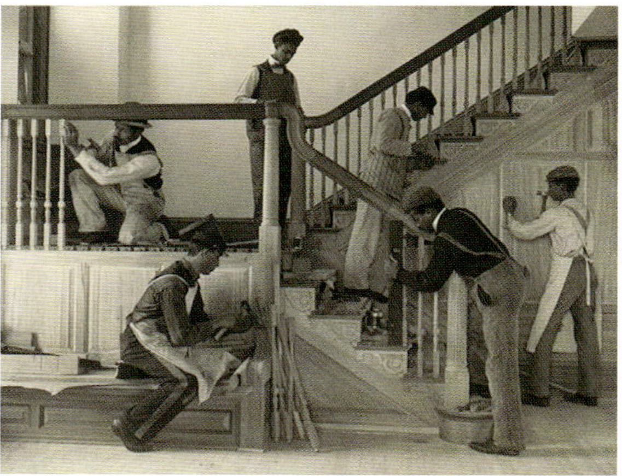

3 Frances Benjamin Johnston:
Stairway of the Treasurer's Residence. Students at Work
aus *The Hampton Album*, 1899, Library of Congress, Washington

etwa die lehrbuchartige Pose des Probenentnehmers oder
der konzentrierten Gruppe am Puddelofen (Kat. 40 und 41).
Dass sich diese Gesten und Posen in der Malerei wieder-
finden, verwundert nicht, sind es doch sie, die pädagogisch
und zugleich würdevoll Arbeitsprozesse anschaulich
machen und dabei die Rohheit der Vorgänge in den Hintergrund treten lassen. Um Erhabenheit zu kreieren, greift man
versuchsweise auf die Ikonografie der weiterhin beliebten
wie idealisierten Bauernbilder zurück, die zudem ein künstlerisches Genre repräsentierten. Die Allgemeingültigkeit
der harmlosen Pose entsprach dem Vermittlungswunsch.
Darüber konnte die Kritik geradezu ins Schwärmen geraten.
Eine Industrieansicht bei der dritten kunstfotografischen
Ausstellung in Brüssel war 1898 noch eine Sensation.
Doch wusste man sie in ihren Malereikontext einzuordnen
und betonte den Kunstcharakter der Lichtbildfindung:

„Innenansichten eines Stahlwerks mit dem Rauch,
dem Dampf, dem Durcheinander der Maschinen, der
menschlichen Betriebsamkeit sind hier auf bewunderns-
werte Art und Weise wiedergegeben. Die Geste des Mannes,
der eine Schaufel Kohlen in den brennenden Schlund
eines Hochofens wirft, besitzt eine einmalige Größe und
erinnert an die synthetische Geste von Millets Sämann
oder eines Arbeiters von Constantin Meunier. Den genauen
Moment auszuwählen, in dem eine solche Geste ihren
höchsten Grad an Schönheit und Richtigkeit erreicht, ist
das Werk eines Künstlers, ganz zweifellos."[7]

Im Zentrum des künstlerischen Interesses steht
nicht das Individuum, sondern ein idealisiertes Monument
einer fremden, ästhetisch reizvollen Welt.[8] Gestützt auf
die Wahrnehmungstheorie wird die Synthese der Pose
beschworen, die gegen das Anekdotische und rein Deskriptive
eine Idee bzw. ein Symbol vermitteln soll.

Jenseits aller Symbolik zielt im „schwarzen Land" die
Geste, fast maschinengleich, auf Produktivität ab. Beruhend

auf den Posen einmaliger Größe wird der internationale
Wettbewerb um den stärksten Industriestandort ausgetragen:
1895 zeigt ein Plakat zur *Exposition du Travail* im Pariser
Palais de l'Industrie (Abb. 4) einen Arbeiter am Dampfhammer,
dessen Lohnerwerbsgeste nicht nur glorifiziert dargestellt
ist, sondern zudem von einem rechts oben im Bild hockenden
Beobachter bewundert wird. An die Stelle des berichtenden
Malers tritt in der Werbegrafik nun ein staunender, die
Zukunft symbolisierender Junge. Sie zeigt, in vereinfachter,
dynamisierter Darstellung, den Arbeiter als personifizierte
Produktivität, wie er im späten 19. Jahrhundert sowohl
die Kunst inspiriert hat als auch fotografisch isoliert ins Bild
gesetzt wird. Unternehmer geben Industriebilder in Auftrag,
die sowohl in Form von monumentalen Gemälden als
auch in Form von Fotografien ihre Macht und ihren Ruhm
untermauern.

Auftragsfotografien waren meist um eine nüchterne
Erscheinung bemüht, ein buchhalterisches Verzeichnis von
Anlagen, Technik und Personal, oder sie zeigten in einer
Panoramaansicht stolz das Ausmaß der Produktionsstätten.
Zwischen den vorgenannten fotografischen Impressionen
und auf Vermögensdarstellung abzielenden Aufnahmen
illustrieren drei Sonderfälle das Spannungsfeld, in
dem sich das fotografische Industriebild in den Jahren
um 1900 bewegen konnte. Auf dieses reagierte der Foto-
historiker Paul Jay in den 1970er Jahren im Katalog
zu einer Ausstellung mit Albenbildern des Piktorialisten
Robert Demachy ratlos:

„Warum diese Fabrikfotografien? Sind sie der naive
Ausdruck eines Glaubens an Industriekultur? Sind sie
schlicht eine Reportage, die er aus Gefälligkeit für einen
Verwandten produzierte? Oder war Demachy bereits
empfänglich für die verstörende Schönheit der Industriebauten des späten 19. Jahrhunderts? Wollte er sozialkritische
Fotografie machen und die zukünftige Hässlichkeit der

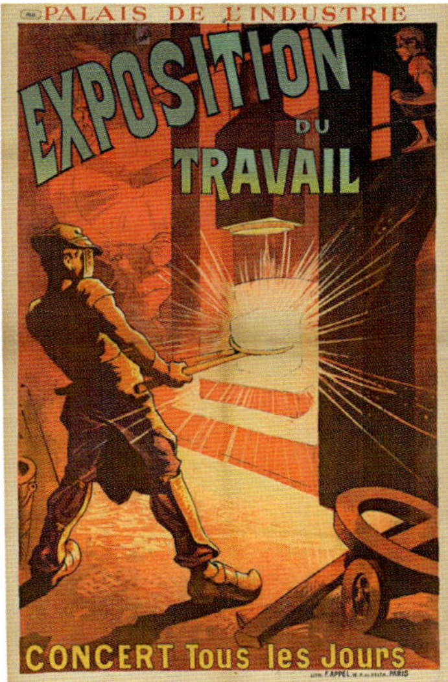

4 Anonym:
*Exposition du Travail, Palais de
l'Industrie, Paris,* 1895

industriellen Welt anprangern? Sollen die Mädchen auf der Brücke, gleich bei der Fabrik, ein surrealer Poesieversuch sein? Bringen sie Frische ins Bild? Geht es ihm am Ende um den Rauch, wie den Malern an der Gare Saint-Lazare?"[9]

Damit stellt Jay denkbare Lesarten für Bilder vor, deren Genese einer diffusen Gemengelage aus persönlicher Motivation, Auftrag und Vermittlungsstreben zuzuschreiben ist und anhand derer sich die Unschärfen besser beschreiben lassen.

Robert Demachy, der von den Renditen der väterlichen Bank lebte, inszenierte in seinen Aufnahmen von 1886 in familieneigenen Anlagen Träumereien vor Fabrikarchitektur. Weit und breit ist kein Arbeiter zu sehen, die unwirkliche Leere des Ortes wird durch das auf einer Brücke am Teich sinnierende Mädchen noch befremdlicher (Abb. 5). Auf anderen Bildern des Albums begegnen uns rauchende Schornsteine und Industrielandschaften in diesigem Licht. Später stellte Demachy aufwendige Edeldrucke mit grafisch gesehenen Stahlkränen am Ufer oder Docks im Gegenlicht her. Wie es scheint, probierte sich Demachy bei diesen frühen Bildern an kompositorischen Prinzipien und begegnete dabei seiner eigenen Unentschiedenheit gegenüber der Industrieumwelt, die er durch das Hinzufügen des sinnierenden Mädchens aufzubrechen sucht. Sein zu weiten Teilen von sinnlichen Damen und urigen Landbewohnern bevölkertes Kunstrefugium verlässt er nur in der Gewissheit, Gegenwartsphänomenen etwas ästhetisch Verwandtes abringen zu können. Ein Kollege spricht ihm Anerkennung für diesen wagemutigen Schritt auf industrielles Neuland aus: „Mein Dank gilt Herrn Demachy, der sich an die Interpretation unserer industriellen Horizonte gewagt hat, dieser verlassenen Landschaften aus Schornsteinen, Frachtkähnen und Kränen und Fabriken [...] hat er diese Ansichten unseres modernen Lebens geschaffen."[10]

Kurz nach 1900 schuf der dem Piktorialismus zugetane belgische Berufsfotograf Gustave Marissiaux eine beeindruckende Serie von Industrieaufnahmen als Edeldrucke, von denen einige zu seinen bekanntesten Werken zählen. Die Bilder entstanden im Auftrag des Kohleindustrieverbands der Region Lüttich, der sich mit einem Industrieporträt auf der Weltausstellung 1905 vorzustellen gedachte. Marissiaux fotografierte in 27 Kohlenbergwerken, von Gesamteindrücken der Anlagen bis hin zu Einblicken in die Arbeit unter Tage. Der Alltag und das Leben der Bergleute werden nicht thematisiert. Durch die Stereoaufnahmen ist das Publikum, ohne die Anlagen selbst besuchen zu müssen, im Bilde und gut unterhalten. Die lebenden Figuren in ausgeklügelten Lichteffekten wirken kaum minder gestellt als Nadars Puppen, die didaktisch aufbereiteten Szenen erläutern huldvoll Technik und Ingenieurskunst. Um das spektakuläre Gesamtbild der Anlagen bei Nacht zu vermitteln, koloriert der Fotograf das Geschehen an der Koksrampe: Die Landschaft belebt sich, die Silhouetten der nah an den dramatischen Rauchschwaden tätigen Arbeiter scheinen auf. Seine Industriefotografie erzählt von der unermüdlichen Tätigkeit zur Schaffung von Reichtum, die durch finanzielle Mittel und Ingenieurskapazitäten seiner Auftraggeber ermöglicht wird. Ein Höhepunkt ist die Rückansicht einer Frau, die einen Kohlewagen der Sonne entgegenschiebt und zum Industriesymbol stilisiert wird (Abb. 6). Von diesem und anderen Bildern fertigt Marissiaux zudem Papierabzüge für kunstfotografische Ausstellungen an. Als engagiertes Mitglied der Association belge de photographie hält er Lichtbildvorträge, die dem wohlsituierten, zahlenden Publikum, meist anhand von stimmungsvollen Landschafts- oder Architekturaufnahmen, die Verdienste einer künstlerischen Fotografie näherbringen sollen. Die Bilder werden dabei auf eine mehrere Meter große Fläche projiziert. Untermalt von Musik und von holpriger Poesie begleitet,[11]

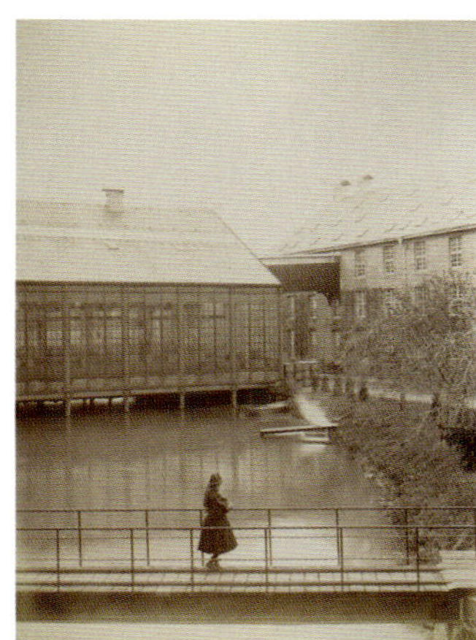

5 Robert Demachy:
Hélène ou Germaine Demachy sur un pont dans la cour de l'usine, 1886

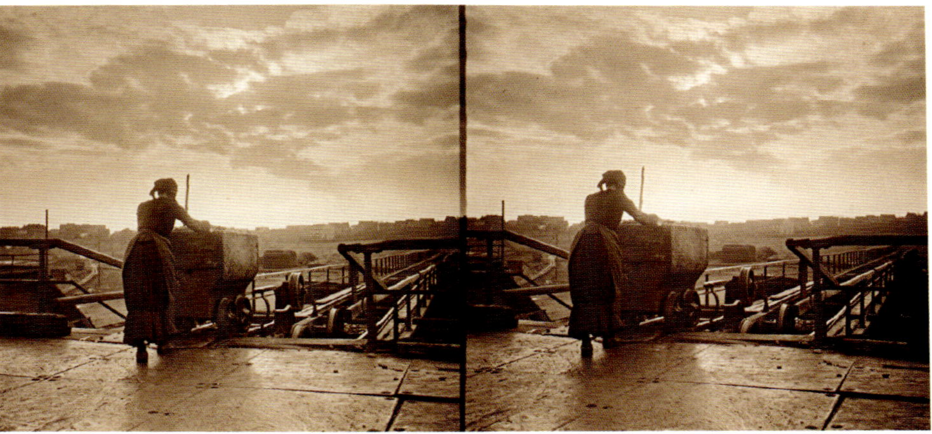

6 Gustave Marissiaux:
Hiercheuse poussant un wagon vers une aire de jetage (Stereoskopie) aus der Serie *La Houillère,* 1904/05, Musée de la Photographie à Charleroi

präsentiert Marissiaux 1905 erstmals eine Auswahl seiner Kohlenbergwerksbilder unter dem Titel *La Houillère*. Die Vorführung besitzt keinerlei sozialen Impetus, sondern schreibt die Motive auf bemerkenswert blutleere Art und Weise dem Kunstkanon ein. Der Vergleich dieser speziellen Erweiterungsform des Lichtbildvortrags, der bis dahin meist für ein Fachpublikum konzipiert war, mit Filmvorführungen liegt nahe.[12] Ebenfalls 1905 kommt der Pathé-Film *Au pays noir* in die Kinos. Vage inspiriert von Zolas *Germinal,* erzählt er in acht Kapiteln vom Schicksal braver Bergleute im „schwarzen Land" und schildert unter Aufbietung größter Theatralik den Arbeitsalltag und das Drama eines Stolleneinbruchs (Abb. 7). Während also die eine Kamera versucht, die Realität partiell auszublenden bzw. einer vorgefassten Ästhetik einzuschreiben, filmt die andere am fiktiven Set, um das soziale Drama zu illustrieren, und trägt somit zur Entwicklung der Arbeiterromantik bei. Paradoxe Größen der eingangs erwähnten Unschärferelation heißen demnach fotografischer und sozialer Realismus, technisches Detail und menschliche Anekdote, Intention und Rezeption bzw. Auftraggeber und Zielpublikum.

Diese verquicken sich auch im Falle Félix Thiolliers, der sich im Alter von 35 Jahren aus der Industrie zurückgezogen hatte, um sein Leben als Rentier der Kunst und der Archäologie zu widmen. Er verlegte seine eigenen, reich bebilderten Bücher über befreundete Maler und die Kunst- und Architekturgeschichte seiner Region und gilt heute, ohne sich in kunstfotografischen Kreisen um Rang und Namen bemüht zu haben, als Fotograf im Umfeld des Piktorialismus. Kunst war ihm „ein wirksames Mittel gegen den Ekel, den das Schauspiel des Lebens hervorruft".[13] Thiollier schuf zwischen 1895 und 1910 zahllose Ansichten der Industrieanlagen rund um Saint-Étienne. Seine umfassende Dokumentation schließt die Menschen mit ein, die in seinen Augen als Folklore die ästhetische Wirkung der vorgestellten Region

anreichern, „denn mit ihren Bewegungen, ihrer Haltung und Arbeitskleidung interessieren und inspirieren sie Denker und Künstler stärker als gut gekleidete Bürger".[14] Besonders sehenswert findet er das Bild, das sich täglich einstellt, wenn die Ärmsten der Stadt zum Aufklauben der Kohlereste auf die Halden strömen. Und: „Schließlich sollte man Saint-Étienne nicht verlassen, ohne die speziellen Effekte von Rauch, Dampf und Flammen beachtet zu haben, die von einzelnen düsteren und originellen Bauten ausgestoßen werden."[15] Selbst bei den eingehend studierten Fakten rückt Thiollier nicht von den eingeübten Sichtweisen ab. Seine Ansichten scheinen seiner pittoresken Intention kleine Einsichten in die Alltagsrealität abzutrotzen, die sich mit anderen Darstellungen decken, denn einmal mehr finden Malerei und Fotografie zu verwandten Schilderungen. Wie Thiolliers *Les Grappilleurs sur le terril* (Kat. 49) bringt Franz Skarbinas *Kohlereste aufklaubender Mann* (Kat. 53) die Tristesse und Anonymität derjenigen zum Ausdruck, die von den Abfällen industrieller Produktion leben, die Distanz von Industrie und Mensch ist in beiden Fällen räumlich wiedergegeben.

Nur zu unterschiedlichen Graden befassen sich die Industrieansichten der Zeit mit den Forderungen, die Arbeiterinnen und Arbeiter stellen konnten. Diese werden zunächst als Menge interessant und in Gruppenbildern vorgestellt. Fein säuberlich geordnet und stolz präsentieren sich die Belegschaften als Teil des Produktionsinventars (Kat. 20–30). Andere Bilder ziehen dramatischere Register, indem sie das Rohe der Elemente und die zu ihrer Bändigung aufgebrachte Kraft inszenieren. Ernest-Jean Delahayes *L'Usine à gaz de Courcelles* (Kat. 16) ist ein frühes Beispiel für die Darstellung der namenlosen Schufterei, durch die der bürgerliche Komfort erst möglich wird: Nur mit Stofffetzen bekleidet stehen die Arbeiter im Dampf auf dem Hof des Gaswerks, augenscheinlich bewacht von Vorgesetzten, die durch ihre Mäntel kenntlich werden.

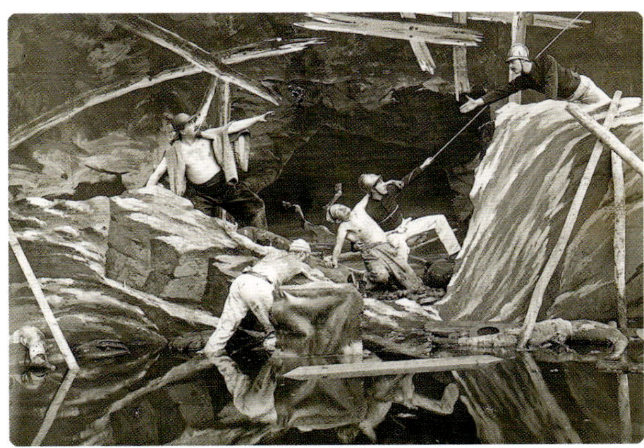

7 Lucien Nonguet und Ferdinand Zecca:
Au pays noir (Pressefoto), 1905

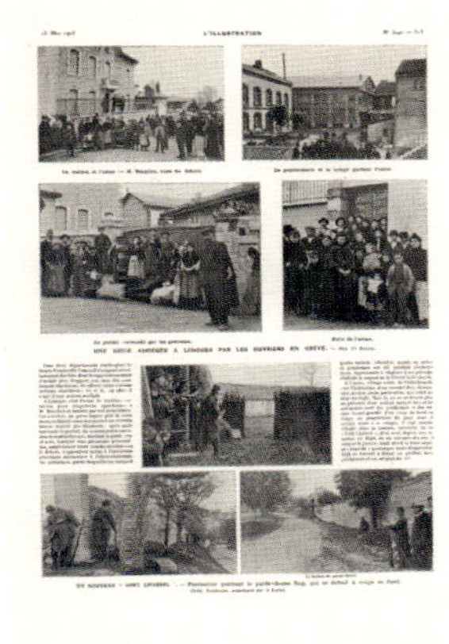

8 Théophile Boureau:
Le portail barricadé par les grévistes, Porte de l'usine,
in: *L'Illustration*, 13. Mai 1905, S. 313

Das Erniedrigende einer solchen Position, das an
ein Büßen in der Hölle gemahnt, fasst abermals Harding in
Worte: „Feuer in all seinen grausigen Gestalten: hohle
Flammen, die im Wind flattern; Flammen über flüssigem
Metall, das sich in Strömen durch den Sand windet; riesige
Kessel voll mit kochendem Feuer, über die sich abstoßende
arme Kerle beugen, um das seltsame Gebräu umzurühren;
und überall halbnackte, in dem roten Licht wie Rachegespinste
aussehende Männer, die hastig mit glimmenden Feuer-
klumpen um sich werfen. Das Bild einer Höllenstraße. Selbst
Deborah murmelte sich einen Weg bahnend vor sich hin:
‚Hier sieht's aus wie beim Teufel!' Genauso war es – in mehr
als einer Hinsicht."[16]

Passend zu dem Eindruck einer Höllenszene haben
sich in Heinrich Kleys Gemälde *Die Krupp'schen Teufel*
(Kat. 31) gleich mehrere Teufel in der Werkhalle niedergelassen,
damit ihnen die Arbeiter, die sie nicht zu bemerken scheinen,
flüssigen Stahl nachschenken. Auf einer zehn Jahre zuvor
aufgenommenen Ansicht einer ähnlichen Halle bei Krupp
sind weder Teufel noch andere allegorische Wesen
zugegen, nur die Schar der Tiegelträger (Kat. 39). Unstillbare
kapitalistische Gier, die Gefahren der Arbeitsstätte, die
unheimlichen Kräfte, die die Industrie weckt, könnten das
Sujet des Gemäldes sein, das nicht Teil des Auftrags war,
mit dem die Firma Krupp den Maler betraute. Unmöglich, in
der überzeichneten Maßlosigkeit kein Omen für das
Kommende zu sehen. Schließlich wird in einzelnen Bildern
veranschaulicht, dass sich die Lohnarbeitenden unter sich
weiterentwickelnden Streik- und Arbeitsrechten auch
gegen Übergriffe des Kapitals zur Wehr setzten. Neben oft
theatralischen, aus diversen Vorlagen gespeisten Gemälden
zum Thema Streik nehmen sich die nüchternen Presse-
bilder über einen Streik in Limoges 1905 geradezu hölzern
aus (Abb. 8). Wie auf den Belegschaftsbildern haben
sich die Frauen, Kinder und Männer vor dem mit Felsblöcken

blockierten Unternehmenstor positioniert, keine wütenden
Fäuste werden geschüttelt, nur ernste Gesichter blicken
in die Kamera. Einzig die Kreideschrift auf der Tür verrät den
Zorn der Streikenden: Sie fordert schlicht den Tod des
Fabrikbesitzers. Im Ton der Empörung schildert der
Zeitungsartikel, dass hier die dreisten Arbeiter versuchen,
eine Familie auszuhungern. Allzu wohlgenährt und wonnig
sehen die Kinder, Frauen und Männer im Streik selbst
nicht aus. Menschen wie sie gehen im Rhythmus eines
Uhrwerks einer genormten, repetitiven und meist schlecht
bezahlten Tätigkeit nach. Wie viel Individualität, wie viel
Widerstandsgeist bleibt dabei erhalten? Diese Frage scheint
sich Hans Baluschek in seinem Gemälde *Arbeiterinnen*
aus dem Jahr 1900 (Kat. 57) zu stellen. Die in ihrem Gesichtsausdruck den Leidensgenossen in Limoges vergleichbaren
Frauen basieren auf nur drei Gesichtern, die in malerischer
Abwandlung doch die irritierende Ununterscheidbarkeit
nicht ablegen und so die Freudlosigkeit des Daseins der hier
aus der Fabrik strömenden stummen Menge unterstreichen.
Zugleich bringt das Werk das Schemenhafte der Darstellung
von vielen Arbeiterinnen und Arbeitern auf den Punkt: Sie
gleichen in ihrer Uniformität und Anonymität einer Armee.

Ein letzter Kollusionspunkt, der bereits in der
gedanklichen Assoziation von industriellem Arbeitsplatz
und Hölle anklang, ist die ob der Umwälzungen für Mensch
und Umwelt naheliegende Gleichsetzung von Gott und
Maschine. Die Errungenschaften der zweiten industriellen
Revolution hoben unter anderem durch Gas und Elektrizität
den urbanen bürgerlichen Komfort. In London entwickelt
der schwarze Wärter des für den Betrieb der nagelneuen
U-Bahn zuständigen Dynamo-Elektrizitätswerks in
H. G. Wells' Kurzgeschichte *The Lord of the Dynamos* eine
animistische Hörigkeit zum Maschinengott, dem er zunächst
seinen ihn misshandelnden Vorgesetzten zum Zermalmen
vorwirft, bevor er selbst sein Opfer wird.[17] Geschickt lässt

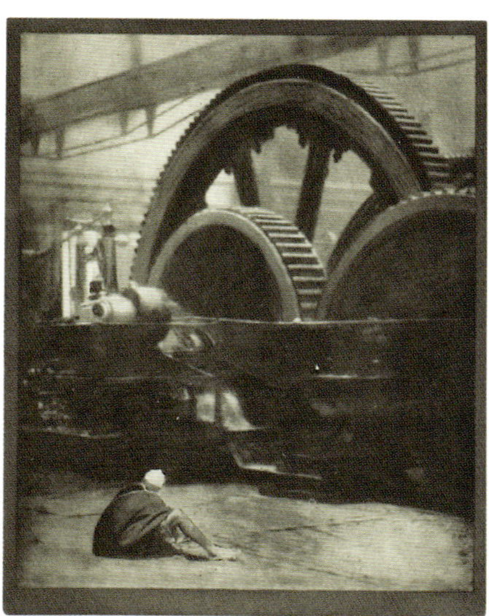

9 Alvin Langdon
Coburn:
*The Lord of
the Dynamos*,
um 1901

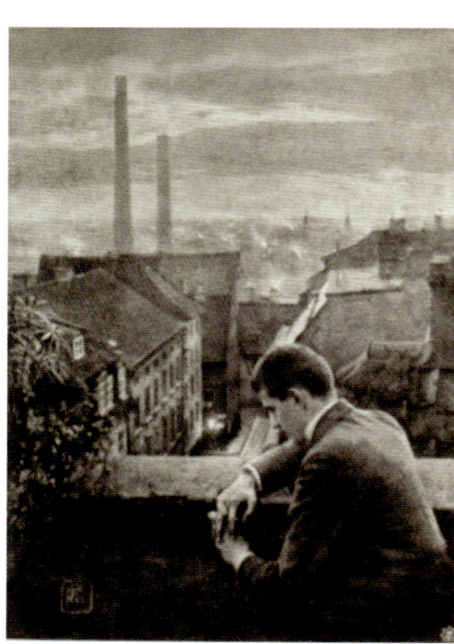

10 Paul Pichier:
Ausklang, 1903

Alvin Langdon Coburn in seiner fotografischen Illustration den hässlichen Inhalt der Geschichte in den Hintergrund treten: Sie zeigt den exotisch Gewandeten in kontemplativer Zwiesprache mit seinem Herrn und Meister, dem Dynamo-Gott (Abb. 9).

Nicht minder versunken sitzt bei Paul Pichier ein Mann mit gefalteten Händen oberhalb der Stadt, mit Blick auf Schornsteine, Dächer und Kirchtürme. Der Titel der Fotografie lautet *Ausklang* (Abb. 10). Geht es um den Ausklang des Tages nach vollbrachtem Werk? Den Ausklang der Kirchenglocken, die von den Fabriksirenen übertönt werden? Den Ausklang einer Zeit, in der kein ökonomischer oder sozialer Umbruch die Stellung des Einzelnen zu erschüttern drohte? Oder gar die visionäre Einsicht, dass Produktivismus und Ressourcenübernutzung den Ausklang der Menschheit einläuten könnten?

Zwischen den Versuchen, die neuen Landschaften in einen bestehenden darstellerischen und ästhetischen Kanon zu integrieren, neue Repräsentationsformeln zu schaffen und schließlich den Arbeiter als Helden seiner Zeit zu inthronisieren, verlaufen die Grenzen oft unscharf. In meist positiver Ehrfurcht vor der Gestaltungsmacht des Menschen, ästhetische Harmlosigkeit und monumentale Pose privilegierend, bleiben um 1900 manche Industrieansichten an der Oberfläche. Ein Jahrhundert später fasst die Fotografie, weiterhin mit dem Schauer des Erhabenen, bevorzugt Technik und menschliche Effizienz, Ruinen und am liebsten ästhetisch reizvolle Umweltkatastrophen ins Bild, nähert sich ihnen wiederum vorrangig als unausweichlichen Gegebenheiten und „Naturphänomenen", nicht ohne die Zerstörungslust des Menschen zu verschleiern. Die Dekohärenz von Blick und Wirkung, Bildfindung und Standpunkt bleibt. Die Unschärferelation gilt weiter.

1 Rebecca Harding: Life in the Iron Mills, in: *The Atlantic Monthly,* April 1861, https://www.theatlantic.com/magazine/archive/1861/04/life-in-the-iron-mills/304543/ (aufgerufen am 29. April 2021). Soweit nicht anders angegeben, stammen die Übersetzungen von der Autorin.

2 Émile Zola: *Les Rougon-Macquart. Histoire naturelle et sociale d'une famille sous le Second Empire,* Bd. 13: *Germinal,* Paris 1885, Kap. 2.2.

3 Camille Lemonnier: *Happe-Chair,* Paris 1908 (1: 1886), S. 7.

4 Robert de La Sizeranne: *La Photographie est-elle un art?,* Paris 1899, S. 16.

5 Georges de Cavilly: Le Pittoresque dans la vie rurale, in: *La Revue de Photographie* 2 (1904), S. 78.

6 Für Michel Poivert besiegelt dieser Unwille, sich auf eine veränderte Welt einzulassen, dieses Beharren auf einer bekannten Ästhetik und einem lang eingeübten Selbstverständnis das Scheitern der französischen Piktorialisten, die seiner Ansicht nach den Anschluss an die Moderne verpasst haben, vgl. Michel Poivert: La photographie française en 1900. L'échec du pictorialisme, in: *Vingtième Siècle* 72 (2001), S. 17–26.

7 A. van den Bergen-Dries: Causerie artistique. La 3ᵉ Exposition d'art photographique à Bruxelles, in: *Bulletin de l'Association belge de photographie* 25 (1898), S. 399–404, hier S. 402.

8 Hubertus Kohle spricht zudem von „Heroisierung", vgl. Hubertus Kohle: Das Industriebild als modernes Historienbild – Monumentalisierung und Heroisierung von Industrie und Arbeit in Belgien, in: Berlin 2002, S. 80–85.

9 Paul Jay: La donation François Demachy, in: *Robert Demachy,* Ausst.-Kat. Musée Nicéphore Niépce, Chalon-sur-Saône, 1977, S. 7–13, hier S. 8.

10 Georges Besson, zit. n. Michel Poivert: *Le pictorialisme en France,* Paris 1992, S. 68.

11 Jules Bouy: „Kohlenschieberin! Du bist der Frau gewordene Wille, die bebende Anmut im Lumpenkleid, der Mut in jeder Geste deiner harten Arbeit! Du bist die Synthese allen Gefühls, aller Sympathie, aller Anziehungskraft des Bergwerks. [...] Aufrecht, stolz, mit offenem Blick ... bist du das überlebensgroße Symbol der Mine!", zit. n. Marc-Emmanuel Mélon: *Gustave Marissiaux. La possibilité d'un art,* Charleroi 1997, S. 41.

12 Marc-Emmanuel Mélon sieht in dieser Erweiterungsform des Lichtbildvortrags die distinguierte Reaktion auf das aufkommende Massenmedium des Films, wenngleich er das Klischee „Kunstfotografie für die bürgerliche Elite und Kino für die Masse" differenziert betrachtet, vgl. Marc-Emmanuel Mélon: Projections photographiques et cinéma des premiers temps. *La Houillère* de Gustave Marissiaux et les origines du cinéma minier, in: *Intermédialités* 24/25 (Herbst 2014/Frühjahr 2015), Abs. 8, https://www.erudit.org/fr/revues/im/2014-n24-25-im02279/1034146ar/ (aufgerufen am 30. April 2021).

13 Paris 2012, S. 17.

14 Ebd., S. 58.

15 Félix Thiollier: *Excursions dans le département de la Loire,* Saint-Étienne 1897, S. 5, zit. n. Paris 2012, S. 47.

16 Harding 1861 (wie Anm. 1).

17 Der an rassistischen Stereotypen reiche Text erschien zuerst 1894 in der Zeitschrift *Pall Mall Budget,* 1911 in H. G. Wells' Kurzgeschichtenband *The Door in the Wall and Other Short Stories.*

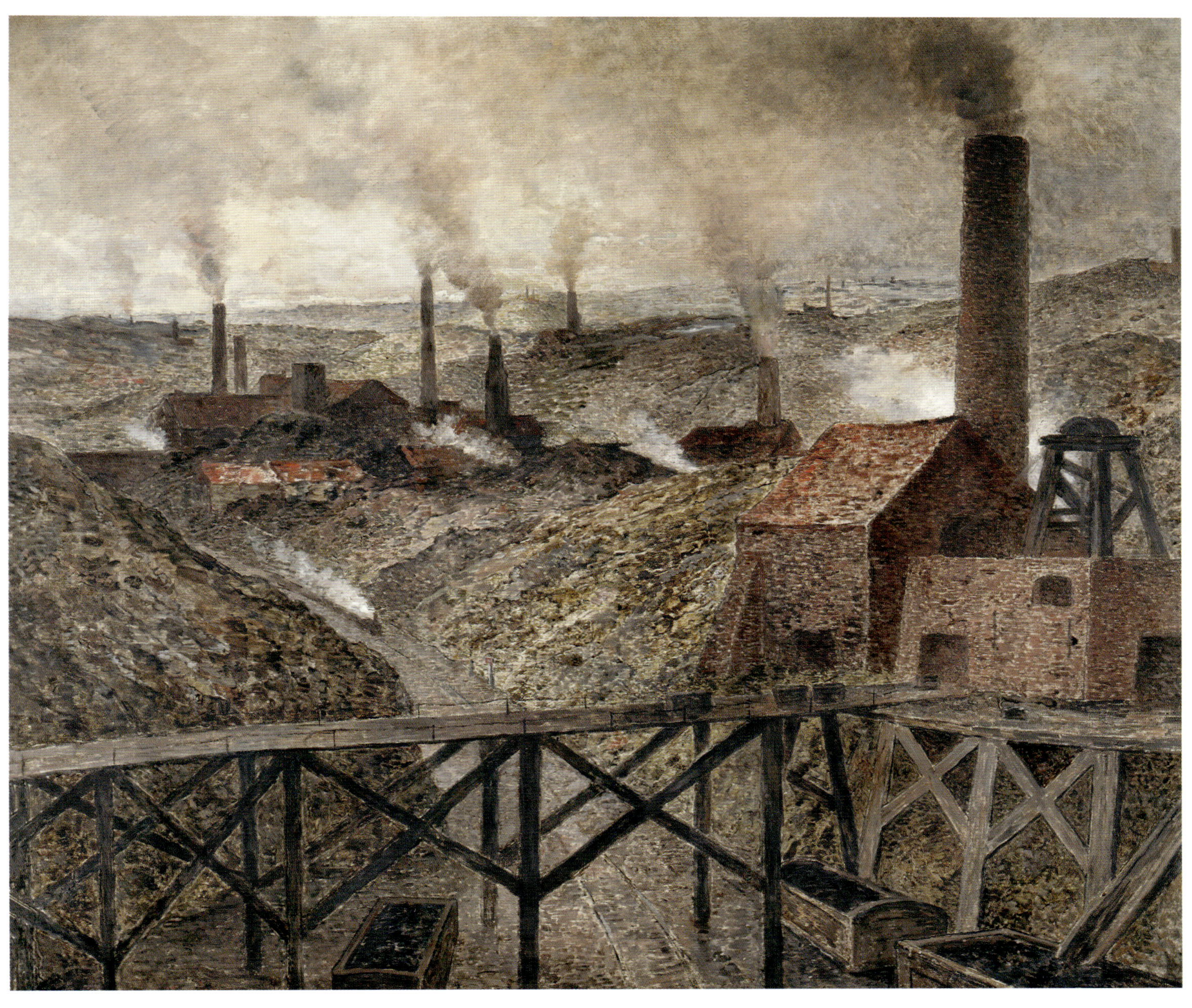

44 Constantin Meunier:
Au pays noir, um 1893

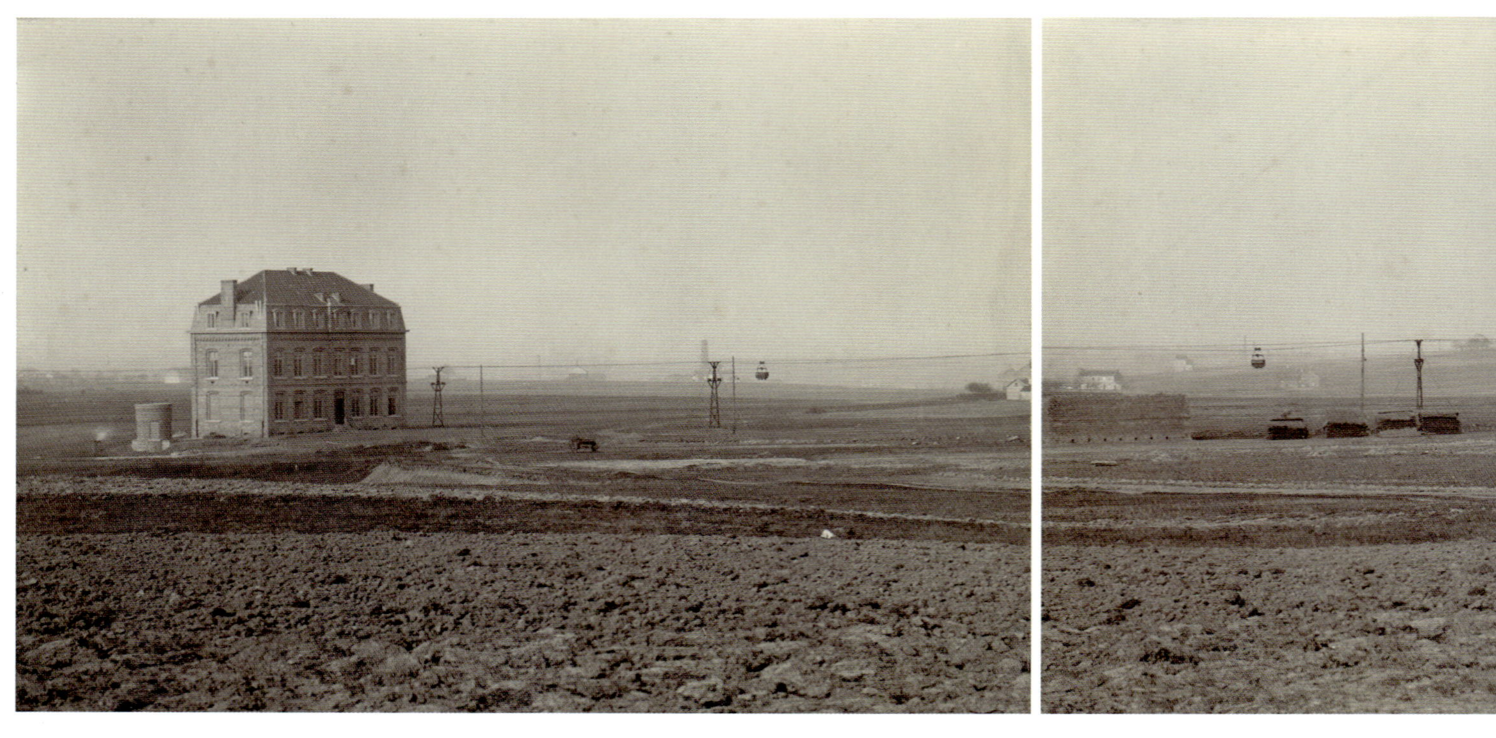

45 Anonym:
*Siège d'extraction. Vue d'ensemble des installations,
Roselies, Belgique*, 3-teiliges Panorama, 1895

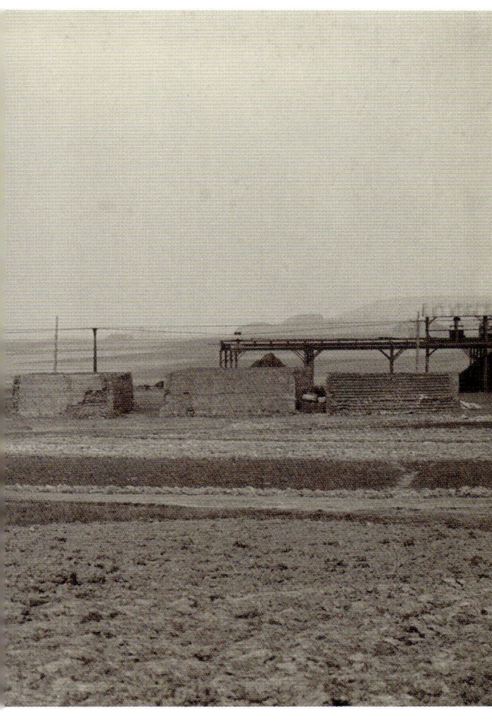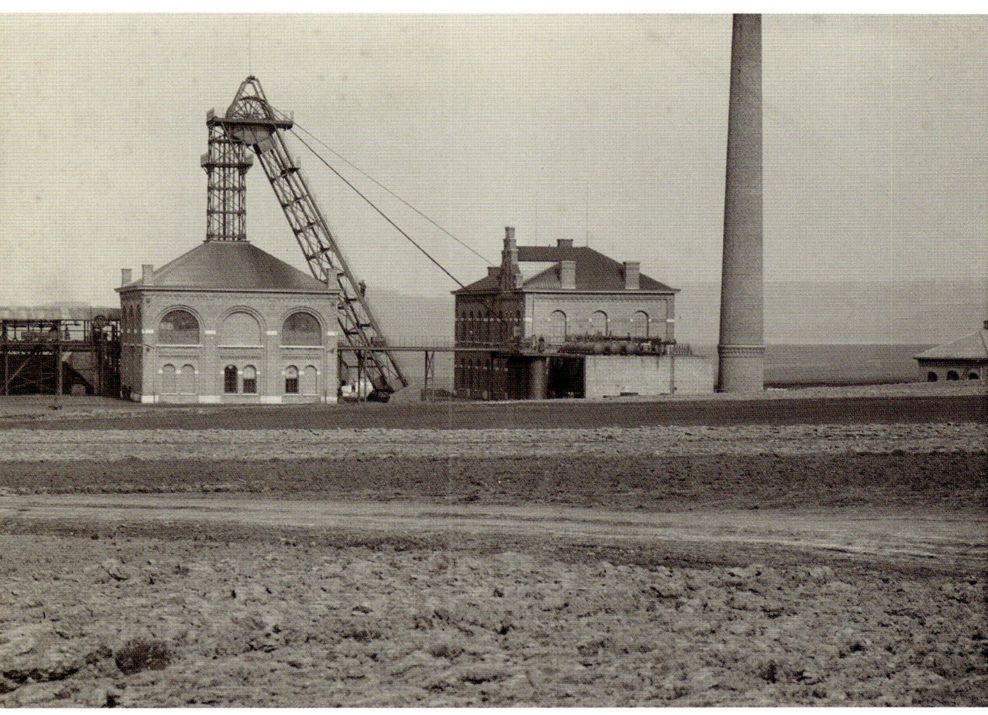

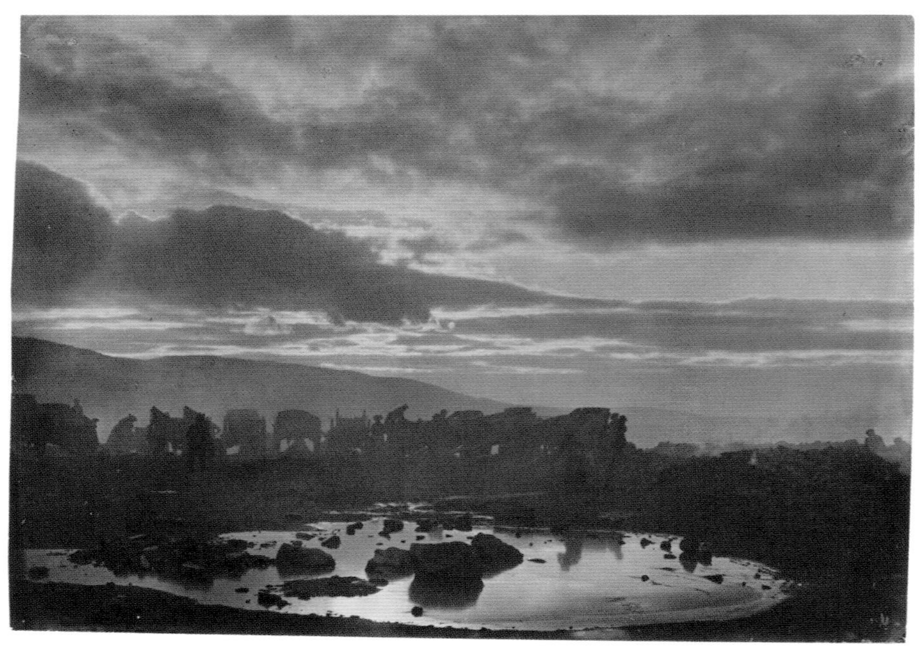

46 Félix Thiollier:
Paysage de mine, Saint-Étienne,
um 1895–1910

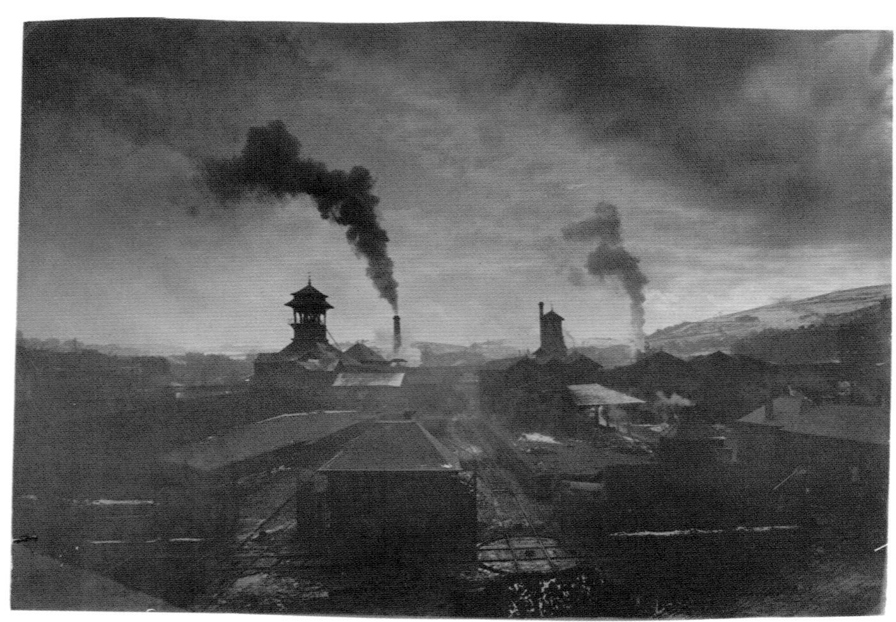

47 Félix Thiollier:
Paysage de mine, les puits Chatelus à Saint-Étienne,
um 1907–1912

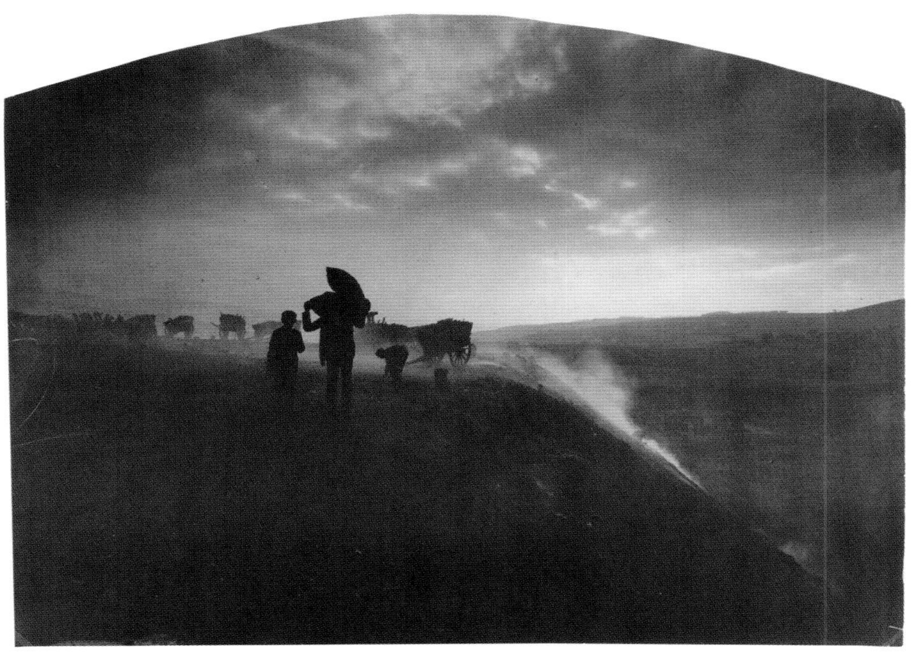

48 Félix Thiollier:
Grappilleurs au sommet d'un crassier,
Saint-Étienne, um 1895–1910

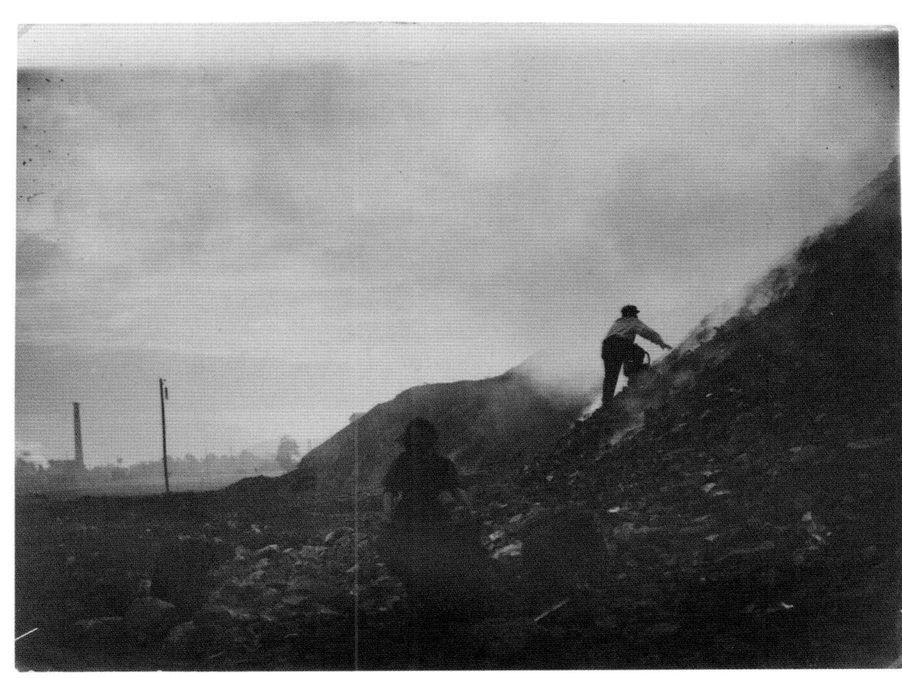

49 Félix Thiollier:
Les Grappilleurs sur le terril,
um 1890–1900

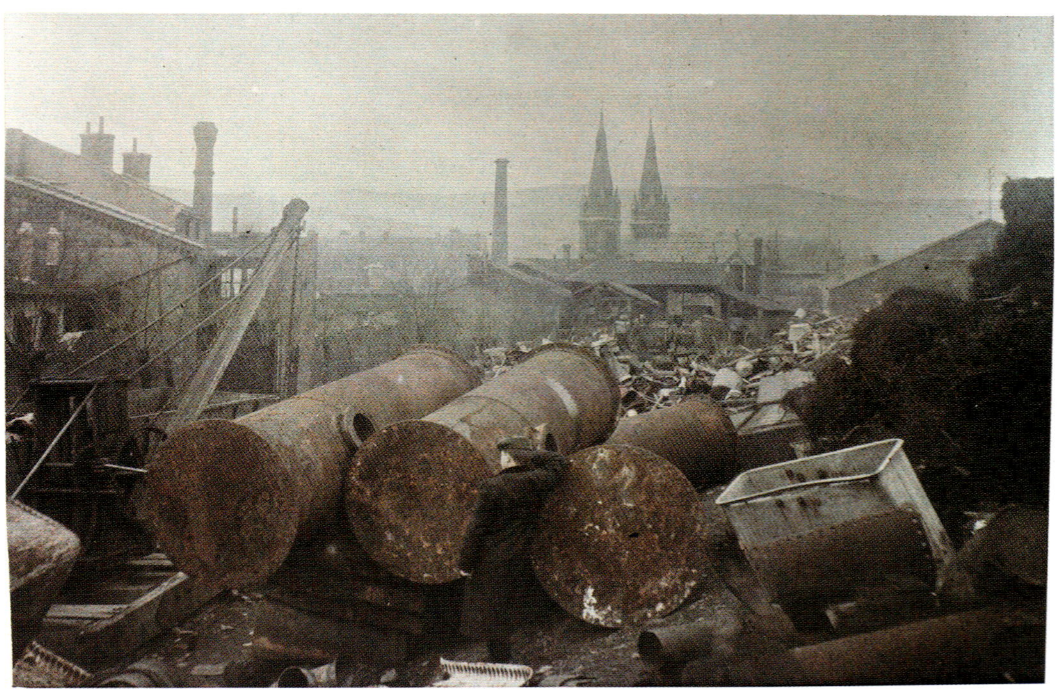

50 Félix Thiollier:
Le Port sec à Saint-Chamond,
um 1907–1912

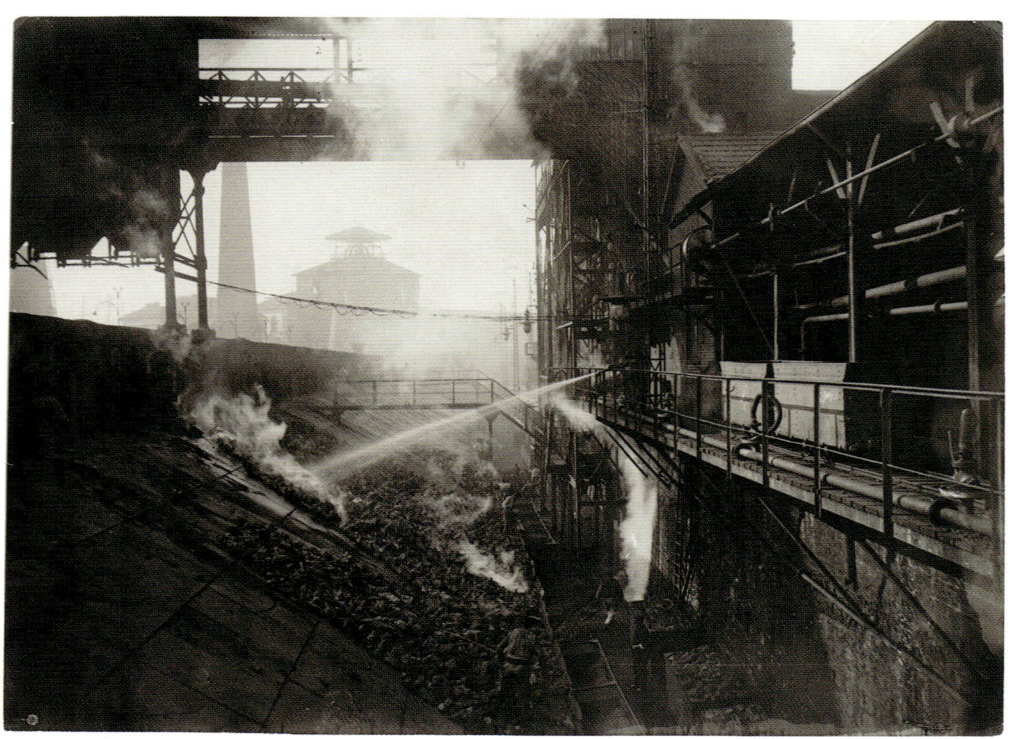

51 Félix Thiollier:
La Cokerie Verpilleux, environs de Saint-Étienne,
um 1895–1910

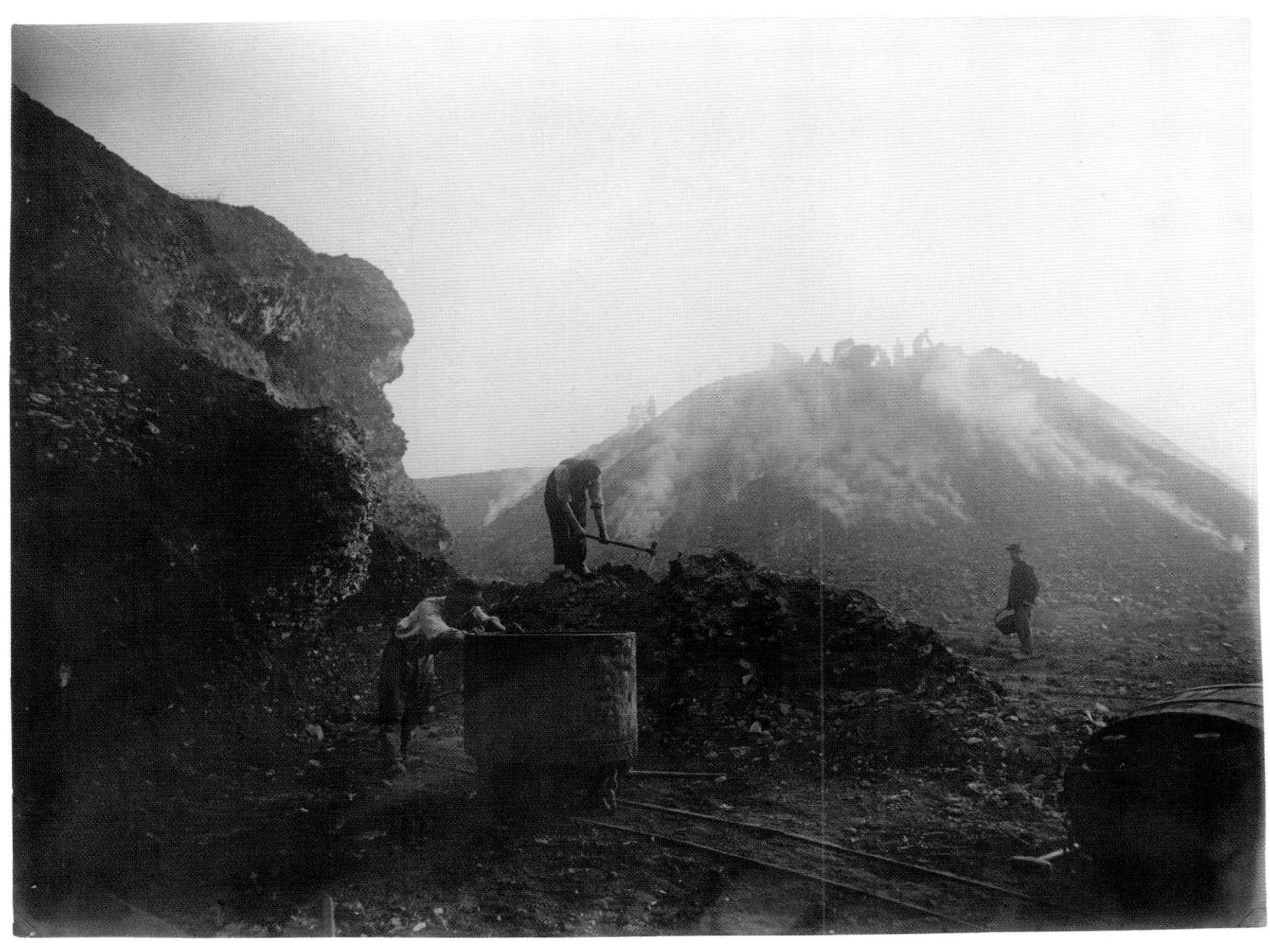

52 Félix Thiollier:
Mineurs préparant le remblai pour la mine, environs de Saint-Étienne,
um 1895–1910

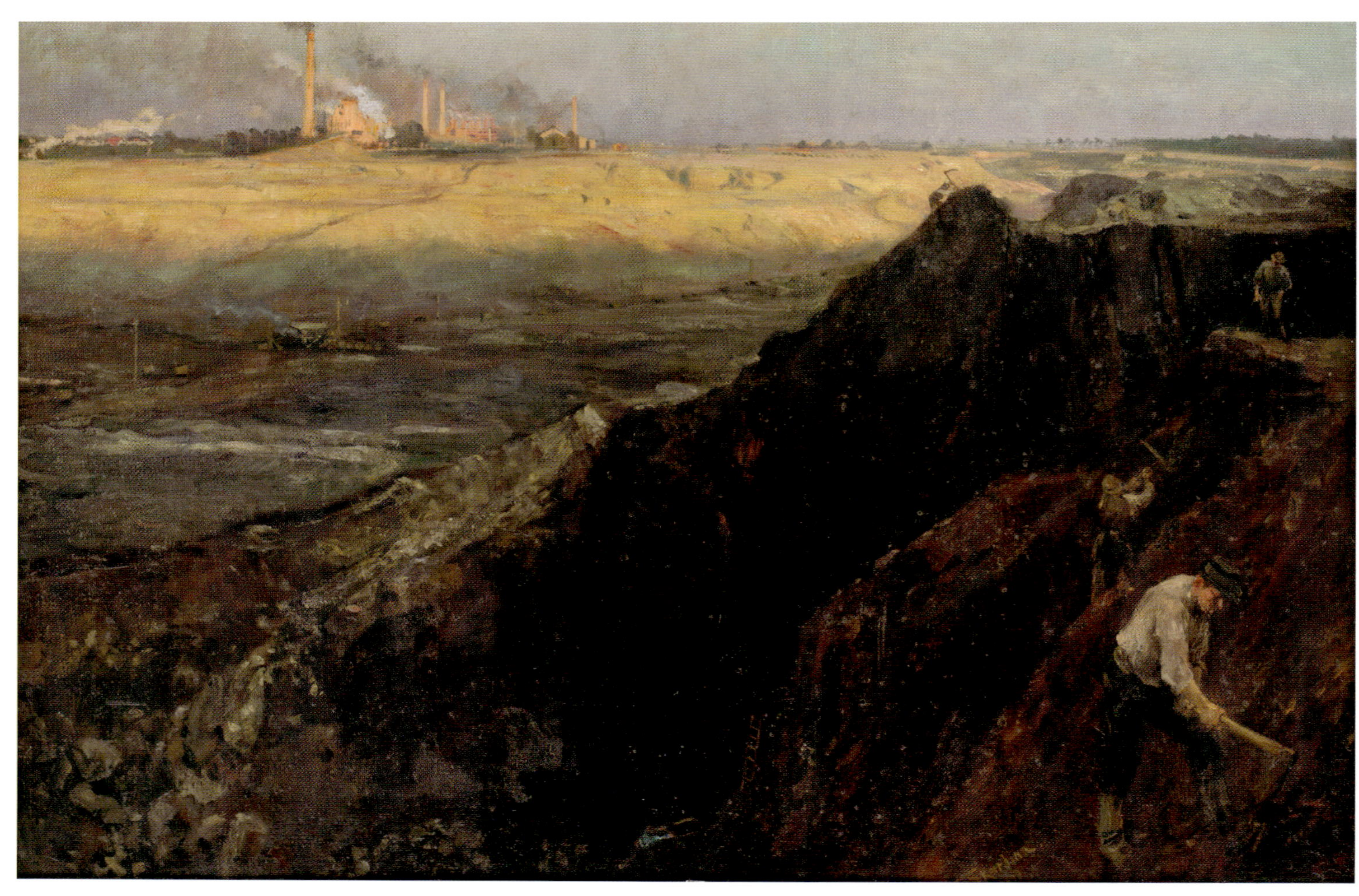

53 Franz Skarbina:
Braunkohlenwerk, 1899

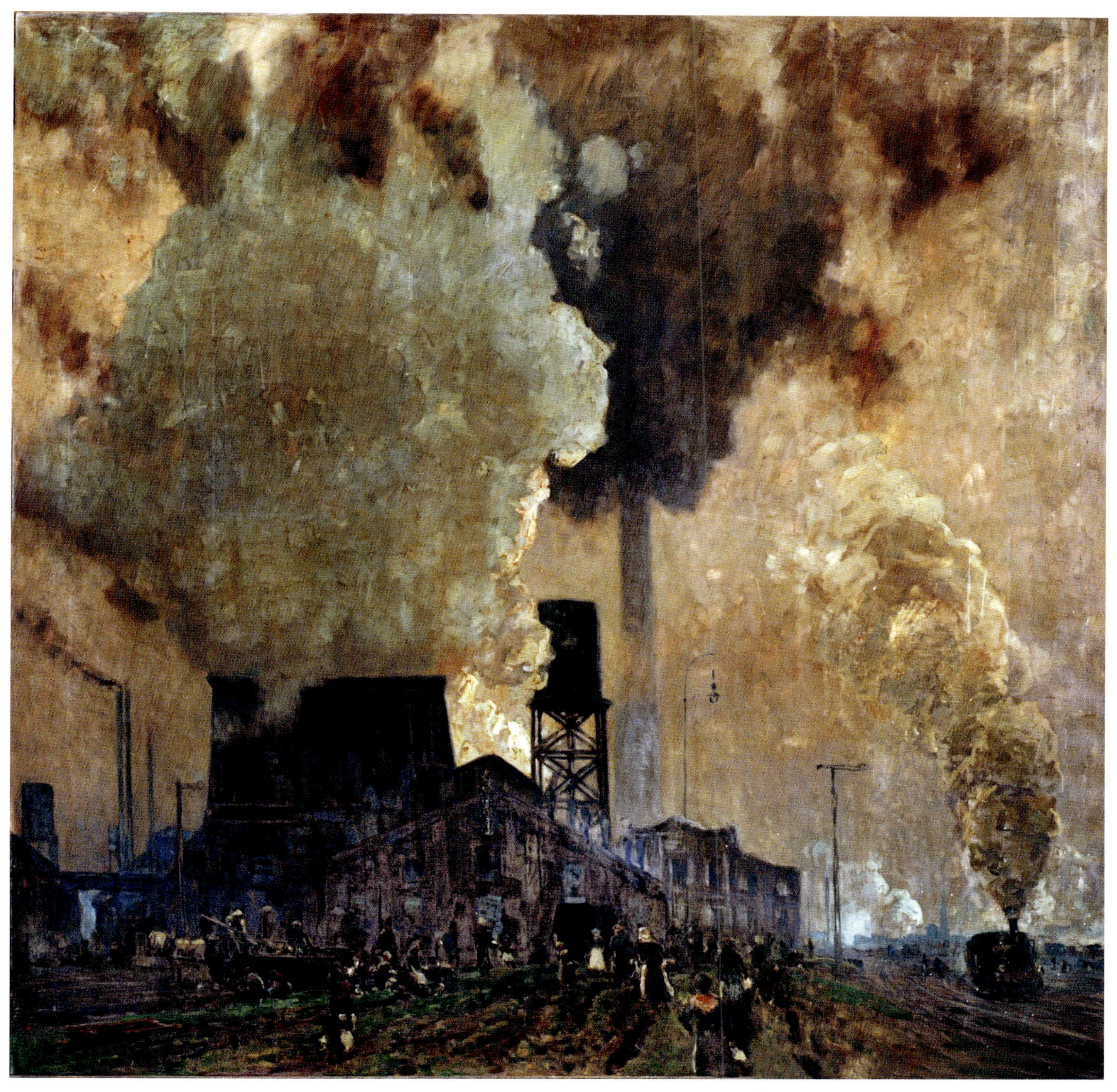

54 Eugen Bracht:
Hoeschstahlwerk, Dortmund, Mittagspause, 1906

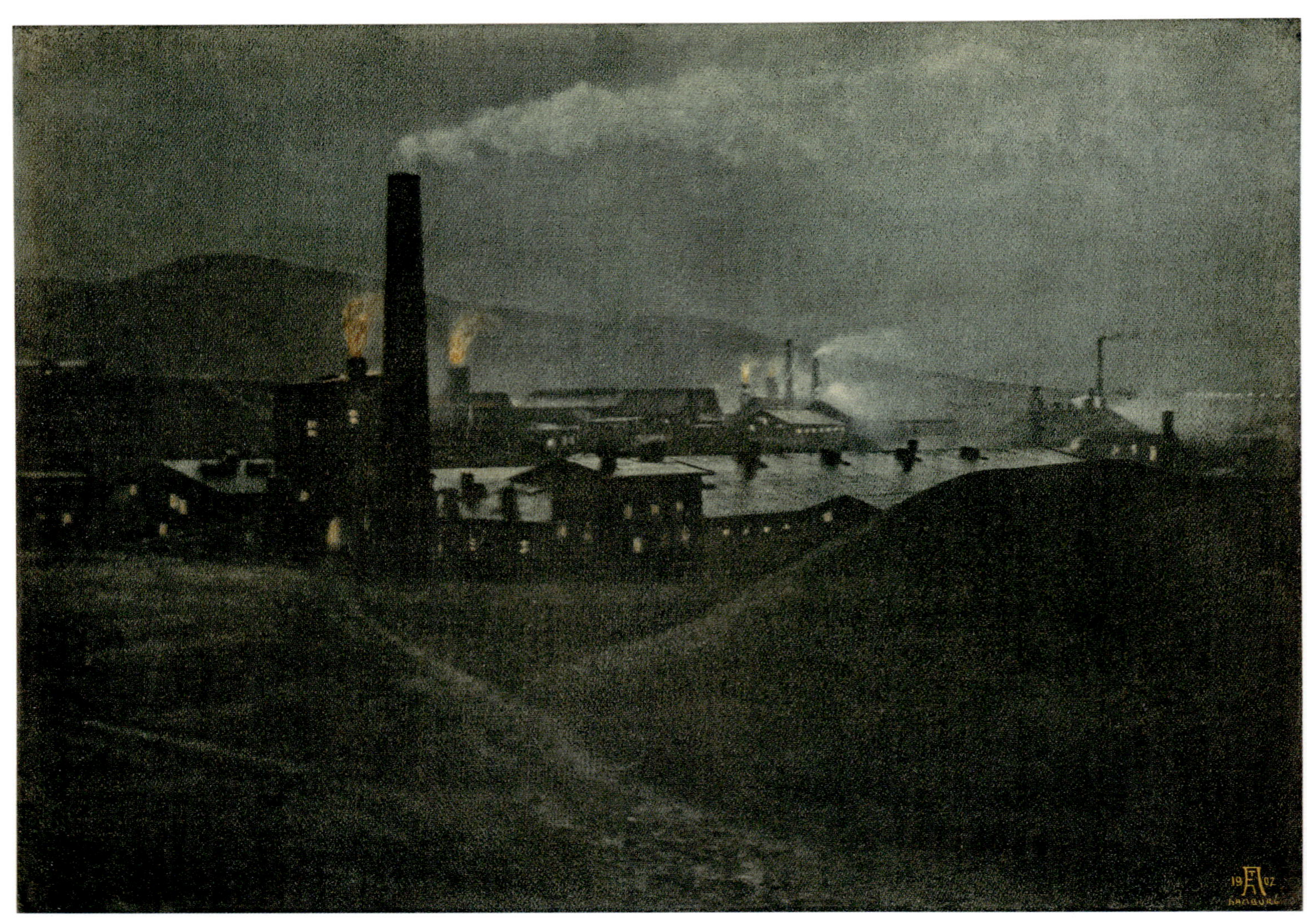

55 Eduard Christian Arning:
Hüttenwerk, 1900

56 Anonym:
Blick vom Gasometer, Charlottenburg,
5. November 1908

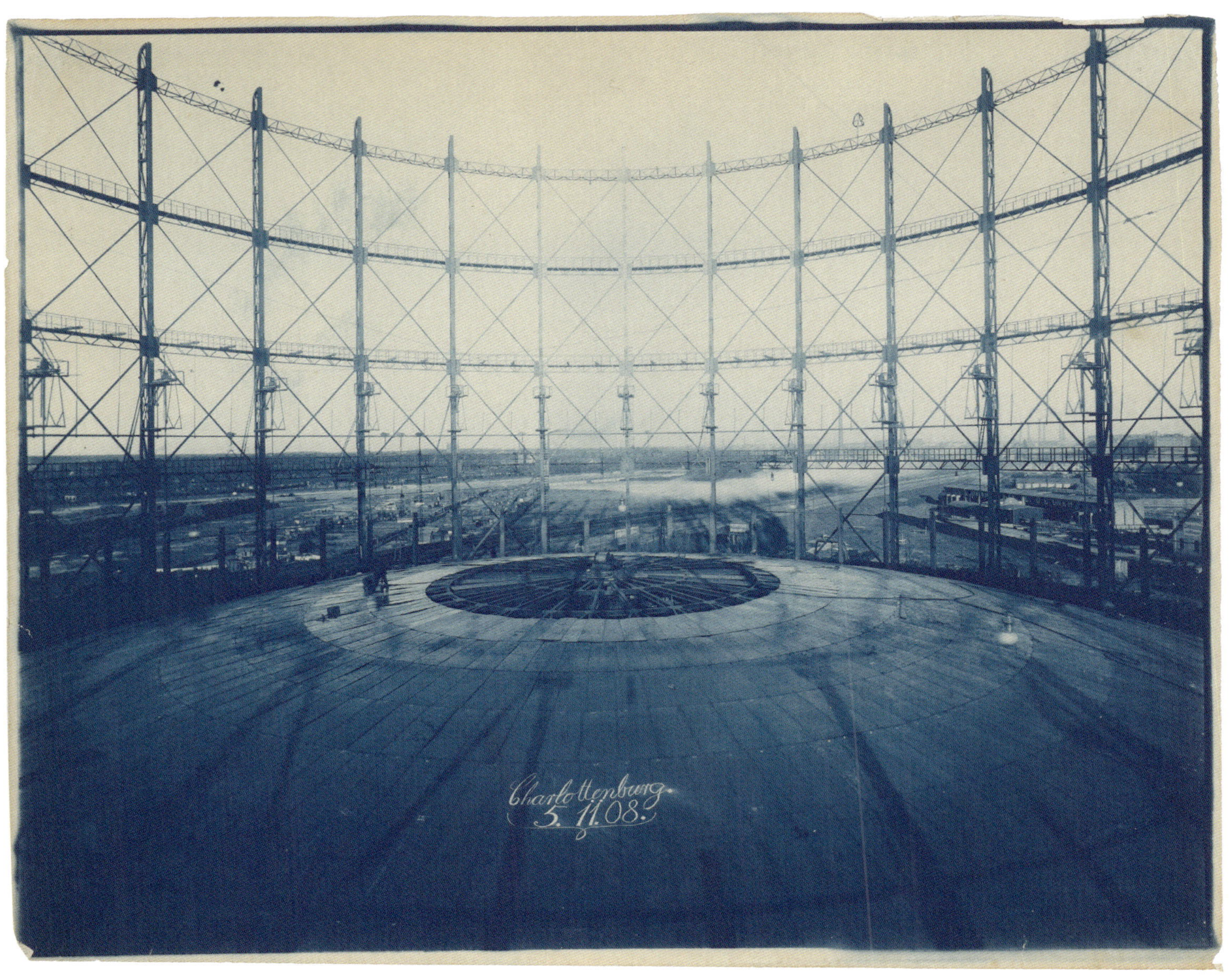

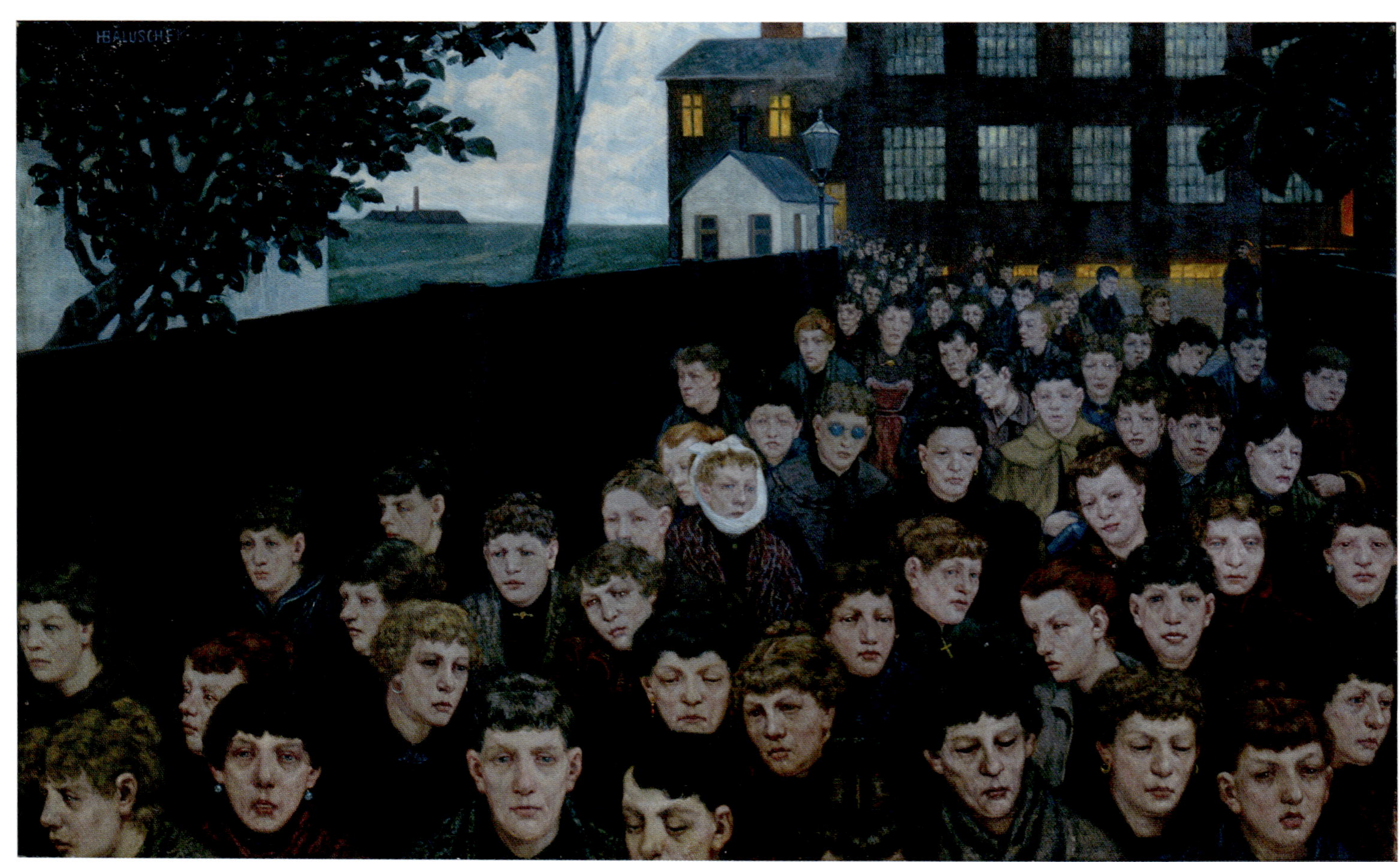

57 Hans Baluschek:
Arbeiterinnen, 1900

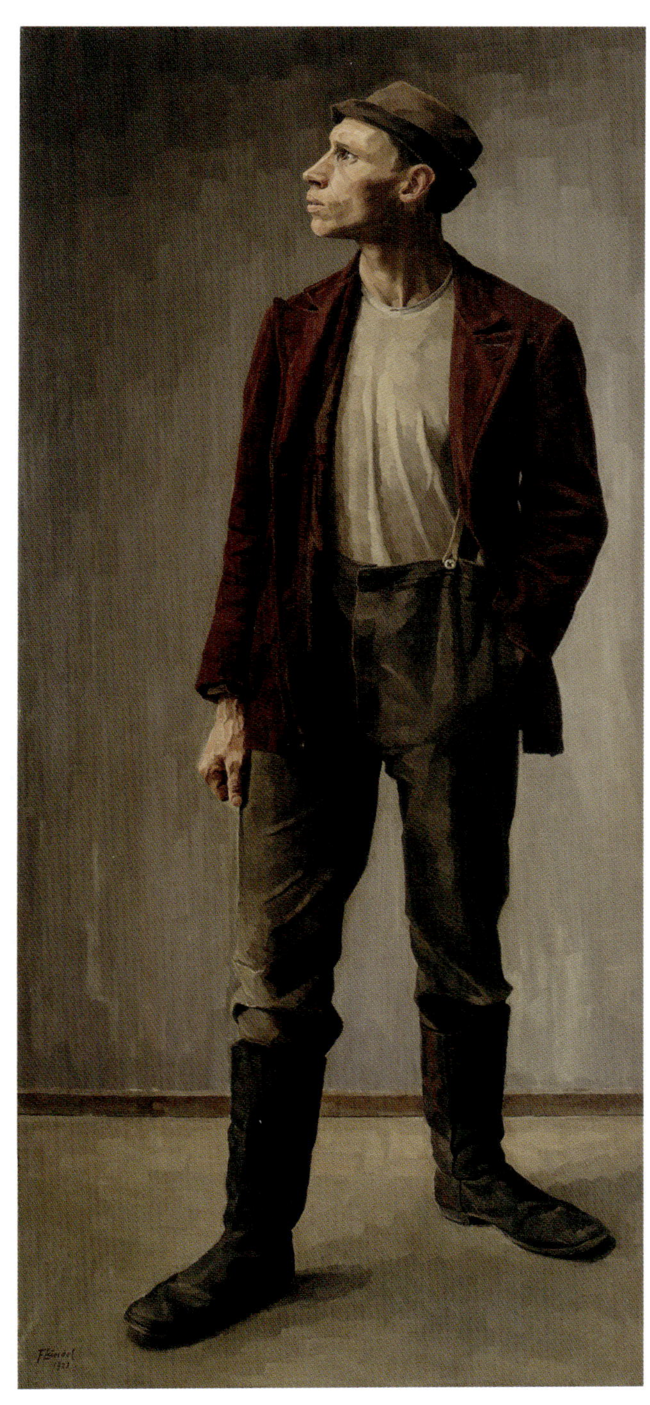

58 Georg Friedrich Zundel:
Streik, 1903

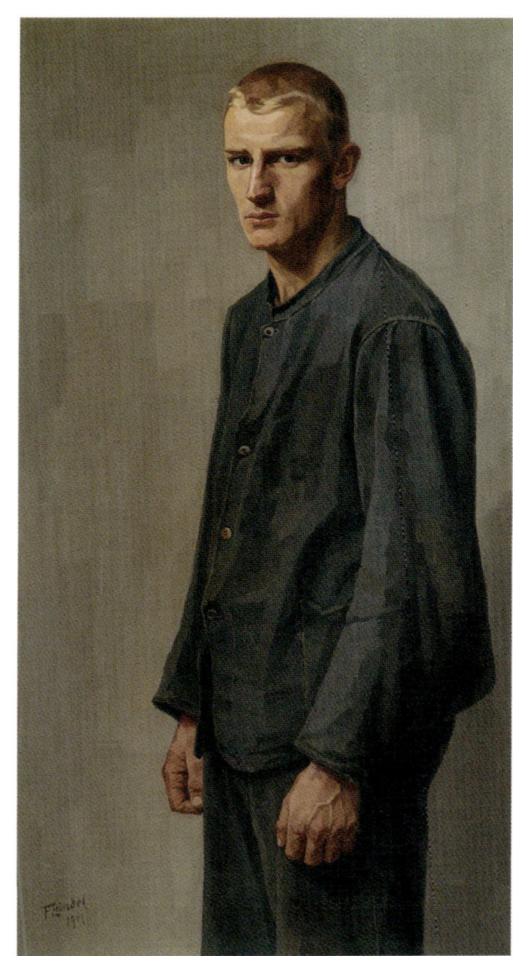

59 Georg Friedrich Zundel:
Bildnis eines Schlossers, 1901

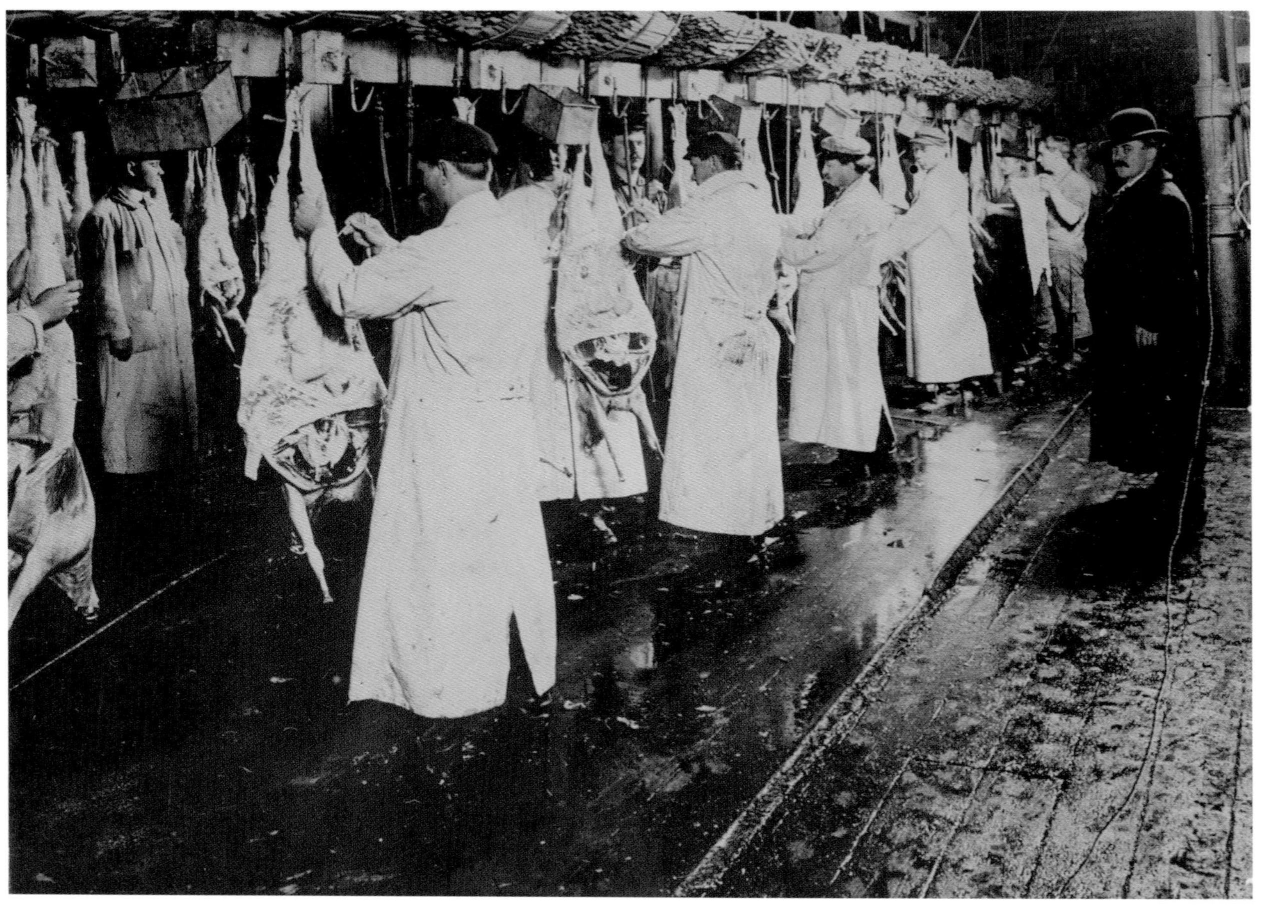

60 Brown Brothers:
Schlachthof in Chicago – Zerteilen von Schafen in der Großschlachterei, um 1904

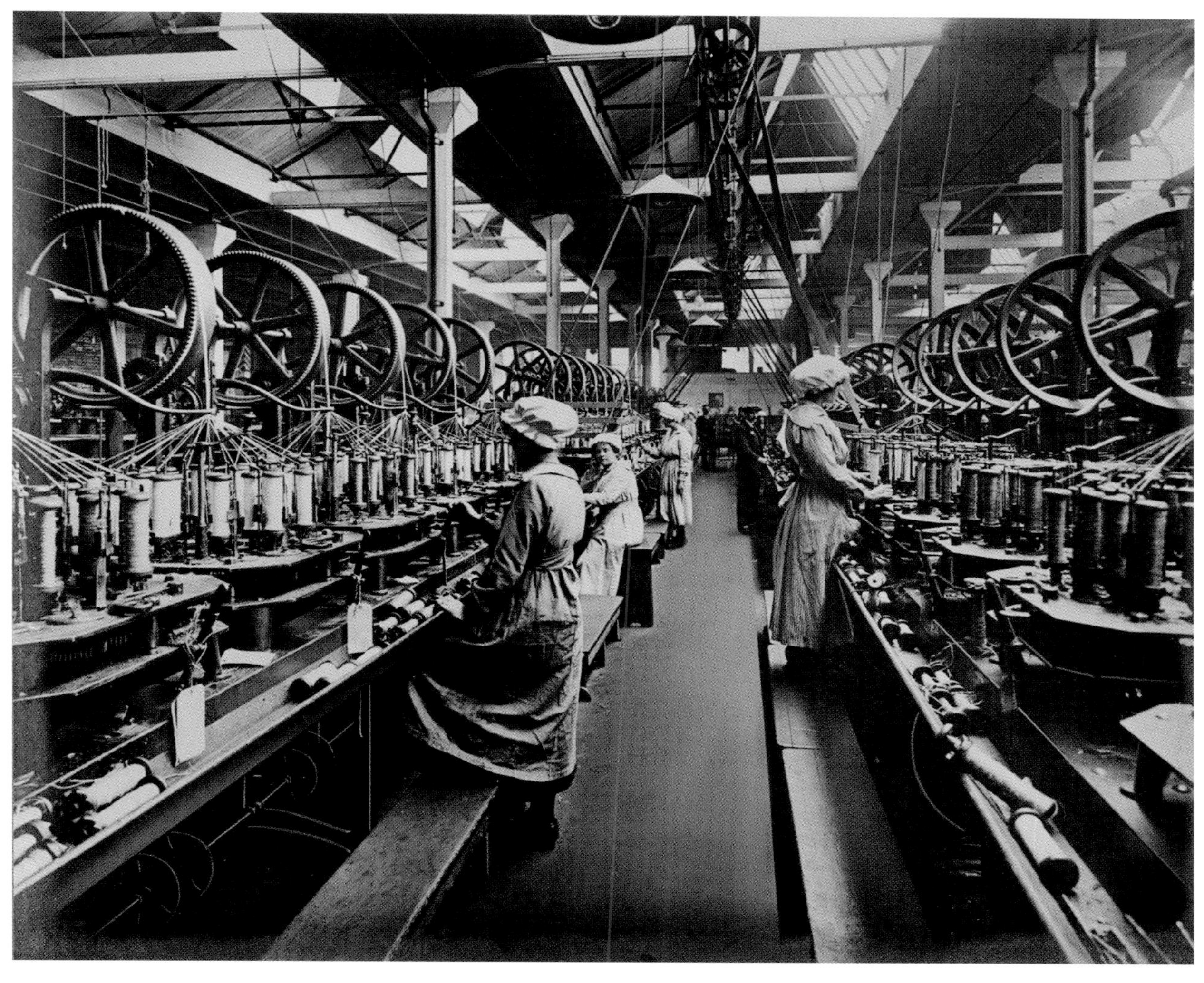

61 Anonym:
The Braiding Machines, Pirelli General Cable Works, Southampton, England, 1914

BILDER AUS EINER GESCHLOSSENEN WELT

FOTOGRAFIE UND INDUSTRIE VON 1920 BIS 1960

Thilo Koenig

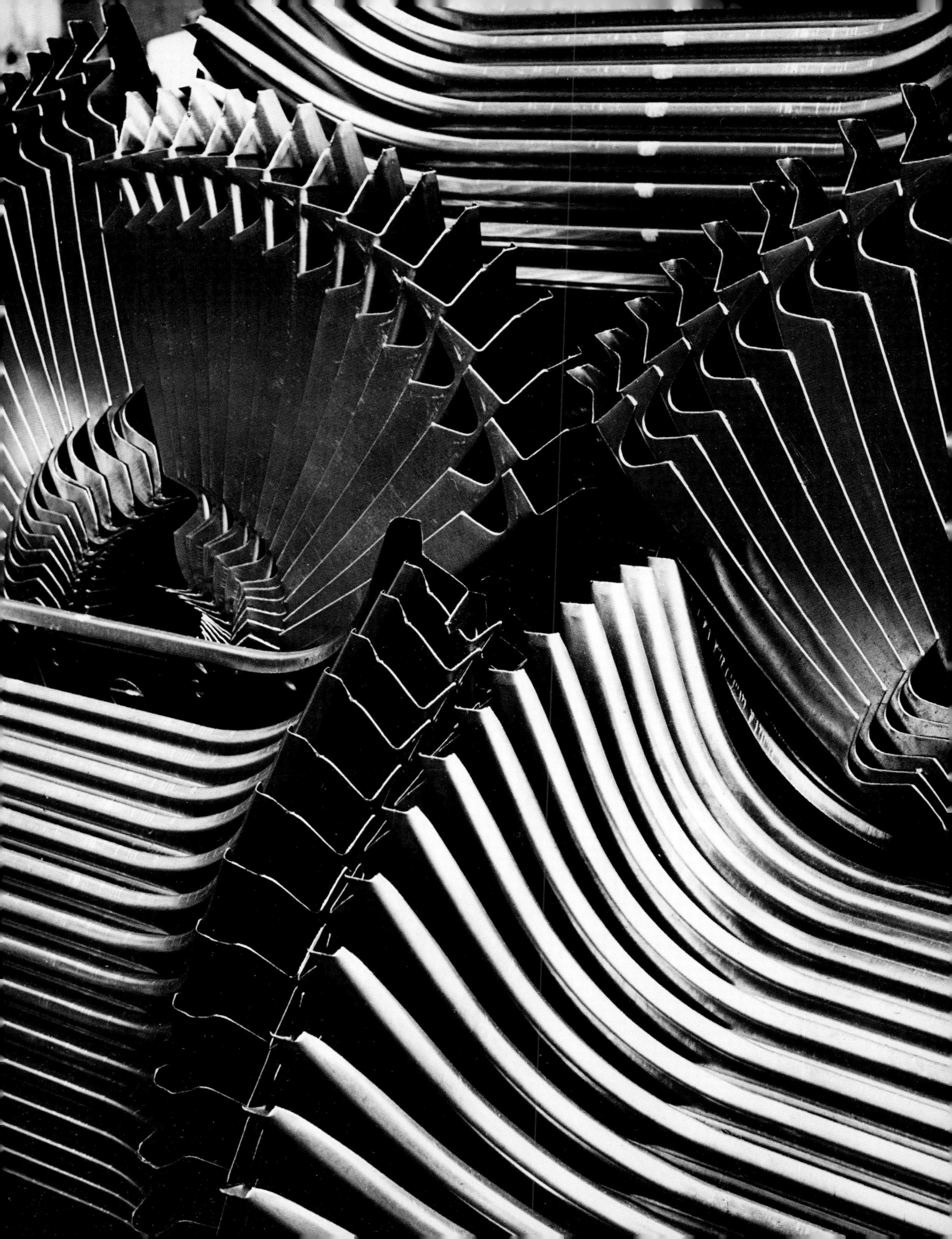

Industriefotografie erscheint auf den ersten Blick als ein klar umrissenes Themengebiet, tatsächlich haben wir es aber mit einem vieldeutigen Feld zu tun. Es beginnt schon beim Begriff „Industrie", der durchaus sehr breit ausgelegt werden kann. Die Fotografie an sich ist für Reinhard Matz „als mechanisierte Bildherstellung und durch ihre Reproduzierbarkeit selbst Teil der Industrialisierung".[1] Bezogen auf die optisch-chemische Bildentstehung formulierte das bereits 1927 der Fotograf Albert Renger-Patzsch: „Dem starren Liniengefüge moderner Technik, dem luftigen Gitterwerk der Krane und Brücken, der Dynamik 1000pferdiger Maschinen im Bilde gerecht zu werden, ist wohl nur der Fotografie möglich. [...] die *mechanische* Wiedergabe der Form – macht sie allen anderen Ausdrucksmitteln überlegen."[2]

In einer strengen Definition bezeichnet „Industrie" seit Beginn der Industrialisierung im späten 18. Jahrhundert die maschinell gestützte Verarbeitung von Rohstoffen sowie die Produktion von Waren in Fabriken, zunehmend arbeitsteilig und in modernen Großbetrieben mit vielen Beschäftigten organisiert. Der hier behandelte Zeitraum wird, nach der wasser- und dampfgetriebenen „ersten industriellen Revolution", zur elektrifizierten „Industrie 2.0" (um 1890–1970) gerechnet, bevor computergestützte Fertigungstechniken einen grundlegenden Wandel von Produktion und Arbeitsplätzen mit sich brachten, was dann auch für die fotografische Darstellung von Industrie und Fabrikarbeit völlig neue Herausforderungen mit sich brachte (vgl. den Aufsatz von Florian Ebner, S. 174–183).

Weder Darstellungen der Rohstoffgewinnung, etwa von Kohle und Eisenerz in Bergwerken, noch der weiterführenden Arbeit mit industriell hergestellten Fabrikaten, so beim Bau von Gebäuden, Türmen, Brücken, Straßen oder Eisenbahnlinien, zählen im engeren Sinn zum Themengebiet Industriefotografie. Wenn also zum Beispiel László Moholy-Nagy, Germaine Krull oder Herbert Bayer um 1930

die Stahlkonstruktionen des Eiffelturms oder der Schwebefähre im Hafen von Marseille[3] als technische Ingenieursleistungen fotografierten, ist dies nicht eigentlich Industriefotografie, sondern eher eine weitergehende Visualisierung von Zeugnissen der Industriekultur. Sie fotografierten dabei nicht einmal zeitgenössische Bauwerke, sondern damals schon historische Monumente; mit ihrer filigranen Transparenz kamen diese jedoch dem Anliegen, neben einer Demonstration des Neuen Sehens mit radikalen Blicken von oben oder unten vor allem die konstruktivistische Forderung einer Ablösung des Bauvolumens durch „Beziehungen" von „Kräfteverhältnissen"[4] zu illustrieren, näher als etwa die kubischen Volumina des modernen Schachts XII der Essener Zeche Zollverein (1928–1932).[5] Auch wenn der Bergbau, der wirtschaftsgeschichtlich als Primärsektor gilt, nicht direkt zum produzierenden Sekundärsektor der Industrie gehört, fasst man ihn schon lange gemeinsam mit der Erzverhüttung unter den Begriff „Montanindustrie". Nimmt man also einmal Bergbau, verarbeitende und produzierende Fabrikation unter dem Begriff Industrie zusammen, so ergeben sich sehr unterschiedliche Praxisfelder für eine fotografische Auseinandersetzung mit diesem Thema. Des Weiteren wäre hier zu fragen, mit welchen Interessen und zu welchen Zwecken solche Fotografien entstanden und gebraucht wurden. Von *der* Industriefotografie allgemein kann man also kaum sprechen.[6]

WERK – PRODUKTION – ARBEIT – PRODUKT – FOLGEN

Zum Themenbereich Fotografie und Industrie gehören zunächst einmal die äußeren Ansichten von Betriebsstätten, Werkgeländen, Fabrikbauten sowie aller dazugehörigen Anlagen und Transportwege, weiter der sekundären Funktionsgebäude von nicht im Raum sichtbaren Arbeitsorten, beim Bergbau etwa oberirdische Fördertürme, Transport-

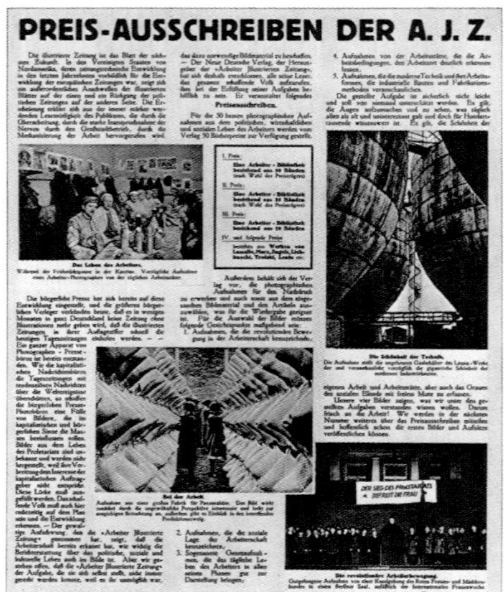

1 *Preis-Ausschreiben der AIZ,*
25. März 1926

mechanismen und Kokereien, auch industrielle Folgeaspekte
wie Geländeveränderungen, Gruben, Halden oder Schrott-
plätze. All dies kann in vielen Fällen auch von außerhalb
des Firmengeländes aufgenommen werden. Innerhalb von
Industriebetrieben und Arbeitsstätten gehören nach
Architektur und Infrastruktur zunächst Maschinen und Anlage-
technik, in Betrieb wie im Stillstand, zu den wesentlichen
fotografischen Themen. Darauf folgen die Arbeit der dort
beschäftigten Menschen an den einzelnen Werkplätzen,
die Arbeitsabläufe zum Abbau von Rohstoffen, deren
Verarbeitung zu Industrieprodukten, aber auch Verwaltungs-
tätigkeiten und alle Arbeitgeberaufgaben wie Ausbildung,
Kantinen, Hygiene oder Gesundheitsvorsorge. Aufgrund der
mit der Taylorisierung beginnenden Rationalisierung der
industriellen Produktion, der Einführung von Automatisierung
und Fließbandarbeit, mussten Aufnahmen der Produktions-
maschinerie schon in den 1920er Jahren nicht mehr unbedingt
eine tätige Person einschließen. Wollte man diese ins Bild
rücken, musste man bewusst individuelle Arbeitsbereiche
in den Blick nehmen; auch Porträtserien von Mitarbeitenden
konnten dazugehören. Ein weiterer wichtiger Bereich der
Industriefotografie ist die Dokumentation von Produkten als
Leistungsausweis und zu Werbezwecken der herstellenden
Betriebe. Auch die Begleitumstände der Produktion gehören
dazu, etwa Ereignisse rund um Eröffnung oder Schließung
von Betriebsstätten, Feiern und Jubiläen oder Unfälle am
Arbeitsort.

 Neben diesen Bereichen der Industrieproduktion
können ebenso deren direkte Auswirkungen und die
Folgen von Industriearbeit zum Thema gezählt werden, also
etwa die Lebensbedingungen von Arbeitern und Industrie-
angestellten, die soziale Frage, Auswirkungen der Industriearbeit auf Alltag und Gesundheit, Arbeitsverletzungen und
Berufskrankheiten, aber auch das Fehlen von Beschäftigung.
Als Reaktionen hierauf gehören weiterhin die politische

Kritik an Industriestrategien und Produktionsbedingungen
durch Arbeiterbewegung und Gewerkschaften zum Themen-
kreis von Industriefotografie.

 Tritt man von diesen Nahsichten auf Industrie,
industrielle Arbeit und deren gesellschaftliche Folgen einen
Schritt zurück, so gehört zur Industriefotografie ebenfalls
die Dokumentation der topografischen Lage von Industriebetrieben: die Nähe oder Entfernung zu Dörfern, Siedlungen
und Städten, zu Verkehrsinfrastrukturen, aber auch zu
anderen Wirtschaftsformen wie etwa der Landwirtschaft
ebenso wie ihre geografische Einbettung in den Naturraum.
Joseph Roth nannte die zunehmende Vermischung von
Lebens- und Wirtschaftsraum 1926 in einer Ruhrgebiet-
Reportage „Stadtschaft" oder „Industrieschaft".[7] Früh sprach
man hier auch schon von der „Industrielandschaft", um
vorwiegend industriell geprägte Zonen von reinen Natur-
oder Stadtgebieten zu unterscheiden. Albert Renger-Patzsch
betitelte bereits in den späten 1920er Jahren so seine Bilder.[8]

WER – WAS – WANN – WOZU – FÜR WEN?

Unerlässlich für eine Beurteilung von Industriefotografie
ist die Frage, wer was wann mit welchen Interessen oder in
wessen Auftrag aufgenommen hat. Industrielle Themen
wurden in den seltensten Fällen aus freier ästhetischer
Kontemplation gewählt, fast immer standen dahinter klare
Darstellungsabsichten oder Bilderwartungen. Technische,
firmenstrategische, ökonomische, politische, humanitäre
oder in neuerer Zeit auch umweltbezogene Interessen gilt es
zu berücksichtigen, will man die Bilder in ihrem geschicht-
lichen Kontext verstehen. Das im Foto äußerlich Sichtbare
muss nicht zugleich auch alle Informationen über die
Bedingungen des industriellen Komplexes hergeben. Bertolt
Brecht hat 1931 in seinem häufig zitierten Passus darauf
verwiesen, dass weniger denn je „eine einfache ‚Wiedergabe

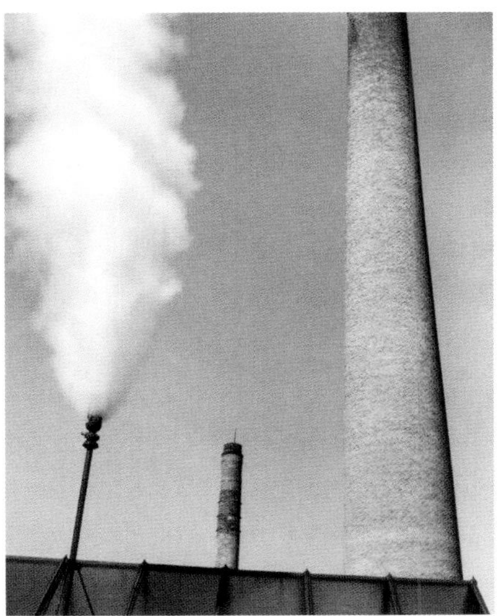

2 Hans Finsler:
*Ohne Titel (Textilfabrik
Heberlein, Wattwil),*
1934/35

der Realität' etwas über die Realität aussagt. Eine Photographie der Krupp-Werke oder der AEG ergibt beinahe
nichts über diese Institute. Die eigentliche Realität ist in die
Funktionale gerutscht. Die Verdinglichung der menschlichen
Beziehungen, also etwa die Fabrik, gibt die letzteren nicht
mehr heraus".[9]

Industriefotografie wird zunächst vor allem von den
dargestellten Betrieben selbst in Auftrag gegeben, für
Dokumentations- und Werbezwecke verwendet und im besten
Fall archiviert. Reinhard Matz hat früh eine systematische
Untersuchung der Bestände von Firmenarchiven im Ruhrgebiet vorgenommen und dabei historische Perioden
und Kategorien formuliert. Er stellte einleitend die Frage,
was auf Industriefotografien sichtbar wird und wie das
Verhältnis der Bilder zu ihren Gegenständen definiert ist.[10]
Thesenhaft untersuchte Matz zum Beispiel an Abbildungen
mit Schornsteinen aus den Werkarchiven, wie sie je nach
den wechselnden Darstellungsinteressen, aber auch
den jeweiligen technischen Aufnahmebedingungen, mal
dick qualmend, mal völlig ohne Rauch gezeigt wurden.
So stellte er, um nur zwei Beispiele zu nennen, bei der
Industriefotografie zur Zeit der Neuen Sachlichkeit in den
1920er Jahren einen eher zurückhaltenden Umgang mit
diesem drastischen Symbol industrieller Betriebsamkeit und
eine stärkere Konzentration auf die Architektur fest,
wohingegen die Schlote in Zeiten von Wiederaufbau und
Wirtschaftswunder in den 1950er Jahren durchaus wieder
geschäftig rauchen durften. Kurz darauf kam der Strukturwandel und das Ruhrgebiet wollte sich ab den 1960er Jahren
partout ein modernes und sauberes Image geben.[11]

Neben den Darstellungsabsichten von Auftraggebern
und Fotografierenden ist insbesondere die Zugänglichkeit
der Motive ein wesentliches Element bei der Industriefotografie. Werkgelände sind privat- oder staatswirtschaft-
lich eigenständige und abgeschlossene Bereiche, die man

als dem Betrieb nicht Zugehörige im Normalfall nur mit
offiziellem Auftrag oder als angemeldeter Besucher betreten
kann. Fotografierverbote waren und sind durchaus die Regel,
nicht nur aus Gründen des Selbstschutzes von Firmen
gegen die eventuelle Aufdeckung von Missständen, sondern
insbesondere in Krisenzeiten gegen Industriespionage.
Sigrid Schneider spricht von einer „geschlossene[n] Welt,
abgeschirmt durch Schranken, Mauern, Zäune, Tore, wie eine
verbotene Stadt".[12] Viele Firmen beschäftigten eigene
festangestellte Werkfotografen, meist kundige Fototechniker,
welche die gefragten Themen kontinuierlich festhielten,
deren Namen aber häufig unbekannt blieben.[13] Für spezielle
Publikationen oder besonders wichtige Werbeanlässe wurden
zusätzlich namhafte externe Fotografierende hinzugezogen,
von denen man einen speziellen Blick und eine eigenständige
Bildsprache erwartete. In einigen Fällen kam es aber auch
dazu, dass aufgeschlossene Leitungsfiguren Interesse
an solchen Bildautorinnen und Bildautoren fanden und sie
mit längerfristigen festen Aufgaben im Werk betrauten.

Das, was wir als industrielle Bildwelten in der Fotografiegeschichte kennen, ist also in den wenigsten Fällen
Ausdruck von unabhängigen Sichten der Bildurheber, sondern
meistens entweder direkt für industrielle Auftraggeber oder
zumindest mit Zustimmung oder Duldung der Industrie-
betreiber entstanden. Im besten Falle deckten sich Interessen
und Blickweisen von Auftragnehmer und Auftraggeber,
und die Fotografen verwendeten die Bilder für ihre eigenen
Projekte weiter. So ist zum Beispiel in Albert Renger-Patzschs
epochemachendem Bildband *Die Welt ist schön* von 1928
ein großer Teil der Aufnahmen aus industriellen Kontexten
zunächst als Auftragsfotografie entstanden und für die Buch-
veröffentlichung höchstens im Ausschnitt modifiziert worden.[14]

Aus diesen Gründen kennen wir zwar viele beeindruckende Bilddokumente von imposanter Fabrikarchitektur,
modernen Maschinen und Fertigungshallen, auch solche

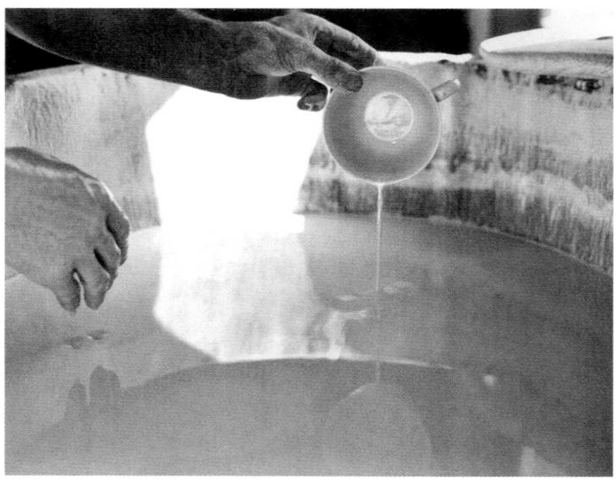

3 Hans Finsler:
*Ohne Titel (Porzellanfabrik
Langenthal)*, um 1935

von Arbeitenden in Aktion, aber wenige Fotografien, für
die vielleicht unbequeme Blicke hinter die Kulissen geworfen
wurden.[15] Am ehesten war dies noch Fotografierenden im
firmenexternen oder eigenen Auftrag und freien Bildjournalisten möglich, aber auch sie unterstanden meist den bereits
skizzierten Einschränkungen beim Zugang zu ihren Motiven.
Das sozialpolitisch engagierte Frühwerk von Lewis W. Hine
zeigt diese Problematik ganz deutlich: Wenn Hine in den
Jahren vor dem Ersten Weltkrieg für das US-amerikanische
National Child Labor Committee, das die damals noch in
einigen US-Bundesstaaten praktizierte Kinderarbeit mit
ausgesprochen neuartigen Methoden der visuellen Kommunikation anprangerte, Kinder an den Maschinen fotografieren
wollte, erhielt er oft keinen Zugang zu den Industriebetrieben
oder wurde des Geländes verwiesen. Er musste sich mit
Finten behelfen und zuweilen die Kinder außerhalb der
Fabriken, teils auch zuhause fotografieren und befragen.[16]

Ein anderes Beispiel ist der bedeutende Schriftsteller und Fotograf Heinrich Hauser, der 1928 im Auftrag des
S. Fischer Verlages eine politisch unabhängige, aber eindringlich kritische Reportage über das Ruhrgebiet erarbeitete
und dabei auch selbst fotografierte. Schon in der Einleitung
seines 1930 veröffentlichten Buches *Schwarzes Revier* (Abb.
S. 18), einer der interessantesten und fotografisch innova-
tivsten Publikationen der Zwischenkriegszeit zu diesem
Thema, liest man: „Handelt es sich etwa um die Beschreibung einer großen Fabrik, so mag der technische Aufbau
vollkommen deutlich und beschreibbar sein. Die soziale
Struktur des gleichen Werkes kann dagegen sehr undurch-
sichtig, sehr komplex und objektiv kaum darzustellen sein."[17]
Trotzdem berichtete er ausführlich über die Arbeitsbedingungen unter Tage und in der Stahlproduktion, die er auch
aus eigener Praxiserfahrung kannte. Unter den 127 abge-
druckten Abbildungen findet man jedoch nur zwei nahsichtige Fotografien menschlicher Arbeit mit Hinweisen auf

deren Gefährlichkeit im Text. Im weiteren erhaltenen Werk
von Hauser sind solche Motive ebenfalls eher randständig.[18]
Hier mögen auch aufnahmetechnische Einschränkungen wie
mangelndes Licht und Bewegung eine Rolle gespielt haben,
aber es ist dennoch anzunehmen, dass das Fotografieren
Hauser in vielen Situationen gar nicht möglich war. Dasselbe
gilt auch für Hausers späteren Reisebericht aus den USA, in
dem er zwar die Fordwerke in Dearborn, Michigan, besuchte
und beschrieb, aber nur zwei Aufnahmen aus der Produktion
abbildete, eine davon zeigt ein Fließband.[19]

Anspruchsvolle und eigenständige fotografische
Blicke konnten von Auftraggebern aber auch wiederum
direkt produktiv genutzt werden, sofern sie nicht zu einseitig
kritisch waren. Das hat der amerikanische Ökonom Roy
Stryker gezeigt, der bereits beim großen Fotoprojekt für die
Farm Security Administration (FSA) zur Zeit des New Deal
und bis in die ersten Jahre des Zweiten Weltkriegs meister-
haft vorgeführt hat, wie man mit visuellen Medien im
Gewand der Dokumentarfotografie zeitgemäße Public Relations
für die Regierungsarbeit betreiben konnte. Als Stryker
von 1943 bis 1950 für die Firma Standard Oil of New Jersey
arbeitete, beauftragte er Fotografinnen und Fotografen –
einige davon waren unter ihm schon für die FSA tätig – mit
umfassenden Bildberichten rund um das Thema Mobilität
mittels fossiler Treibstoffe: vom Transport des Rohöls
über Raffinerien, Tankstellen, Individualverkehr, Waren-
und Bustransporte bis zu Motels an den Highways.
Die exquisiten und ganz im Sinn des zeitgenössischen
Bildjournalismus fotografierten Bilder wurden von Standard
Oil zur Öffentlichkeitsarbeit verwendet.[20] Man kann also
davon ausgehen, dass wir wenig fotografische Bilder
von der Welt der Industrie kennen, die ohne sehr spezifische
und meist partikulare Darstellungsinteressen entstanden
sind und keiner direkten oder indirekten Lenkung oder sogar
Zensur, mitunter auch Autozensur unterlegen haben.

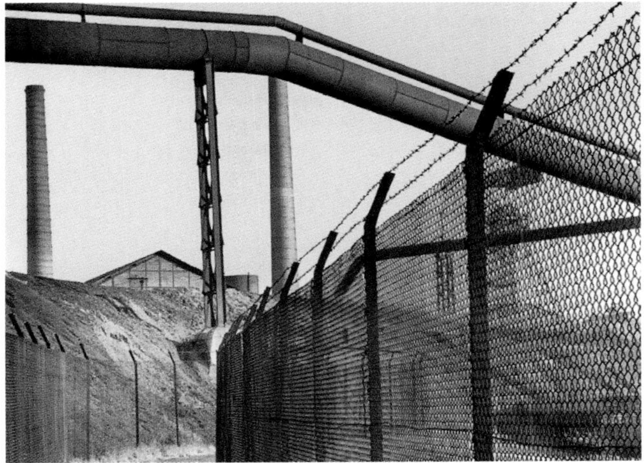

4 Albert Renger-Patzsch:
Industrielandschaft, 1929

Angesichts ihrer Abhängigkeit von darstell- und erkennbaren Motivmerkmalen mutmaßte Matz, „daß der Entwicklungsstand der Industrie und die Mittel der Fotografie etwa zwischen 1925 und 1955 den beiden Seiten höchst möglichen Grad an Entsprechung erreicht hatten". Einerseits sei damals die Fotografie durch neue Kameraformate und lichtempfindlichere Negativmaterialien beweglicher geworden, „auf der anderen Seite waren den Maschinen und Prozessen noch ihre wesentlichen technischen Funktionen ablesbar".[21] Zwar wurden automatisierte Fertigungsmethoden wie die Fließbandtechnik zunehmend eingesetzt, aber die Darstellung von manuellen Tätigkeiten einzelner Arbeitender, etwa bei der Bedienung von Maschinen, war durchaus noch möglich und konnte fototechnisch inzwischen ohne allzu viel Inszenierung realisiert werden.

In den 1920er bis 1930er Jahren findet man auf der einen Seite eine Faszination für moderne Technik und eine fotografische Konzentration auf die Schönheit von Maschinen und großräumigen Industrieanlagen, ebenso eine Verselbständigung technischer Details im Bild.[22] Bei vielen Publikationen zum Thema Technik und Industrie spielt der Mensch nur eine marginale Rolle. Obwohl der Erste Weltkrieg ein enormer Katalysator für technologische Entwicklungen gewesen war und die Beteiligten zum ersten Mal umfassende Erfahrung mit der Mechanisierung des Tötens hatten machen müssen, war es anders als nach dem Zweiten Weltkrieg kaum anhaltend zu einer pauschalen Ablehnung der modernen Technik und dem Ruf nach einer stärkeren Rolle des Individuellen gekommen. In den 1920er Jahren kann man im Gegenteil, zumindest bis zur Weltwirtschaftskrise 1929, von einer verbreiteten Technikeuphorie sprechen, die mit der Erwartung verbunden war, die Probleme der Welt durch technologische Modernisierung bewältigen zu können.[23] Insbesondere in der Sowjetunion war die Technisierung und Automatisierung eine Zukunftshoffnung.

Bei zeitgenössischen Fotos, die dies ausdrückten, wurde in der Rezeption bald der Begriff „Sachlichkeit" genannt. Auch wenn „Neue Sachlichkeit" zunächst ab 1925 für die Malerei formuliert[24] und erst gegen Ende der 1920er Jahre auch für die Fotografie verwendet wurde, findet man hier früh die Wertschätzung des Sachlichen. So liest man etwa 1926 im von Paul Westheim herausgegebenen *Kunstblatt* zu Fotos der Amerikaner Ralph Steiner und Paul Outerbridge: „Präzisionsarbeit. Exakte Sachdarstellung. [...] Unbedingtes Eingehen auf die Technik."[25] Auch die fotografischen Debatten um eine „Schönheit der Technik", die Vergleiche zwischen Naturform und technischer Form, wie sie etwa Carl Georg Heise in seiner Einleitung zum Buch *Die Welt ist schön* von Renger-Patzsch formulierte, sprechen davon: „Die Werke der Technik sollen sich nicht einer vorhandenen Ästhetik anpassen, sondern durch sie bekommt unser Schönheitsbegriff überhaupt ein grundlegend verändertes Gesicht. Rengers Industrie-Aufnahmen zeigen, mit welch überzeugender Selbstverständlichkeit ein Mensch der Gegenwart charakteristische Teilstücke eines Apparates, einer Maschine, einer industriellen Anlage, als eben so schön empfindet wie ein Stück Natur oder ein Kunstwerk."[26]

Auf der anderen Seite aber kam es in den 1920er und stärker dann noch in den 1930er Jahren auffallend häufig zu bewussten Darstellungen von Menschen am Arbeitsplatz, in denen die Bedeutung des tätigen oder steuernden Menschen am maschinisierten Arbeitsplatz aufscheint. Zeitgleich mit der Naturalisierung und „Auratisierung"[27] der Technik als menschengemachter neuer Schöpfung erscheint dies fast wie eine Beschwörung des handelnden Individuums gegenüber der fortschreitenden Rationalisierung der Industrieproduktion. Ganze Fotoserien wurden mit

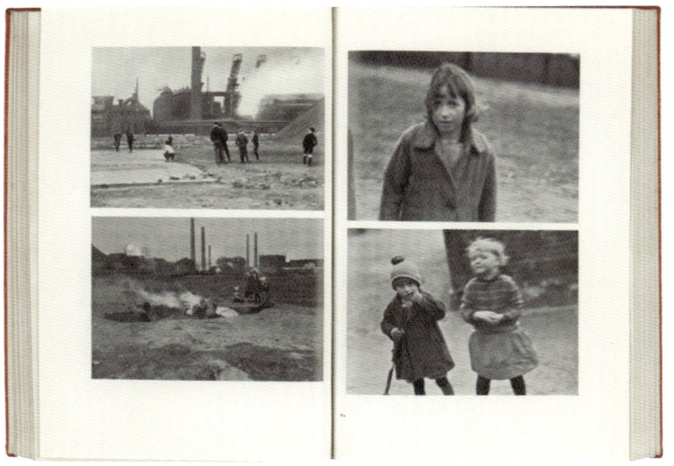

5 Heinrich Hauser:
Ohne Titel, 1928,
in: ders.: *Schwarzes Revier*,
Berlin 1930, o. S.

diesem Blickwinkel aufgenommen. So hat sich beispielsweise Lewis W. Hine – in einer bemerkenswerten Kehrtwende
von seiner industriekritischen Fotografie vor dem Ersten
Weltkrieg und direkt nach seiner humanistischen Dokumentation der Kriegsfolgen in Europa für das amerikanische
Rote Kreuz – ab 1920 ganz affirmativ auf die Leistungen von
Menschen in der technischen Welt konzentriert. Hine
nannte sich nun „Interpretative Photographer". Seine teils
denkmalartig inszenierten Pathosgesten aus der Welt der
Produktion[28] sind sicher dem Umstand geschuldet, dass
Hine jetzt Firmen als zahlende Auftraggeber fand, sie zeigten
aber auch ein gewandeltes Image der Industrie als Heils-
versprechen. Den Höhepunkt fand dies 1930 in Hines
Dokumentarprojekt *Men at Work* vom Bau des Empire State
Buildings, bei dem er schwindelfreie Bauarbeiter als kühne
Heroen der Moderne zeigte.[29]

Auch August Sander hat im Rahmen seines großen
Projekts *Menschen des 20. Jahrhunderts,* bei dem er mit
Porträtfotografien einen enzyklopädischen Querschnitt
durch die gesellschaftlichen Stände der Weimarer Republik
zusammentrug, neben Industriellen und Angestellten auch
einige Fabrikarbeiter am Werkplatz porträtiert (Kat. 81, 86
und 87), und es sind sogar Interieurs aus Arbeiterwohnungen
erhalten (Kat. 83–85). Sanders Konzept jedoch, die
Personen vor allem über ihren Berufshabitus, ihre Kleidung
und spezifischen Arbeitsmittel zu charakterisieren, war
im Bereich einer arbeitsteiligen Industrie schon zu seiner
Zeit nicht mehr realisierbar.[30]

In Frankreich kann man ebenfalls eine Konzentration
auf den Menschen bei der Arbeit beobachten. Als François
Kollar zwischen 1931 und 1934 das umfangreiche Projekt
La France travaille zur Promotion der französischen Industrie
fotografierte, legte auch er das Hauptaugenmerk ganz auf
die handelnden Personen und nebenbei auf das Alltagsleben
der Arbeiter, ohne jedoch auf soziale Probleme einzugehen.[31]

Hier findet man schon eine Überhöhung der Arbeiterfigur,
etwa mit perspektivischen Untersichten, wie sie dann
vor allem in der Sowjetunion und in Nazideutschland zur
propagandistischen Signatur werden sollte (Kat. 89).

Der Kontrast zwischen einer Faszination von Schönheit
industrieller Technik und einer Kritik an den Arbeits- und
Lebensumständen in der Industriewelt kommt paradoxerweise auch bei jenen Fotografierenden zum Ausdruck,
die mit kritischem Interesse ganz andere Bilder von der
Industrie und den Folgen der Industriekultur machen wollten:
Die Arbeiterfotografen der 1920er Jahre versuchten eine
(oft partei)politisch orientierte bildliche Aufklärungsarbeit
zu leisten. In der Weimarer Republik gab es seit 1924
mit der KPD-nahen *AIZ (Arbeiter-Illustrierte-Zeitung)* ein
auflagenstarkes Wochenmagazin für Bild-Text-Berichte
zu gesellschaftskritischen Themen, das auf dem Gebiet der
Fotomontage mit den Arbeiten von John Heartfield führend
war. Für ihre Berichterstattung war aber auch die *AIZ*
zunächst auf Agenturmaterial angewiesen. Man benötigte
jedoch andere Fotos, um die eigenen Themen bildlich
besser repräsentieren und eben gerade das zeigen zu können,
was die „bürgerlichen" Printmedien nicht publizierten.
Es brauchte dann schon die Weltwirtschaftskrise, damit
zeitgenössische Problemthemen wie Betriebsstilllegungen
und Arbeitslosigkeit, die auch Walter Ballhause auf eigene
Initiative dokumentierte (Kat. 88), Platz in den etablierten
Magazinen bekamen, etwa mit *Tote Zechen. Tote Hütten.
Herbst 1931 an der Ruhr* von Felix H. Man in der *Münchner
Illustrierten Presse.*[32] Die *AIZ* hoffte solche Bilder mit einer
ersten großen Initiative der „Fotografie von unten" aus
der Leserschaft zu gewinnen – ein Ruf nach „You-Reportern"
avant la lettre. Mit einem Preisausschreiben warb man
1926 um Einsendungen von Fotos „aus dem politischen,
wirtschaftlichen und sozialen Leben des Arbeiters" (Abb. 1),
darunter „Aufnahmen von der Arbeitsstätte, die die Arbeits-

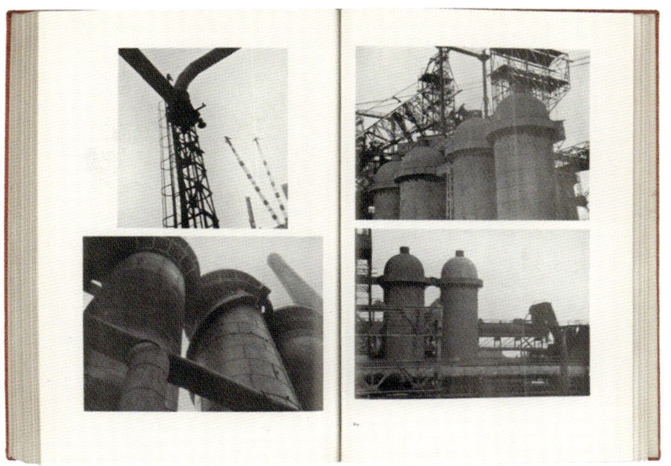

6 Heinrich Hauser:
Ohne Titel, 1928,
in: ders.: *Schwarzes Revier*,
Berlin 1930, o. S.

bedingungen, den Arbeitsort deutlich erkennen lassen",
und „Aufnahmen, die die moderne Technik und ihre Arbeits-
formen, die industrielle Bauten und Fabrikationsmethoden
veranschaulichen".[33]

Aus der Initiative der *AIZ* ging noch im selben Jahr
die organisierte Arbeiterfotografie mit dem Vereinsorgan
Der Arbeiter-Fotograf hervor.[34] Das Preisausschreiben der
AIZ war beispielhaft auch mit zwei hochästhetischen Bildern
aus der Industrie illustriert. In deren Betextung ist die
Ambivalenz zwischen Technikästhetik und dem eigentlichen
Anliegen erkennbar, gerade kritische Bilder vom Arbeitsalltag in solchen Betrieben zu erhalten.[35] Mit diesem
Zielkonflikt ging schon die Einladung zur Teilnahme am
Wettbewerb am beabsichtigten Zweck vorbei. Die Debatte
darüber, ob es zu den Aufgaben einer kritischen Arbeiterfotografie gehören sollte, Maschinenästhetik zu visualisieren,
oder ob nicht viel eher kritische Betriebsreportagen aus
der Industrie gefordert waren, durchzog die Vereinsdebatten
jahrelang.[36] Ein Grund, weshalb solche Bilder schwer zu
realisieren waren, lag natürlich schon darin, dass es kaum
möglich war, am Arbeitsplatz entlarvende Fotostudien
zu betreiben, man riskierte teilweise allein beim Mitführen
einer Fotokamera die Kündigung.[37] Es blieb deshalb oft bei
Bildern von Rahmenbedingungen der Arbeit wie den Pausen
oder dem Schichtwechsel. Bei einer aufwendig konzipierten
24-Stunden-Alltagsreportage nach Vorbild einer 1931 in
der *AIZ* erschienenen beschönigenden sowjetischen Bild-
strecke über die Industriearbeiterfamilie Filipow in Moskau[38]
wählte man als Berliner Pendant die Familie eines Bau-
arbeiters, den man vermutlich leichter an seiner Arbeitsstelle
fotografieren konnte.[39] Künstlerische Arbeiten wie Alice
Lex-Nerlingers Fotogramm-Collage *Der Maschinist* (Kat. 75)
ließen leichter eine gezielte Kritik am Schicksal der Arbeits-
kraft in der maschinisierten Fabrik zu, was Charlie Chaplin
dann als *Modern Times* persiflieren sollte (Kat. 77 und 78).

Trotz aller inhaltlichen Debatten wurde im *Arbeiter-Fotografen*
auch Stilkritik an Maschinenfotos geübt, die im Sinn
der Neuen Sachlichkeit gehalten waren und bei denen die
Redaktion ganz praktische Vorschläge zur technischen
Verbesserung von Lichtgegensätzen oder Schärfezonen
machte.[40]

In Büchern wie *Das Werk* mit Arbeiten verschiedener
Fotografen oder in Renger-Patzschs Bildband *Eisen und
Stahl* erscheinen Maschinen und technische Bauwerke
als isolierte Gebilde mit einer verselbständigten Material-
und Formenwelt, im Ausschnitt von der Kameraoptik
oder durch Reduzieren beim Vergrößern so weit begrenzt,
dass der räumliche Kontext nicht mehr im Vordergrund
steht.[41] Renger-Patzsch hat seine Vorgehensweise rück-
blickend so beschrieben: „Ich gehe von der Wirklichkeit als
Raum aus. Dieser Raum soll als Ausschnitt so beschaffen
sein, dass er auf die Ebene projiziert eine geordnete
Bildfläche ergibt. Er muß so beschaffen sein, daß er nicht
als Ausschnitt empfunden wird; es muß durch ihn ein
neuer Bildorganismus entstehen, der vom Zufälligen gänzlich
befreit erscheint."[42] Bei aller Modernität der Motive und
trotz Renger-Patzschs vehementer Abgrenzung gegen den
Piktorialismus der Jahrhundertwende folgte er bei seinen
Fotografien doch einem traditionellen Muster der „bildmäßigen
Photographie". Seine Motive verweisen nur auf sich
selbst. Auch wenn Renger-Patzsch durchaus mit sichtbaren
Anschnitten arbeitete, gab er seinen Bildern trotzdem
oft den Aspekt eines gestalterisch hochverdichteten,
geschlossenen zweidimensionalen Bildraums. Dies unterscheidet Renger-Patzsch von anderen Protagonisten
der neuen Fotografie dieser Jahre, etwa von Hans Finsler,
der zwar ebenso wie Renger-Patzsch sachbezogen und
mit äußerster Präzision arbeitete, aber dennoch ein ganz

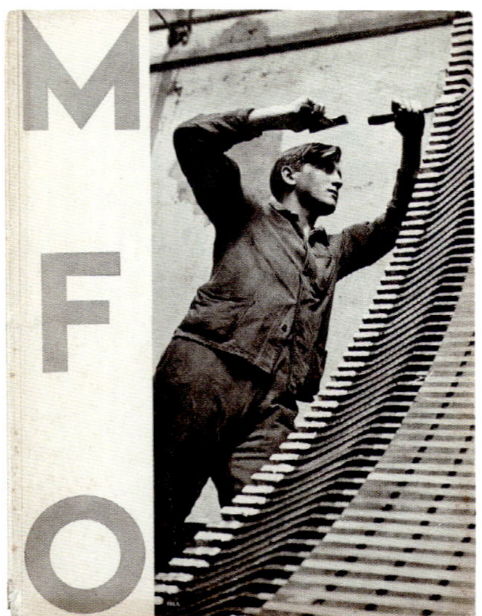

7 Jakob Tuggener:
Ohne Titel, um 1932,
Buchumschlag von: *MFO,
Maschinenfabrik Oerlikon,
Zürich-Oerlikon,* Zürich 1935

anderes Verständnis des Mediums vertrat. Versuchte
Renger-Patzsch seine Motive häufig durch Einmitten ruhig-
zustellen, so legte Finsler im Gegenteil das Augenmerk
darauf, wie viel oder besser wie wenig vom Gegenstand er
zeigen musste, damit dieser als solcher noch erkennbar
blieb und der Betrachter auf den Kontext schließen konnte.
Serielle Reihungen von Produkten sollten nicht nur eine
ästhetische Wiederholung bilden, sondern eine Reflexion
über die industrielle Serienfertigung anregen, vom sichtbaren
Teil konnte auf das nicht gezeigte Ganze geschlossen
werden: „Wir müssen wissen, was wir optisch vermitteln
können und vermitteln wollen, wie weit das Bild fähig ist,
nicht nur Raum und Körper, Licht und Schatten, Rauheit und
Glätte von der Fläche des Papiers ablesen zu lassen,
sondern auch die komplizierten Bezüge, die die Dinge
untereinander verbinden, aufzuzeigen."[43] Finsler verstand
seine Bilder, auch oder gerade dann, wenn sie mit starken
Anschnitten fotografiert waren, als offen. Sie sollten
eindeutig aufzeigen, dass sie nur einen Teil der Wirklichkeit
repräsentieren konnten. Für ihn war das Bild des
Fotografen auch kein Endzweck, sondern, ganz im Sinne
des Werkbundgedankens, nur der erste Schritt in einem
Vermittlungsprozess der visuellen Kommunikation,
der seine Erfüllung idealerweise in einer fototypografischen
Umsetzung in Druckerzeugnissen oder Werbegestaltungen
haben konnte. Nachdem Finsler 1932 von Halle an der Saale
nach Zürich gewechselt war, fotografierte er im Auftrag
von Unternehmen, die dem Schweizerischen Werkbund
nahestanden. Neben seiner präzisen Werkfotografie
von Maschinen sowie einzelnen tätigen Mitarbeitenden und
Bildern, in denen deren Präsenz nur durch eine sichtbare
Hand angedeutet war, zeigte er in einer zurückhaltenden,
nicht journalistischen, sondern sachfotografischen Narration
den ganzen Ablauf der industriellen Produktion, von
der Energiegewinnung durch Wasserkraft über Totalen des

Werkgeländes, Architekturansichten der Gebäude, das
Rohmaterial, Interieurs von Maschinenhallen und
Herstellungsabläufen im Betrieb bis hin zum fertigen
Produkt (Abb. 2 und 3).[44]

AUFTRAGSFOTOGRAFIE – FREIE PROJEKTE

Waren Fotografierende bei Industrieaufträgen oftmals darauf
angewiesen, dass ihre Auftraggeber solche Auffassungen
mittrugen, so sieht man gerade an freieren Projekten
von Bildjournalisten oder bei selbstgestellten Themen von
Industriefotografen, wie unterschiedlich die Ergebnisse
sein konnten. An zwei Beispielen der Darstellung des Ruhrgebiets von Albert Renger-Patzsch und Heinrich Hauser
wird dies sehr deutlich. Die Vielschichtigkeit des Reviers,
das in der hektischen Entwicklung der Montanindustrie
chaotisch gewachsen und durch starke Kontraste zwischen
ländlich-dörflichen Strukturen, alten Kulturstätten,
Industrieanlagen und einem dichten Netz von Verkehrswegen aller Arten geprägt war, lud geradewegs zu einer
Auseinandersetzung ein. So wurde die Industrieregion
an der Ruhr in der zweiten Hälfte der 1920er Jahre zu einem
beliebten Thema sowohl für Textreportagen wie auch für
die Fotografie.[45]
     Die umfangreichste Bildserie im Werk von Albert
Renger-Patzsch mit Industrielandschaften des Ruhrgebiets
(Abb. 4) entstand nicht wie sein restliches Werk im Auftrags-
kontext, sondern aus eigenem Interesse. Renger-Patzsch
hatte bereits vor seiner Übersiedelung 1929 nach Essen im
Ruhrgebiet gearbeitet und dort von 1927 bis 1935 sein
freiestes Projekt fotografiert, für das er möglicherweise auch
eine regionale thematische Erweiterung und eine Publikation
im Blick hatte.[46] Die Industrielandschaften unterscheiden
sich grundlegend von seinem restlichen Werk: Wenn
auch diese Fotografien sorgfältig gestaltet und in ihren Aus-

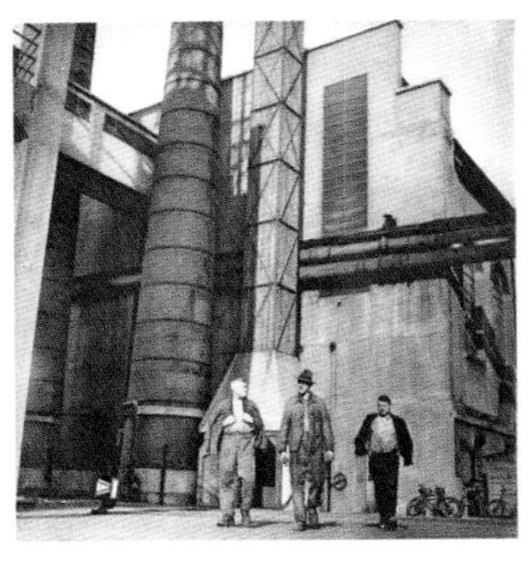

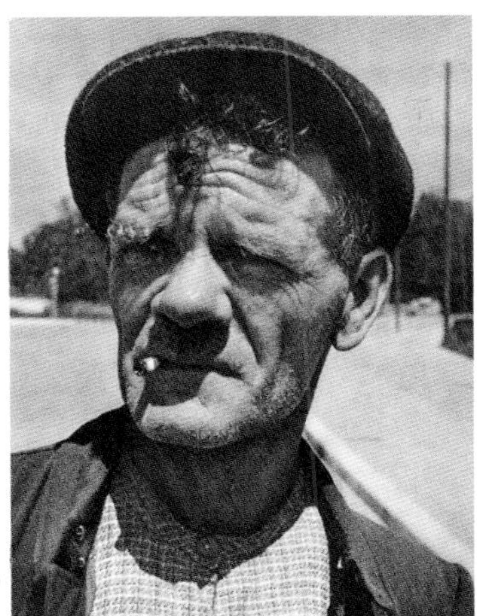

8 Paul Senn:
Schichtwechsel im Gaswerk
und „*Je n'ai plus les mains
pour le travail*".
*Ehemaliger Uhrenarbeiter
in Genf*, vor 1943,
in: ders.: *Bauer und Arbeiter*,
Zürich 1943, o. S., FFV,
Kunstmuseum Bern, Dep. GKS.
© GKS

schnitten definiert wurden, sind sie gerade nicht eng
fragmentiert und bildlich hermetisch geschlossen, sondern
zeigen einen offenen Blick auf die Gegensätze der Region.
Renger-Patzsch vermied dabei überwiegend die traditionelle
Ruhrgebietsfolklore, die oftmals auf pathetische Gegensätze
setzte, was noch bis in die 1960er Jahre immer wieder
repetiert wurde und schon in Publikationen wie dem Band
Der Gigant an der Ruhr[47] zu finden war: Immer wieder
erschienen Kontrastmotive von Natur und Industrie, Land
und Stadt, Arbeit und Freizeit sowie traditioneller und
moderner Architektur. Zeichen der Landwirtschaft
wie Korngarben oder Kühe, weiße Wäsche oder spielende
Kinder wurden vor gigantischen Industriekulissen der
Zechen und Hochöfen im Hintergrund abgebildet.[48] Ludwig
Windstosser hat dieses Klischee in der Nachkriegszeit
auf die Spitze getrieben, indem er räumlich gestaffelt
ärmliches Wohnen, Kleintierhaltung, Gartenbau und auf der
Leine flatternde Hemden vor Kühlturm und Schornstein
eines Industriewerkes gezeigt hat.

Statt auf solche plakativen Unterschiede zu bauen,[49]
setzte Renger-Patzsch die unterschiedlichen Elemente der
Ruhrgebietslandschaft geradezu in eine dialektische
Beziehung. In seinen meist menschenleeren Bildern zeigte er
deutlich ordnend das Neben- und Miteinander der Lebens-
und Wirtschaftsräume wie ein „bühnenhaftes Ensemble",[50]
ohne zu werten, sie symbolisch aufzuladen oder gegeneinan-
der auszuspielen. Sorgsam beschrieb er die Abgrenzungen
unterschiedlich genutzter Gebiete, etwa Zäune zwischen
Wegen und Halden oder Firmengeländen, ein Nebeneinander
von Nutzungen in städtischen Gebieten, die Einbettung von
Häusern in Brachflächen, wie die pragmatischen Prozesse
des nicht konstanten Städtewachstums sie hinterlassen
hatten, oder die Überlagerungen von Verkehrswegen. Man
kann Renger-Patzsch bei dieser Serie mit Walker Evans vergleichen, der 1935 in *Bethlehem, Pennsylvania* (Kat. 136) die

Schwerindustrie im Hintergrund von Friedhof und Stadt
zeigte, ohne dass dieser starke Kontrast polemisch wirkt.

Ganz anders ging dagegen Heinrich Hauser vor:
Der Schriftsteller und Journalist, der 1928 das Ruhrgebiet
intensiv im Auto bereiste und sein eigenes Vorgehen
mit „Bremsen, Halten, Aussteigen, Photographieren" umriss,
brachte bei den Fotografien für *Schwarzes Revier* seine
bereits gesammelten Erfahrungen mit dem Film ein, fotografierte schnell, amateur- wie fehlerhaft und richtete
den Blick „mit dem spontanen Zugriff eines rasenden
Reporters"[51] ohne allzu viele Gestaltungsskrupel auf die
Phänomene, denen er begegnete. Seine Bilder werden
eher dem avantgardistischen Neuen Sehen als der Neuen
Sachlichkeit zugeschrieben, er fotografierte so aus der
Bewegung und jeweiligen Kopfhaltung heraus, wie Werner
Graeff es 1929 in seinem Anti-Fotoratgeber *Es kommt
der neue Fotograf!* vorschlagen sollte.[52] Hauser zeigte
Kuriositäten ebenso wie Umweltschäden, etwa das Absacken
des Bodens über aufgegebenen Bergwerksstollen, spontane
Porträts von Menschen, die ihm begegneten, wie Blicke
in die gigantischen Formverschlingungen von Infrastrukturen
der Industriewerke, er isolierte Details von Rohrbiegungen
oder sich kreuzenden Förderbändern ebenso wie abstrahierte
schemenhafte Silhouetten von Masten vor hellem Himmel
(Abb. 5 und 6). Bei keineswegs geringerem Informations-
gehalt könnte kaum ein größerer Unterschied von
Hausers Bildern zu den sorgsam austarierten Kompositionen
Renger-Patzschs bestehen.

Waren dies Ergebnisse eines frei gewählten Themas
und eines relativ offenen Rechercheauftrages, so entstanden
in Einzelfällen auch Bilder im Industrieauftrag, bei denen
ein Fotograf nicht nur die Vorstellungen des Auftraggebers
visualisieren musste, sondern auch eigenen Interessen
nachgehen konnte. Der Schweizer Jakob Tuggener zum
Beispiel wurde 1932 von einem aufgeklärten Firmenchef der

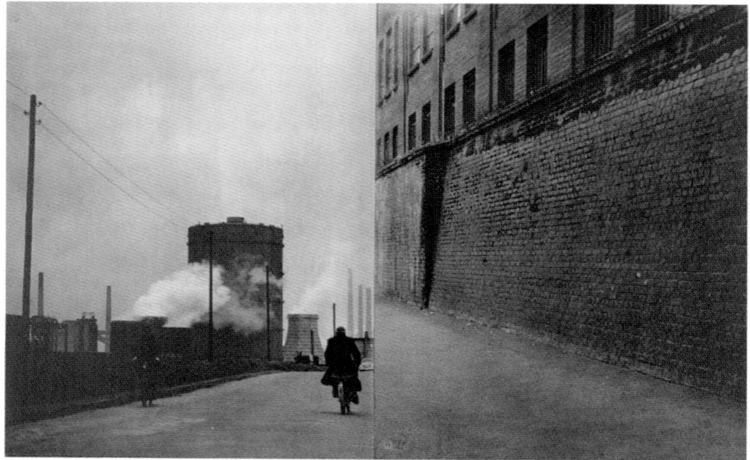

9 Chargesheimer:
Straße nach Dortmund
und *Industriefassade*,
1957, in: Heinrich Böll
und Chargesheimer:
Im Ruhrgebiet,
Köln 1958, Abb. [11 und 12]

Maschinenfabrik Oerlikon als Fotograf für die Betriebs-
zeitung angestellt und fotografierte bis in die 1950er Jahre
auch für Firmenpublikationen, die er selbst gestaltete
(Abb. 7).[53] Fasziniert von der Welt der Fabriken weitete er
seinen fotografischen Radius auch auf andere Firmen aus
und publizierte 1943 im Verlagsauftrag den Bildband *Fabrik,*
der als Meilenstein der modernen Fotobuchgestaltung
gilt (Kat. 92–95).[54] Tuggener hielt mit teilnehmendem
Interesse alle Aspekte der Industrieproduktion fest und
zeigte auch Mitarbeitende vorurteilslos in direkten Porträts,
sein Bild der Arbeitswelt blieb aber eher skeptisch als
beschönigend.

Ganz anders erscheint auf den ersten Blick der
zeitgleich erschienene Band *Bauer und Arbeiter* von Paul
Senn,[55] der schon dem Titel nach in verdächtiger Nähe
zu nazistischen Slogans zu stehen scheint und in einer Zeit
entstand, als die neutrale Schweiz mit dem Begriff der
„Geistigen Landesverteidigung" eine den internationalen
ideologischen Tendenzen verwandte Wende zur Betonung
von heimatlichen Werten und Schweizer Schaffenskraft
vollzogen hatte. Aber auch wenn Senn vor allem bei einzelnen
Bauerndarstellungen alle Register einer pathetisch über-
höhenden Darstellung zog, überwiegt bei seinen Bildern
doch ein geradezu soziologischer Zugang, der auch
Nachdenklichkeit, politische Willensbildung und ländliche
Ökonomie thematisierte. Gerade in der zweiten Hälfte des
Bildteils zum Thema Arbeiter stehen neben Untersichten
auf Baugerüste, wie man sie von der sowjetischen Fotografie
kannte, und vielen nahsichtigen Arbeitsdarstellungen
aus der Industrie auch offene Porträts. Senn verweist unter
anderem auf Berufsinvalidität (Abb. 8) und Themen wie
Arbeitslosigkeit, Gewerkschaft, Sozialfürsorge oder mit
kritischem Blick auf Arbeitersiedlungen. Ein vergleichbares
Abwägen in der Darstellung konnte man von in Nazideutschland tätigen Fotografierenden kaum erwarten.

Porträts von Erich Retzlaff oder Erna Lendvai-Dircksen
(Kat. 89) und ihre Publikationspolitik waren demgegenüber
eindeutig weltanschaulich orientiert. Auch Hauser trat
hier noch einmal als Buchautor in Erscheinung: Als 1940 der
Bildband *Im Kraftfeld von Rüsselsheim* über die Opel-AG
mit Fotografien von Paul Wolff auf den Markt kam, war
Hauser gerade in die USA emigriert. Dieses Pionierbuch des
farbigen Fotodrucks zeigte wiederum durchgehend perfekte
Industriepropaganda, bei denen tätige Menschen selbst-
bewusst Maschinen bedienen oder Prozesse wie den rot
glühenden Stahlguss steuern.

INDUSTRIEFOTOGRAFIE UND TECHNIKKRITIK NACH 1945

Direkt nach dem Zweiten Weltkrieg konnte man im Ruhrgebiet zunächst die Folgen von Zerstörungen und Demontage
festhalten (Kat. 43), aber rasch eröffneten sich mit Wiederaufbau und ökonomischem Boom in den 1950er Jahren
wieder Tätigkeitsfelder für Industriefotografie. Es waren
die letzten Jahre, in denen industrielle Arbeit als Sujet noch
gut fotografierbar war, denn schon ab den 1960er Jahren
wurde die automatisierte Produktion zunehmend unan-
schaulicher. Diese Jahre waren auch die letzte Phase der
Hochkonjunktur in der traditionellen Schwerindustrie.
Im Ruhrgebiet begann schon um 1958 die Wende, welche
den bis heute fortschreitenden Strukturwandel und das fast
völlige Verschwinden dieser Industriekultur brachte.

Fotografierende, die bereits vor dem Krieg im Bereich
Industriefotografie tätig waren, wie etwa Ruth Hallensleben
oder Erich Angenendt (Kat. 98–100), knüpften an ihre
Tätigkeit an. Hauser kehrte nach Westdeutschland zurück
und machte fast nahtlos da weiter, wo er aufgehört hatte:
Mit Farbfotos von Alfred Tritschler, der schon vor dem Krieg
eine Agentur mit Paul Wolff geführt hatte, publizierte er
als Nachfolgeband des Opel-Buches *Unser Schicksal. Die*

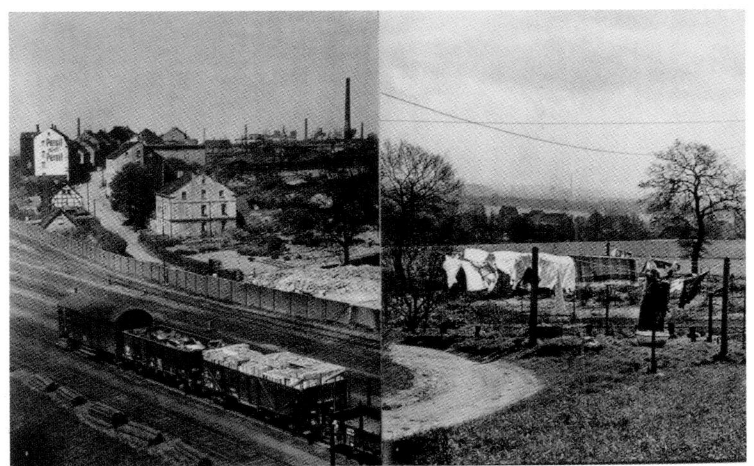

10 Chargesheimer:
Bei Dortmund und
*Landschaft bei Reckling-
hausen,* 1957,
in: Heinrich Böll und
Chargesheimer:
Im Ruhrgebiet,
Köln 1958, Abb. [3 und 4]

deutsche Industrie.[56] Es konnten sich aber auch Jüngere, die am künstlerischen Neuaufbruch nach 1945 beteiligt waren, positionieren. Dennoch gab es zunächst kritische Stimmen, die der modernen Technik eine Mitschuld an der historischen Katastrophe gaben und eine stärker ethisch geleitete, individualisierte Technik forderten.

In diesem Sinne formulierte 1951 auch der Fotograf, Fotolehrer und Ausstellungsmacher Otto Steinert in Saarbrücken seinen Versuch, eine neue künstlerische Bewegung unter dem Begriff Subjektive Fotografie zu lancieren, die in ihren ausgeprägtesten Beispielen ganz im Einklang mit der zeitgenössischen Kunst der informellen Malerei stand.[57] Schon 1949 hatte Steinert unter anderem mit Peter Keetman, Toni Schneiders und Ludwig Windstosser die Fotografengruppe fotoform gegründet, die stark grafisch abstrahierende Fotografien präsentierte und angesichts einer über die Kunstpolitik des Naziregimes in Vergessenheit geratenen Vorkriegsavantgarde zunächst hohe Aufmerksamkeit genoss;[58] alle drei sollten später als Industriefotografen erfolgreich werden. Es ist hier interessant zu beobachten, wie vor allem Steinert, der als Fotolehrer an der Staatlichen Schule für Kunst und Handwerk in Saarbrücken nicht von Aufträgen abhängig war, über die ganze Zeit der 1950er Jahre eine industrieskeptische Haltung bewahren und diese zunächst auch an seine Schüler, darunter Joachim Lischke und Guido Mangold (Kat. 114 und 115), weitergeben konnte. Die drei anderen erwähnten fotoform-Mitglieder praktizierten wiederum eine saubere moderne Industriefotografie und versuchten ihre ästhetischen Interessen im Rahmen des Spielraumes, den Aufträge boten, einzubringen.

Steinert fotografierte im saarländischen Industrierevier Landschaften und Fabrikansichten, die er durch hochgelegte Horizonte mit Konzentration auf wüstenartige Vordergründe, Haldensilhouetten im Gegenlicht (Kat. 113 und 112) oder Untersichten ebenso wie mit Solarisationen

zu dämonischen Mondlandschaften verfremdete. Auch Erich Angenendt, ebenfalls Teilnehmer an Steinerts Ausstellungen *subjektive fotografie,* bediente sich bei Industriethemen gelegentlich experimenteller Techniken wie Solarisation und Belichtungsmontage, um übernatürliche Bildeindrücke zu erzeugen (Kat. 99 und 100). Schneiders und Windstosser erzielten ähnliche Wirkungen, wenn sie Zugsignale oder eine Zeche vor dunklem Nachthimmel aufnahmen (Kat. 121 und 103). Windstosser arbeitete bei einem Auftrag für Mannesmann auch mit der Technik der Farbverfremdung (Kat. 104). Und wenn Windstosser eine Seidenproduktion im dunklen Raum bei Gegenlicht oder einen Arbeiter vor einem ganzflächig gezeigten Chargenplan (Kat. 105) festhielt, erzielte er grafisch anspruchsvolle Bilder mit hohen Schwarzweißkontrasten. Die ästhetisch eigenständigsten Lösungen fand aber Peter Keetman bei einem mehrtägigen Besuch im VW-Werk in Wolfsburg, dem kein Auftrag zugrunde lag, sondern sein eigenes künstlerisches Bildinteresse (Kat. 116–118). Hier konzentrierte er sich ganz auf die seriellen Formen gelagerter Autoteile und ihre bei ausschnitthafter Nahsicht entstehenden parallel geschwungenen Linien, die in Einzelaufnahmen zu reinen Formgebilden werden, ohne dass man noch das Motiv erkennen muss.[59]

Zwei weitere Beispiele vom Ende der 1950er Jahre zeigen, dass wiederum in Auftragskontexten, bei denen große gestalterische Freiheiten eingeräumt wurden, die eigenständigsten Ergebnisse entstehen konnten. 1957 kamen der Schriftsteller Heinrich Böll und der Kölner Fotograf Chargesheimer in eigenem Auftrag zu Recherchen für ein Fotobuch ins Ruhrgebiet, das im darauffolgenden Jahr erschien (Abb. 9 und 10).[60] Chargesheimers Aufnahmen zeigen ein düsteres und schmutziges, zeitgemäß im Stil der humanistisch-journalistischen *Life*-Reportage fotografiertes Genrebild des Reviers in allen Aspekten, von der Nahsicht

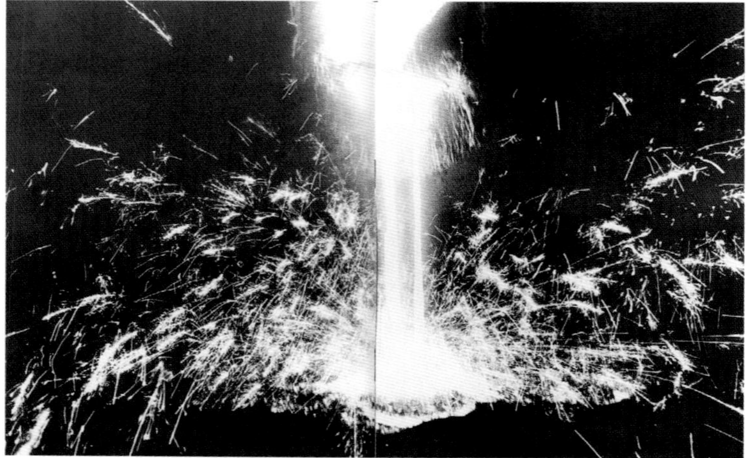

11 Kurt Blum:
Gusseisen, 1958/59,
in: ders.: *Lebendiger Stahl,*
Zürich 1960, Abb. 76

eines Kumpels beim Kohleabbau unter Tage über Bilder aus Zechen und Stahlwerken, von Freizeitgestaltung bis hin zu Industrielandschaften. Auch Chargesheimer bediente teils die bekannten Klischees, zeigte etwa Wäsche auf der Leine und Gärten vor Hochofenkulissen, aber man liest sie eher wie Beobachtungen des Vorgefundenen, weniger als dramaturgisch ausgenutzt. Die lokalen Kommunalpolitiker liefen dennoch Sturm dagegen und beauftragten umgehend einen eigenen Bildband, der 1959 mit Aufnahmen von Fritz Fenzl als *Ruhrgebiet. Porträt ohne Pathos* erschien, aber keineswegs frei von pathetischen Klischees war.[61] Chargesheimers Buch geriet zu einer Negativfolie: Gerade im beginnenden Umbau des Industriegebiets zu einem Zentrum für Dienstleistungen und Kultur suchten die Verantwortlichen genau dieses Bild zu lancieren. Das war gemeint, wenn Otto Steinert Mitte der 1960er Jahre seine Studierenden mit den Worten „Mach mal Ruhrgebiet. Aber nur nicht Kohlenpott!" zum Fotografieren losschickte.[62] Er war 1959 als Lehrer an die Folkwangschule für Gestaltung nach Essen gekommen, hatte sich zeitgleich von der künstlerischen Fotografie losgesagt und der angewandten Gebrauchsfotografie zugewandt. Der 1967 erschienene Band *Begegnung mit dem Ruhrgebiet* war das erste Fotobuch, das den Strukturwandel klar visualisierte.[63]

Dass auch ein freier Industrieauftrag zu einem ungewöhnlichen Ergebnis führen konnte, zeigt das Buch *Lebendiger Stahl* des Berner Fotografen Kurt Blum (Abb. 11 und 12).[64] Der künstlerische Berater des staatlichen italienischen Stahlwerkes Cornigliano SpA in Genua, Eugenio Carmi, selbst ein abstrakter Künstler, hatte Blum 1958 mit Fotografien der Stadt und des Industriebetriebes beauftragt. Blum, der sich für die Kunst des Informel interessierte, fotografierte neben den Kränen und Brücken, Masten, Türmen, Schornsteinen, Rohrleitungen und Eisenbahngleisen der bizarren Industrielandschaft vor

allem das visuelle Spektakel der Stahlproduktion, die Magie der Aktion, Formen, Materialien und Zeichen. Er fotografierte in den dunklen Industriehallen bewusst mit vorhandenem Licht, oft im Gegenlicht, seine Bilder sind in Kornstruktur und harte Kontraste aufgelöst. Besonders Funkenregen setzte er als abstraktes Liniengebilde auf schwarzem Grund in Szene. Sein Buch kam daraufhin gleich von zwei Seiten unter Beschuss: Gegenüber dem im selben Jahr erschienenen, didaktisch narrativ gehaltenen Fotobuch *Ruhrstahl* des Werkfotografen Hans Ahlborn wurde Blums Buch als uninformativ und artifiziell kritisiert.[65] Von ganz anderer Warte verurteilte der italienische Philosoph Gianni Vattimo die ästhetisch-abstrahierenden Bilder in Blums Buch aus Schärfste und kehrte damit auf einer anderen Ebene zu Brecht zurück: Sie machten die Fabrik zum visuellen Spektakel für jene, die sie nur in der Fotografie zu sehen bekämen. Die Atmosphäre des Buches sei die hygienisch-optimistische Ideologie eines von den wahren Verhältnissen gereinigten „Industrial Design", welche die Nöte des Menschen in der Industriegesellschaft verbergen und geradewegs „exorzieren" wolle. Es bestehe hier die Gefahr einer „Rhetorik der humanisierten Fabrik", bei der Technik, Ethik und Ästhetik sich perfekt ergänzten.[66]

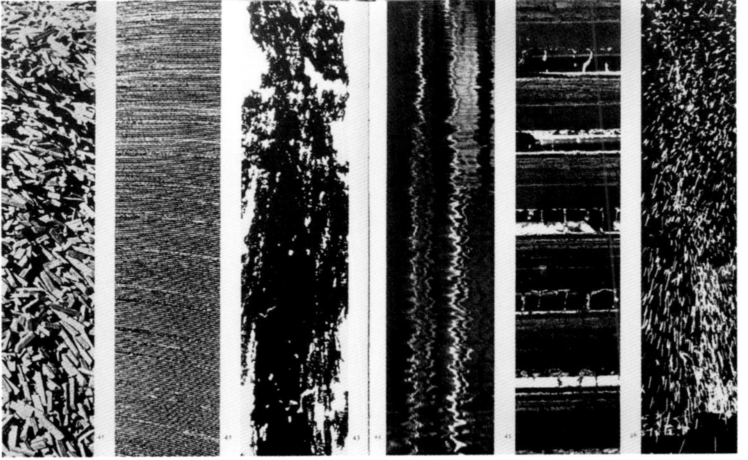

12 Kurt Blum:
Stahleisenmasseln, Von einem Blechbund aus, Verkrustete Gießreste, Elektrolytisches Blech, Riesenkühlschlange und *Stahlfunkenregen*, 1958/59, in: ders.: *Lebendiger Stahl*, Zürich 1960, Abb. 41–46

[1] Matz 1987, S. 13.

[2] Zit. n. Wolfgang Kemp: *Theorie der Fotografie,* Bd. 2: *1912–1945,* München 1979, S. 74.

[3] *Le Pont transbordeur et la vision moderniste,* hrsg. von Bernard Blistène, Ausst.-Kat. Musée Cantini, Marseille, 1991.

[4] László Moholy-Nagy: *Von Material zu Architektur,* München 1929, S. 202 f.

[5] Vgl. Essen 2018a, S. 163–167.

[6] Reinhard Matz hat sich im Zusammenhang mit der Konzeption eines Bildarchivs zur Geschichte des Ruhrgebietes anhand von regionalen Firmenarchiven ausführlich mit den Fragen einer Systematisierung des Praxisfeldes Industriefotografie befasst, vgl. Matz 1987, S. 9–11.

[7] Joseph Roth: Trübsal einer Straßenbahn im Ruhrgebiet, in: *Frankfurter Zeitung,* 9. März 1926, o. S.

[8] Vgl. Essen 2018a, Abb. S. 52 und 59, beide von 1929.

[9] Bertolt Brecht: Der Dreigroschenprozeß. Ein soziologisches Experiment (1931), in: ders.: *Gesammelte Werke,* Bd. 18: *Schriften zur Literatur und Kunst 1,* Frankfurt am Main 1967, S. 139–209, hier S. 161; vgl. auch Bernd Stiegler: Was ist moderne Photographie? Walter Benjamins Renger-Patzsch-Verdikt, in: *Jeu de Paume. Le magazine,* 25. September 2017, http://lemagazine.jeudepaume. org/2017/09/bernd-stiegler-was-ist-moderne-photographie-walter-benjamins-renger-patzsch-verdikt-defr/ (aufgerufen am 6. Mai 2021).

[10] Matz 1987, S. 12.

[11] Ebd., S. 23 f.

[12] Sigrid Schneider: Images – Bilder vom Ruhrgebiet, in: Essen 2000, S. 23–59, hier S. 47.

[13] Reinhard Matz stellte etwa fest, dass sich im Archiv der Firma Krupp bis weit in die 1950er Jahre hinein bei Bildern von angestellten Fotografen kaum Hinweise auf die Autorschaft finden lassen, während externe Auftragsfotografen ihre Abzüge – schon aus Gründen der Eigenwerbung – meist gestempelt hätten, vgl. Reinhard Matz: Werksfotografie – Ein Versuch über den kollektiven Blick, in: Tenfelde 1994, S. 289–304, hier S. 302.

[14] Vgl. Stefanie Grebe: Präzise, zeitlos und gegenstandsbezogen. Albert Renger-Patzschs fotografische Arbeiten im Ruhrgebiet, in: Essen 2018a, S. 14–35, hier S. 20; Simone Förster: Die Entdeckung der Industrielandschaft. Albert Renger-Patzschs Fotografien des Ruhrgebiets, in: ebd., S. 36–45, hier S. 37.

[15] Der Maler und ehemalige Bauhaus-Lehrer Fritz Kuhr kommentierte 1929 beispielsweise bissig das Buch *Die Welt ist schön* von Renger-Patzsch, dieser hätte ja auch einmal einen Blick auf die sozialen Lebensumstände von Arbeitenden oder in die Gefängnisse richten können, vgl. Grebe 2018 (wie Anm. 14), S. 20.

[16] Vgl. Alan Trachtenberg: *America and Lewis Hine. Photographs 1904–1940,* New York 1977; Karl Steinorth (Hrsg.): *Lewis Hine. Die Kamera als Zeuge. Fotografien 1905–1937,* Kilchberg 1996.

[17] Heinrich Hauser: Vorwort, in: *Heinrich Hauser. Schwarzes Revier,* hrsg. von Barbara Weidle, Ausst.-Kat. Ruhr Museum, Essen, 2010, S. 4; vgl. auch Andreas Rossmann: Augen auf und durch, in: ebd., S. 210–220, hier S. 212.

[18] Hauser 1930; vgl. auch Geller+Geller (Hrsg.): *Heinrich Hauser. Bremsen, Halten, Aussteigen, Photographieren,* Düsseldorf 2002.

[19] Heinrich Hauser: *Feldwege nach Chicago,* Berlin 1931, S. 225–234.

[20] Roy E. Stryker: Use of press photography in industrial public relations (1950), in: *The Highway as Habitat. A Roy Stryker Documentation, 1943–1955,* hrsg. von Ulrich Keller, Ausst.-Kat. University Art Museum, Santa Barbara, 1986, Appendix 1, S. 200 f.

[21] Matz 1987, S. 13.

[22] Vgl. Pepper Stetler: Man and Machine, in: *New Objectivity. Modern German Art in the Weimar Republic. 1919–1933,* hrsg. von Stephanie Barron und Sabine Eckmann, Ausst.-Kat. Museo Correr, Venedig / County Museum of Art, Los Angeles, 2015, S. 203–220.

[23] Vgl. Lutz Engelskirchen: Eisen und Stahl – Ausstellungen zum Industriebild in Deutschland, in: Berlin 2002, S. 108–113, hier S. 109; Herbert Molderings: Amerikanismus und Neue Sachlichkeit in der deutschen Fotografie der zwanziger Jahre, in: ders: *Die Moderne der Fotografie,* Hamburg 2008, S. 71–92, hier S. 77 f.

[24] Vgl. die Ausstellung *Die Neue Sachlichkeit. Deutsche Malerei seit dem Expressionismus* 1925 in der Kunsthalle Mannheim.

[25] O. A.: Photographie in Amerika, in: *Das Kunstblatt* 10,11 (1926), S. 447.

[26] Carl Georg Heise: Einleitung, in: Heise 1928, S. 13 f. Hilla und Bernd Becher sprachen später von Industriebauten als „Kathedralen" der Neuzeit: „Als ich während meiner Studienzeit Reisen nach Italien und Spanien machte, wurde mir zum Beispiel klar, wie einzigartig diese Industriearchitektur im Siegerland war, und daß die Hochöfen und Fördertürme so etwas wie die Sakralbauten des Calvinismus im 20. Jahrhundert darstellten", Bernd und Hilla Becher im Gespräch mit Michael Köhler, in: Lothar Romain und Detlef Bluemler (Hrsg.): *Künstler. Kritisches Lexikon der Gegenwartskunst,* 7. Ausg., München 1989, S. 14 f., hier S. 15.

[27] Stiegler 2017 (wie Anm. 9) fasst die Kritik von Walter Benjamin an der Fotografie der Neuen Sachlichkeit und an Renger-Patzschs Buch *Die Welt ist schön* als Fortschreibung einer „Auratisierung des Gegenstands" und einer antimodernistischen Position zusammen.

[28] Lewis W. Hines *Power House Mechanic* (Kat. 76) zeigt sicherlich eine gestellte Pose. Obwohl er die Muskeln wie für eine Zugbewegung nach oben anspannt, hält er den Maulschlüssel wie für eine Drückbewegung nach unten.

[29] Lewis W. Hine: *Men at Work. Photographic Studies of Modern Men and Machines,* New York 1932.

[30] Vgl. Die Photographische Sammlung/SK Stiftung Kultur der Sparkasse KölnBonn 2002.

[31] Publiziert als Einzelhefte mit verschiedenen Herausgebern unter dem Serientitel *La France travaille* in Paris ab 1932.

[32] *Felix H. Man. 60 Jahre Fotografie,* Ausst.-Kat. Kunsthalle Bielefeld / Frankfurter Kunstverein / Neue Galerie, Sammlung Ludwig, Aachen, 1978, S. 108 f.

[33] Heinz Willmann: *Geschichte der Arbeiter-Illustrierten-Zeitung. 1921–1938,* Berlin 1974, S. 24.

[34] Vgl. Büthe u. a. 1977; *The Worker Photography Movement [1926–1939]. Essays and Documents,* Ausst.-Kat. Museo Nacional Centro de Arte Reina Sofía, Madrid, 2011; *Das Auge des Arbeiters. Arbeiterfotografie und Kunst um 1930,* hrsg. von Wolfgang Hesse, Ausst.-Kat. Kunstsammlungen Zwickau, Max-Pechstein-Museum / Käthe-Kollwitz-Museum Köln / Stadtmuseum Dresden, 2014. 1930 initiierte auch die SPD eine vergleichbare Bewegung: den Arbeiter-Lichtbild-Bund, der die Zeitschrift *Das neue Bild* herausgab. Hier war man der modernen Fotografie gegenüber insgesamt aufgeschlossener: H. Braune: Der neue Stil, in: *Das neue Bild. Zeitschrift zur Pflege von Film und Foto in der Arbeiterbewegung* 1,1 (1930), S. 6–8; vgl. auch Wilhelm Körner: Sozialdemokratische „Lichtbildpflege" in der Weimarer Republik. Arbeiterfotografie zwischen fotografischem Experiment und engagiertem Fotoschaffen, in: *Alltag. Jahrbuch der sozialdokumentarischen Fotografie* 2 (1980/81), S. 160–173.

[35] „Die Schönheit der Technik. Die Aufnahme stellt die ungeheuren Gasbehälter des Leuna-Werks dar und veranschaulicht vorzüglich die gigantische Schönheit der modernen Industriebauten." Die angesprochene Fotografie war offenbar ein Agenturbild und tauchte ohne Autorenangabe später als Titelfoto der Zeitschrift *Die Koralle. Monatshefte für alle Freunde von Natur und Technik* 5,2 (1929) auf. Vgl. *Fotografie in deutschen Zeitschriften 1924–1933,* hrsg. von Ute Eskildsen, Ausst.-Kat. Institut für Auslandsbeziehungen, Stuttgart, 1982, S. 25.

[36] Walter Nettelbeck: Reportagen, in: *Der Arbeiter-Fotograf* 3,1 (1929), S. 3 f.

[37] *Wem gehört die Welt. Kunst und Gesellschaft in der Weimarer Republik,* hrsg. von der Neuen Gesellschaft für Bildende Kunst, Ausst.-Kat. Staatliche Kunsthalle Berlin, 1977, S. 476.

[38] O. A.: 24 Stunden aus dem Leben einer Moskauer Arbeiterfamilie, in: *Arbeiter-Illustrierte-Zeitung* 10,38 (1931), S. 749–767.

[39] O. A.: Die deutschen Filipows, in: *Arbeiter-Illustrierte-Zeitung* 10,48 (1931), S. 962–983.

[40] Neben Empfehlungen zur Ausleuchtung und zum verwendbaren Negativmaterial gab es hier auch Vorschläge, die Glanzlichter zu „betupfen mit Glaserkitt oder Plastelin", o. A.: Bilderkritik. Strumpfmaschine, in: *Der Arbeiter-Fotograf* 6,4 (1932), S. 86. Auch bei den sozialdemokratischen Arbeiterfotografen wurden Für und Wider von schönen Maschinenfotos mit technischen Tipps und Tricks bei der Aufnahme diskutiert. Hier gab es ebenso Hinweise zu Aufnahmetechnik, Licht und Retusche von Maschinenfotos. Vgl. Gerhard Fleischer: Amateure und Industriefoto, in: *Das neue Bild. Zeitschrift zur Pflege von Film und Foto in der Arbeiterbewegung* 2,11 (1931), S. 4 f.

[41] Diesel 1931; Renger-Patzsch 1931.

[42] Zit. n. Thomas Janzen: *Zwischen der Stadt. Photographien des Ruhrgebiets von Albert Renger-Patzsch,* Ostfildern 1996, S. 18.

[43] Hans Finsler: Sprache des Bilds (1929), zit. n. *Hans Finsler. Neue Wege der Photographie,* hrsg. von Klaus E. Göltz u. a., Ausst.-Kat. Staatliche Galerie Moritzburg, Halle (Saale), 1991, S. 266.

[44] Vgl. *100 Jahre Heberlein 1835–1935,* Zürich 1935; vgl. auch *Hans Finsler und die Schweizer Fotokultur. Werk, Fotoklasse, moderne Gestaltung 1932–1960,* hrsg. von Thilo Koenig und Martin Gasser, Ausst.-Kat. Museum für Gestaltung, Zürich / Kulturstiftung Sachsen-Anhalt, Kunstmuseum Moritzburg Halle (Saale), 2006.

[45] Vgl. Joseph Roth: Der Rauch verbindet Städte, in: *Frankfurter Zeitung,* 18. März 1926, o. S.

[46] Förster 2018 (wie Anm. 14), S. 42; vgl. Wilde/Wilde 1982.

[47] Block 1928.

[48] Vgl. Schneider 2000 (wie Anm. 12), S. 26 f.

[49] Unter den rund 140 erhaltenen Vintage-Prints (von ca. 200 Negativen) findet man nur wenige solche Klischee-Motive.

[50] Förster 2018 (wie Anm. 14), S. 41.

[51] Rainer Stamm: Das dritte Auge des Reporters. Zum fotografischen Werk Heinrich Hausers, in: Geller+Geller 2002 (wie Anm. 18), S. 16.

[52] Werner Graeff: *Es kommt der neue Fotograf!,* Berlin 1929.

[53] *MFO, Maschinenfabrik Oerlikon, Zürich-Oerlikon,* Zürich 1935; vgl. Zürich 2000.

[54] Tuggener 1943.

[55] *Bauer und Arbeiter. 70 Photos von Paul Senn,* Zürich 1943.

[56] Hauser 1952.

[57] Vgl. Thilo Koenig: „*Subjektive Fotografie*" in den Fünfziger Jahren, Berlin 1988.

[58] *subjektive fotografie. Der deutsche Beitrag 1948–1963,* hrsg. von Josef H. Schmoll gen. Eisenwerth, Ausst.-Kat. Institut für Auslandsbeziehungen, Stuttgart, 1989.

[59] Ähnliche Liniengebilde generierte Keetman schon seit Ende der 1940er Jahre experimentell mit Lichtpendelschwingungen, vgl. Essen/Hamburg/München 2016.

[60] Böll/Chargesheimer 1958; Dewitz 2007; Essen 2014a.

[61] De Haas/Fenzl 1959.

[62] Vgl. *Otto Steinert und Schüler. Fotografie und Ausbildung 1948 bis 1978,* hrsg. von Ute Eskildsen, Ausst.-Kat. Museum Folkwang, Essen, 1990.

[63] Otto Steinert (Hrsg.): *Begegnung mit dem Ruhrgebiet,* Düsseldorf 1967.

[64] Kurt Blum: *Lebendiger Stahl,* Zürich 1960; vgl. Thilo Koenig: Kurt Blum in der Fabrik, in: *Gegenlicht. Kurt Blum. Fotografien,* hrsg. von Martin Gasser, Ausst.-Kat. Fotostiftung Schweiz, Winterthur, 2012, S. 75–92.

[65] *Ruhrstahl,* Köln 1959; vgl. D.: stahl im bild. Zwei Bildbände, kritisch verglichen, in: *Ruhrgebiet* 2,4 (1960), S. 37–41, hier S. 38.

[66] Zit. n. Carlo Vinti: *Gli anni dello stile industriale 1948–1965. Immagine e politica culturale nella grande impresa italiana,* Venedig 2007, S. 300 f. (übersetzt vom Autor).

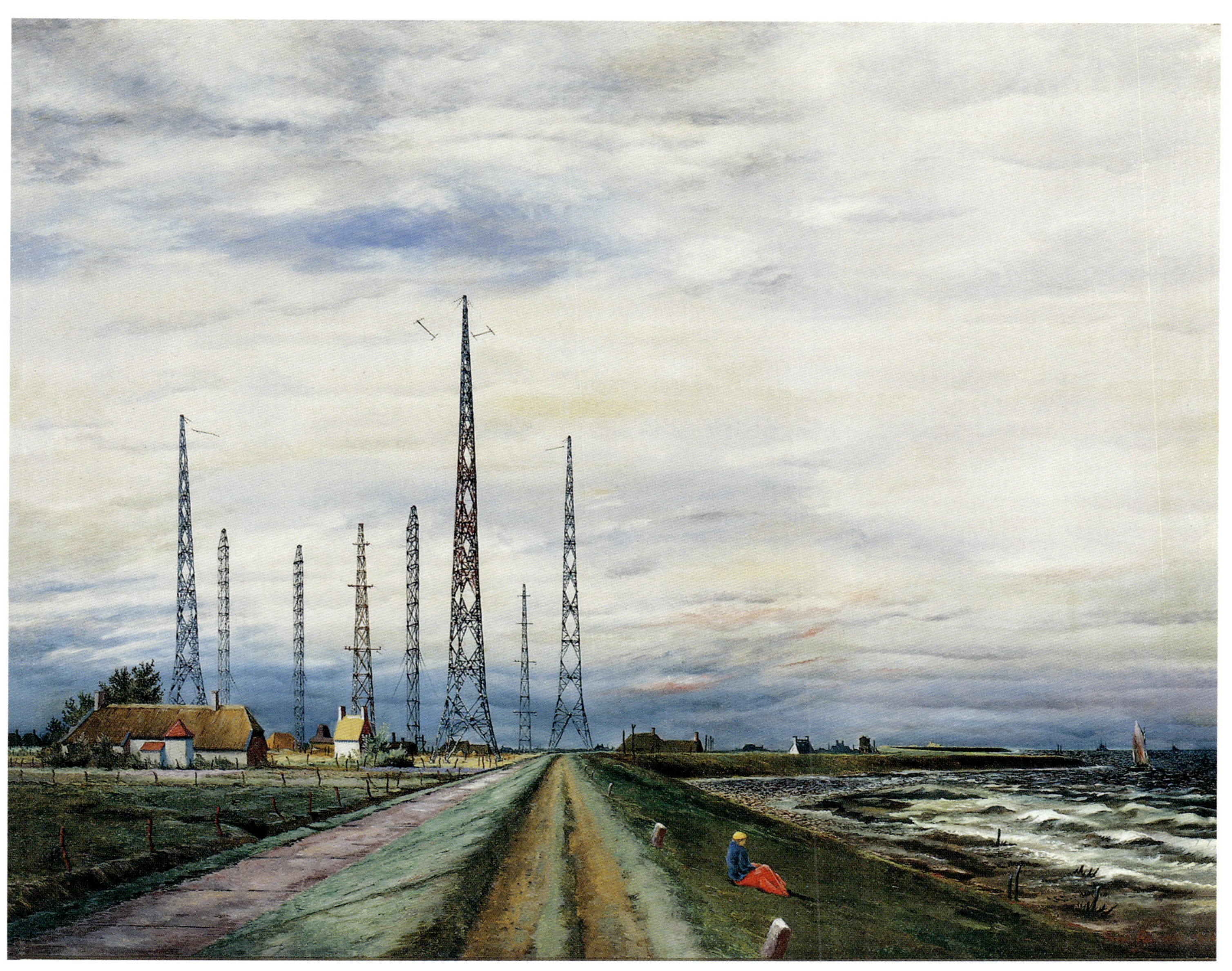

62 Franz Radziwill:
Der Sender Norddeich, 1933

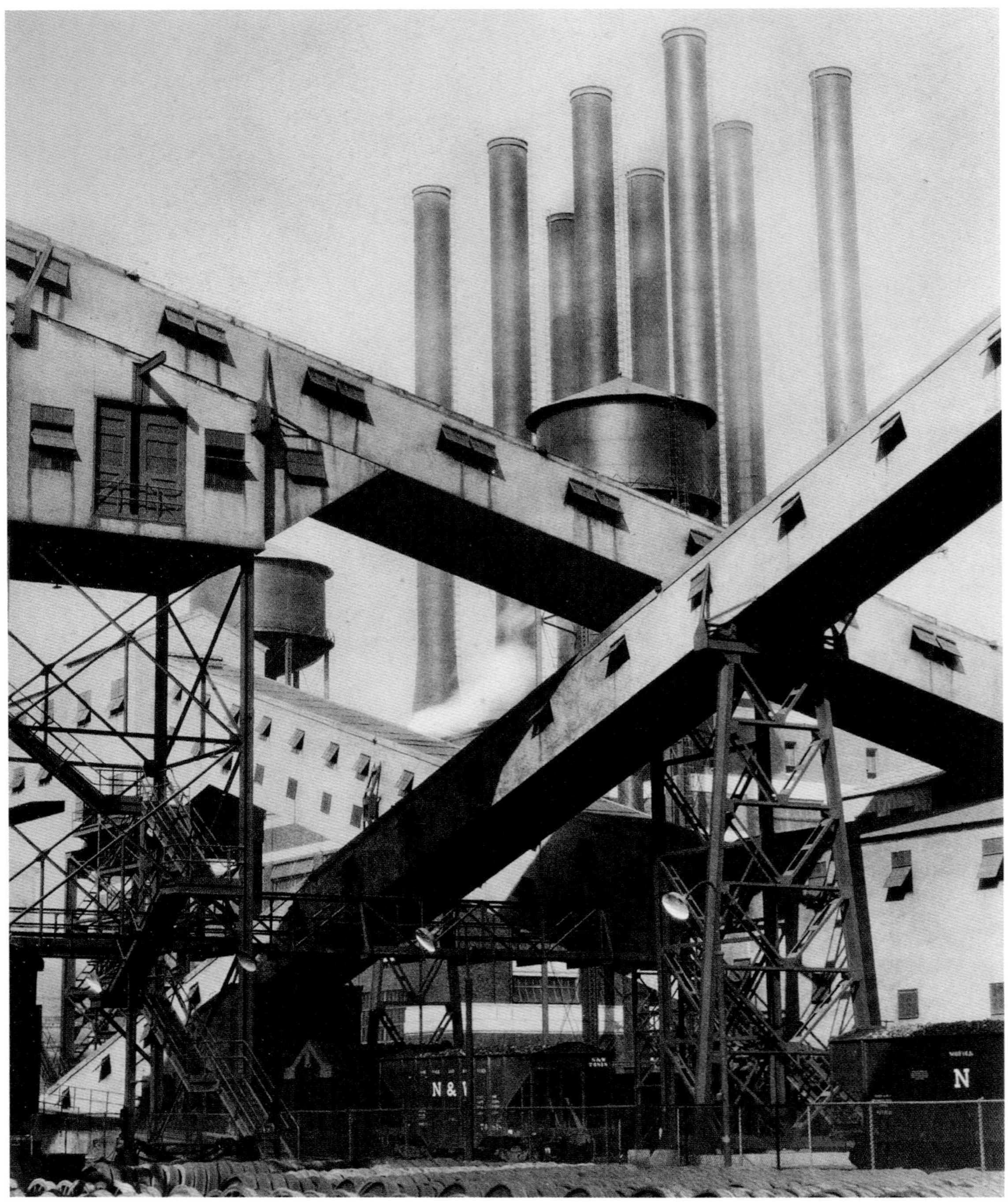

63 Charles Sheeler:
Bleeder Stacks, Ford Plant, Detroit,
um 1927–1930

64 Volker Böhringer:
Dick, Esslingen, um 1930

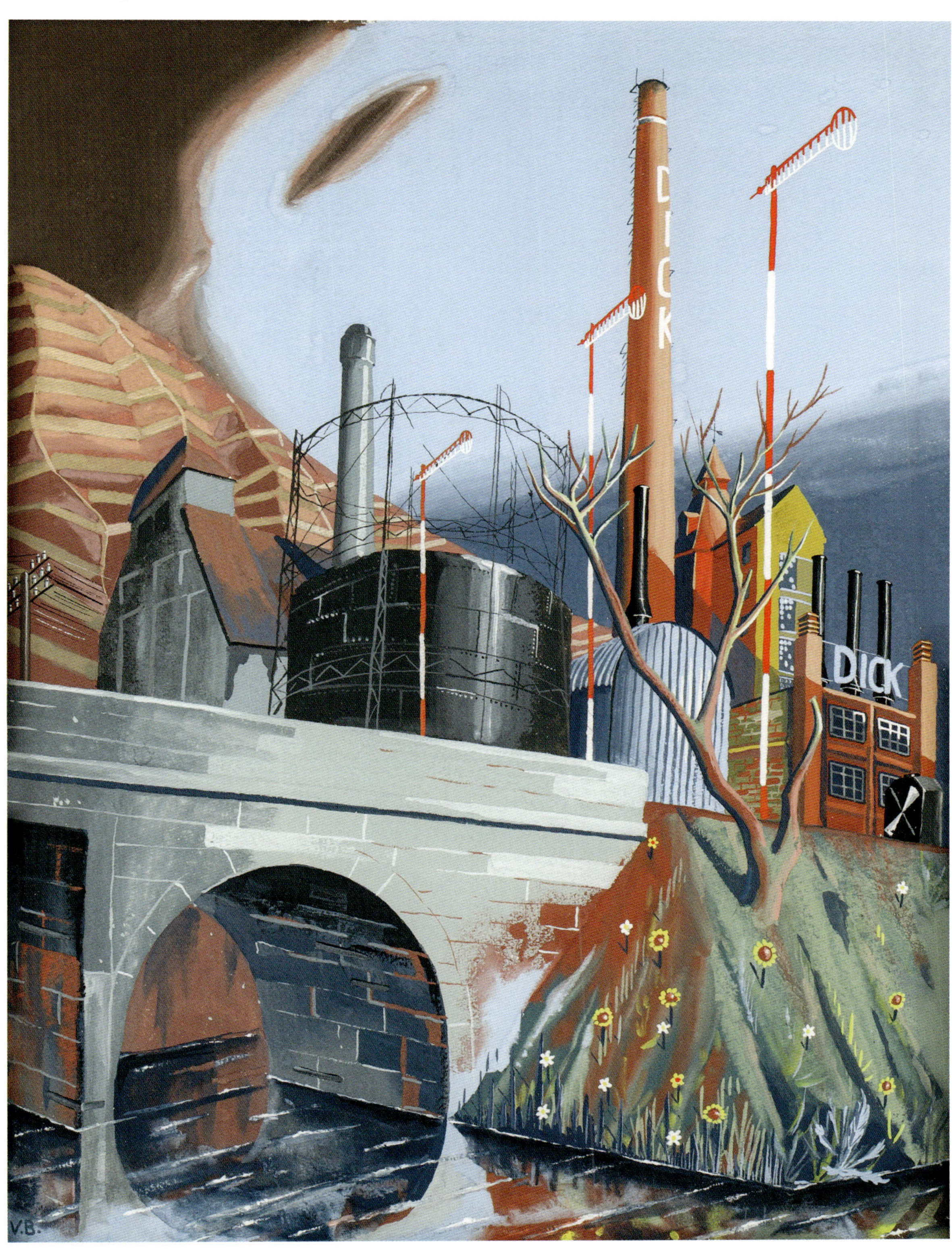

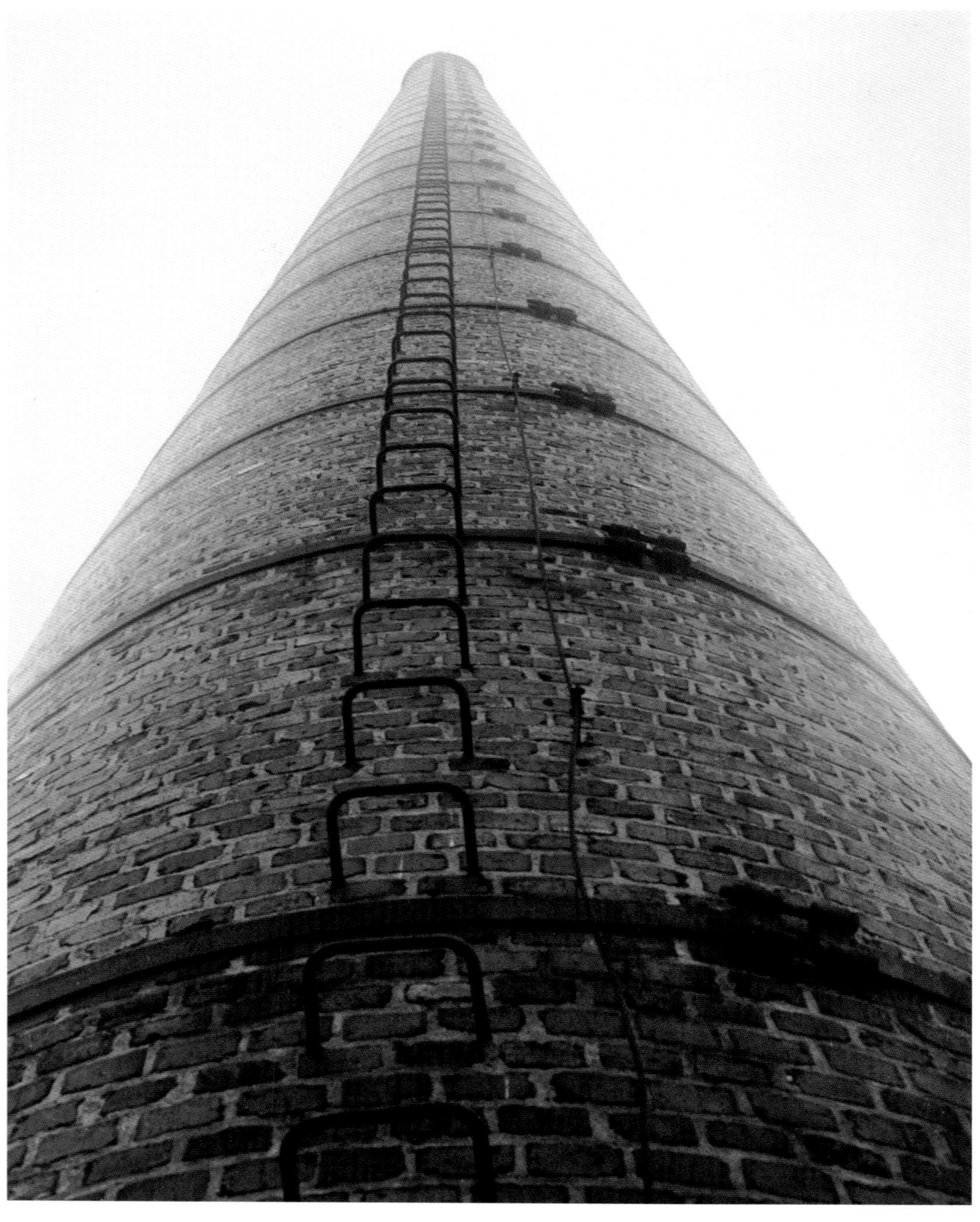

65 Albert Renger-Patzsch:
Fabrikschornstein, um 1925

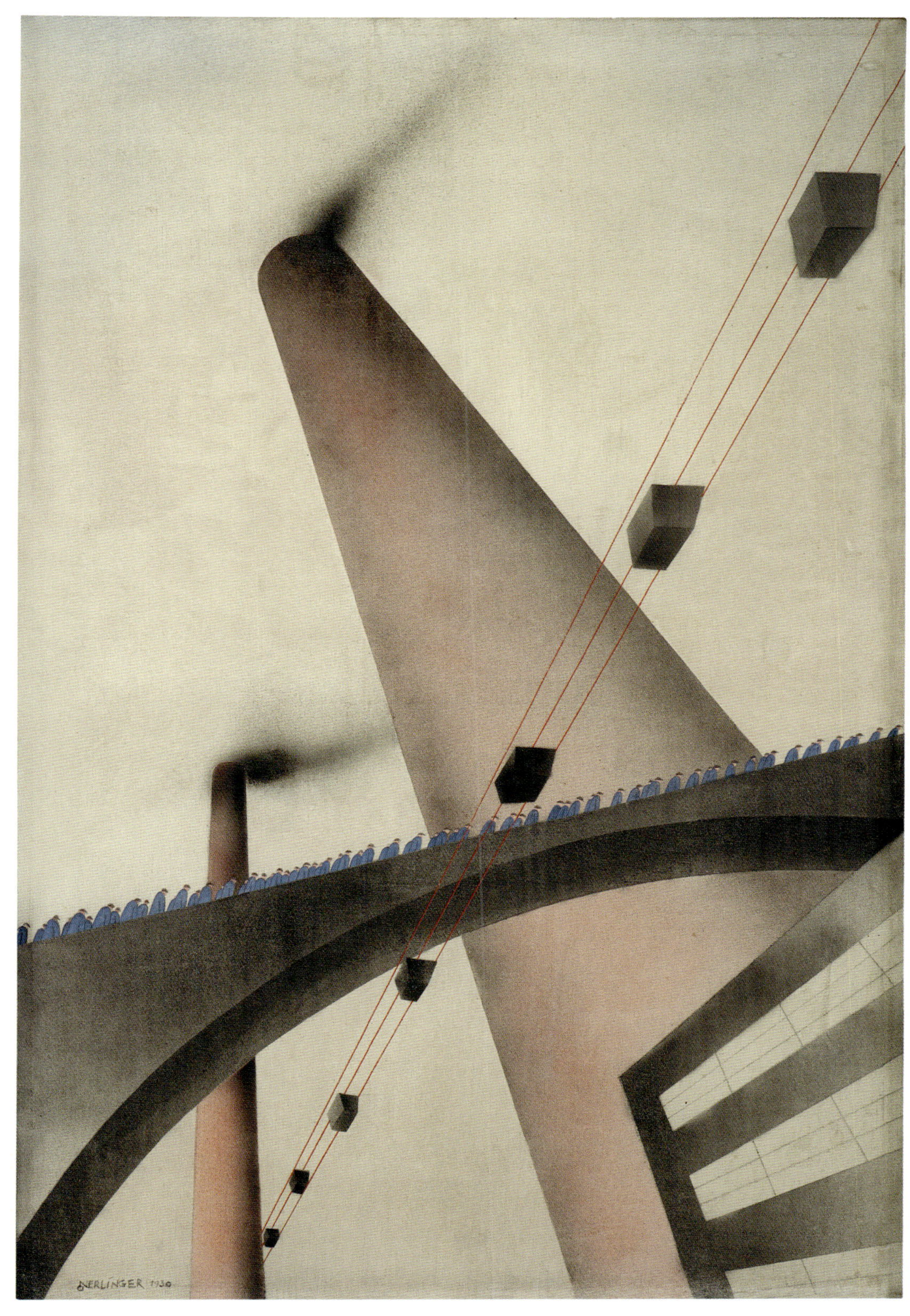

66 Oskar Nerlinger:
An die Arbeit, 1930

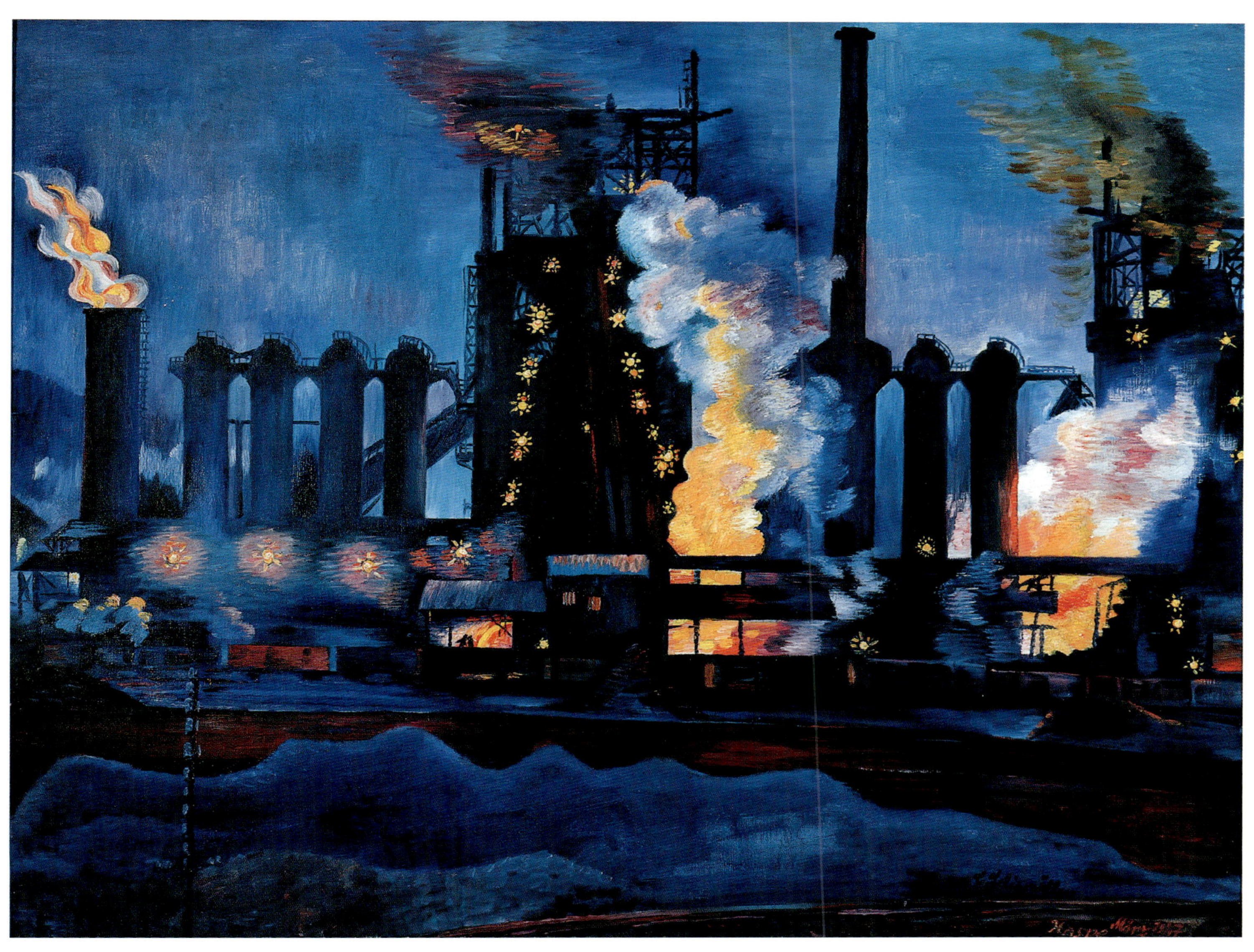

67 Conrad Felixmüller:
Hochöfen, Klöckner-Werke, Haspe, nachts, 1927

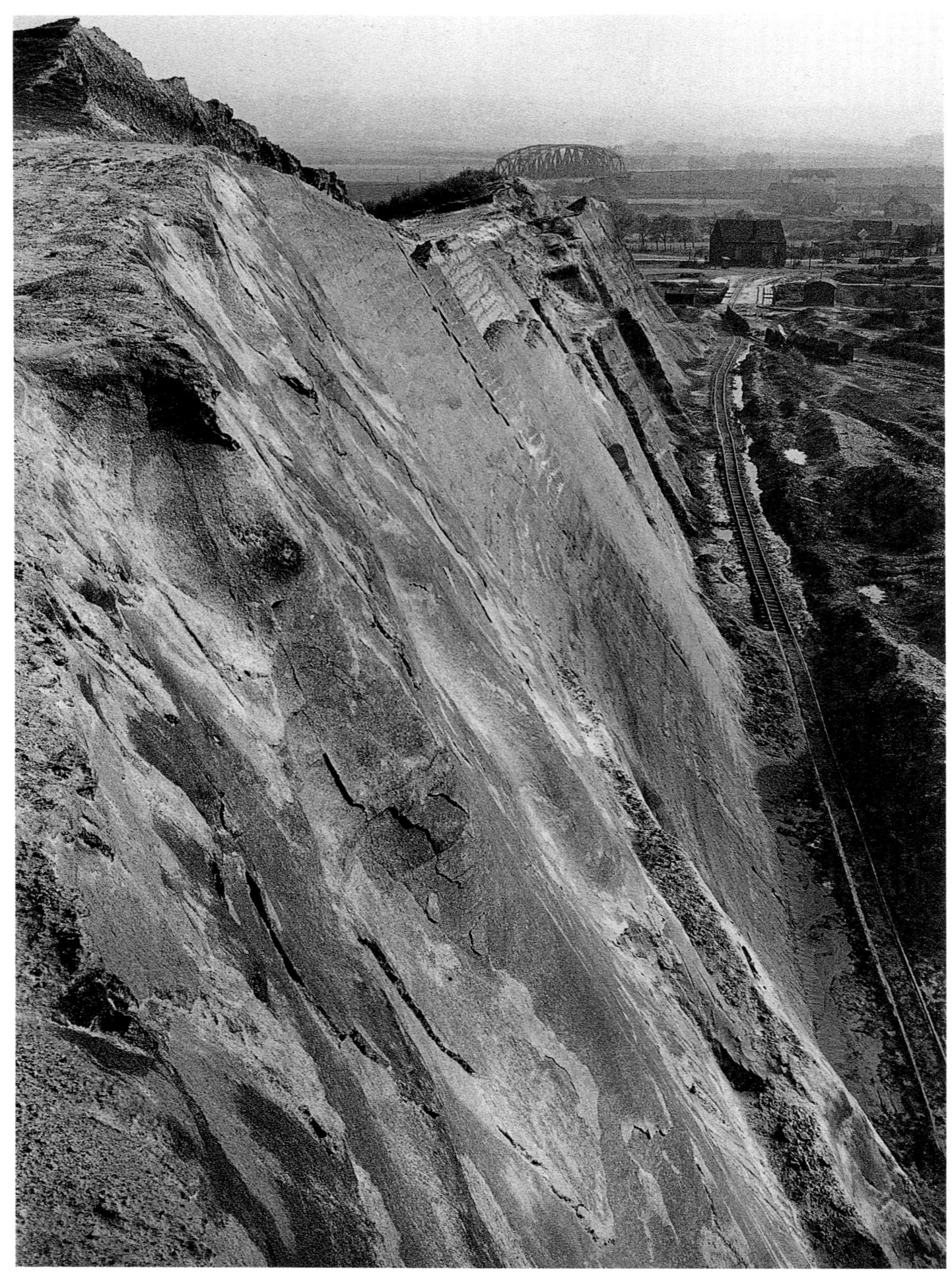

68 Albert Renger-Patzsch:
Formsandgruppe bei Bottrop, 1929

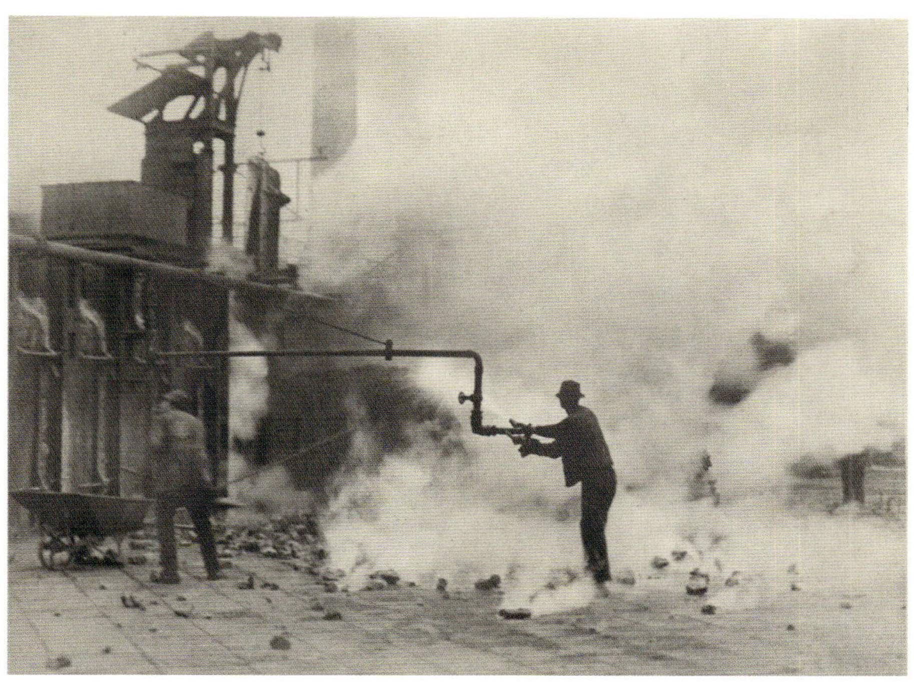

69 Konrad Koch:
Beim Kokslöschen, 1927

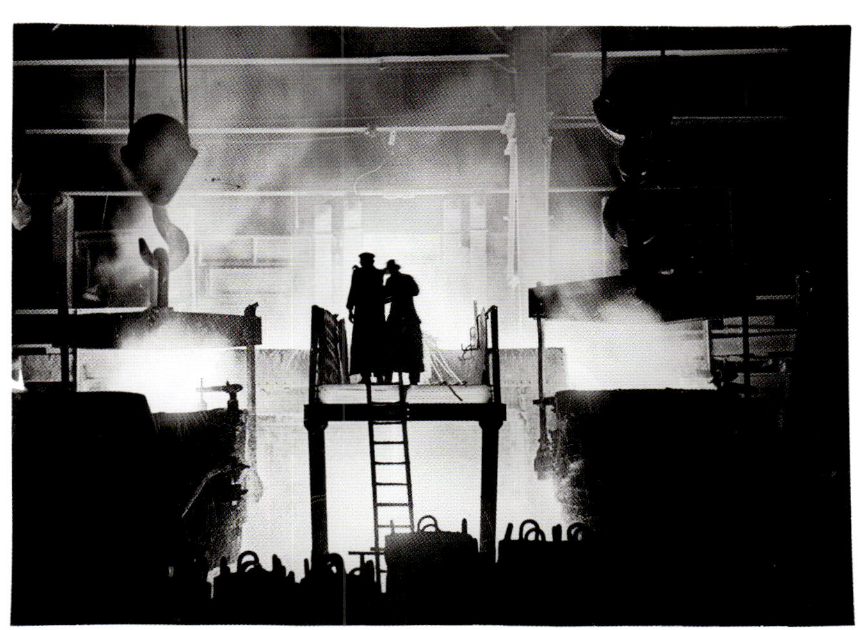

70 Felix H. Man:
Stahlwerk Haniel, Abstich eines Hochofens, Rheinland, 1929

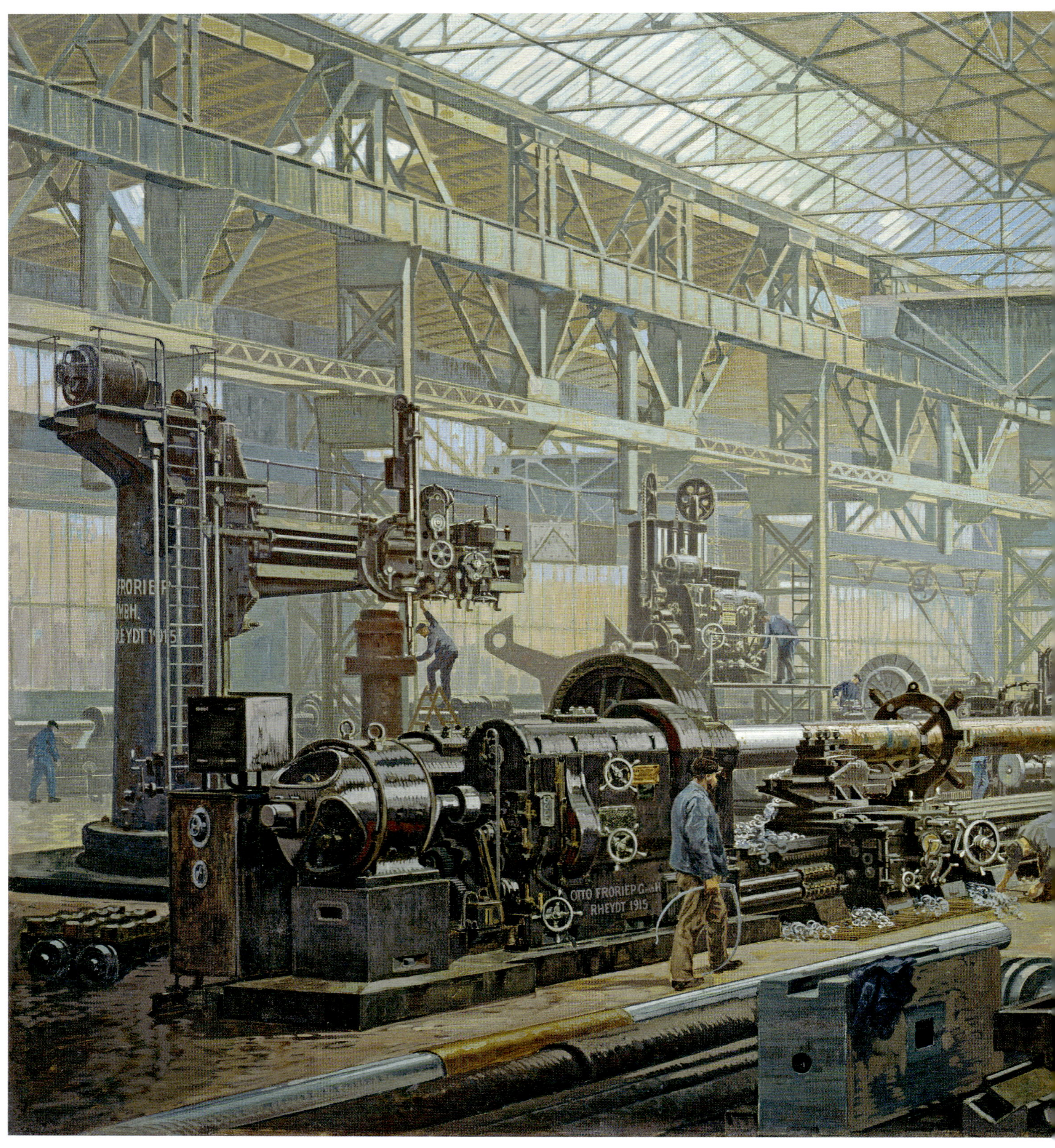
FRORIEP
GMBH.
RHEYDT 1915
OTTO FRORIEP GmbH
RHEYDT 1915

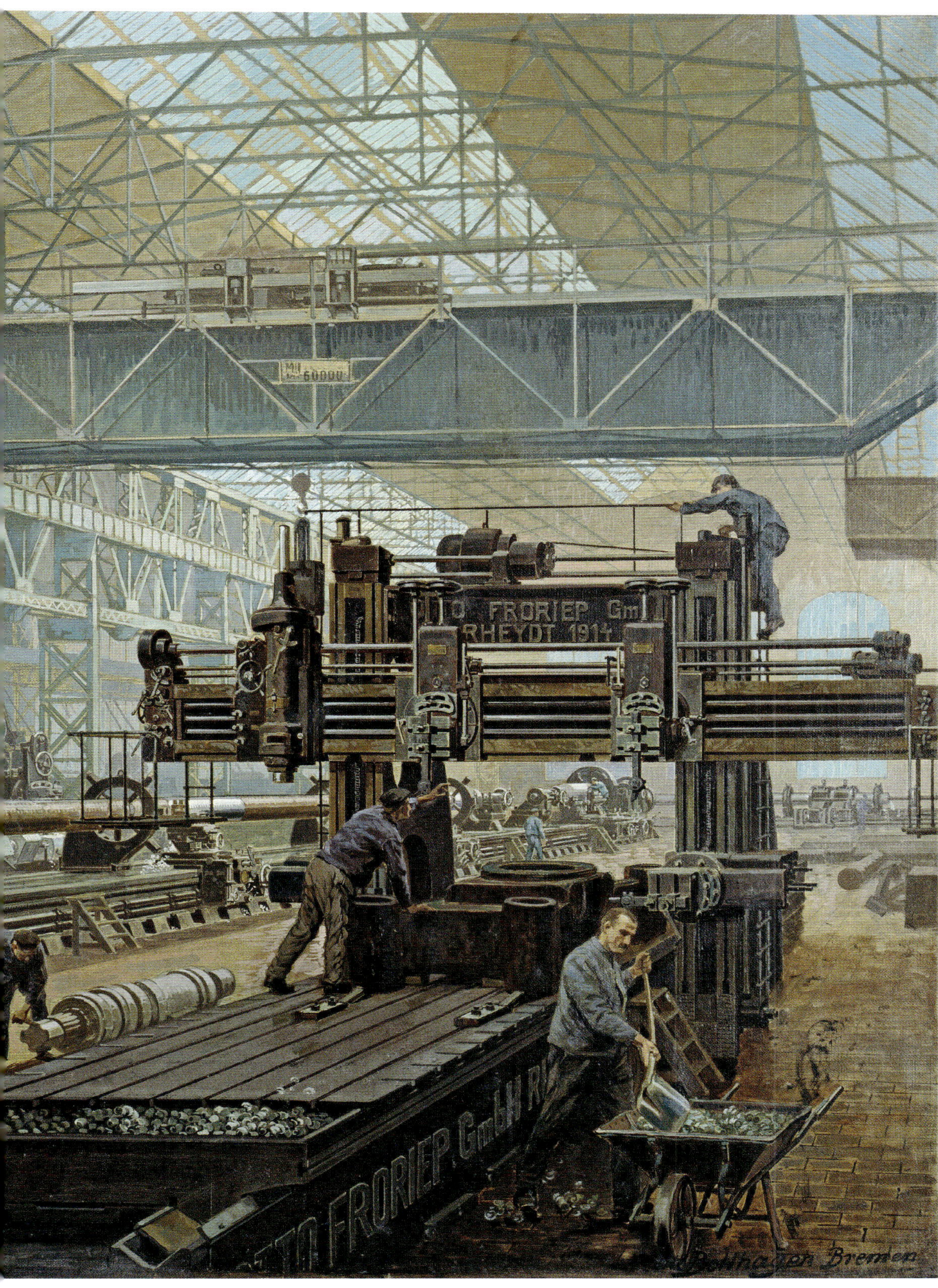

71 Otto Bollhagen:
Neuere Mechanische Werkstätte für die Bearbeitung schwerster Schmiede- und Gussstücke, 1924

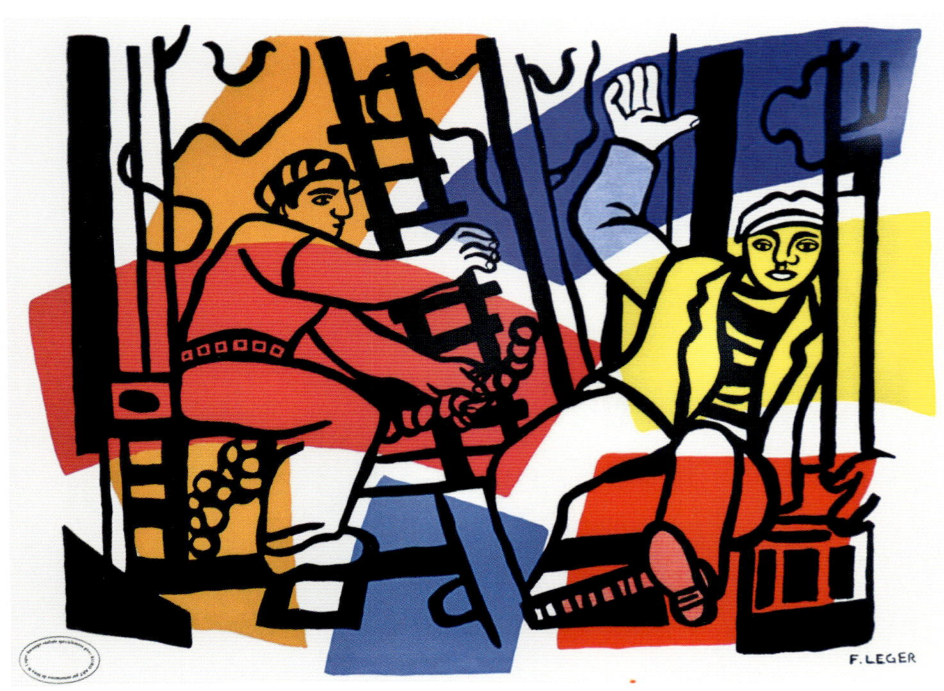

72 Fernand Léger:
Les Constructeurs, Anfang 1950er Jahre

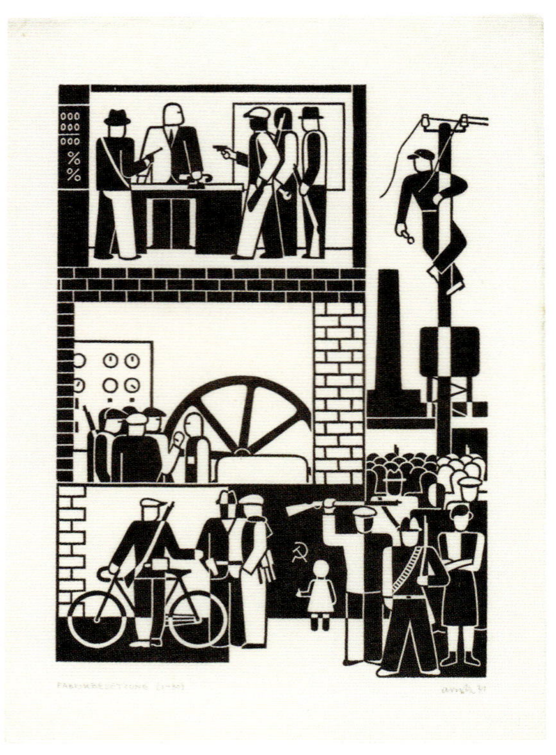

73 Gerd Arntz:
Fabrikbesetzung, 1931

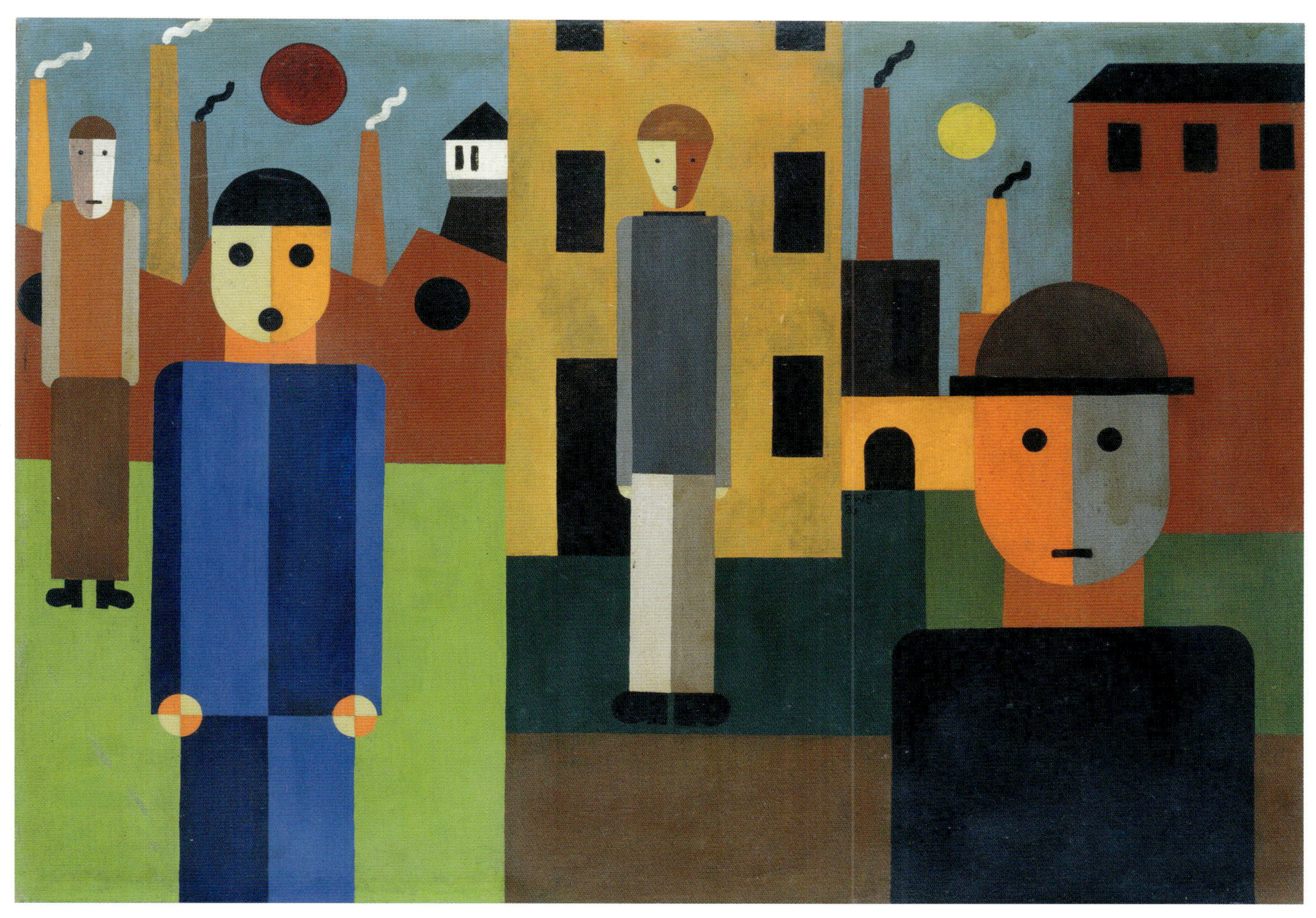

74 Franz Wilhelm Seiwert:
Vier Männer vor Fabriken (Hoerle – Faust – Seiwert – Haubrich), 1926

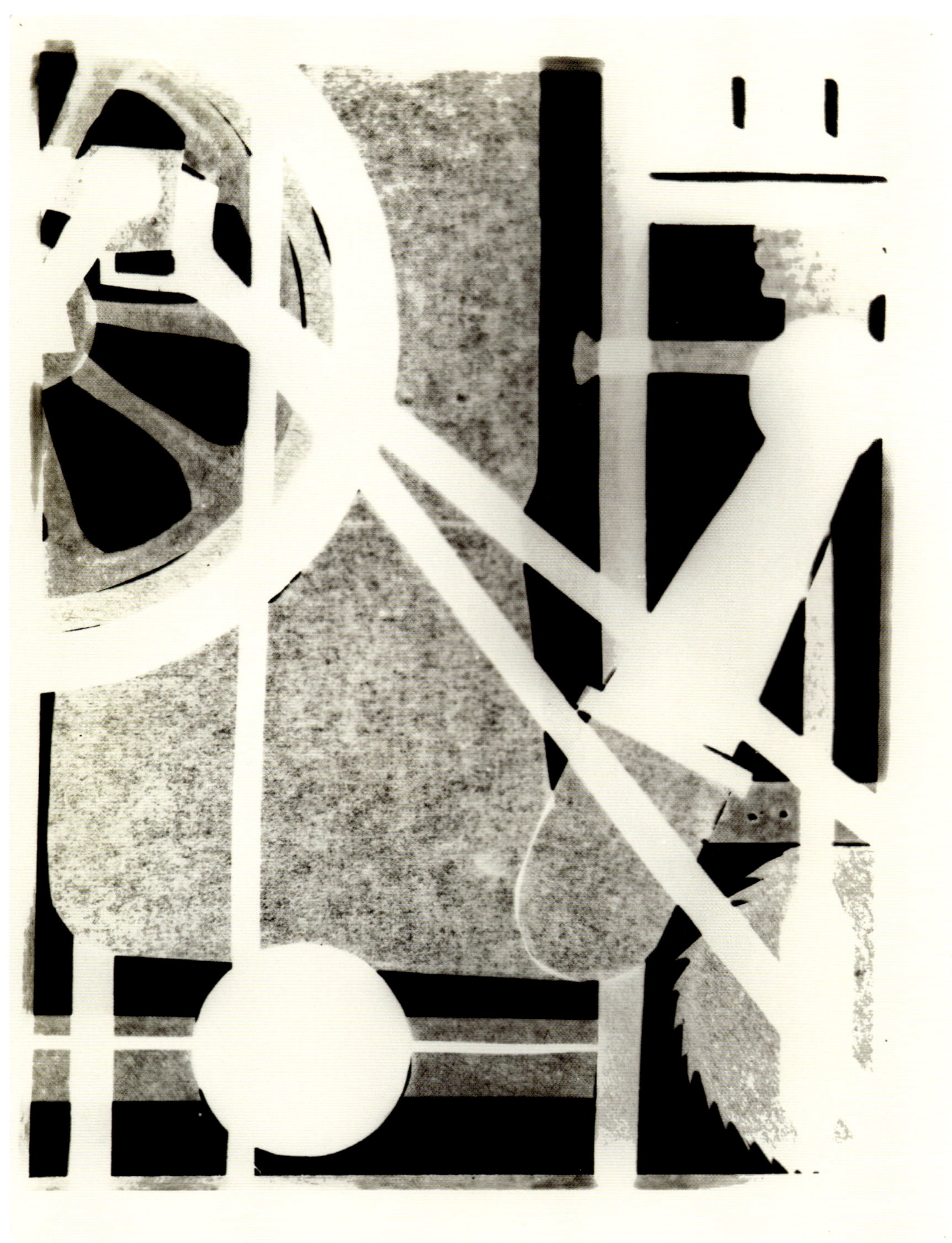

75 Alice Lex-Nerlinger:
Der Maschinist, um 1929,
Galerie Berinson, Berlin

76 Lewis W. Hine:
Power House Mechanic,
um 1920/21

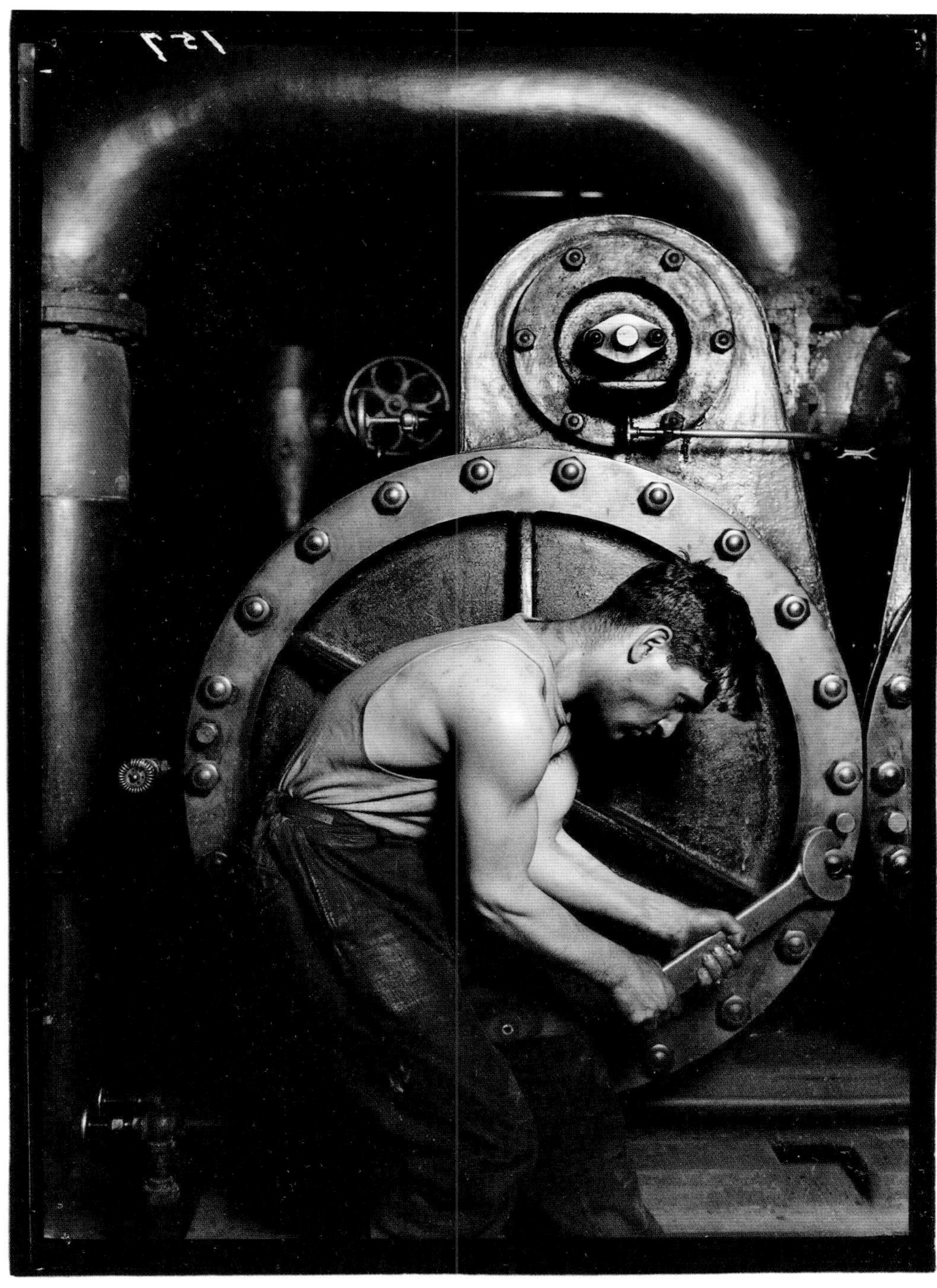

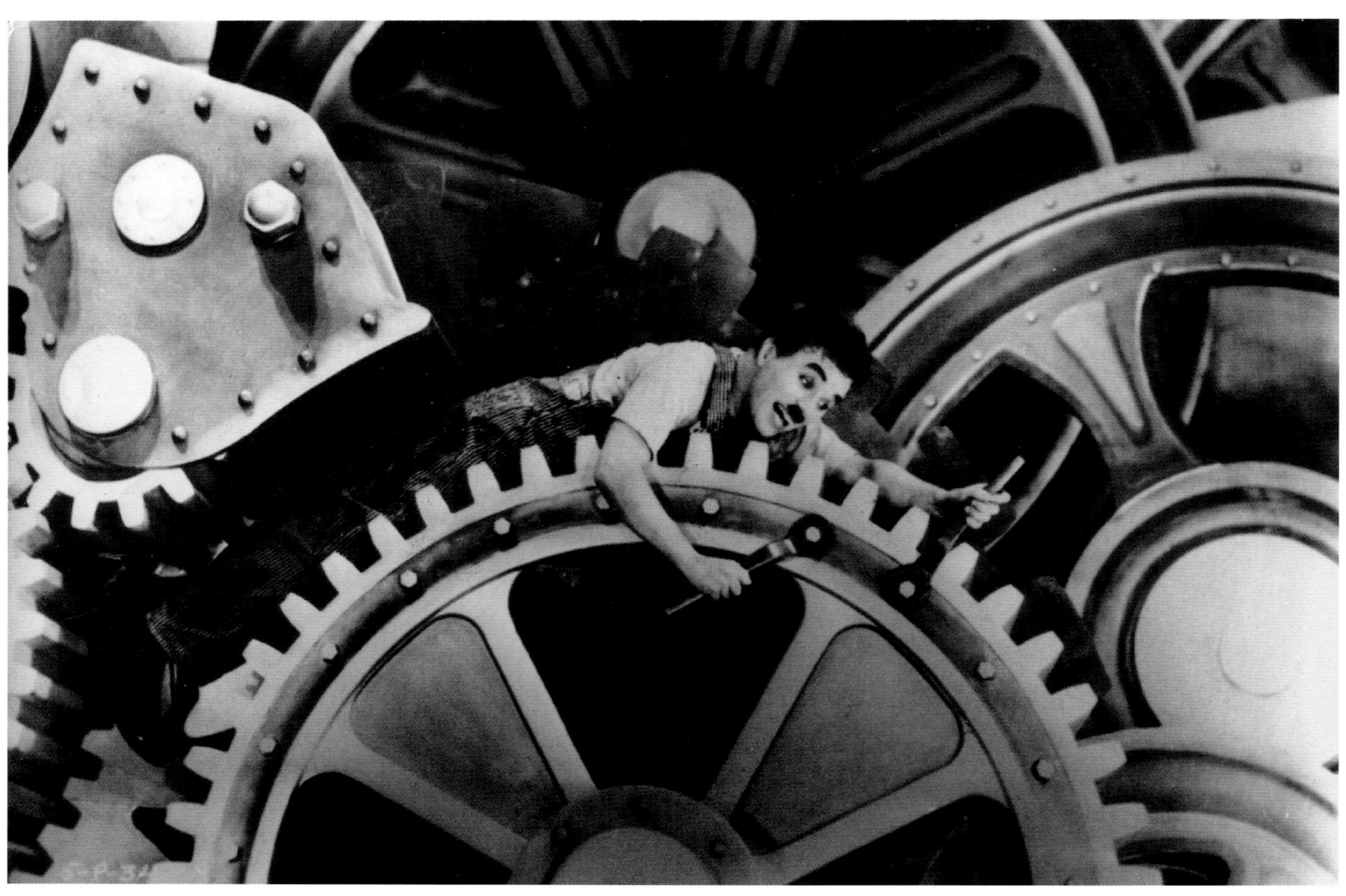

77 Anonym:
Modern Times (Pressefoto), 1936

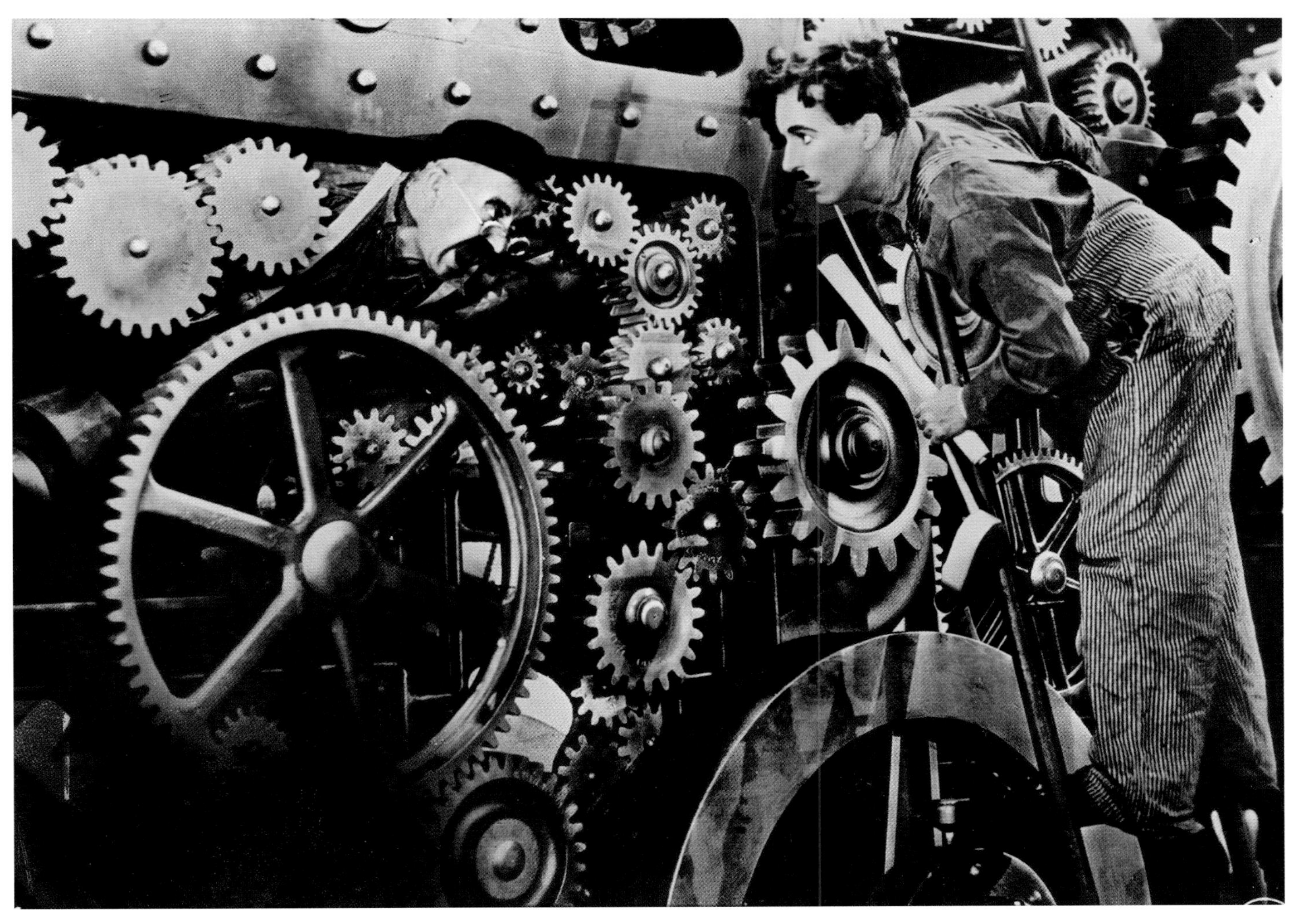

78 Anonym:
Modern Times (Pressefoto), 1936

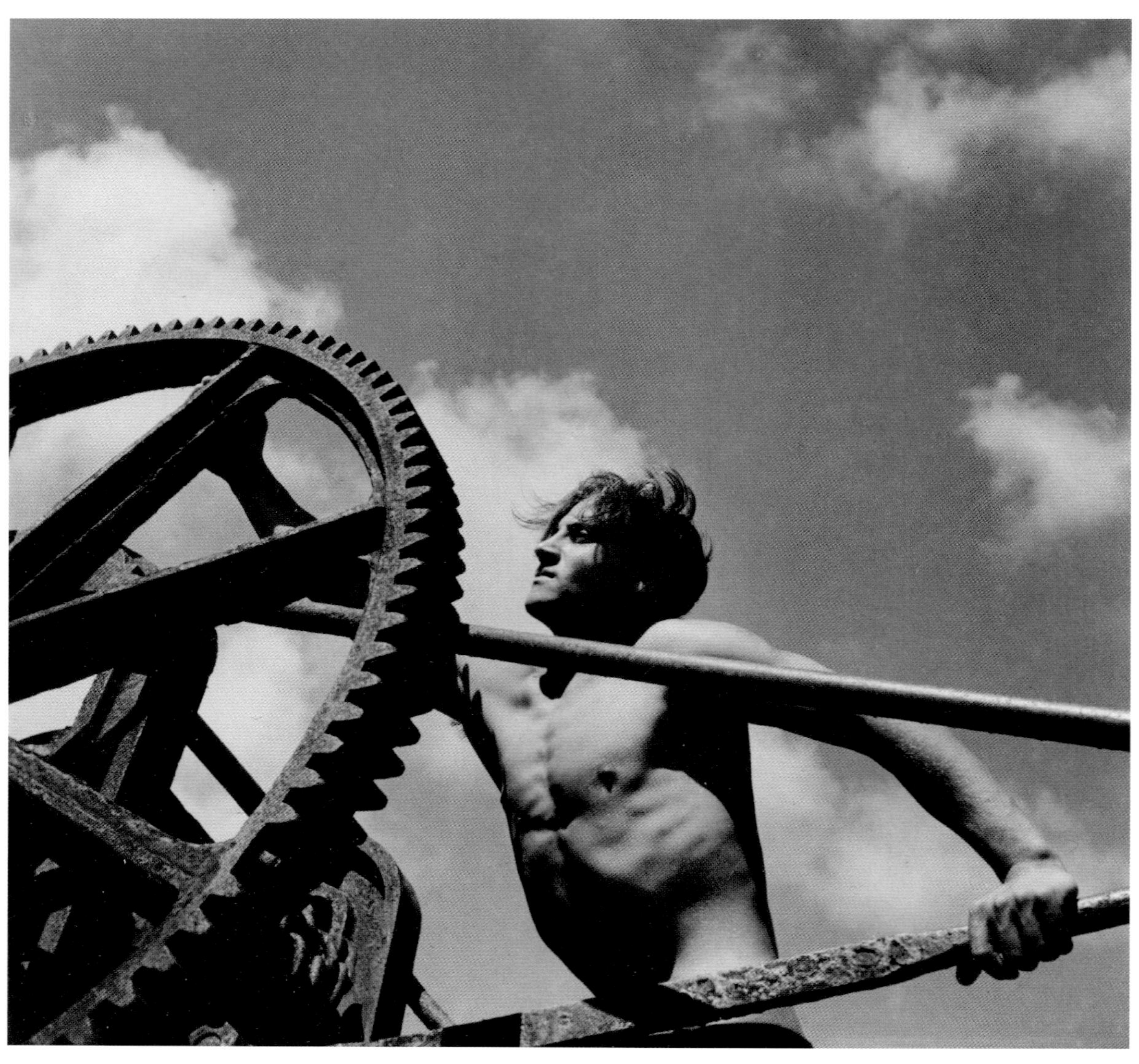

79 Herbert List:
Hafenarbeiter in Viareggio, Italien, 1936

80 Arkadi Schaichet:
Komsomolze am Handradsteuer, 1929,
Galerie Berinson, Berlin

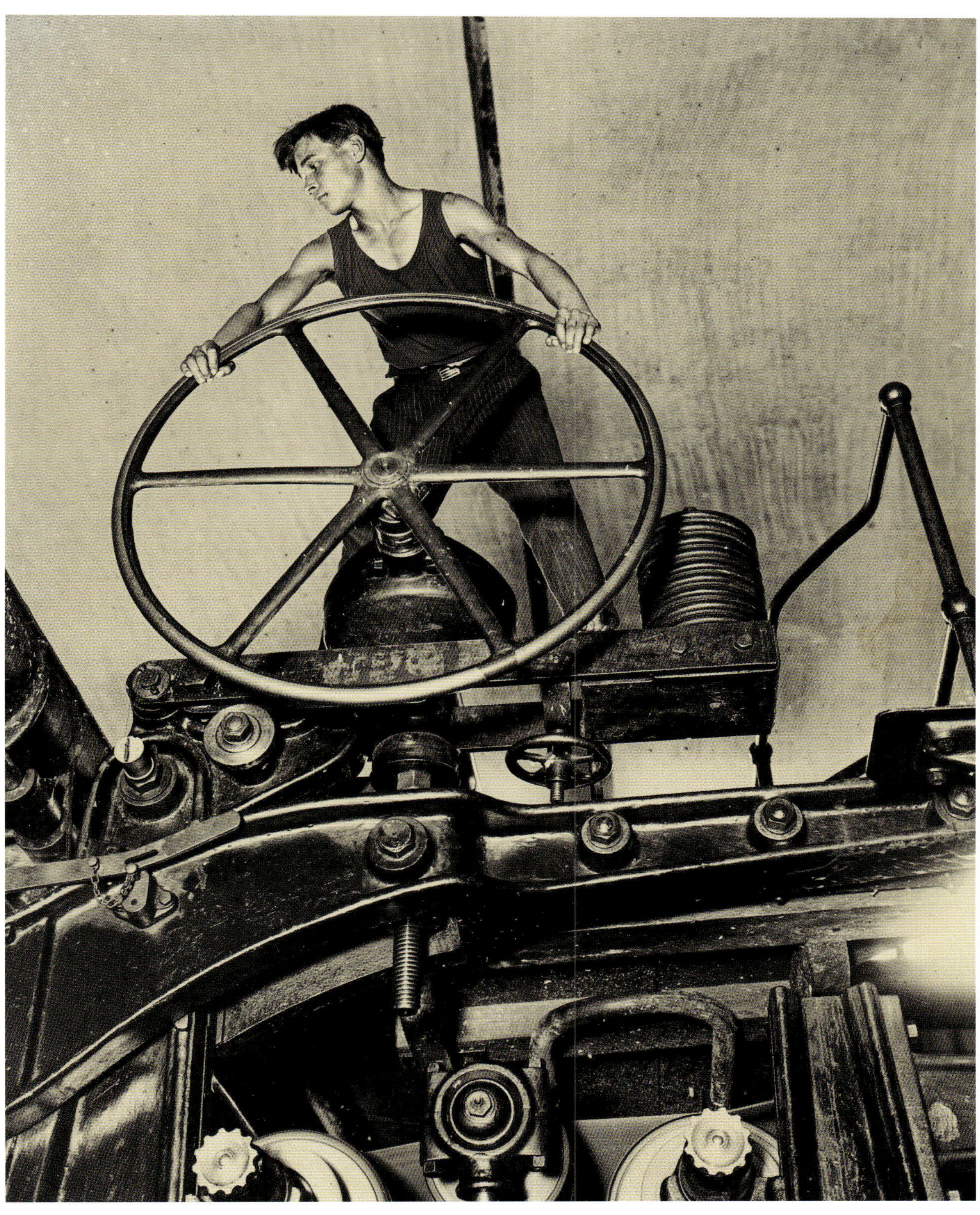

81 August Sander:
Arbeiter an der Maschine, 1926

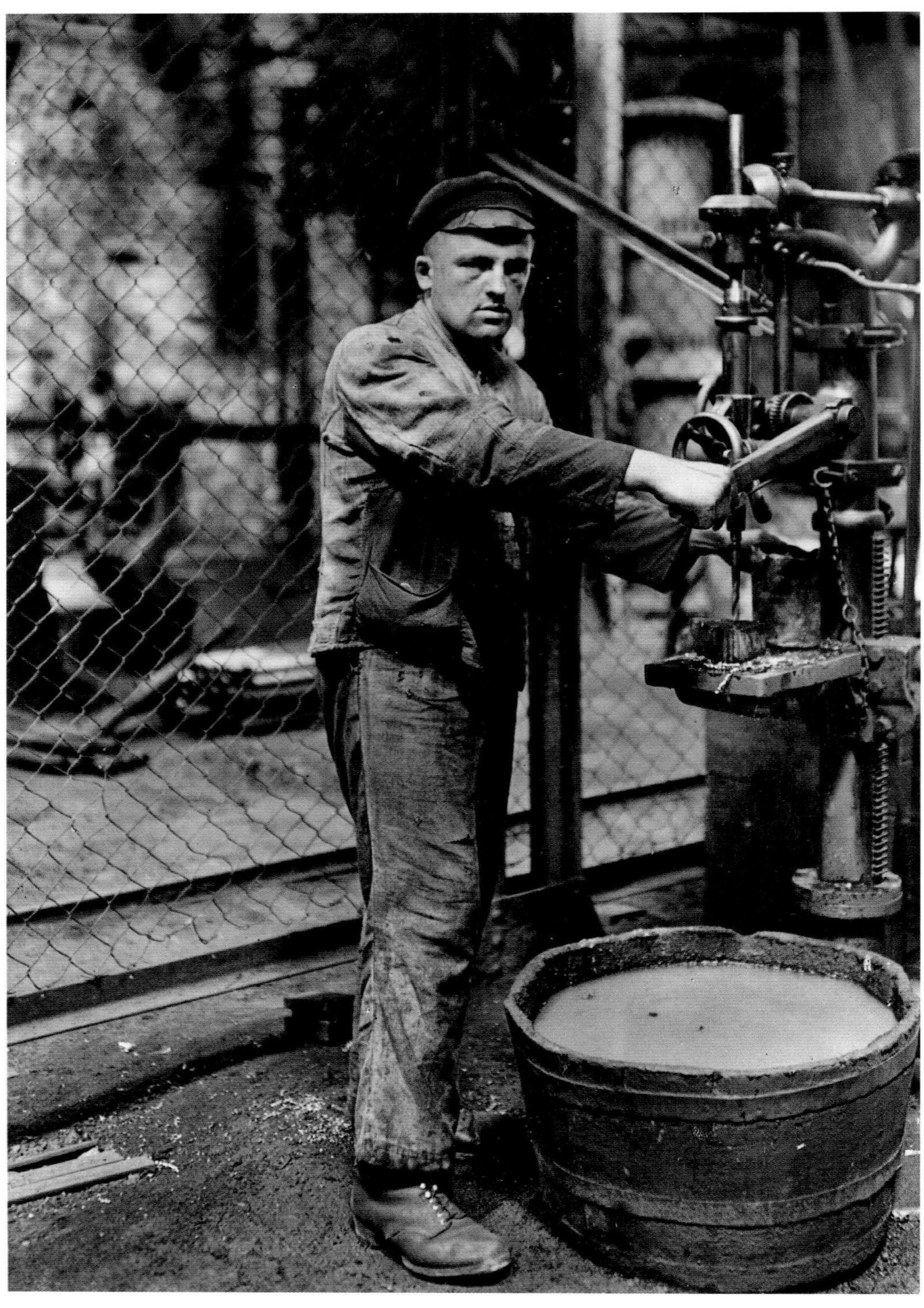

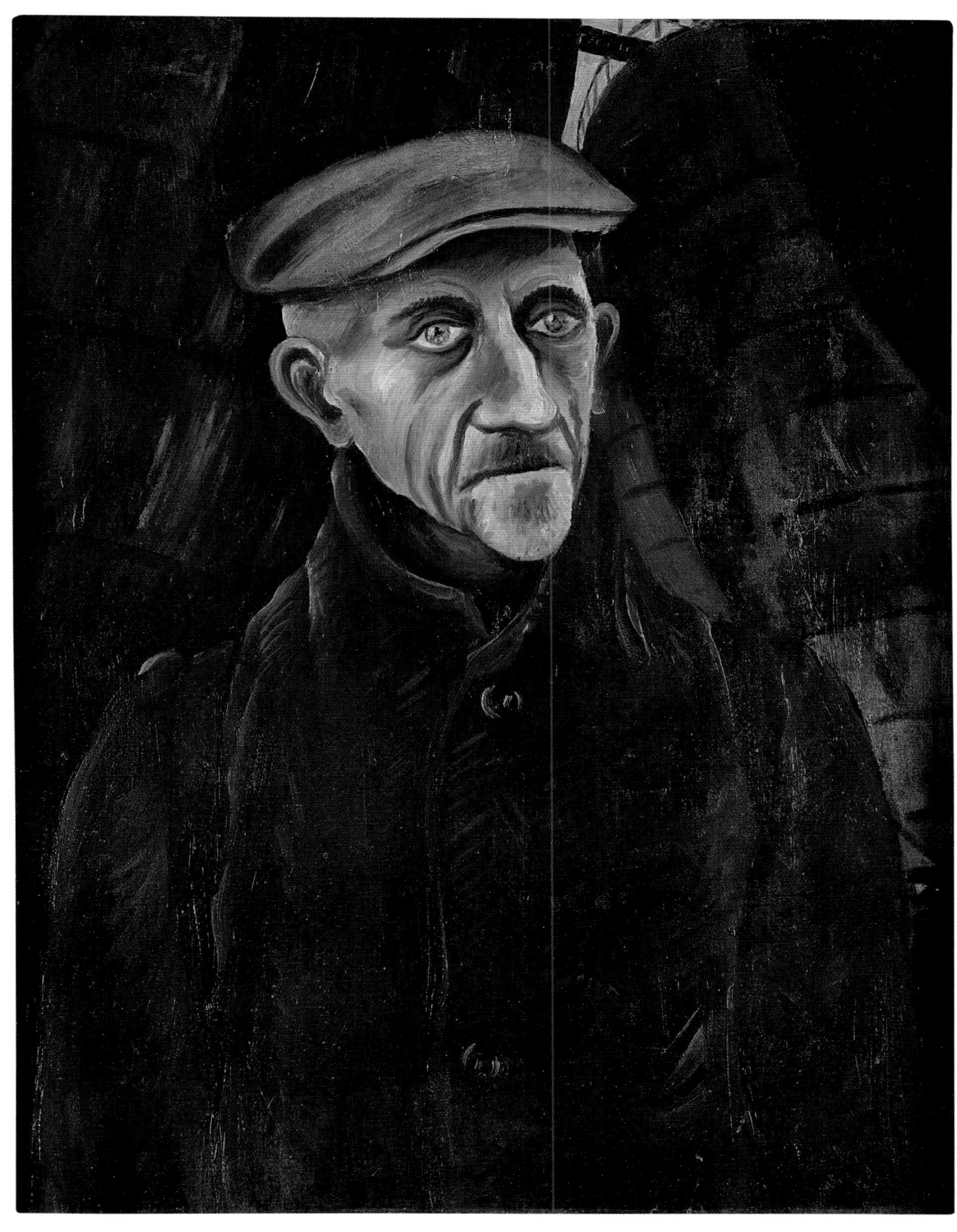

82 Otto Nagel:
Anilinarbeiter, 1928

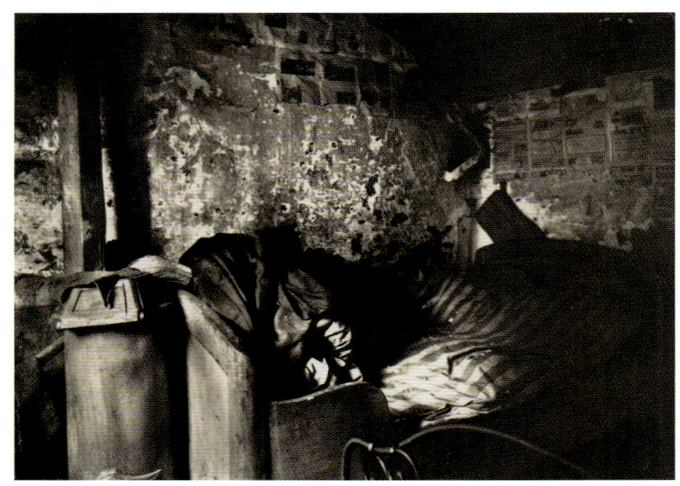

83 August Sander:
Arbeiterwohnung in Frechen, Ruhrgebiet, 1928

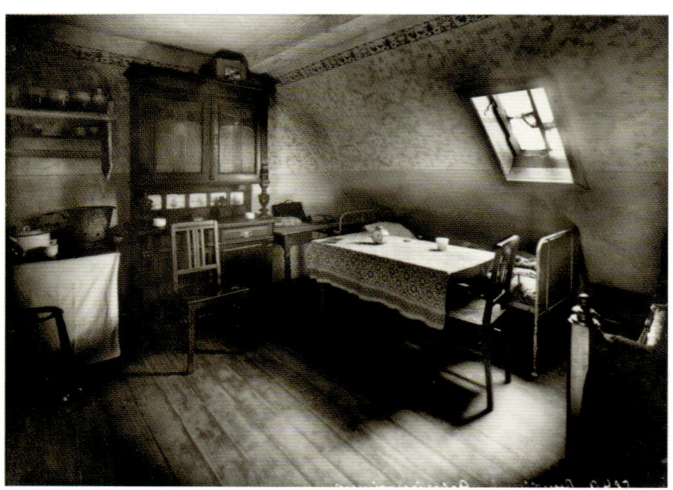

84 August Sander:
Arbeiterwohnung in Frechen, Ruhrgebiet, 1924

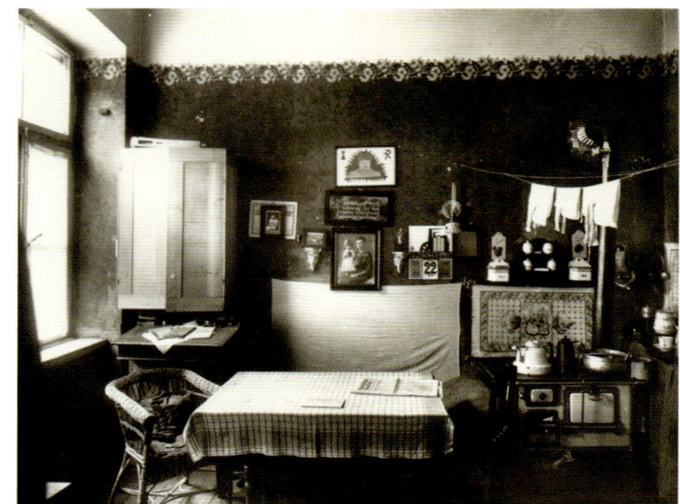

85 August Sander:
Arbeiterwohnung in Frechen, Ruhrgebiet, 1924

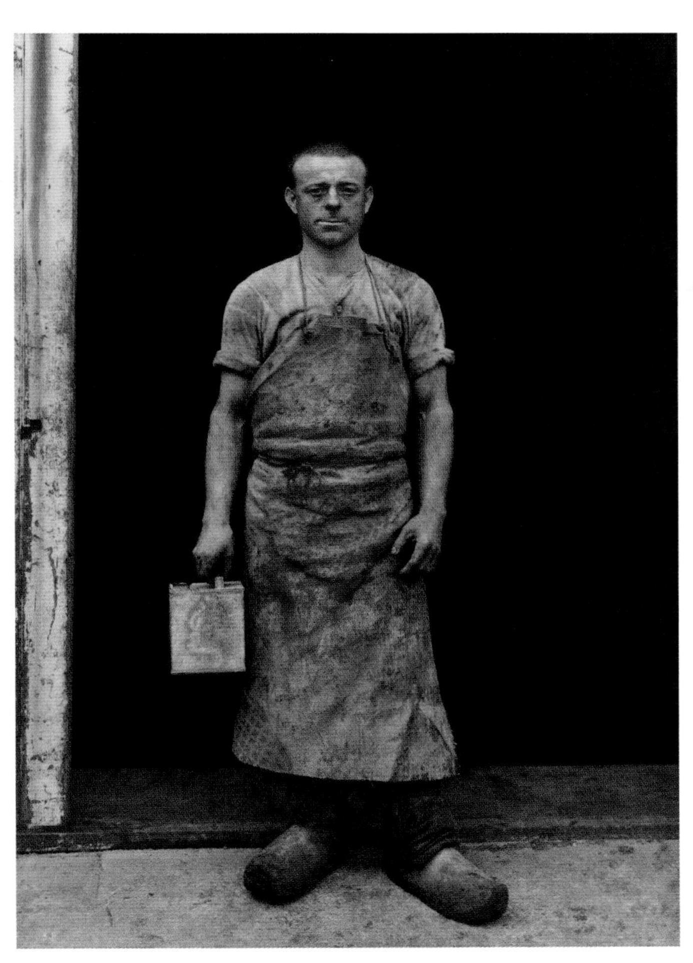

86 August Sander:
Lackarbeiter, um 1930

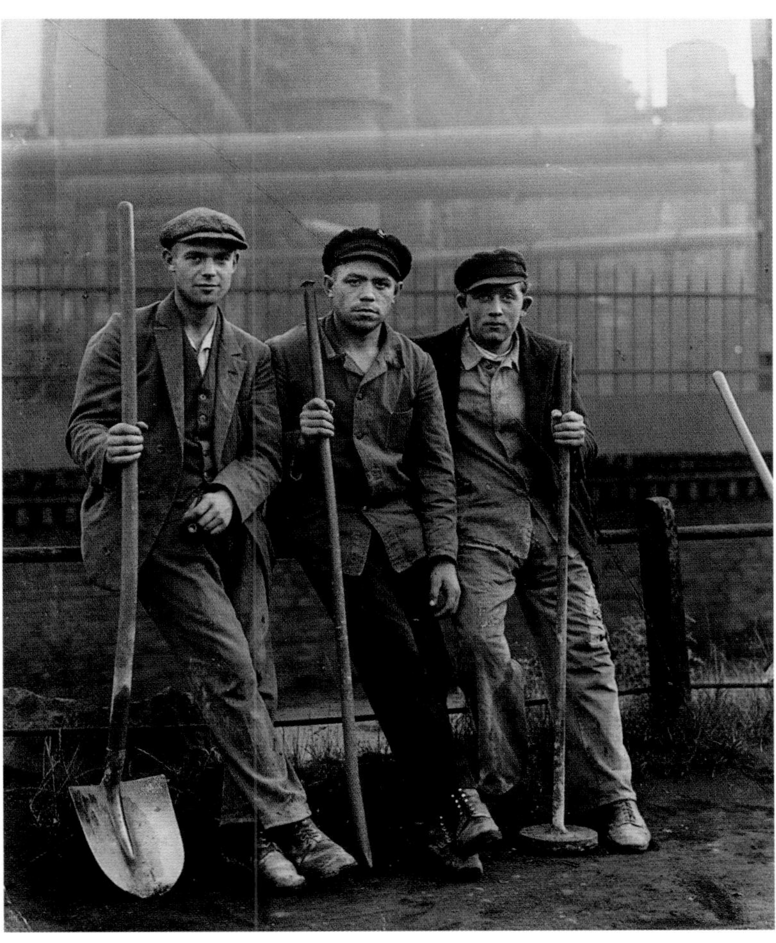

87 August Sander:
Straßenarbeiter im Ruhrgebiet, um 1928

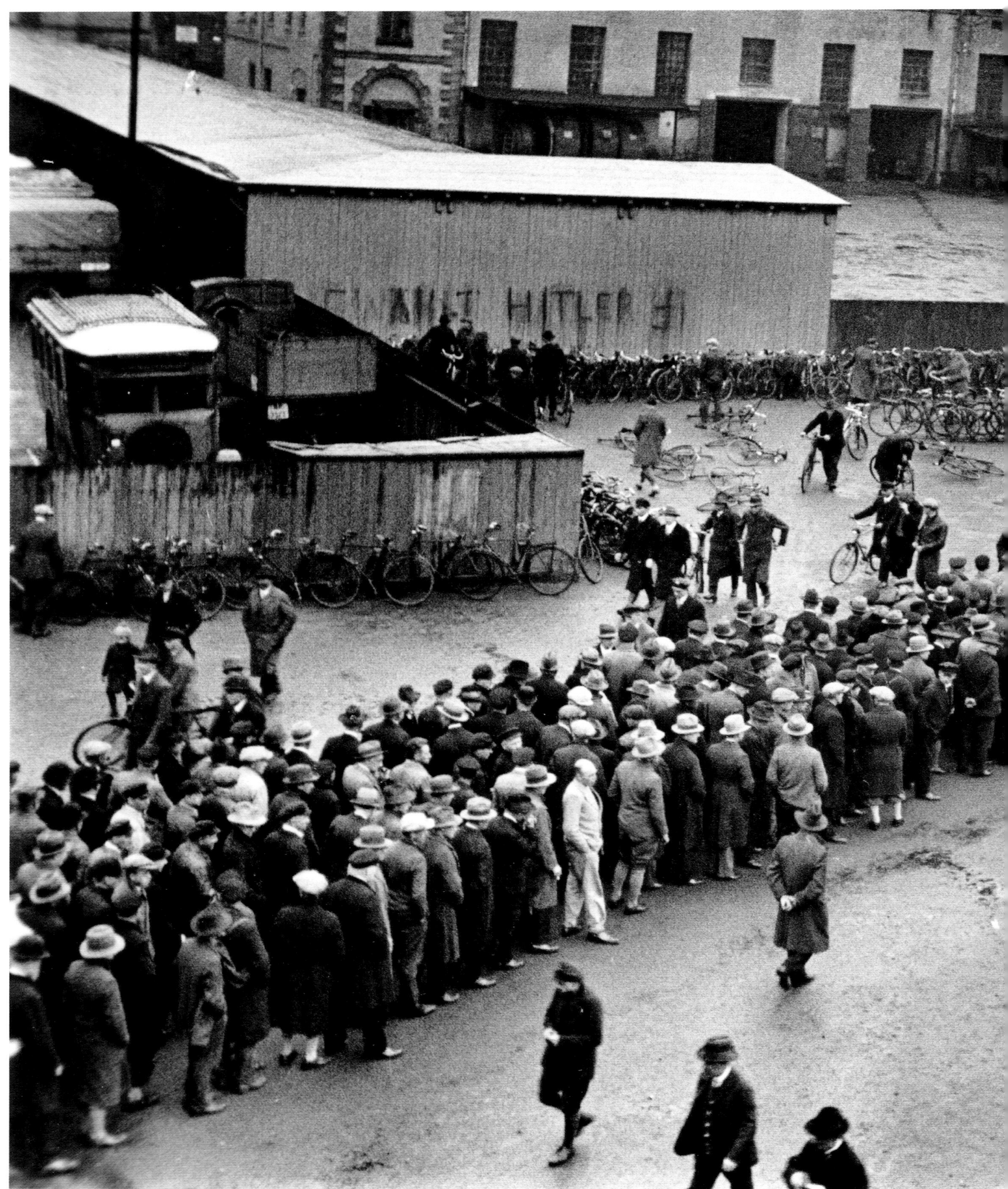
HITLER

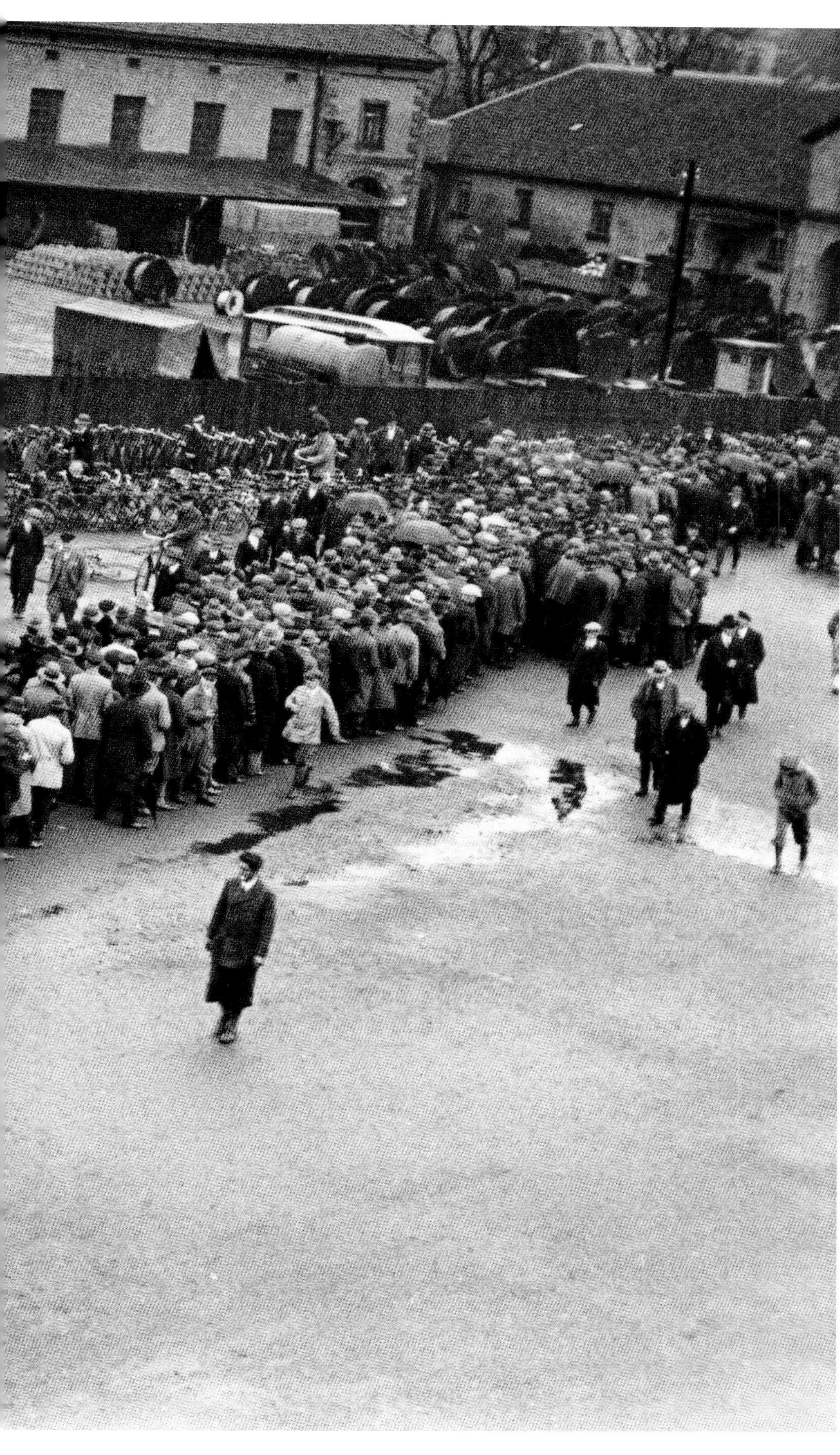

88 Walter Ballhause:
Arbeitslose im Hof des Arbeits-
amtes Hannover, 1930/31

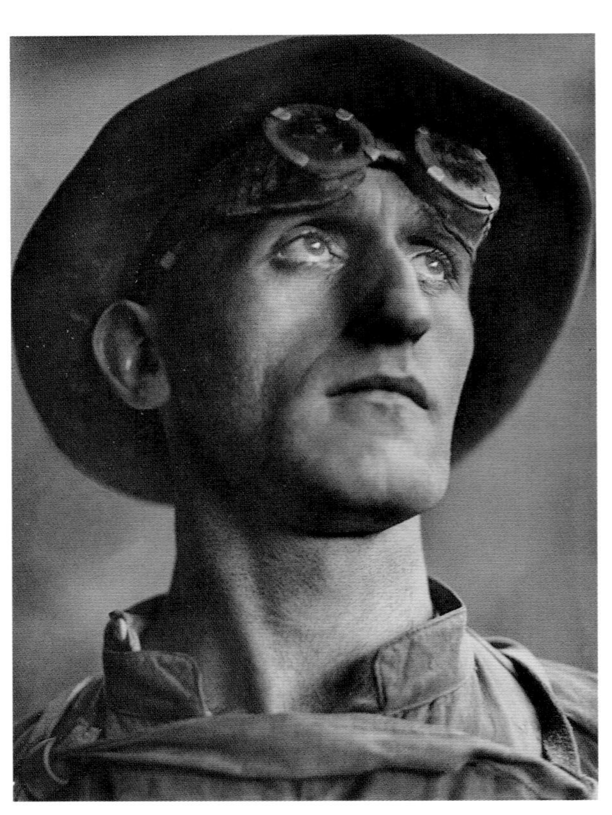

89 Erna Lendvai-Dircksen:
Hochofenarbeiter von der Saar, 1934–1938

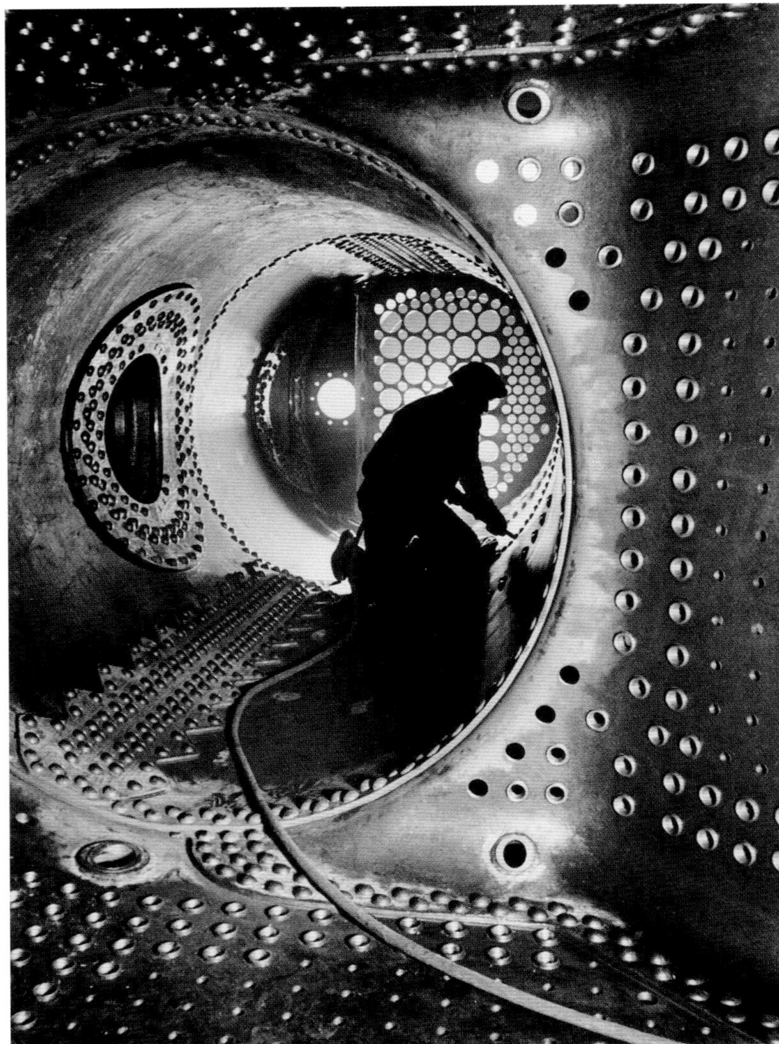

90 Paul Wolff und Alfred Tritschler:
Der Nieter, 1937

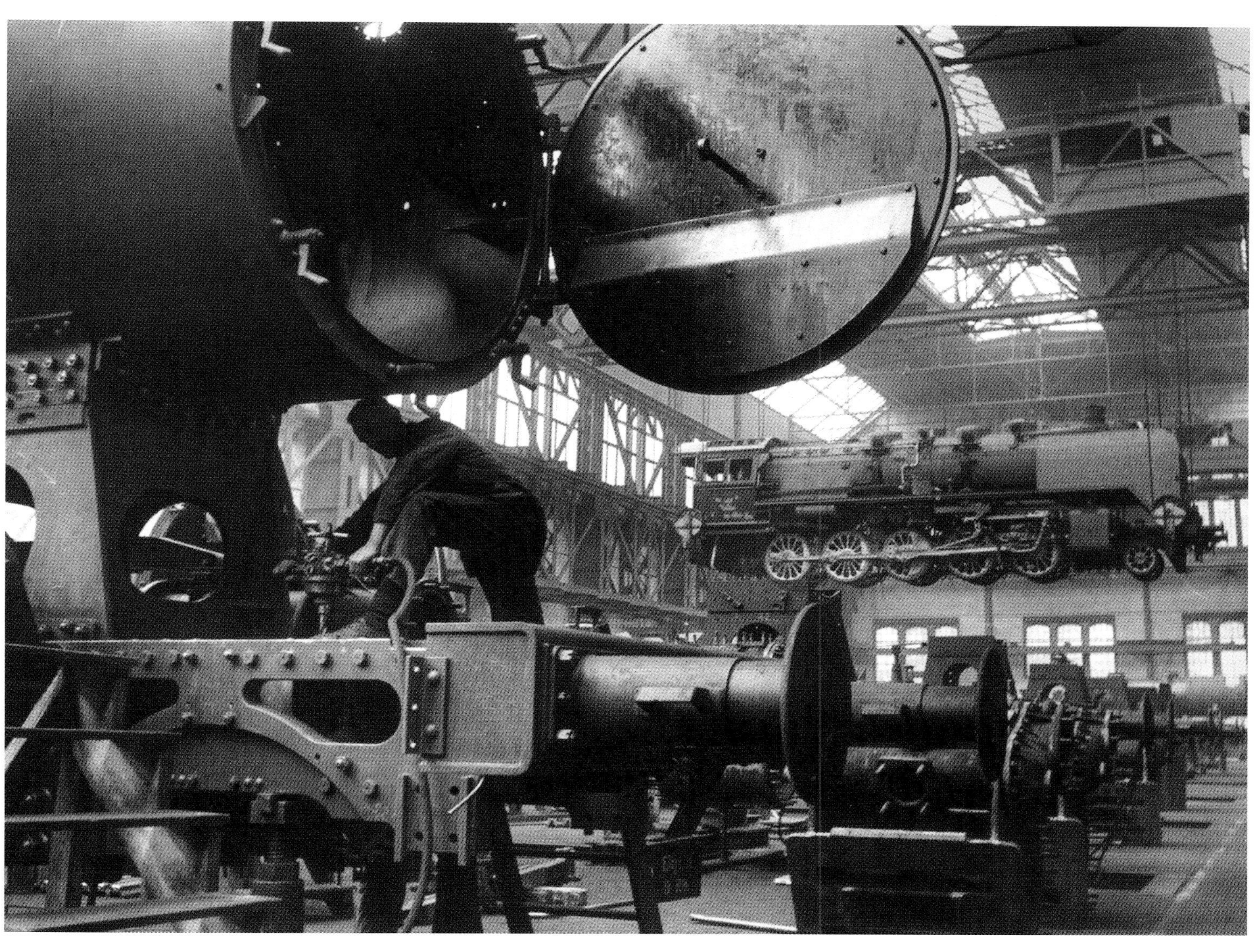

91 Paul Wolff und Alfred Tritschler:
Schwebende Lokomotive, 1941

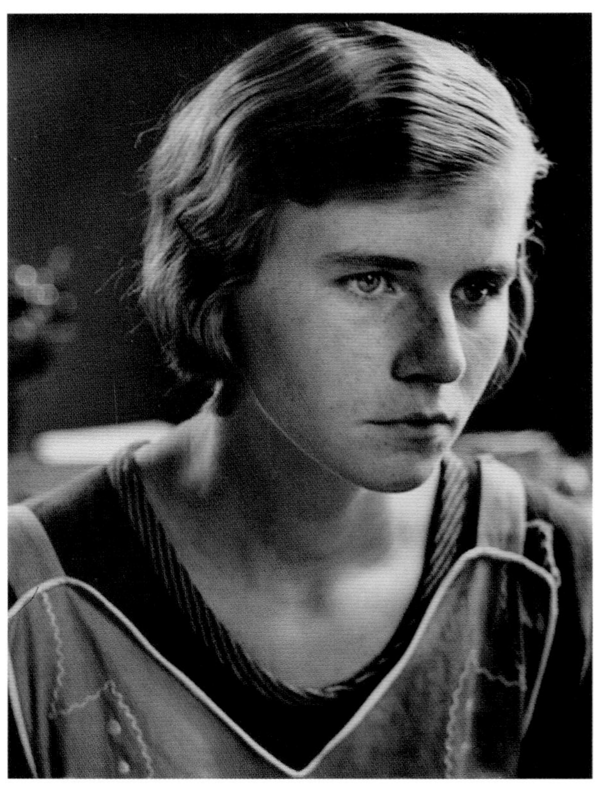

92 Jakob Tuggener:
Fabrikmädchen, Maschinenfabrik Oerlikon, 1934

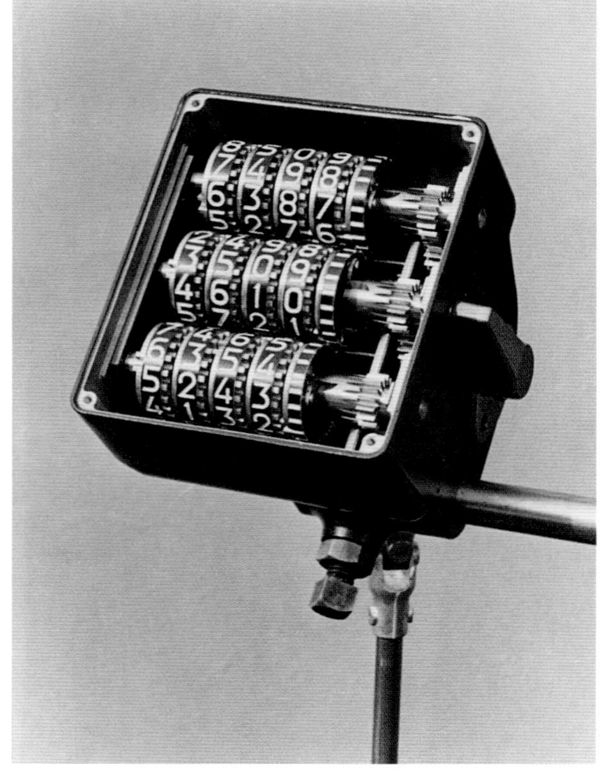

93 Jakob Tuggener:
Zählwerk, Bühler Uzwil, 1939

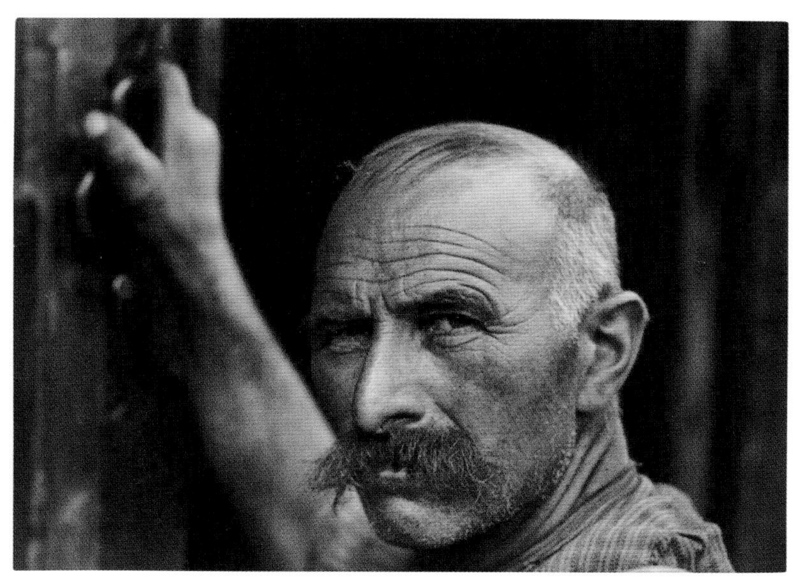

94 Jakob Tuggener:
Arbeiter (Der Scharfrichter), Maschinenfabrik Oerlikon, 1936

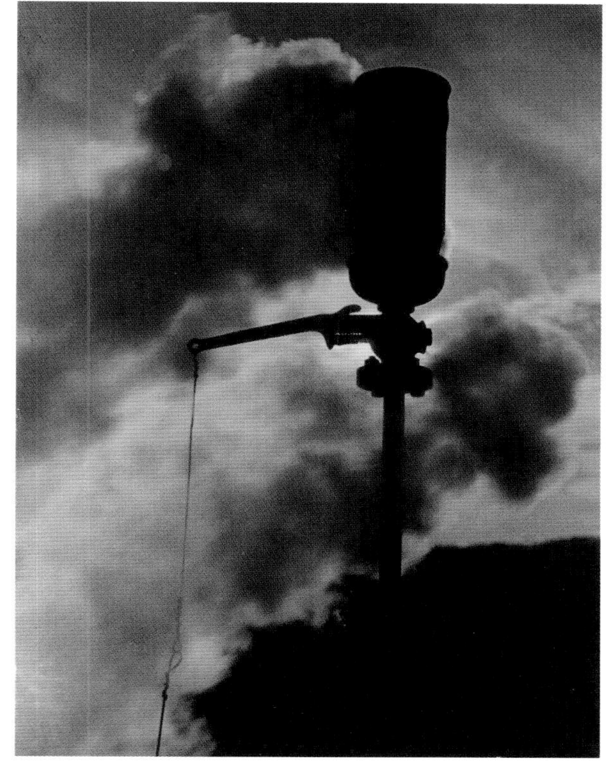

95 Jakob Tuggener:
Dampfpfeife, Kunstseidefabrik Steckborn, 1938

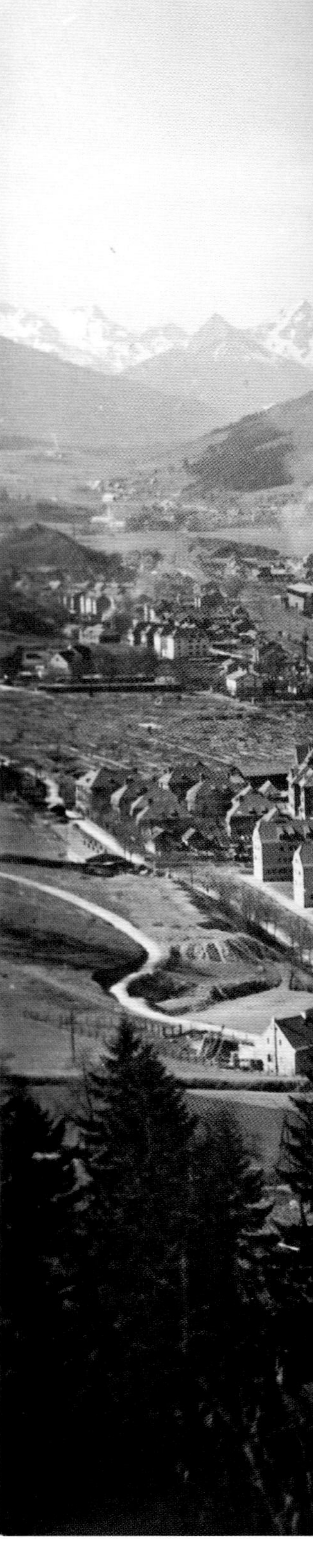

96 Gustav Schikola:
Füllen eines Konverters mit Roheisen.
Erzeugung von Stahl im LD-Verfahren,
Donawitz, Österreich, 1950er Jahre

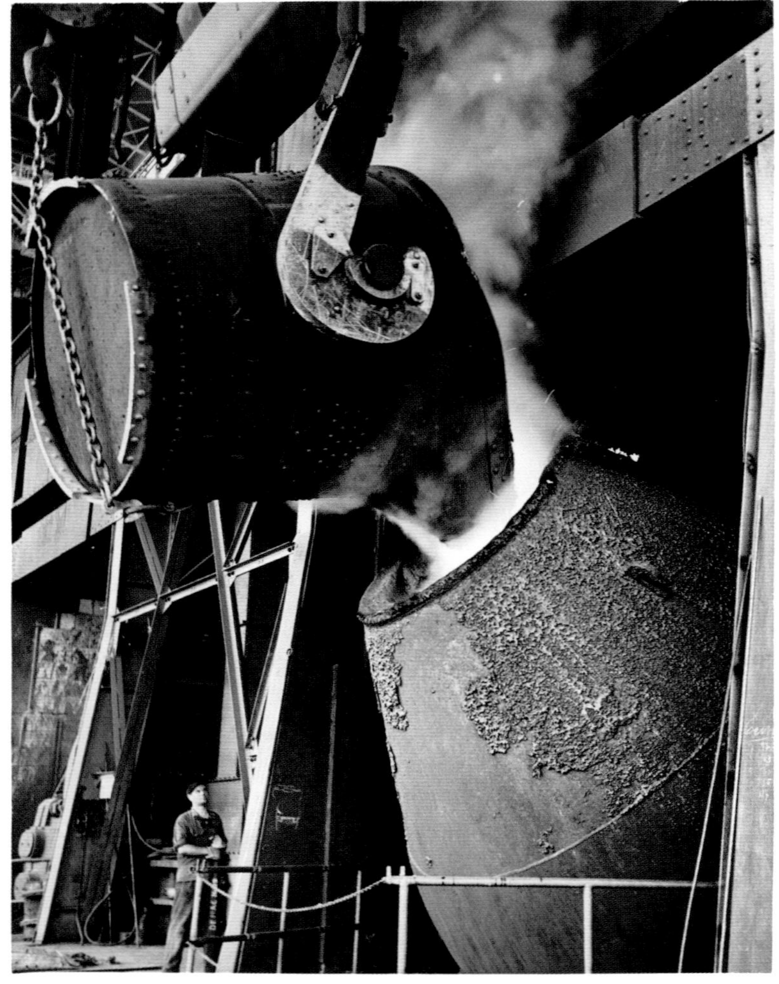

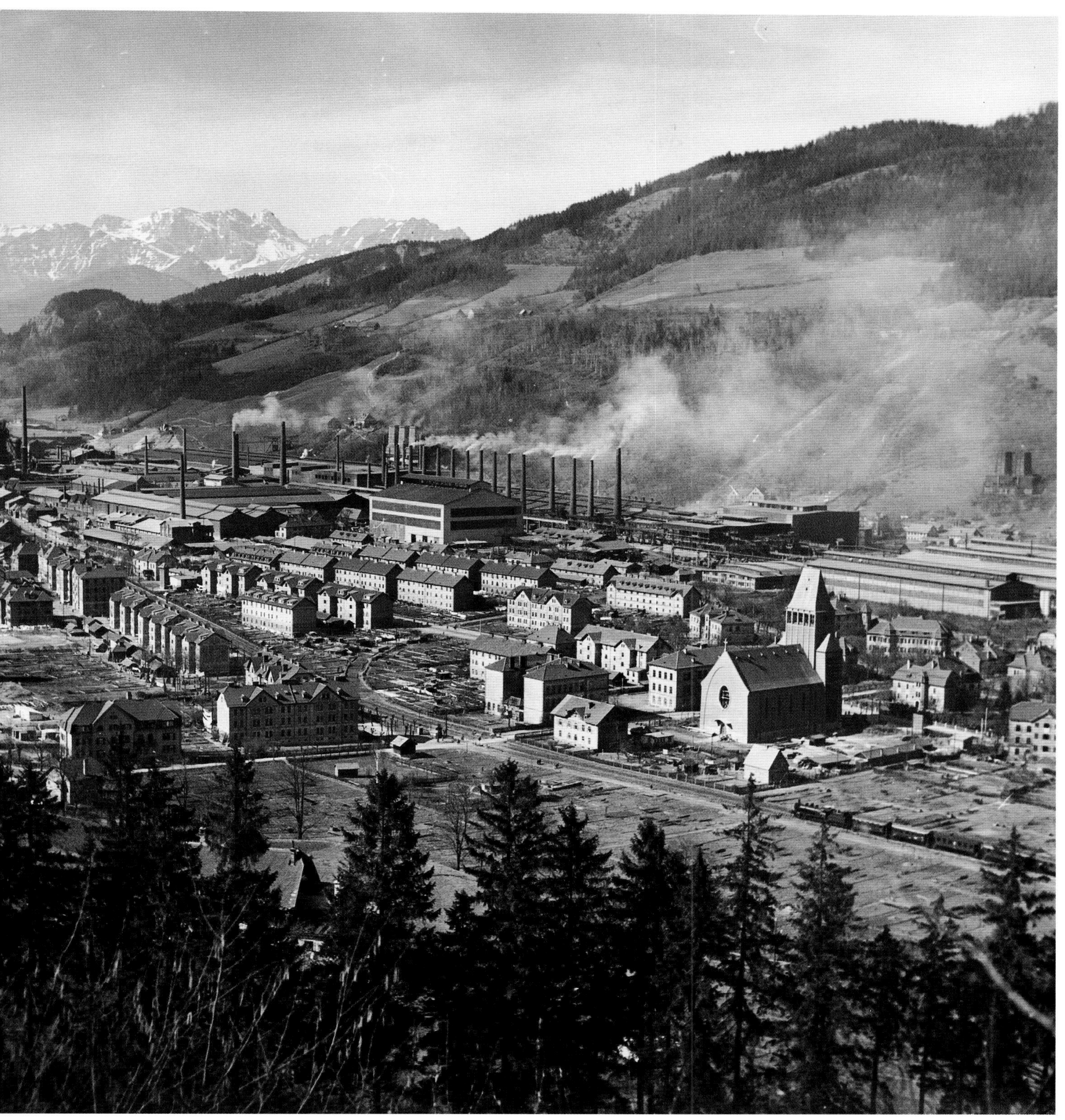

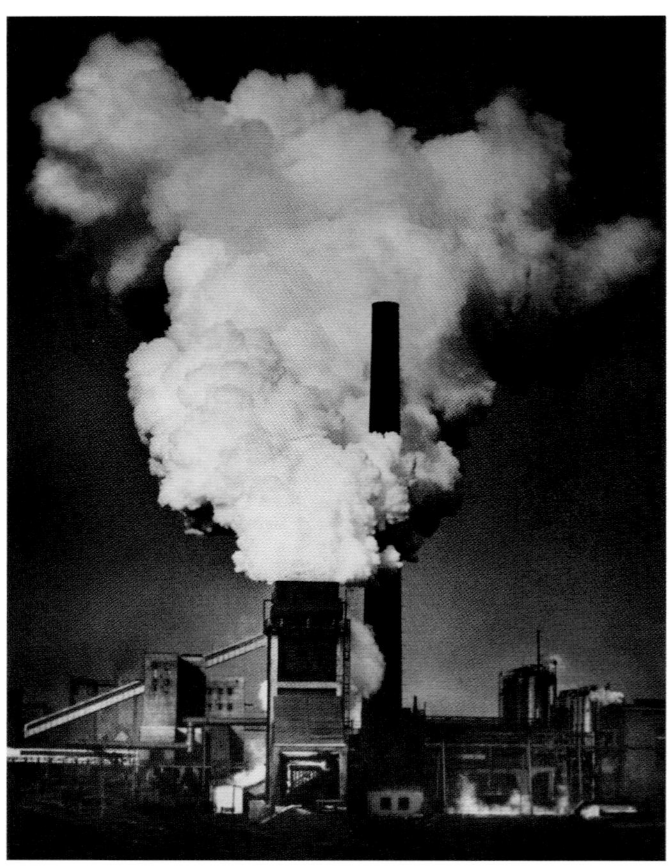

98 Erich Angenendt:
Zeche Hugo, Gelsenkirchen, 1951

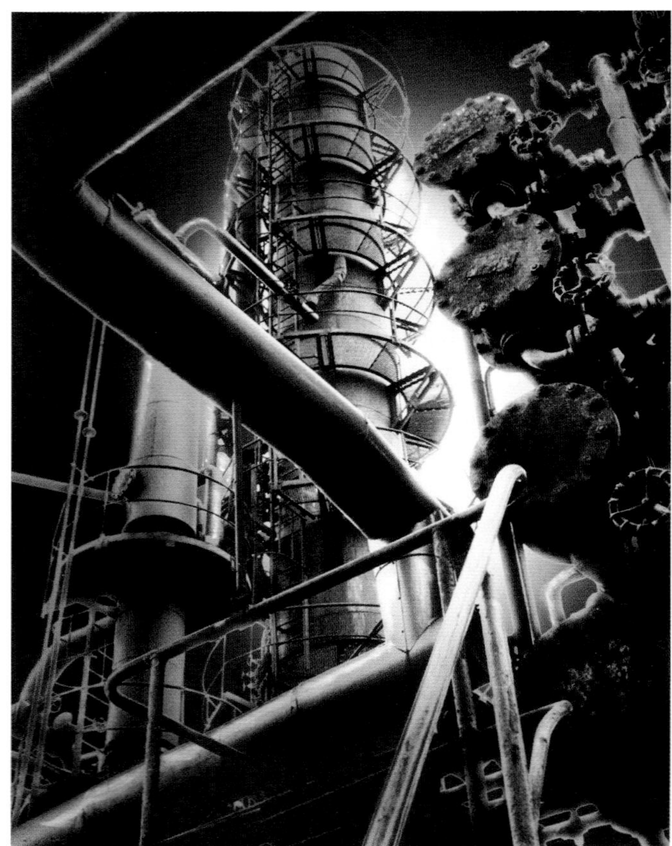

99 Erich Angenendt:
Kohlechemie, 1951

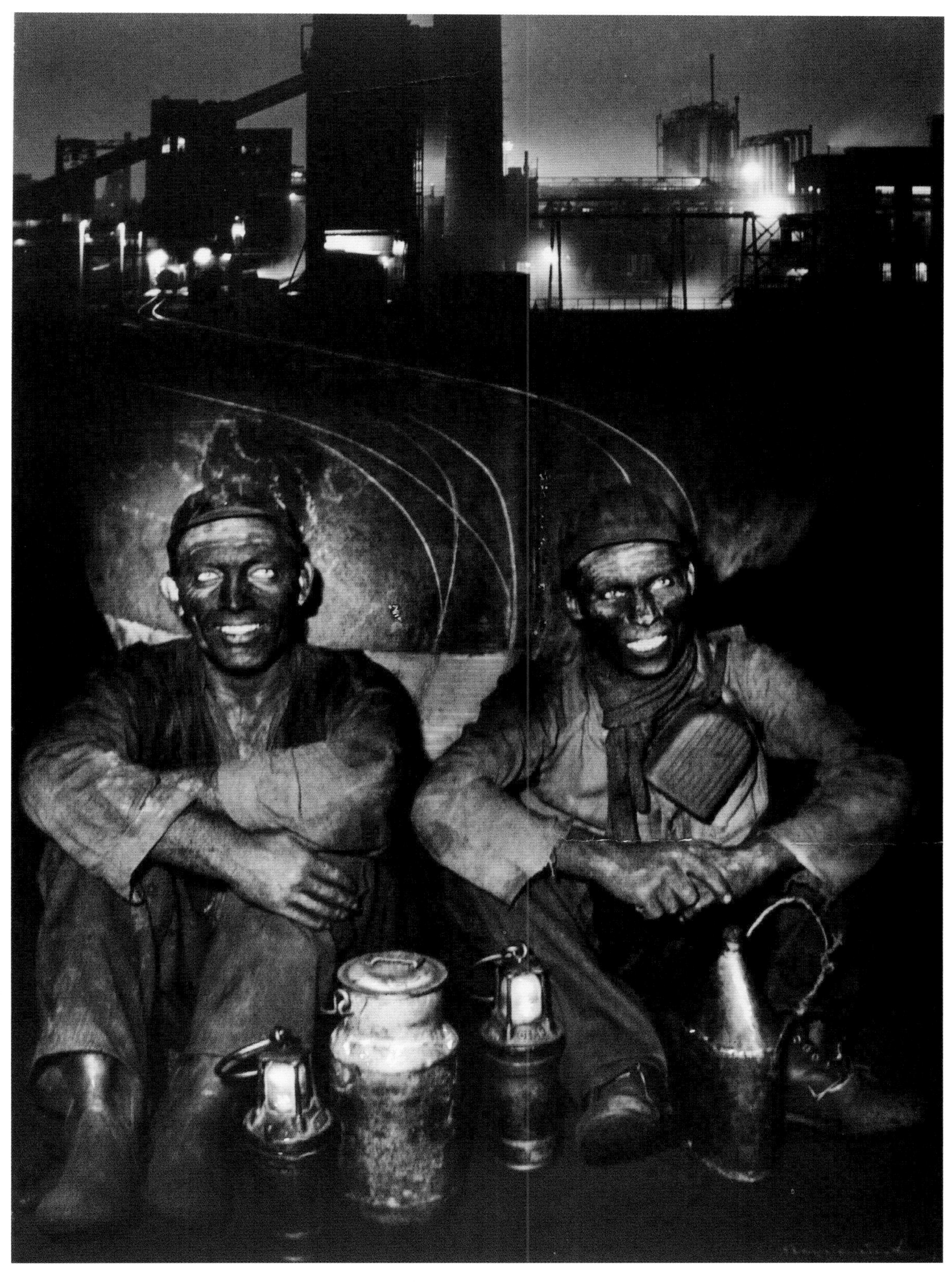

100 Erich Angenendt:
Nach der Schicht, 1952

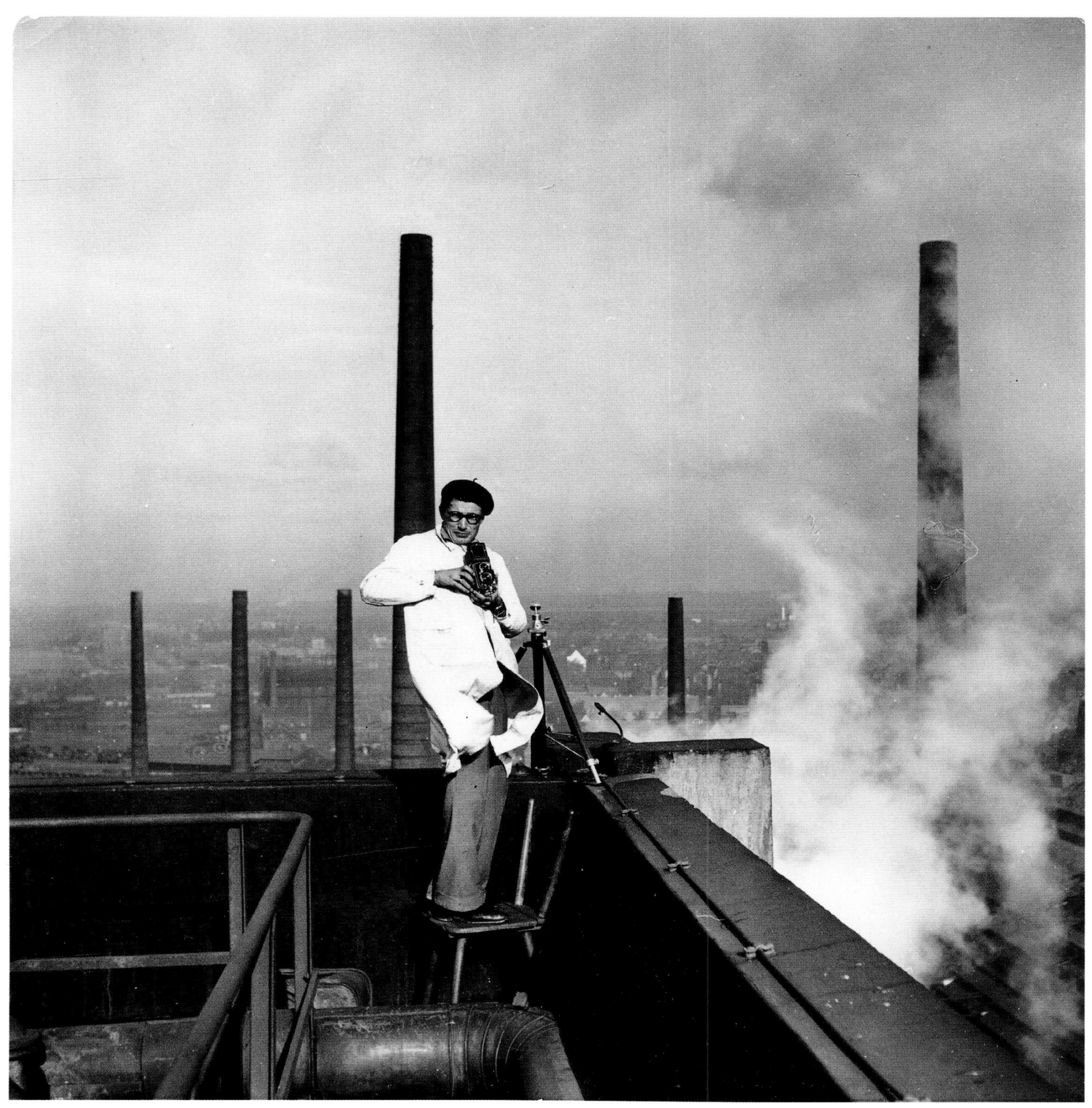

101 Ludwig Windstosser:
Selbstporträt, Ruhrgebiet, 1950er Jahre

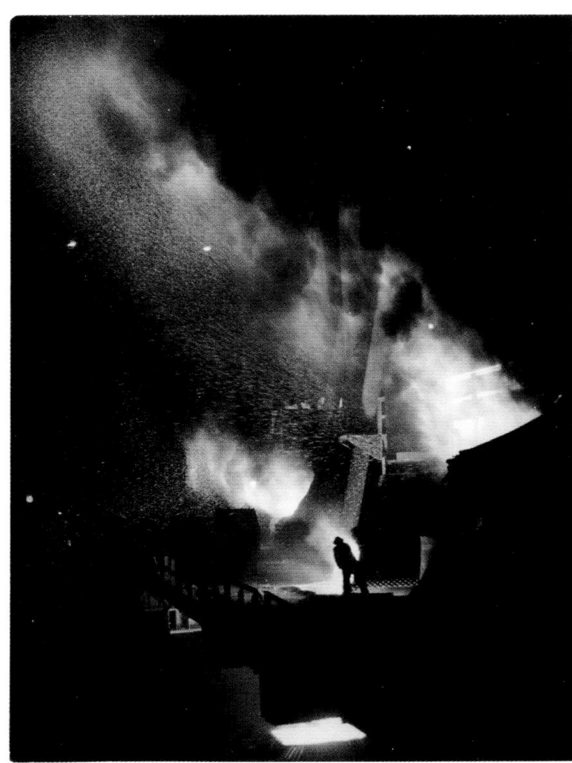

102 Ludwig Windstosser:
Mannesmann, Ruhrgebiet, um 1954

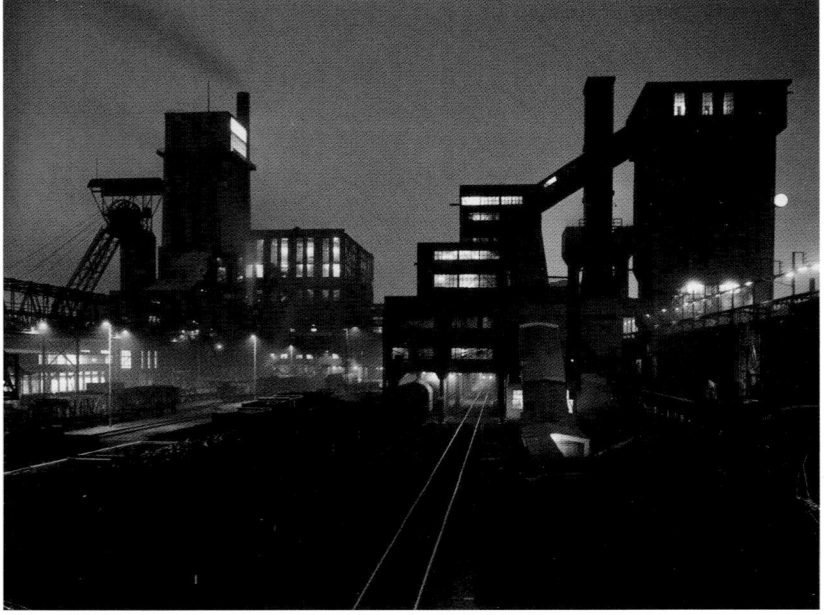

103 Ludwig Windstosser:
Zeche, Ruhrgebiet, 1950er Jahre

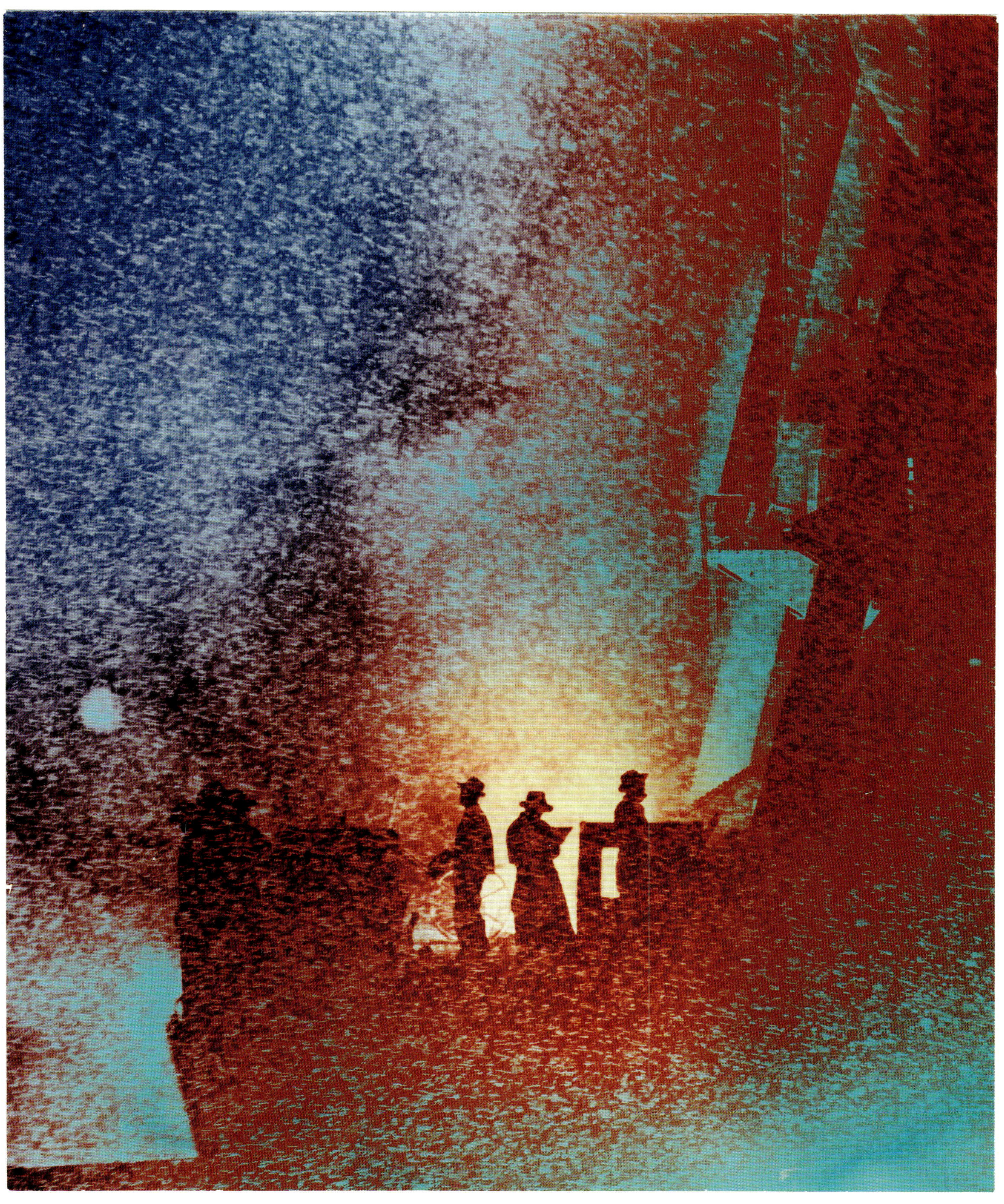

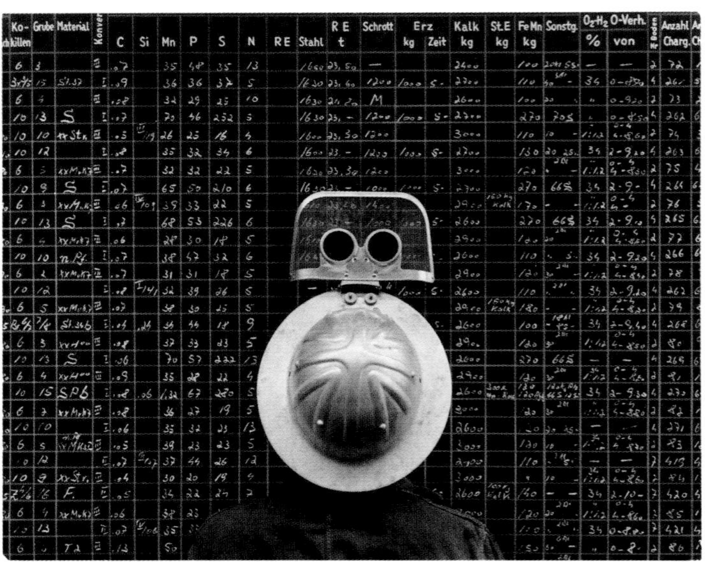

105 Ludwig Windstosser:
Chargenplan, Klöckner, 1958

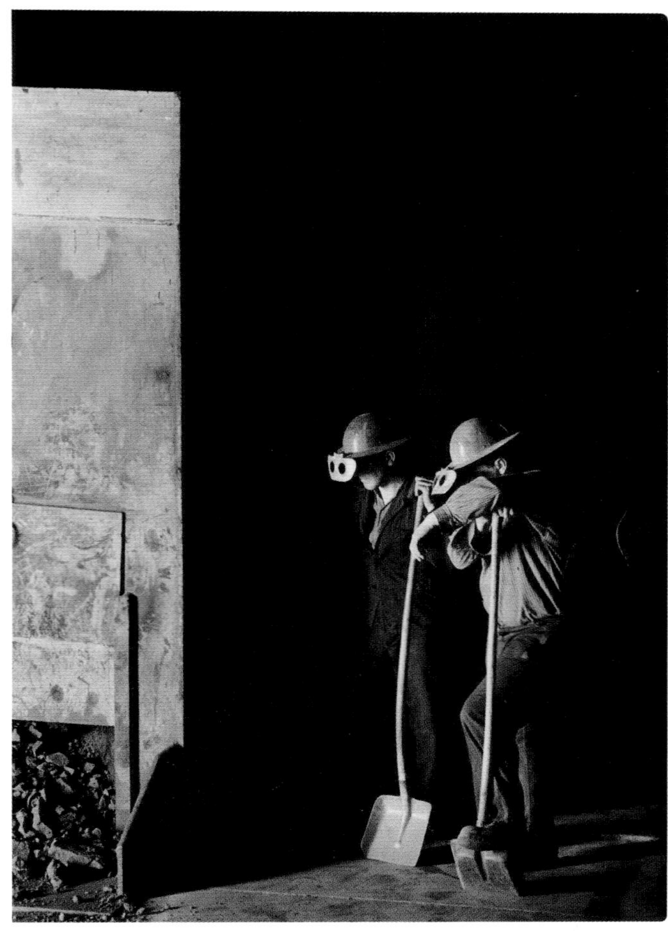

106 Ludwig Windstosser:
*Stahlarbeiter warten auf ihren Einsatz,
Ruhrgebiet*, 1950er Jahre

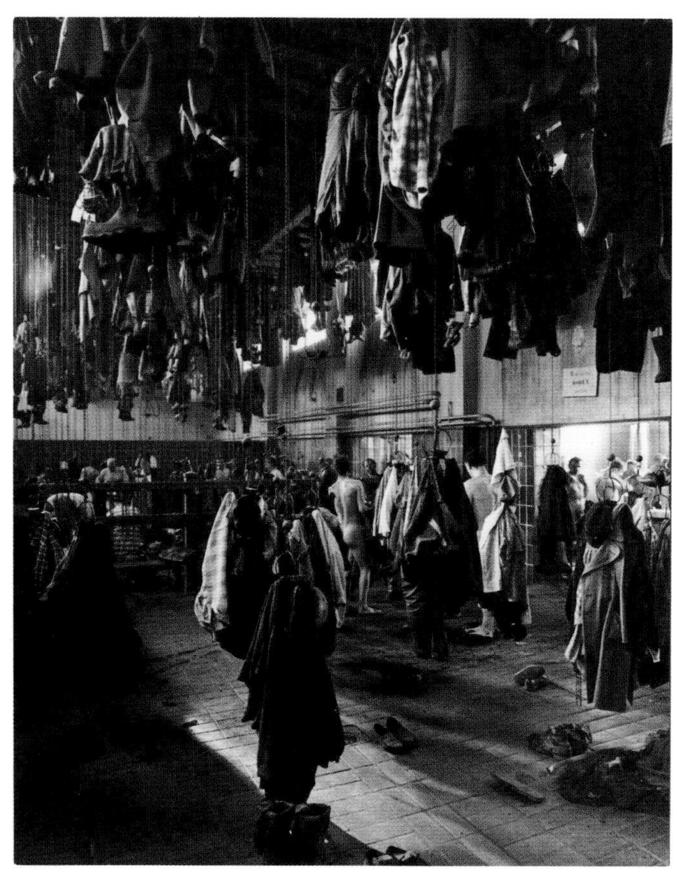

107 Ludwig Windstosser:
Waschkaue, Ruhrgebiet, um 1954

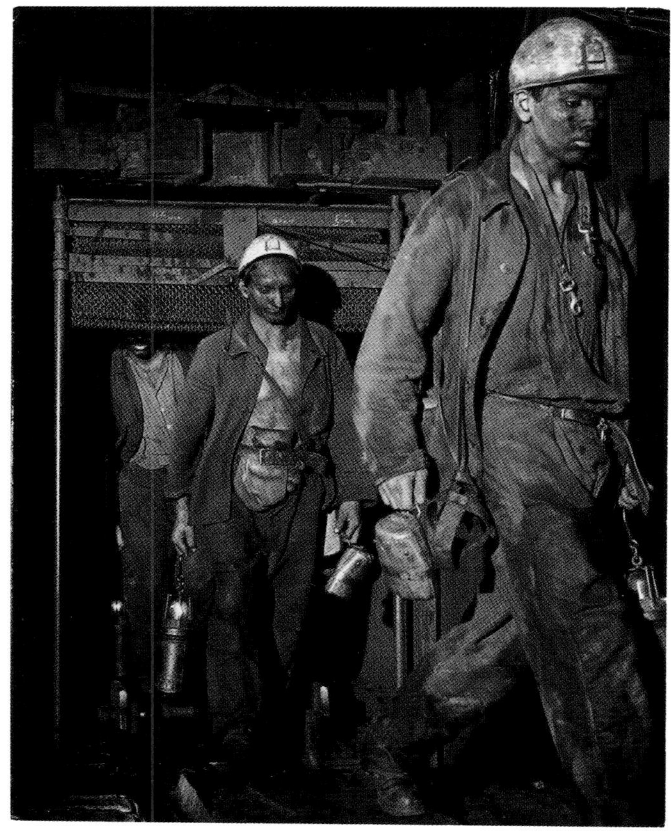

108 Ludwig Windstosser:
Steinkohlebergarbeiter, um 1960

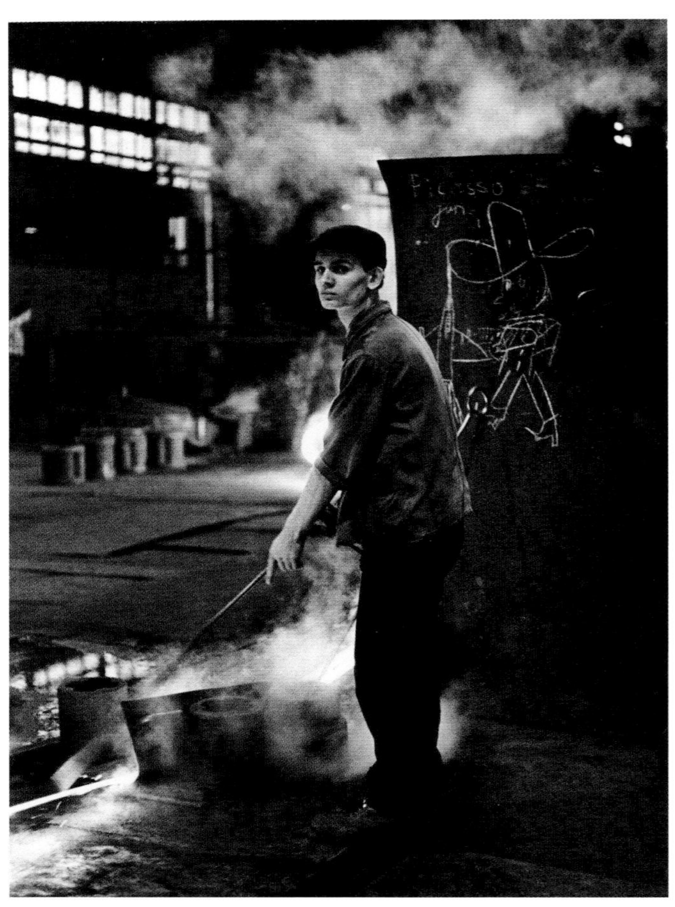

109 Toni Schneiders:
Stahlwalzwerk, 1959

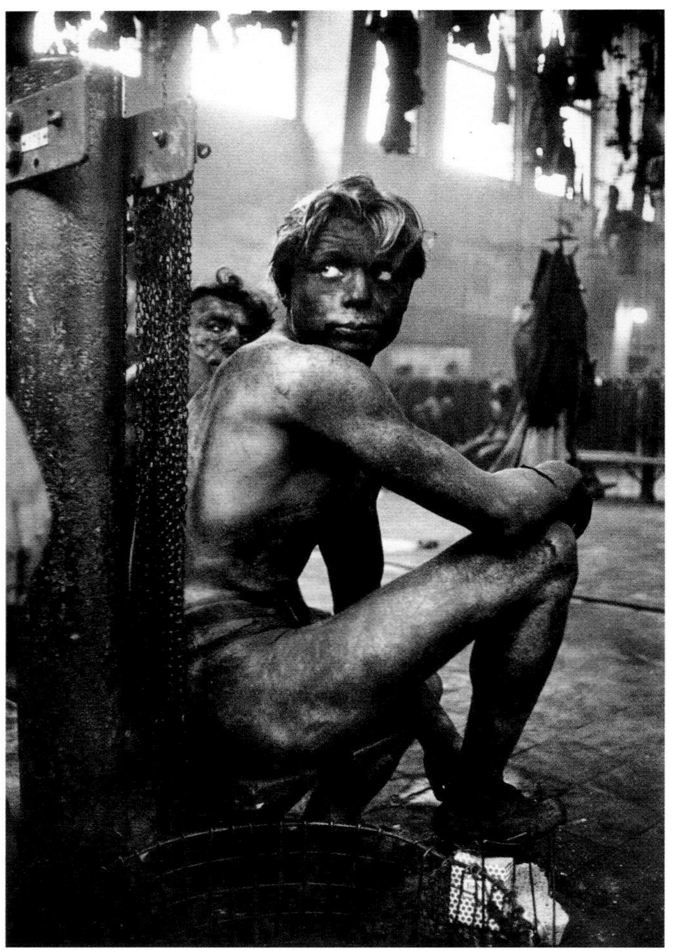

110 Max Scheler:
Kumpel, Gelsenkirchen, 1958

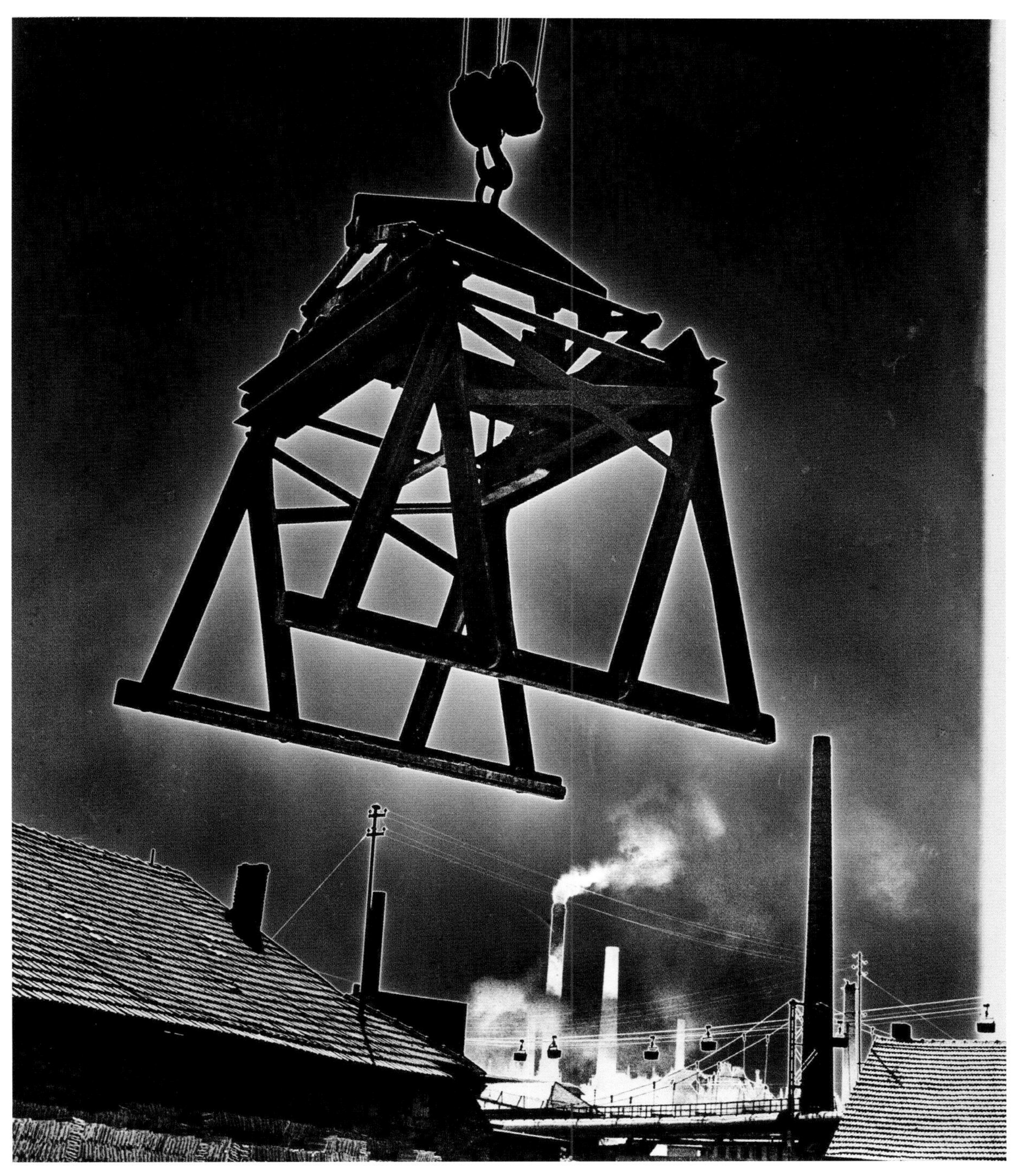

111 Otto Steinert:
Saarländische Industrielandschaft 3, 1950

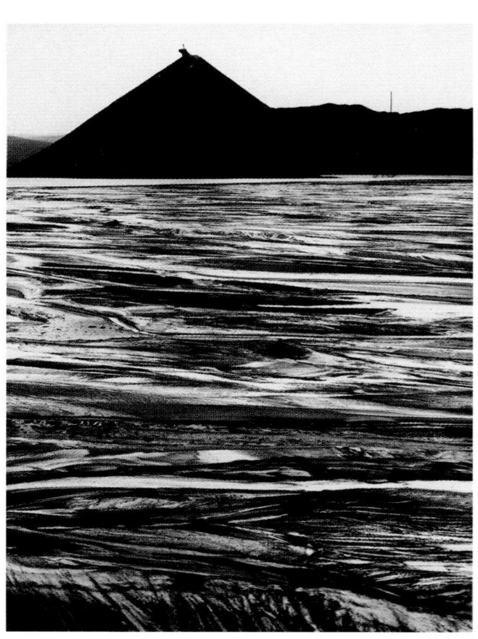

112 Otto Steinert:
Schlammweiher (Saarland),
1952

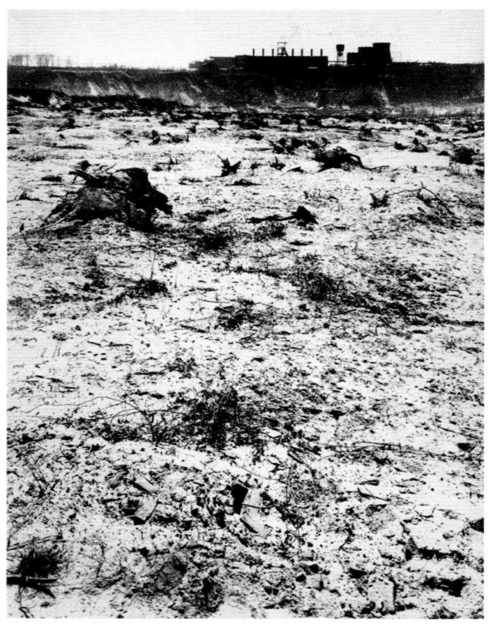

113 Otto Steinert:
Lothringische Industrielandschaft,
1956

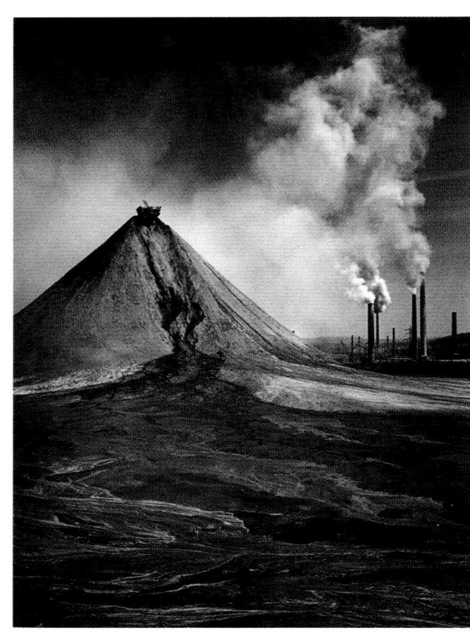

114 Guido Mangold:
*Industrielandschaft Völklingen,
Saarland*, 1958

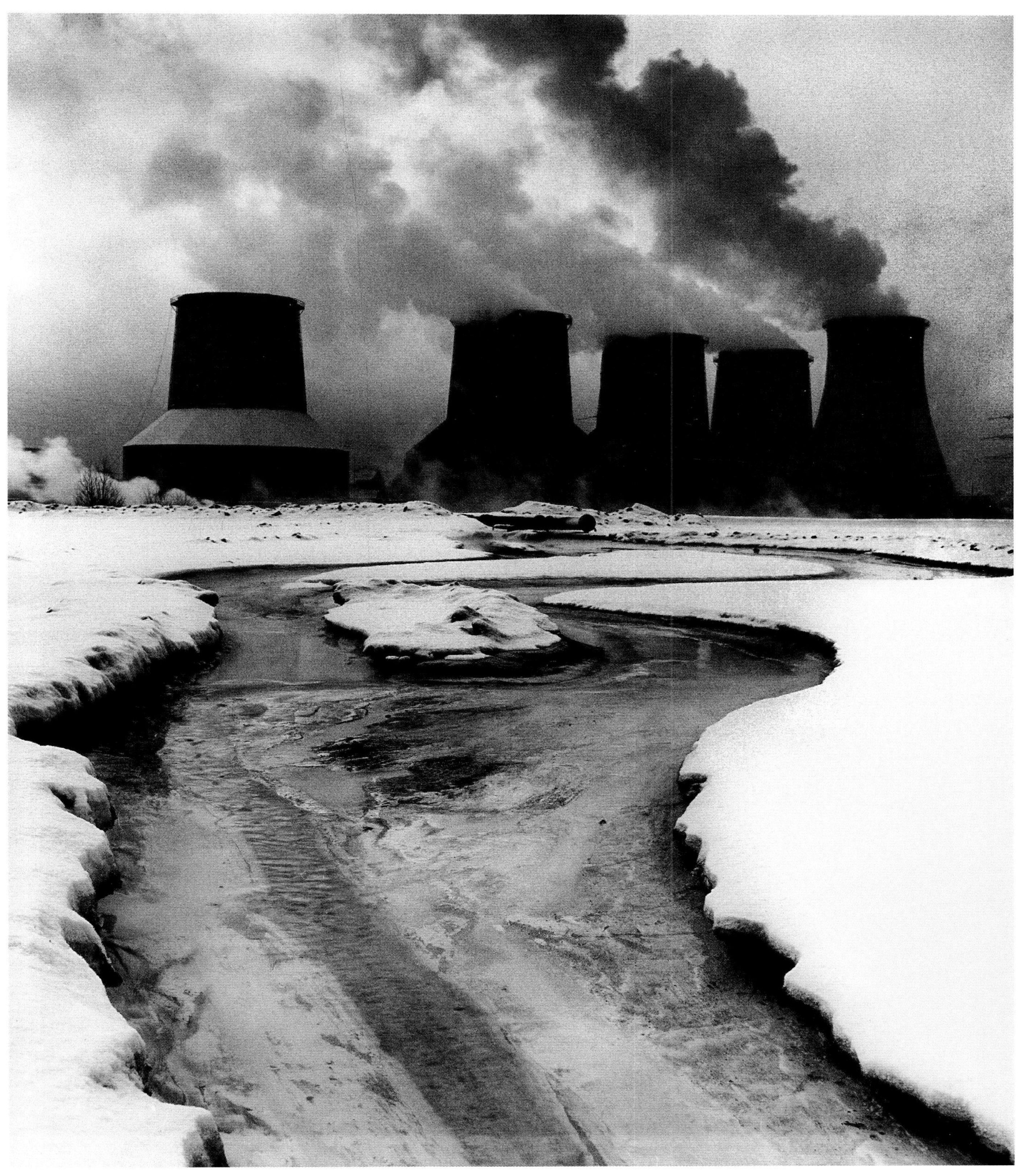

115 Guido Mangold:
Industrielandschaft mit Kühltürmen, Gelsenkirchen, 1959

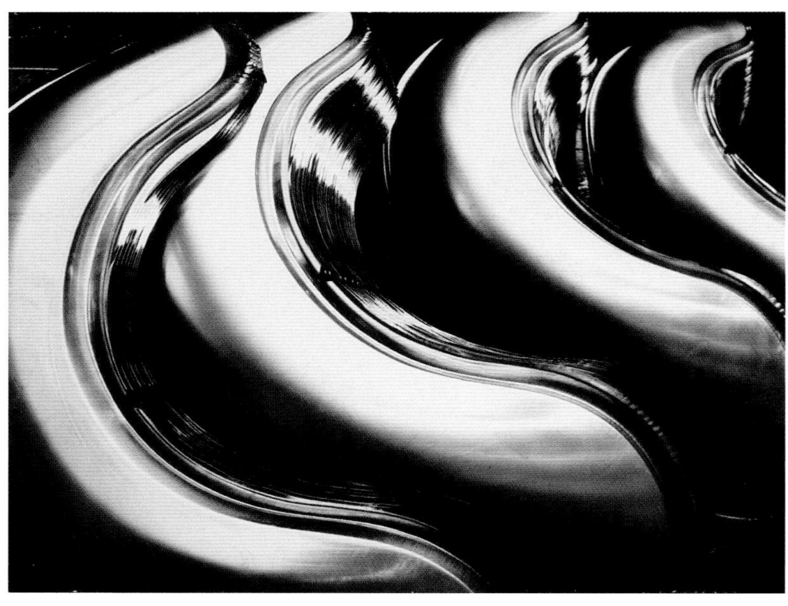

116 Peter Keetman:
Vorgeformte Kotflügel aus der Serie
Eine Woche im Volkswagenwerk, Wolfsburg, 1953

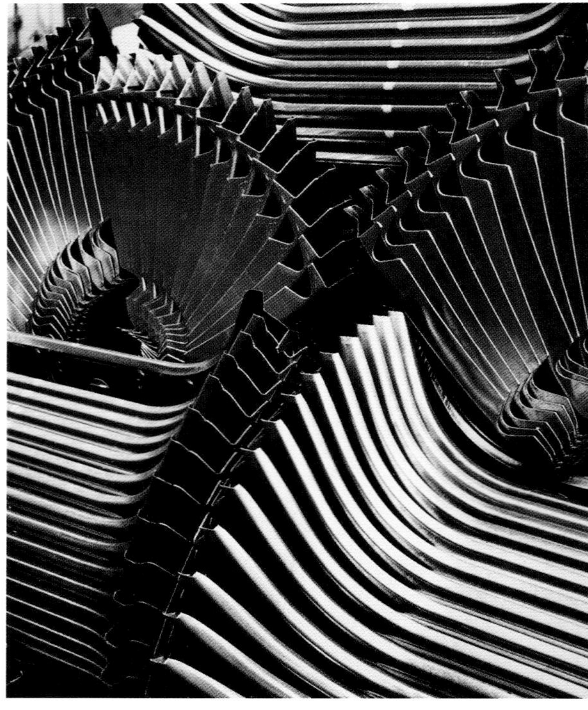

117 Peter Keetman:
Vordere Abschlussbleche aus der Serie
Eine Woche im Volkswagenwerk, Wolfsburg, 1953

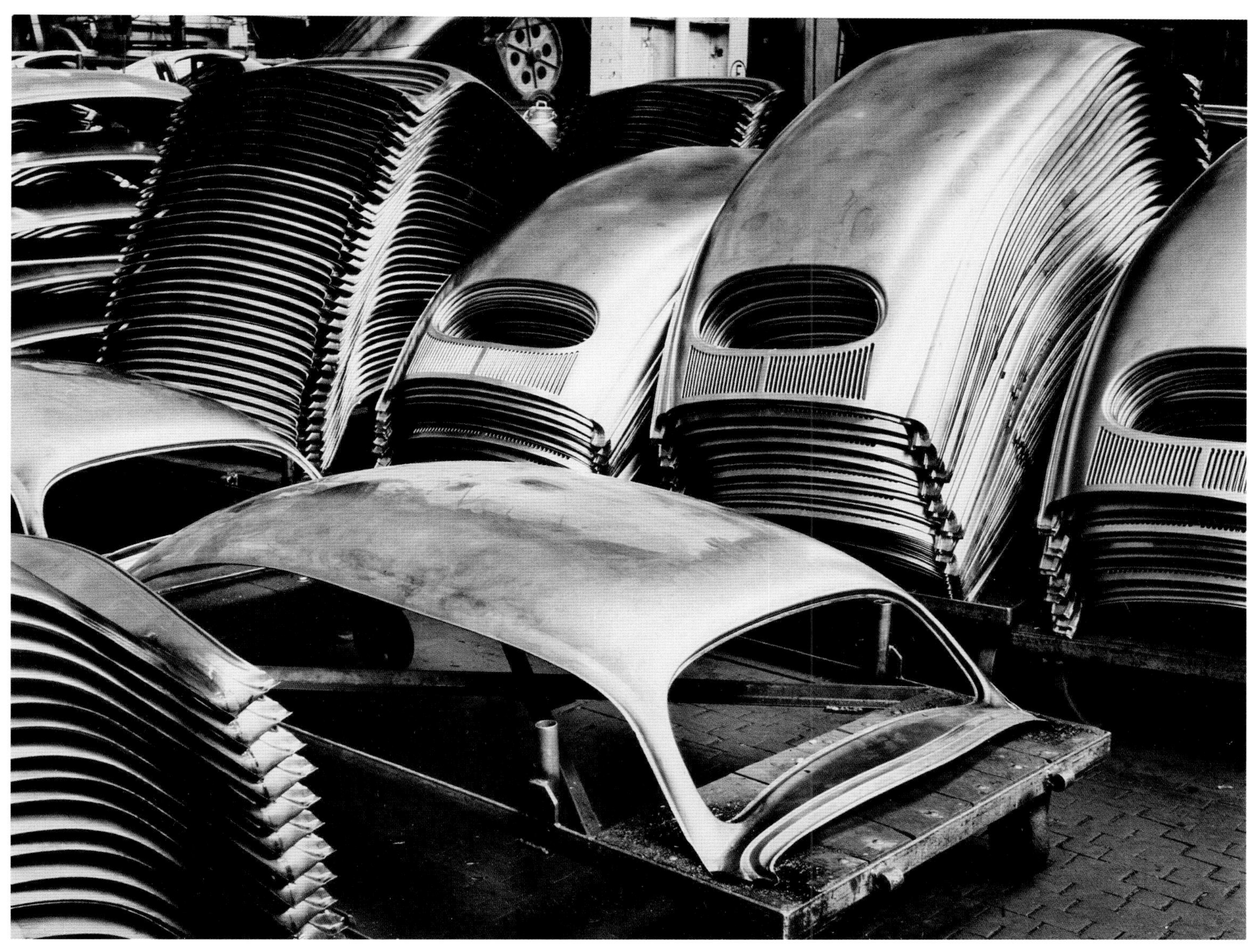

118 Peter Keetman:
Dächer für den Käfer aus der Serie
Eine Woche im Volkswagenwerk, Wolfsburg, 1953

119 Heinrich Heidersberger:
Mensch und Technik, Braunschweig, 1953

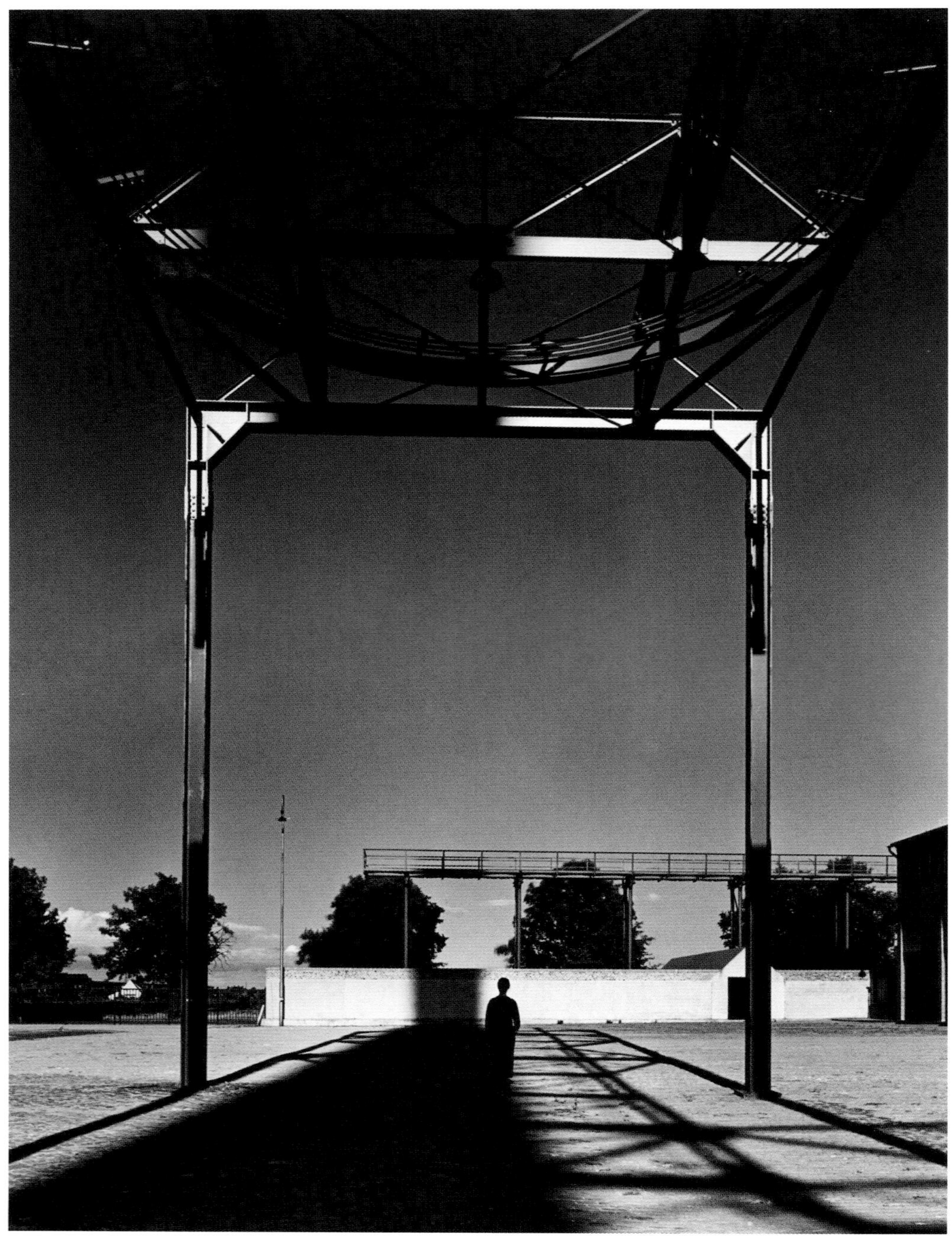

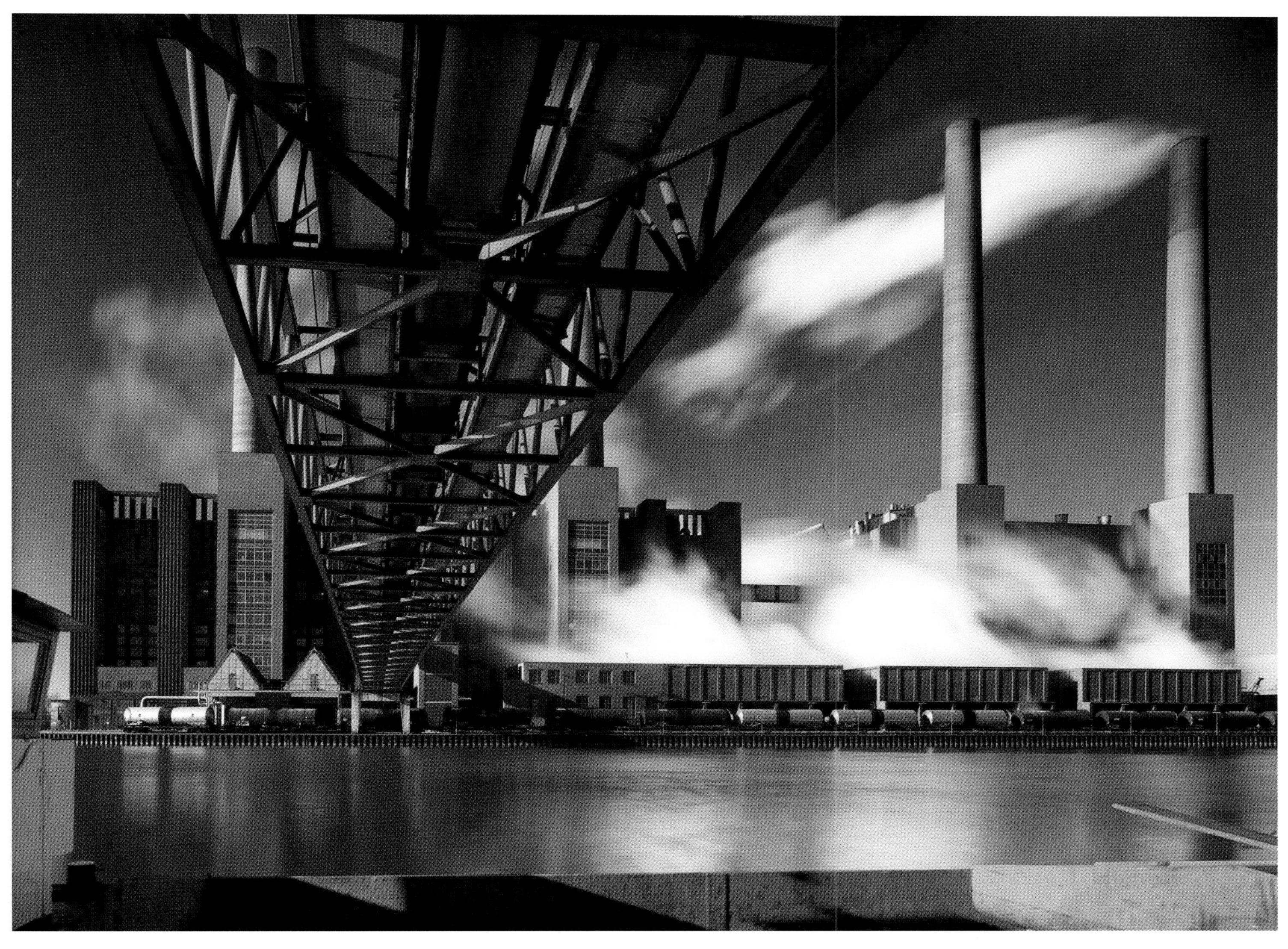

120 Heinrich Heidersberger:
Das Kraftwerk der Volkswagen AG, 1971

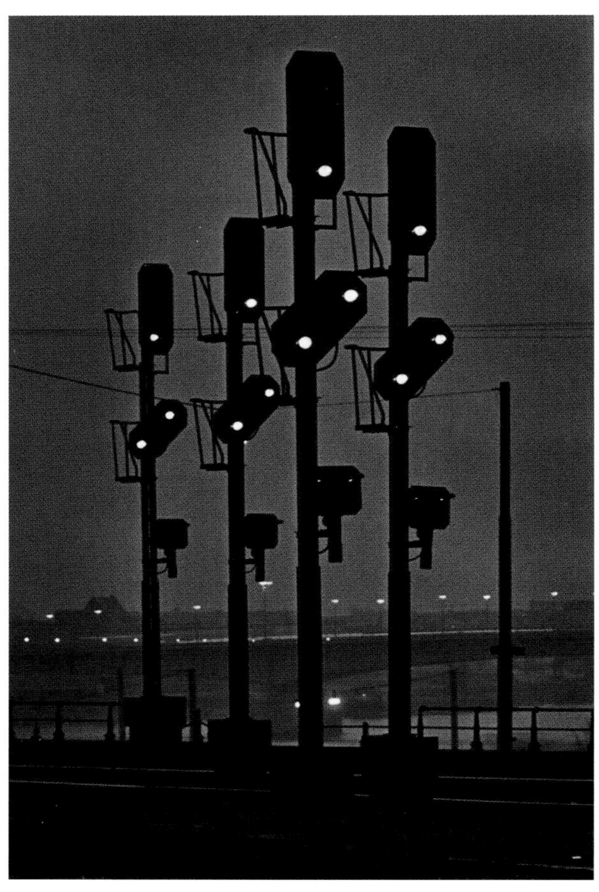

121 Toni Schneiders:
Signale, Köln, 1951

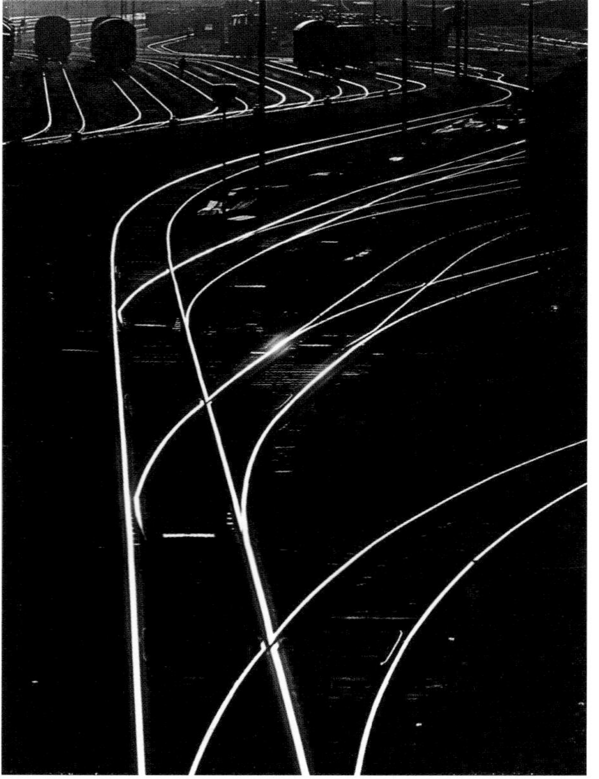

122 Toni Schneiders:
Weichen, 1957

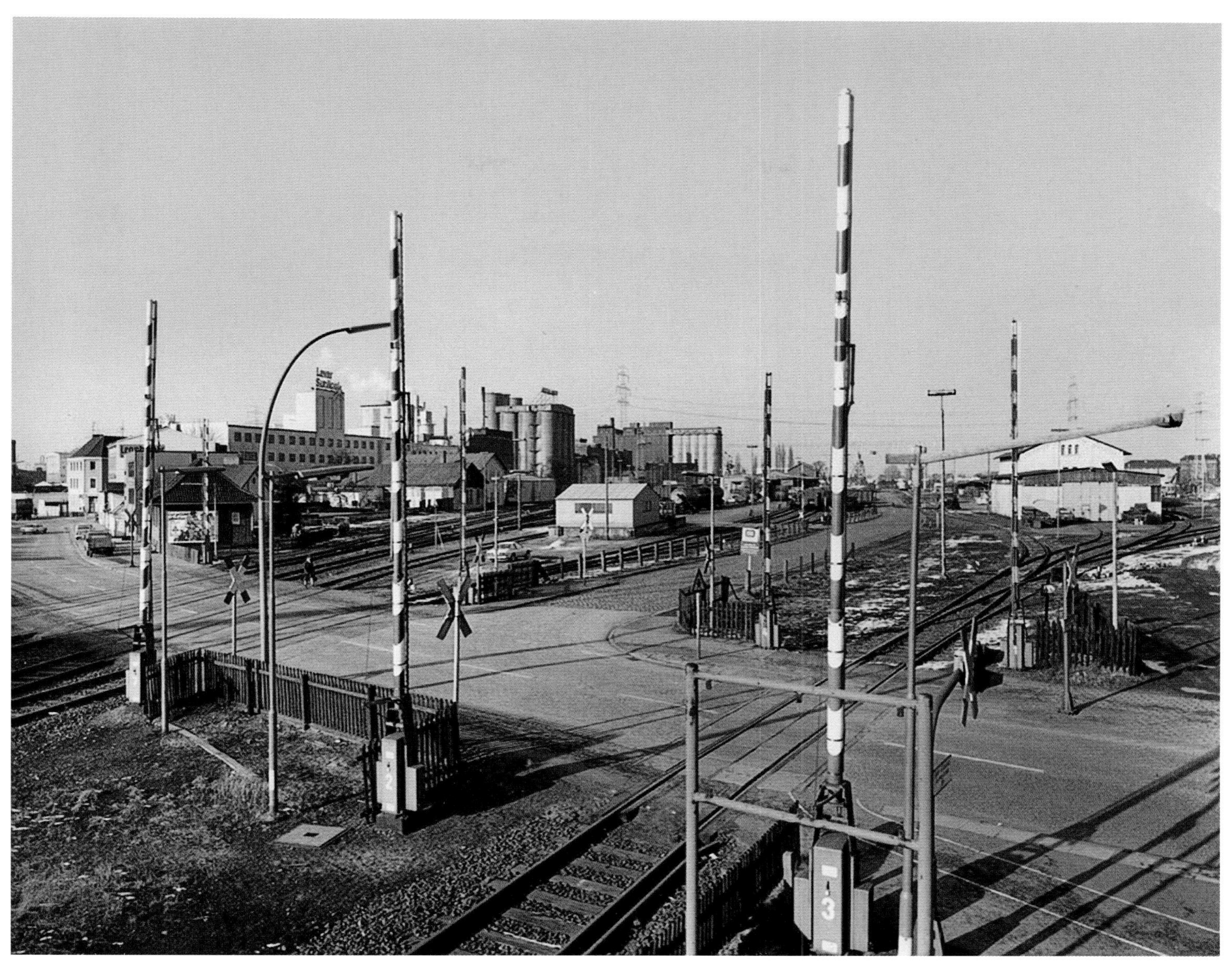

123 Heinrich Riebesehl:
Hamburg-Harburg aus der Serie *Bahnlandschaften,* 1981

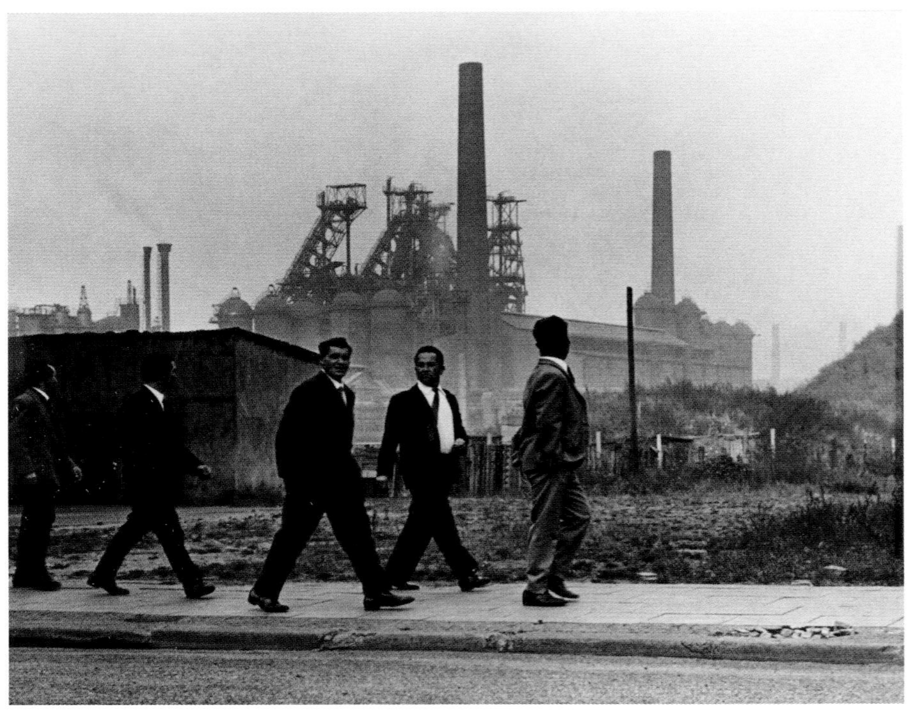

124 Rudolf Holtappel:
Gastarbeitersonntag, Oberhausen, 1961

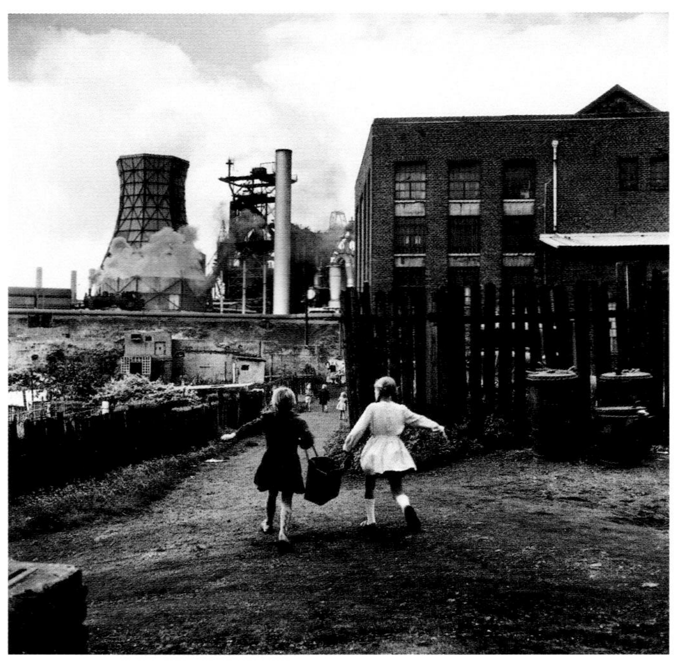

125 Rudolf Holtappel:
„Vor August Thyssenhütte", Duisburg-Hamborn, 1959

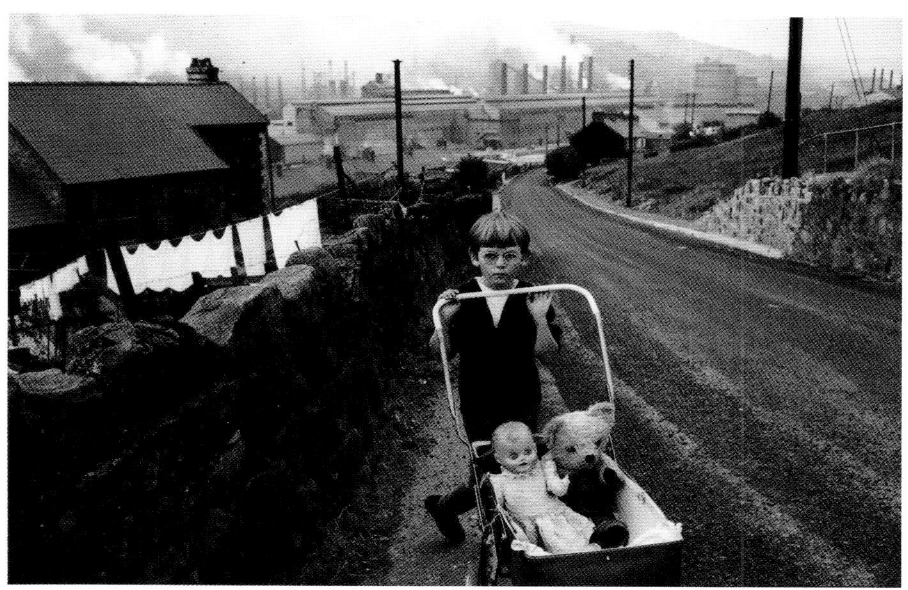

126 Bruce Davidson:
Welsh Miners, Wales, 1965

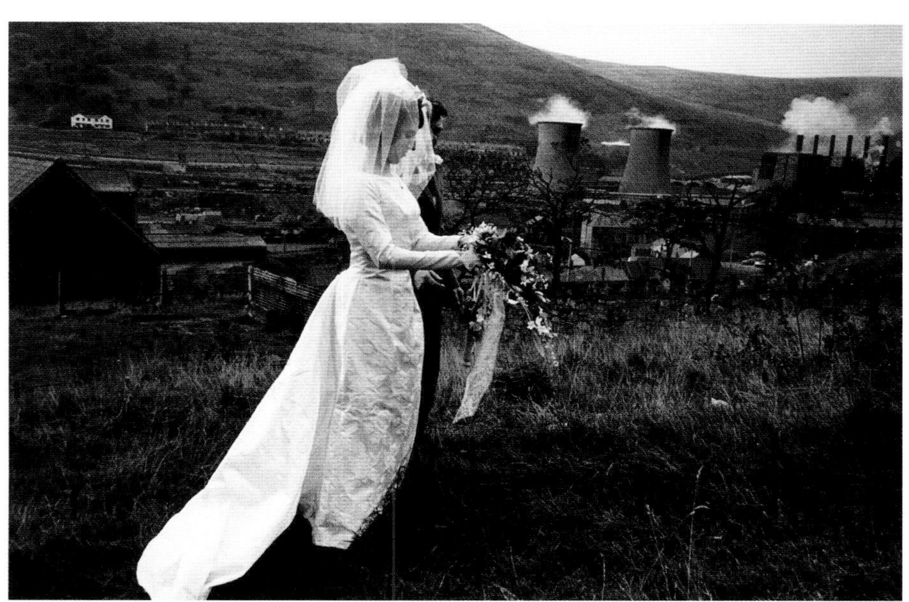

127 Bruce Davidson:
Welsh Miners, Wales, 1965

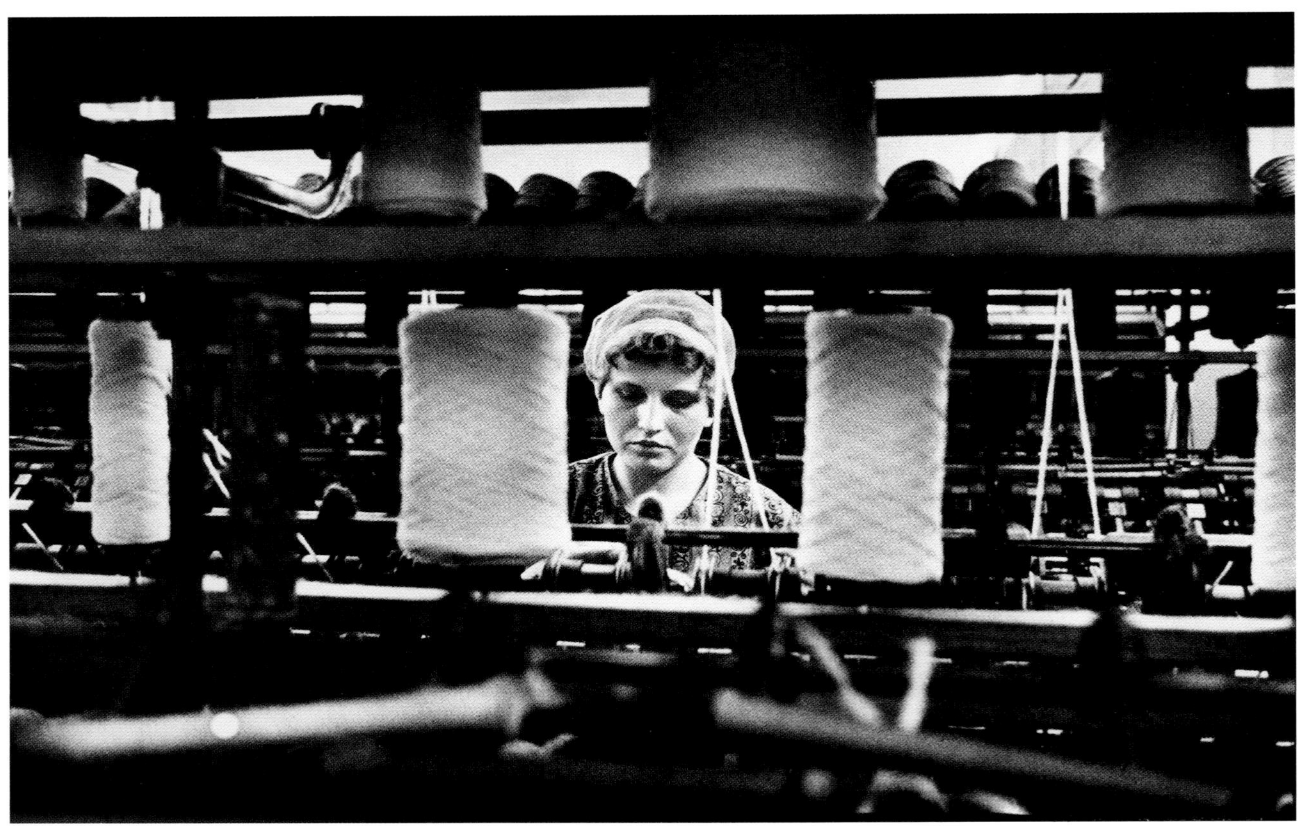

128 Evelyn Richter:
Kammgarnspinnerei, Leipzig, 1970

129 Evelyn Richter:
Magdeburg, 1968

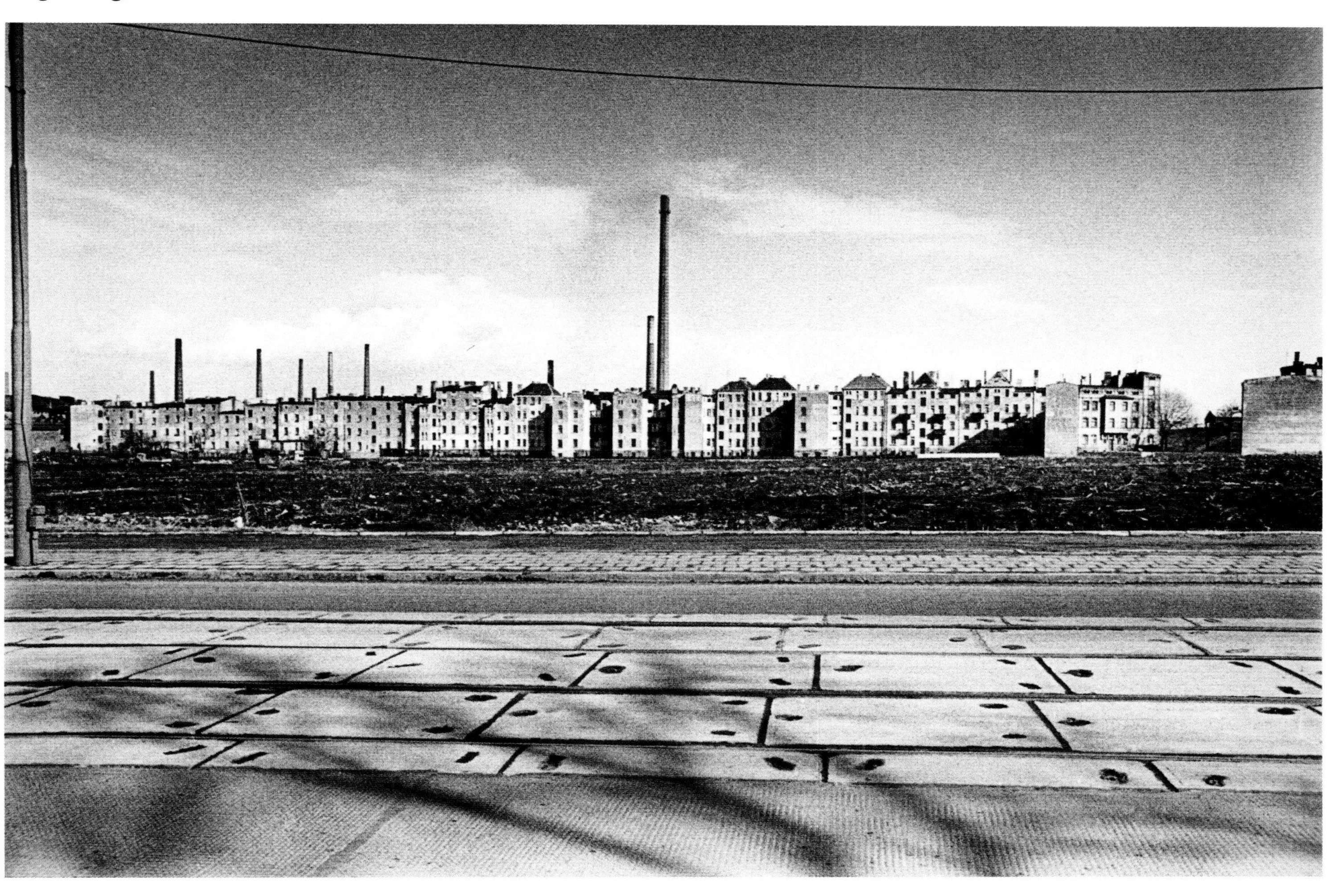

LÄNGST JENSEITS DER FUNKTIONALE

DIE FOTOGRAFISCHE REALITÄT VON ARBEIT UND INDUSTRIE IN EINER AUTOMATISIERTEN, POSTINDUSTRIELLEN UND GLOBALISIERTEN WELT

Florian Ebner

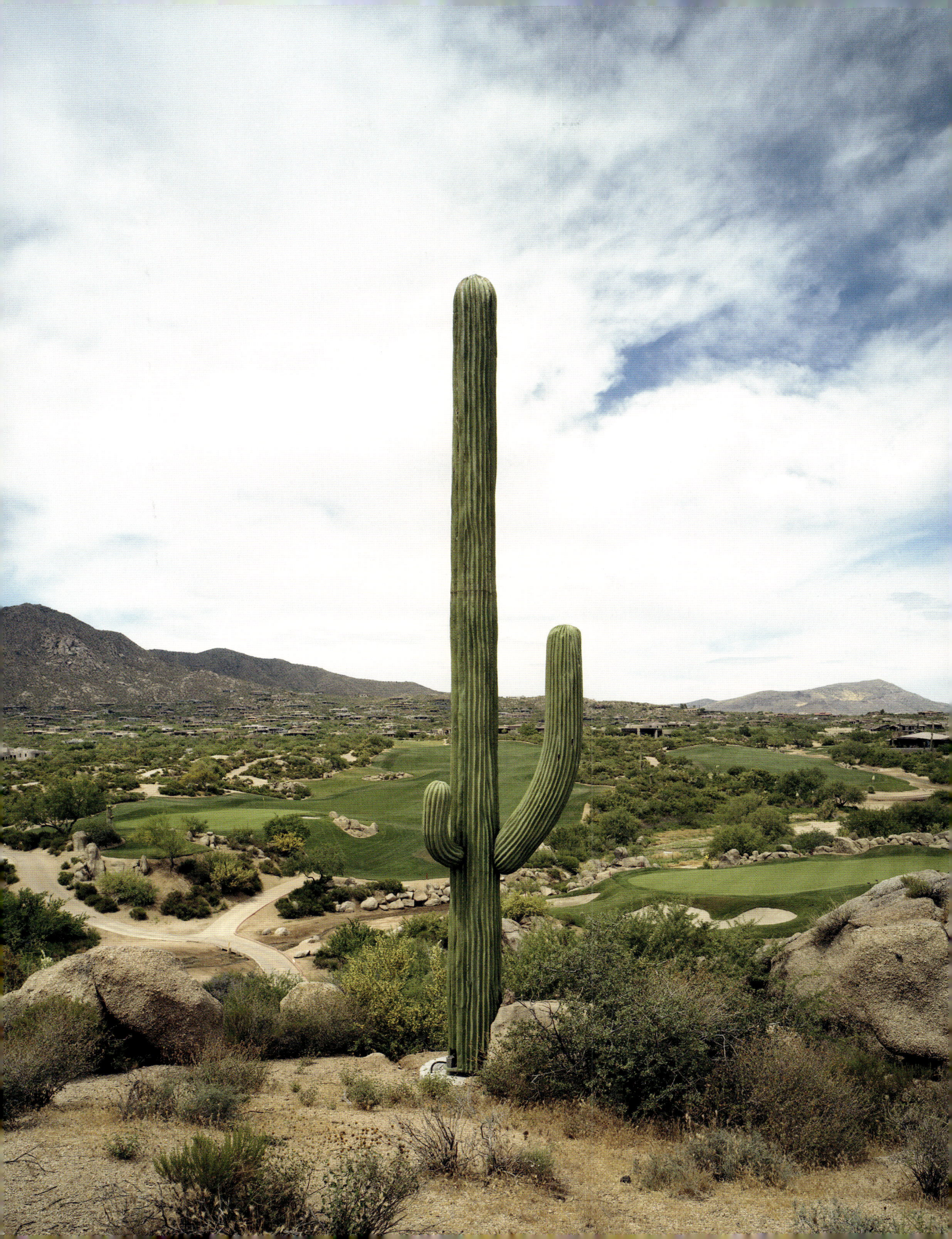

Einer der fotografischen Höhepunkte des europäischen Kulturhauptstadtjahres 2010, das sich der kulturellen Vielfalt und Vitalität des Ruhrgebiets widmete, war die Ausstellung *Ruhrblicke* auf der Essener Zeche Zollverein. Sie bildete den vorläufigen Schlusspunkt einer Reihe von thematischen Fotoausstellungen, die seit 1987, mit der wegweisenden Schau *Endlich so wie überall?* am Museum Folkwang beginnend, den Strukturwandel des Ruhrgebiets und seine fortschreitende Postindustrialisierung beleuchteten, indem sie Fotografinnen und Fotografen zu „freien Auftragsarbeiten" einluden.[1] Auch die 2010 vertretenen künstlerischen Positionen waren allesamt einer dokumentarischen Haltung verpflichtet. Mit Joachim Brohm und Thomas Struth nahmen zudem zwei Fotografen daran teil, deren unterschiedliche urbanistische und topografische Bestandsaufnahmen bereits in der Ausstellung 1987 zu sehen waren. Gerade Thomas Struth überraschte nun damit, dass er das Ruhrgebiet wieder als einen Ort der Industrieproduktion und der Hochtechnologie wahrnahm. Viele andere Arbeiten attestierten der Region, durchaus mit Empathie und jenseits der gängigen Klischees, lebenswerte urbane Strukturen, in denen aber doch das Vergangene und die Übermacht der Geschichte dominierten.

Der Autor dieser Zeilen erinnert sich sehr genau an die Ausstellung, die in dem spektakulären neuen SAANA-Gebäude auf dem Gelände der UNESCO-Welterbestätte in einer eigens konzipierten Ausstellungsarchitektur gezeigt wurde. An einem Wochenende fand ein sehr buntes Publikum den Weg in die gut besuchte Schau. Vor einem der beiden Werke Andreas Gurskys bildete sich erwartungsgemäß eine Traube von Menschen, vor *Dortmund,* welches die Fankurve der Borussen im Westfalenstadion zeigt. Differenzierter war die Reaktion auf das kurz zuvor entstandene Werk *Hamm, Bergwerk Ost* (Abb. 1, Kat. 140). Einige ältere Männer aus einer geführten Gruppe standen

sichtlich beeindruckt vor dem großformatigen Tafelbild der Waschkaue, als sähen sie sich dem Monument gewordenen Sinnbild einer vergangenen Kultur menschlicher Arbeit gegenüber, die ihnen durchaus vertraut erschien. Durch die digitale Bildmontage noch erweitert und arrangiert erhält das Ensemble der nach oben gezogenen Körbe und Kleidungsstücke der Bergarbeiter eine symbolische Perspektive. Nur die Schemen zweier Männer hinter den Ketten geben zu erkennen, dass es sich um eine der wenigen noch funktionstüchtigen Zechen und nicht um eine museale Komposition handelt. „Erinnert mich an Boltanski", murmelte neben mir eine Besucherin, die sichtbar aus dem Milieu der zeitgenössischen Kunst zu kommen schien.

VOM MUSEUM ZUR FABRIK ZUM MUSEUM

Zur gleichen Zeit als Thomas Struth die neue High-Tech-Industrie zu fotografieren begann und Andreas Gursky die zu Ende gehende Zechenkultur ins Museale übersetzte, widmete sich die deutsche Künstlerin Hito Steyerl in dem vielbeachteten Essay *Ist das Museum eine Fabrik?* dem Verhältnis von Kunst und Arbeit, von Fabrik und Museum, von Produzieren und Sehen.[2] Ausgangspunkt ist ihre Feststellung, dass der (politische) Film, der in den 1960er und 1970er Jahren noch eine Rolle in der gewerkschaftlichen Arbeit in den Fabriken gespielt hat, heute wieder an diese Orte zurückkehrt, allerdings unter völlig veränderten Vorzeichen – denn jene sind längst umfunktioniert und zu Orten der Kunst geworden.

Diese Beobachtung, für die sich sehr schnell zahlreiche Belege in der westlichen Welt finden lassen – die Zeche Zollverein mit ihren zahlreichen Institutionen ist hierfür ein gutes deutsches Beispiel –, ist der feste Grund, von dem aus sie eine Vielzahl von Reflexionen anstellt. Wenn

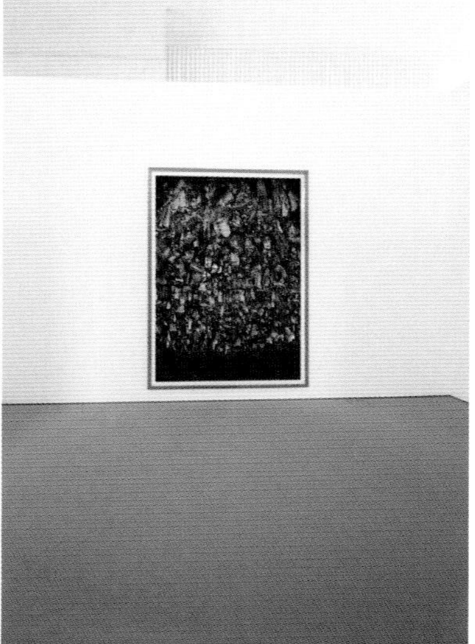

1 Ausstellungsansicht *Ruhrblicke,*
SAANA-Gebäude, Zeche Zollverein,
Essen, 2010, mit
Andreas Gursky:
Hamm, Bergwerk Ost, 2008

der Übergang zwischen zwei scheinbar so gegensätzlichen
Welten ein offenbar so naheliegendes Modell ist,
welche Auswirkungen hat dies auf die Entstehungs-
und Rezeptionsbedingungen von Kunst – in diesem Fall:
wenn die Fabrik zum Museum und dann zum Kino wird?
Oder mehr noch: Welche Auswirkung hat diese Umwidmung
auf unsere Vorstellung von künstlerischer Produktivität
unter den Bedingungen des späten Kapitalismus und post-
industrieller Krisengesellschaften? Werden die ehemaligen
industriellen Produktionsstätten zu *Artistic Factories*
nach dem Beispiel Andy Warhols, zu sozialen Fabriken oder
Fabriken des Affekts? „So gesehen ist inzwischen jeder
Raum", notiert Hito Steyerl in diesem Zusammenhang,
„in dem das Kino und dessen Nachfolger zusammenkommen,
eine Fabrik geworden, und das gilt offensichtlich auch
für das Museum. In der Geschichte des politischen Filme-
machens wurde die Fabrik zu einem Kino, nun verläuft
die Sache umgekehrt. Das Kino macht aus Museumsräumen
wieder Fabriken."[3] Steyerls Denken beruht auf den dialektischen Prinzipien eines Walter Benjamin, Siegfried Kracauer,
Theodor W. Adorno und der Frankfurter Schule. Wie
Thomas Elsaesser herausgearbeitet hat, haben Texte wie
Benjamins *Der Autor als Produzent* den politischen Filmen
der 1960er Jahre erst den Weg in die Fabrik geebnet.[4]

    Eine der wirkmächtigsten und meistzitierten Senten-
zen Walter Benjamins in Bezug auf die Fotografie ist ein
Zitat aus Bertolt Brechts Textmontage *Der Dreigroschenprozeß,* in dem Brecht wiederum auf den Soziologen Fritz
Sternberg rekurriert. Die Passage lautet in voller Länge: „Die
Lage wird dadurch so kompliziert, daß weniger denn je eine
einfache ‚Wiedergabe der Realität' etwas über die Realität
aussagt. Eine Fotografie der Kruppwerke oder der AEG
ergibt beinahe nichts über diese Institute. Die eigentliche
Realität ist in die Funktionale gerutscht. Die Verdinglichung
der menschlichen Beziehungen, also etwa die Fabrik, gibt

die letzteren nicht mehr heraus. Es ist also tatsächlich
‚etwas aufzubauen', etwas ‚Künstliches', ‚Gestelltes'. Es ist
also tatsächlich Kunst nötig."[5] Bernd Stiegler hat die
Wirkungsgeschichte dieses Zitats auf Kapitalismuskritik
und Fototheorie verfolgt und gezeigt, wie Benjamin diesen
Gedanken verkürzt gegen die schöpferische Fotografie der
Neuen Sachlichkeit eines Albert Renger-Patzsch in Stellung
bringt. Aus heutiger Sicht ließe sich die Fragestellung
allerdings modifizieren: Was sagt die einfache, fotografische
Wiedergabe nicht nur über diese Institute aus, sondern,
was sagt es aus, wenn diese Fotografien in den ehemaligen
und nun zu Museen umfunktionierten Fabriken ausgestellt
werden? Denn durchaus analog zum Funktionswandel des
politischen Films in der Fabrik, wie ihn Steyerl konstatiert,
ist auch die eigentliche Arbeiterfotografie nach einer
wahren Renaissance in der Bundesrepublik der 1970er Jahre
gänzlich verschwunden. Darüber hinaus hat auch die
Industriefotografie viele ihrer ursprünglichen ökonomischen
und sozialen Funktionen verloren. Wenn in den letzten
Jahrzehnten Produktionsstandorte schließen mussten und
ganze Unternehmen zerschlagen wurden, dann verwandeln
sich die Bildarchive der Firmen in Sammlungen ästhetischer
und historischer Zeugnisse einer vergangenen fotografischen Industriekultur.[6]

    Sehr viel größere Beachtung findet in der öffentlichen
Wahrnehmung jedoch der Niedergang der berichtenden
Fotografie auf den illustrierten Seiten der Magazine –
einst der vitale soziale Resonanzraum der Fotografie. Die
fortschreitende Funktionalisierung, Automatisierung
und Digitalisierung vieler Lebensbereiche scheint durchaus
analoge Auswirkungen gehabt zu haben: Einerseits sind
ganze industrielle Arbeitszweige verschwunden, und
andererseits haben sich Information und fotografische Bild-
berichterstattung in das elektronische Medium Fernsehen
und später in das Internet verlagert.

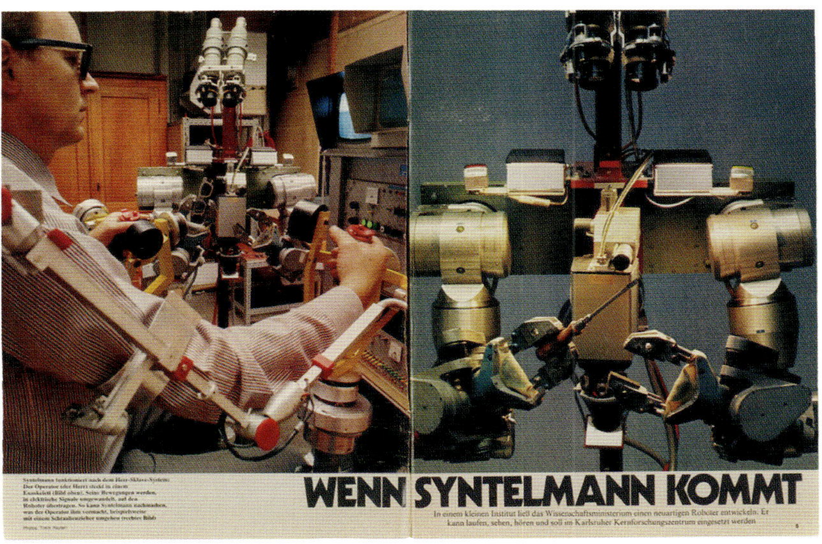

2 Timm Rautert:
Wenn Syntelmann kommt,
in: *ZEIT-Magazin,* 1974, S. 4 f.

Mit dem Verlust der *printed page* der Magazine hat
die Fotografie an sozialer Wirksamkeit eingebüßt, doch hat
sie im Gegenzug auch eine größere Freiheit und Autorschaft
gewonnen? Der neue Ort dieser Fotografie ist das Buch
oder eben der Ausstellungsraum, nicht zuletzt in Form der
zu Kulturinstitutionen umgewandelten Fabriken. Die großformatigen Tafelbilder eines Andreas Gursky oder eines
Thomas Struth auf der Zeche Zollverein sind wichtige Etappen
dieser Entwicklung. Doch welche Bilder der Arbeit werden
ihnen folgen, welche konstruktive und produktive Arbeit
werden sie ihrem Publikum abverlangen?

VOM SYNTELMANN ZUM SERVERRAUM. DAS UNSICHTBAR-WERDEN DER ARBEIT IN DER FOTOGRAFIE DER DRITTEN INDUSTRIELLEN REVOLUTION

1974 erschien im *ZEIT-Magazin* unter dem Titel *Wenn
Syntelmann kommt* eine spektakuläre Reportage, in deren
Mittelpunkt ein neuartiger Roboter stand, der im Karlsruher
Kernforschungszentrum jene Aufgaben verrichtete, die
Menschen aufgrund der Strahlenbelastung nicht übernehmen
konnten (Abb. 2). Die Fotos dieser Reportage stammten
von dem damals 33-jährigen Timm Rautert, der erst drei Jahre
zuvor sein Diplom bei Otto Steinert abgelegt hatte. Er
gehörte zu jener Generation, die die Nase voll hatte von
den „Feuerschnulzen" der Hochofenreportagen und die sich
eher an der Fotografenfigur Thomas aus Michelangelo
Antonionis Film *Blow Up* orientierten denn an der schöpfe-
rischen Fotografie – um Benjamins abwertendes Prädikat
aufzunehmen – der Nachkriegsmoderne bzw. der Subjektiven
Fotografie (vgl. den Aufsatz von Thilo Koenig, S. 104–119).
Für Rautert, der als Student 1968 die Porsche-Fabrik in
Zuffenhausen fotografiert hatte, war dies der erste Kontakt
mit der High-Tech-Industrie, die ihn fortan faszinieren sollte.
Es folgten in den 1980er Jahren Reportagen, vermehrt im

eigenen Auftrag, die ihn an Hochtechnologie-Standorte in
Deutschland führten, zu Siemens (Kat. 146 und 147) und
MBB, IBM und Hoesch, an Fraunhofer- und Max-Planck-
Institute, aber auch an Europas modernsten Schlachthof in
Buchloe, zu Iglo und in eine Müllverbrennungsanlage. 1992
wurden sie im Essener Ruhrlandmuseum unter dem Titel
Gehäuse des Unsichtbaren ausgestellt, begleitet vom gleich-
namigen Buch mit einem Essay Hartmut Böhmes, der bis
heute für diese Form der fotografischen Auseinandersetzung
Maßstäbe setzt: „Die Intelligenz des Werks [die Rede ist von
einer modernen Automobilfabrik] findet ihren physiognomi-
schen (darum fotografierbaren) Ausdruck nicht mehr in der
gigantischen Symbiose von anorganischer Maschinerie und
den organischen Körpern der Arbeiter. Sondern beides, Anor-
ganisches und Organisches, sind die sichtbaren Prothesen
des Immateriellen: des digitalen ‚Herzens' der Fabrik. Von
ihm ausgehend werden Fleisch und Stahl, Hand und Roboter, Sinne und Sensoren, Glas, Plastik, Farbe, Gummi, aber
auch Zeit, Raum und Bewegung homogenisiert auf einer imaginären Ebene – durch die in jeder Sekunde millionenfach
ablaufenden 0/1-Operationen des Datenflusses."[7] Timm
Rautert fotografierte diese sichtbaren Prothesen: Menschen
in Raumanzügen, die in Mikroskope starren, von großen Bild-
schirmen verschluckt werden oder als kleine Elemente in
riesigen Fertigungsstraßen gefangen sind, aber auch ihre
völlige Absenz in einer automatisierten Welt der Kontroll-
räume und Laborinterieurs, deren Apparate ihre Funktion
nicht mehr preisgeben. Doch wie lässt sich der immaterielle
Kern dieser neuen technischen Welt fotografieren, wenn sich
ihre Oberflächen nicht mehr dechiffrieren lassen? Böhme
liefert dafür folgende Interpretation: „Die Entsinnlichung und
Desymbolisierung der technischen Räume treiben in
der Negativität ihrer ästhetischen Erscheinung hervor, wohin
diese Bilder in ihrer Sprachlosigkeit wollen: das leichte
Taumeln unseres überforderten Vorstellungsvermögens ist

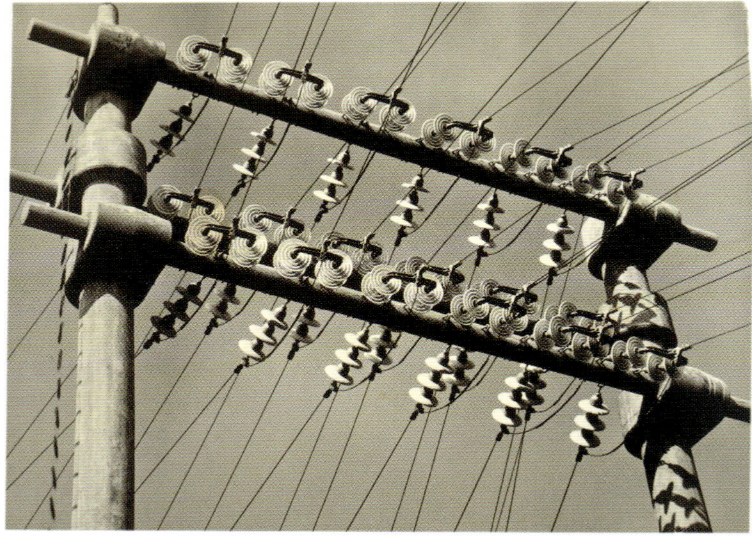

3 Albert Renger-Patzsch:
Isolatorenkette, 1925

gerade, weil es leer bleibt, dem Nachdenken günstig. Die Fotos sind nicht Reflexion der Technik, sondern ein bildliches Dispositiv der Reflexion auf die Technik. Sie verweigern sich, wozu die Fotografie immer neigte: der Realitätsfiktion. Sie sind deswegen eher Embleme als Abbildungen. Sie geben nicht das Reale preis, sondern das Fiktive der Realität."[8]

Diese Zeilen apostrophieren nicht nur Jean-Luc Godards Skepsis der Fotografie gegenüber, sie lassen auch daran denken, dass eine einfache Wiedergabe der Realität nicht mehr möglich ist – nicht nur, weil sie in die Funktionale gerutscht ist, sondern schon allein deshalb, weil sie unsichtbar geworden ist. Henrik Spohlers Serie *0/1 Dataflow,* zu Beginn der 2000er Jahre entstanden, denkt diesen Gedanken weiter (Kat. 149). Seine Recherchen führen ihn in die physische Welt hinter den Datenströmen, in eine klinisch weiße Welt der Serverräume, in eine Art Hyper-Raumschiff aus weißen gekühlten Schränken, in denen sich große Rechner verbergen, und unendlichen Kabelschächten. Eine Welt, die in ihrer Helligkeit an simulierte, gerenderte Räume einer Architektursoftware denken lässt. Manövriert man sich durch das fotografische Universum Spohlers, der zu Beginn der 1990er Jahre, etwa 30 Jahre nach Rautert, sein Diplom erwarb und in der kritischen Dokumentartradition einer Angela Neuke steht, so entdeckt man auch in anderen Serien wie *Hypothesis, Global Soul* oder *In Between* die unterschiedlichsten Morphologien einer durchtechnisierten und globalisierten Handelswelt (Kat. 148 und 150). Diese Strukturen charakterisieren sich oftmals durch das Serielle oder in Serie geschaltete Bildelemente. Sie erinnern damit an ein ganz wesentliches Stilmittel der Industriefotografie der Neuen Sachlichkeit: Die berühmten Schuhbügeleisen der Fagus-Werke oder die Isolatorenkette eines Albert Renger-Patzsch (Abb. 3), doch auch die gestapelten VW-Käfer-Dächer eines Peter Keetman (Kat. 116–118) finden in den aneinandergereihten Rechnerschränken oder den gestapelten Containern ihre Fortsetzung.

DIE SINNBILDER UND ALLEGORIEN DER ZEITGENÖSSISCHEN KUNST

Wenn sich das Wesentliche der modernen Fabriken unserer Tage ins Immaterielle zurückzieht und Abbilder davon nicht mehr möglich sind, muss die Fotografie, zumal wenn sie sich als zeitgenössische Kunst versteht, Sinnbilder dafür finden. Thomas Struths Blatt *Simulator Head, JPL, Pasadena 2013* (Kat. 152) aus seiner aus fünf Offset-Lithografien bestehenden Mappe *Nature & Politics* stellt ein solches Sinnbild dar. Zwar verrät uns die Fotografie nicht die genaue Funktion dieser plastischen Abbildung eines menschlichen Kopfes in Originalgröße, die im Jet Propulsiv Laboratory der NASA am California Institute of Technology aufgenommen wurde. Aber der Titel verweist auf den Begriff der Simulation und somit auf jene operativen Modelle der Wissenschaft, die an die Stelle der Empirie die Kalkulation der Algorithmen gesetzt hat. Der Kopf ist somit eine Allegorie der künstlichen Intelligenz unserer Tage. Von einer Methode der Allegorisierung ließe sich auch angesichts der Arbeiten von Thomas Demand sprechen. *Fabrik* von 1994 (Abb. 4) entstammt dem Frühwerk Demands, also jener spannenden Phase, in der sich eine künstlerische Strategie und Haltung erst zu artikulieren beginnt. Bekanntlich arbeitet der Künstler mit aus Karton und Papier gebauten Modellen von Orten und Interieurs, oftmals im Verhältnis 1:1. Sie sind stets Chiffren für unsere politische und soziale Geschichte, die er durch ihre fotografische Abbildung in Simulakren verwandelt. Wofür steht die Fabrik des Jahres 1994? Ist sie bloße Idee, Idealbild oder Reminiszenz einer Fabrik, steht sie für die gleichzeitig stattfindende Umwandlung von Fabriken in Kunsttempel (wie sie damals für die Bankside Power Station in London beschlossen wurde)?

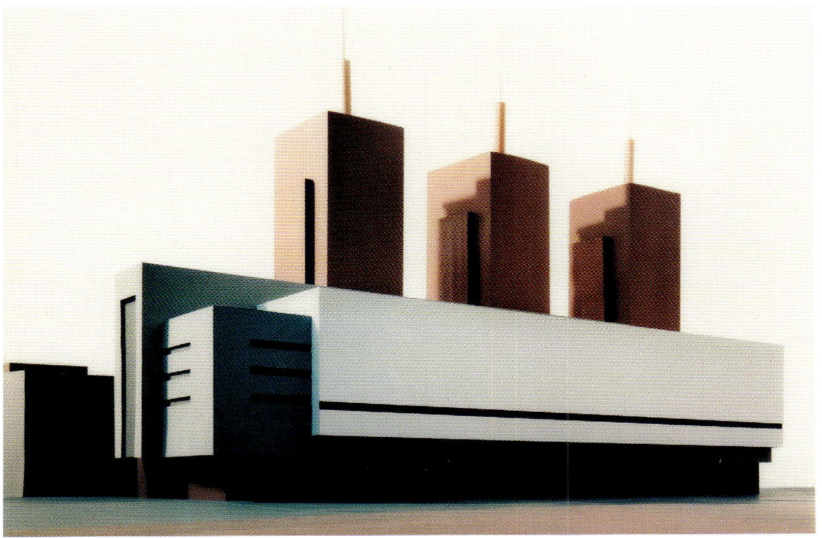

4 Thomas Demand: *Fabrik,* 1994

Struths und Demands so unterschiedliche Werke
sind hybride Verbindungen der Fotografie mit Malerei und
Grafik einerseits, mit Skulptur und Architektur andererseits.
Thomas Ruffs großformatiges Tableau *Maschine 0946*
(Kat. 139) ist hingegen eine doppelte Allegorie sowohl eines
längst zu Ende gegangenen Zeitalters der mechanischen
Maschinen als auch des Genres der fotografischen
Sachaufnahme. Ausgangspunkt seiner Serie *Maschinen*
ist das Negativ-Glasplattenarchiv der Werkzeugfabrik
Rhode & Dörrenberg in Düsseldorf-Oberkassel aus den
1930er Jahren. Ruff inspirierten Details der Negative, die
das Gemachtsein, den Konstruktionsaufwand und die
Retuschen dieser Aufnahmen verrieten, etwa den Einsatz
von Fotoassistenten, die hinter den Maschinen weiße
Tücher schwenkten, welche sich durch die lange Belichtungszeit der Aufnahmen in einen neutralen weißen Fond ver-
wandelten. Ruff führte diese fotografischen Manipulationen
in seiner digitalen Dunkelkammer fort und färbte die
Gegenstände teilweise, als einen suggestiven Vorschlag
ihrer ursprünglichen Metalllackfarbe, ein. So verwandeln
sich die Kreissägen aus *Maschine 0946* in eine Formation
feldgrüner Soldaten, das Gewehr im Anschlag haltend.
Ruffs Retusche ist im übertragenen Sinne eine Art der
digitalen „Ausentwicklung" des latenten Gehalts, den
manche Betrachter in den seriellen Aufnahmen der Neuen
Sachlichkeit schon immer vermuteten: nämlich dass sie
bereits die militärischen Formationen der 1930 und 1940er
Jahre vorwegnehmen würden.[9] Das fotografische Tableau,
das große stille Bild, ist längst schon neben die Malerei
eines Harald Duwe, Robert Schneider, Frank Bauer und
Alexander Calvelli (Kat. 145, 141, 144 und 142) getreten, die
sich im wörtlichen Sinne der Schilderung der Industrie
widmen, nicht ohne die große Tradition der neusachlichen
Malerei wieder aufzunehmen. Paradoxerweise versucht
die Fotografie, die sich als zeitgenössische Kunst begreift,

dem allzu Wörtlichen zu entgehen, und schlägt konzeptuelle
Umwege ein, dank der komplexen Struktur von in ihr
gespeicherter Wirklichkeit und Zeit. Andererseits sind die
zeitbasierten Medien Film und Video neben die Malerei
getreten, mit der Macht der Erzählung und einer nicht
minder großen Tradition der Darstellung der Fabrik, doch
dies wäre eine eigene Abhandlung wert.

CAMOUFLAGE UND WIDERSTAND.
DEKLINATIONEN FOTOGRAFISCHER SICHTWEISEN

Die Frage nach der Sichtbarkeit von Industrie und industrieller
Arbeit heute, aber auch die Formen ihrer Sichtbarmachung
erscheinen somit als die Dreh- und Angelpunkte der
zeitgenössischen Fotografie. Sie haben zum einen mit dem
Gegenstand selbst zu tun, den radikalen Metamorphosen
industrieller Produktionsweisen, zum anderen mit der
Reflexion über die angemessene zeitgemäße Methodik.
Werden die klinischen, leeren Räume eines Henrik Spohler
oder Timm Rautert zu Projektionsflächen der immateriellen
Dimension unserer digitalen Gegenwart, so versuchen
andere Ansätze wiederum die verborgene Wirklichkeit unserer
Gegenwart sichtbar zu machen. Im ganz wörtlichen Sinne
legt etwa Robert Voit in seiner Serie *New Trees* (Kat. 156–161)
die flächendeckende Camouflage moderner Mobilfunkmasten bloß, die in so unterschiedlichen Ländern wie den
USA, Großbritannien, Südafrika, Korea, Italien, Portugal und
Österreich als Baumattrappen – Nadelbäume, Palmen
oder große Kakteen – getarnt sind. Die digitale Welt hat ihre
ganz konkreten physischen Ausformungen, doch anstatt
die Funktionen der Masten offenzulegen, werden sie durch
einen Überzug aus Plastik kaschiert. Robert Voit, Absolvent
der Fachakademie für Fotodesign sowie der Kunstakademie
in München und Meisterschüler von Thomas Ruff in
Düsseldorf, verwendet hierzu den mächtigsten Code, den die

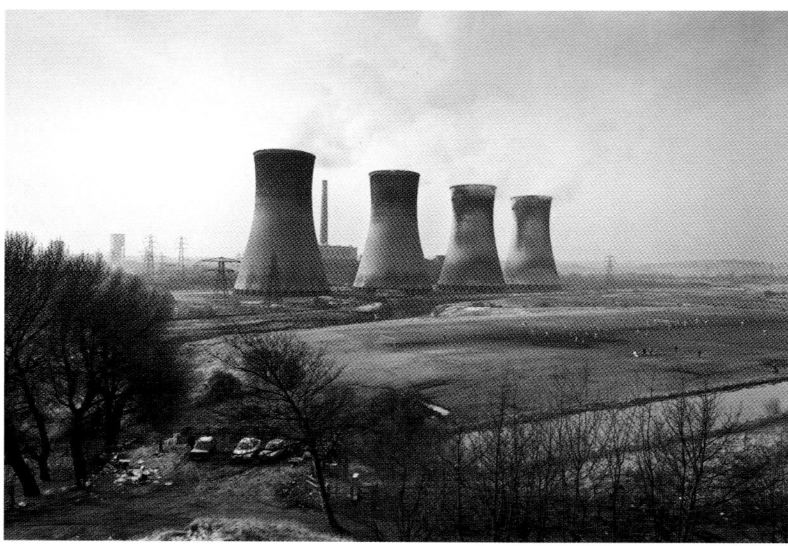

5 John Davies:
*Agecraft Power Station,
Salford*, 1983

deutsche Industrie- und Dokumentarfotografie seit Bernd und Hilla Becher zu bieten hat: die fotografische Typologie.[10] Nicht zuletzt dadurch weist sich die Taxonomie der Bäume als etwas von Menschenhand Geschaffenes aus.

Eine durchaus verwandte fotografische Tradition zitiert Jürgen Nefzger in seiner Serie *Fluffy Clouds* (Kat. 172–175), die zur gleichen Zeit wie Robert Voits *New Trees* entstanden ist. Aus den 72 Fotografien deutscher und westeuropäischer Kernkraftwerke – oder besser Landschaften mit Kernkraftwerken – spricht die kritische Tradition der amerikanischen *New Topographics* eines Robert Adams oder Lewis Baltz, aber auch die Sichtweise des britischen Fotografen John Davies, wie sie etwa in dessen Buch *A Green and Pleasant Land* zum Ausdruck kommt. Mit Davies teilt Nefzger auch den sarkastischen Humor, nicht nur was den Titel betrifft. In seinen Landschaften nimmt man die Kühltürme der Kraftwerke (Abb. 5) oftmals erst auf den zweiten Blick wahr, zu idyllisch und wohlkomponiert sind seine Aufnahmen. Ihre durchgängige Präsenz im Hintergrund sorglosen Freizeitvergnügens von Anglern, Surfern und Golfern oder einer Minieisenbahn in Kalkar löst ein Gefühl latenter Bedrohung aus. Die *Fluffy Clouds* (Schäfchenwolken), die den Kühltürmen entweichen, werden zu einer Chiffre für die unsichtbare Bedrohung durch die Radioaktivität. Jürgen Nefzger hat als junger deutscher Fotograf in der ersten Hälfte der 1990er Jahre an der École nationale supérieure de la photographie in Arles studiert. Er hat das französische Interesse für das *aménagement du territoire,* wie es in dem ambitionierten Projekt der DATAR zur Erschließung von Land und Landschaft in den 1980er Jahren zum Ausdruck kam, mit der amerikanischen Dokumentartradition und einem kritischen ökologischen und topografischen Bewusstsein verbunden, wovon auch zahlreiche andere Serien zeugen.

Wenn die kritische Gesinnung eine konkrete Gestalt annimmt und zur Tat schreitet, dann ist die Reportage als fotografische Form und als Mittel des Widerstands nicht weit, wie die beiden Serien von Daniel Chatard und Julian Röder belegen. Röders Bildbericht *World of Warfare* (Kat. 178–182) teilt mit Ruth Hallenslebens Reportage über die deutsche Rüstungsindustrie in den frühen 1940er Jahren allenfalls die Analogie der propagandistischen Wirkungsmacht von Bildern der Waffenproduktion (Abb. 6). Seine kritische Haltung ist allerdings diametral entgegengesetzt: Im Februar 2011, während sich auf den Straßen Kairos der Arabische Frühling den Weg bahnte, trafen sich in Abu Dhabi Tausende Militärs zur größten Militärmesse des Mittleren Ostens. Stolz stellten Firmen aus der ganzen Welt ihre Militärproduktion zur Schau. Röders Fotografien arbeiten den Grad der unheimlichen Inszenierung heraus, die in manchen Einstellungen an einen Hollywood-Film denken lässt, in anderen die Banalität der kommerziellen Veranstaltung sichtbar macht, als ob es sich um eine Spielzeugmesse handelte.

Daniel Chatards jüngst entstandene Serie über die Abholzung des Hambacher Forsts für den linksrheinischen Braunkohletagebau ist ebenfalls ein Zusammenspiel verschiedener fotografischer Sichtweisen (Kat. 189 und 190). In seinen Architekturaufnahmen der von Aktivisten errichteten Baumhäuser findet er ein archaisch anmutendes Äquivalent zur Form des alternativen Protestes gegen eine längst überholte Moderne, deren Fortschritt auf der Ausbeutung der Ressourcen gründete. Zugleich erinnern sie daran, dass die Fragen der richtigen Industriepolitik heute konfliktreiche und schmerzhafte gesellschaftliche Verhandlungsprozesse sind. Chatards Porträt einer Aktivistin verrät, wessen Seite er zuneigt. Die Spätfolgen unseres industriellen Zeitalters, das sich gierig die Ressourcen aneignete, offenbaren sich ebenso in den Fotografien von Inge Rambow und Victoria

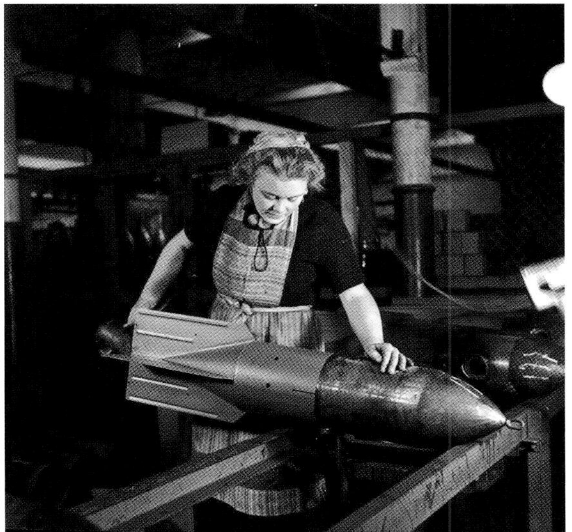

6 Ruth Hallensleben:
*Maschinenfabrik Meer AG,
Mönchengladbach,* 1941

Sambunaris, die die geschändete Landschaft des Tagebaus in der Lausitz und einer Goldmine in Alaska zeigen (Kat. 166 und 163). Die Form der *Man-Altered Landscape,* um den Untertitel der *New Topographics*-Ausstellung von 1975 in Rochester zu zitieren, ist heute eine der zentralen Sichtweisen einer industriellen oder postindustriellen Landschaftsfotografie, ganz so als wäre das Sprechen über Bäume heute wieder ein Verbrechen. Die Aufnahmen von Rambow und Sambunaris sind Bilder, die, ganz im Brecht'schen Sinne, die Kinderfibeln der Zukunft illustrieren sollten, wenn es darum geht, ein Bild des Anthropozäns zu vermitteln.

Taslima Akhters Serie *Death of a Thousand Dreams* (Kat. 183–188) ist eine einzige fotografische Anklage. Am 24. April 2013 stürzte in Dhaka das neunstöckige Fabrikgebäude Rana Plaza ein und begrub die Arbeiterinnen und Arbeiter unter sich, die dort für westliche Textilunternehmen Kleidung herstellten. 1134 Menschen fanden den Tod. Akhters Bilder ersparen uns nicht den Anblick der Toten im Schutt des Gebäudes und den stummen Protest und die Trauer ihrer Angehörigen. In zahlreichen Ausstellungen weltweit vertreten, zeigt Akhters Serie der westlichen Welt die Schattenseiten der neokolonialen Ausbeutung in vielen Ländern des globalen Südens. Ihre Fotografie eines sich noch im Tode umarmenden Paares unter den Trümmern des Rana Plaza (Kat. 186) wurde vom *Time Magazine* zu einer der zehn wichtigsten Aufnahmen des Jahres 2013 gewählt. Es ist nicht zuletzt diese Form der Fotografie, die daran erinnert, dass die Kapitalismuskritik in Sternbergs/Brechts/Benjamins migrierendem Zitat immer noch von Aktualität ist und dass die Funktionale der heutigen ökonomischen Realität in neue Formen der Ausbeutung gerutscht ist – in das Outsourcing und die Verlagerung von Produktionsstandorten an Stätten unterhalb jeglicher humanitärer Standards. Auch diese Bilder haben dazu beigetragen, dass der deutsche Bundestag Anfang 2021 ein neues Lieferkettengesetz beraten hat. Taslima Akhter ist aber nicht nur zur Stelle im Falle der Katastrophe. Über sechs Jahre hinweg hat die 1974 in Dhaka geborene Fotografin das Leben von Textilarbeiterinnen dokumentiert. Sie ist im besten Sinne eine Verkörperung jener Forderung, die der Fotograf, Kurator und Aktivist Shahidul Alam 2007 im Magazin *New Internationalist* formulierte: Die Geschicke des Fotojournalismus über den globalen Süden sollten in den Händen jener Menschen liegen, die von dort kommen. *The Majority World Looks Back* lautete der Titel seines Textes.[11]

DIE FABRIKEN DER ZUKUNFT

Wie mögen die Fabriken der westlichen Welt und die Arbeit am Fließband künftig aussehen? Die Frage ist leicht zu beantworten, denn sie existieren schon längst, und wenn wir bei Google Books nach den Seiten eines vergriffenen Kunstbuchs suchen, so profitieren wir schon von einer dieser neuen Fabriken. Der amerikanische Künstler Andrew Norman Wilson hat ihr bereits zwischen 2009 und 2011 eine Arbeit gewidmet, deren Titel *Workers Leaving the Googleplex* wiederum den ersten erhaltenen Film der Brüder Lumière apostrophiert. In Wilsons Film sieht man die verschiedenen Zugänge zu Googleplex, dem Unternehmenssitz von Google in Mountain View, Kalifornien. Dort sind nicht nur Programmiererinnen und Programmierer tätig, sondern auch eine große Heerschar von Arbeiterinnen, welche die historischen Bücher für Google Books in einem fließbandartigen Prozess einscannen (Abb. 7). „Den Blicken der übrigen Belegschaft entzogen", wie Fabian Knierim es zusammenfasst, „bilden die Arbeiterinnen und Arbeiter des als ‚Scan-Ops' firmierenden Projekts des Google-Unternehmens eine Art Kaste der Unberührbaren in einem streng hierarchisch gegliederten, tayloristischen System. Sichtbar werden die Scan-Ops-Angestellten lediglich in den

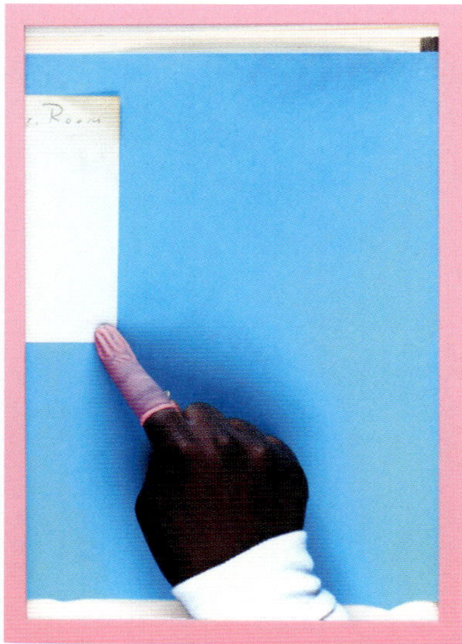

7 Andrew Norman Wilson:
The Inland Printer – 164, 2012,
aus der Serie *Scan Ops*

Fehlern des Scan-Vorgangs, indem mitunter versehentlich ihre mit bunten Gummihandschuhen geschützten Finger ins Bild geraten – der indexikalische Handabdruck wird zum einzigen Zeugnis ihrer Existenz."[12]

„Our machines are made of pure sunlight, electromagnetic frequencies, light pumping through fiber glass cables. The sun is our factory", flüstert suggestiv die Stimme aus dem Off, zu Beginn der Projektion in Hito Steyerls Videoinstallation *Factory of the Sun* (Abb. 8). Diese Sonnenfabrik ist ein dystopischer Ort, irgendwo zwischen der Simulation eines Computerspiels und der Ruine der CIA-Abhörstation auf dem Berliner Teufelsberg gelegen, mit einem installierten Motion Capture Studio, das gleich einem Eadweard-Muybridge-Dispositiv des 21. Jahrhunderts jegliche organische Bewegung aufzeichnet und in einen Datensatz überführt, als Grundlage für die Computerspiele unseres Zeitalters. Die Arbeiterschaft in dieser *Factory of the Sun* schuftet wie in einem Gulag und jede ihrer Bewegungen trägt zur fortschreitenden Virtualisierung aller Lebensverhältnisse bei. Der Staub früherer Fabriken ist verschwunden, nicht jedoch der Schweiß, und der Tanz der Akteure ist auch als eine Form des Widerstandes und des Protests zu lesen. Allen technologischen Errungenschaften der Menschheit, so könnte man Hito Steyerls Arbeiten lesen, wohnt eine gewisse Dialektik inne. Was einst als die Utopie einer Welt der Emanzipation und der Bildung aller Menschen begann, der freie Datenfluss des Internets, hat sich ins Gegenteil verkehrt. In dieser Sonnenfabrik der Selbstausbeutung sind wir nicht mehr Player in einem interaktiven Spiel, allenfalls Marionetten, und die Zirkulation unserer Daten dient längst anderen Zwecken. Auch in diesen Fabriken der Gegenwart und Zukunft wird der Arbeitskampf nicht zu vermeiden sein, und es liegt an uns, ihn produktiv zu gestalten.

1 Eskildsen/Borsdorf 1987; Oberhausen 1999; Essen 2010b.
2 Hito Steyerl: Ist das Museum eine Fabrik?, in: dies.: *Jenseits der Repräsentation / Beyond Representation. Essays 1999–2009,* hrsg. von Marius Babias, Berlin 2016, S. 107–116.
3 Ebd., S. 109.
4 Thomas Elsaesser: Ist die Fabrik ein Museum?, in: ebd., S. 117–125.
5 Zit. n. Bernd Stiegler: „Die eigentliche Realität ist in die Funktionale gerutscht". Kapitalismuskritik und Photographietheorie. Zur Karriere eines berühmten Zitats, in: ders.: *Montagen des Realen. Photographie als Reflexionsmedium und Kulturtechnik,* München 2009, S. 241–253, hier S. 243.
6 Siehe die parallel zum Niedergang der Montanindustrie im Ruhrgebiet einsetzenden Aufarbeitungen der Firmenarchive: Matz 1987; Tenfelde 1994.
7 Hartmut Böhme: Gehäuse des Unsichtbaren. Timm Rauterts Fotografien der dritten Industriellen Revolution, in: Essen 1992, S. 88–93, hier S. 93.
8 Ebd.
9 Siehe hierzu etwa Herbert Molderings, der über die Technikemphase der neusachlichen Maschinen- und Produktfotografie schreibt: „,Technik-Begeisterung', ,Ingenieurs-Romantik' und ,Industrie-Kult' erhalten ihren bitteren Beigeschmack durch die Tatsache, dass die Technik sehr bald ihre avancierteste Gestalt in der faschistischen Kriegsindustrie finden sollte", Herbert Molderings: Überlegungen zur Fotografie der Neuen Sachlichkeit und des Bauhauses, in: Ulrich Keller, Herbert Molderings und Winfried Ranke (Hrsg.): *Beiträge zur Geschichte und Ästhetik der Fotografie,* Lahn-Gießen 1977, S. 67–88, hier S. 75.
10 Siehe hierzu auch den Text von Christoph Schaden auf der Website des Künstlers, http://www.robertvoit.com/bilder/serie4_new_trees/text.php?id=text (aufgerufen am 4. Mai 2021).
11 Vgl. Shahidul Alam: The Majority World Looks Back, in: *Manifeste! Eine andere Geschichte der Fotografie,* Ausst.-Kat. Museum Folkwang, Essen / Fotomuseum Winterthur, 2014, S. 342–349.
12 Fabian Knierim: Kein Bild ist ein Insel, in: *Farewell Photography,* hrsg. von Florian Ebner und Christin Müller, Ausst.-Kat. Kunsthalle Mannheim / Kunstverein Ludwigshafen / Heidelberger Kunstverein, 2017, S. 102–131, hier S. 106.

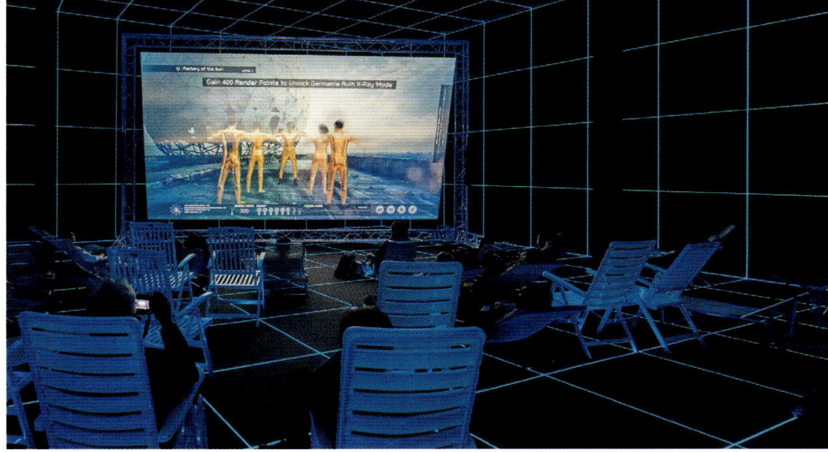

8 Hito Steyerl:
Factory of the Sun, 2015

130 Bernd und Hilla Becher:
*Förderturm, Fosse Nœux no. 13,
Frankreich*, 1972

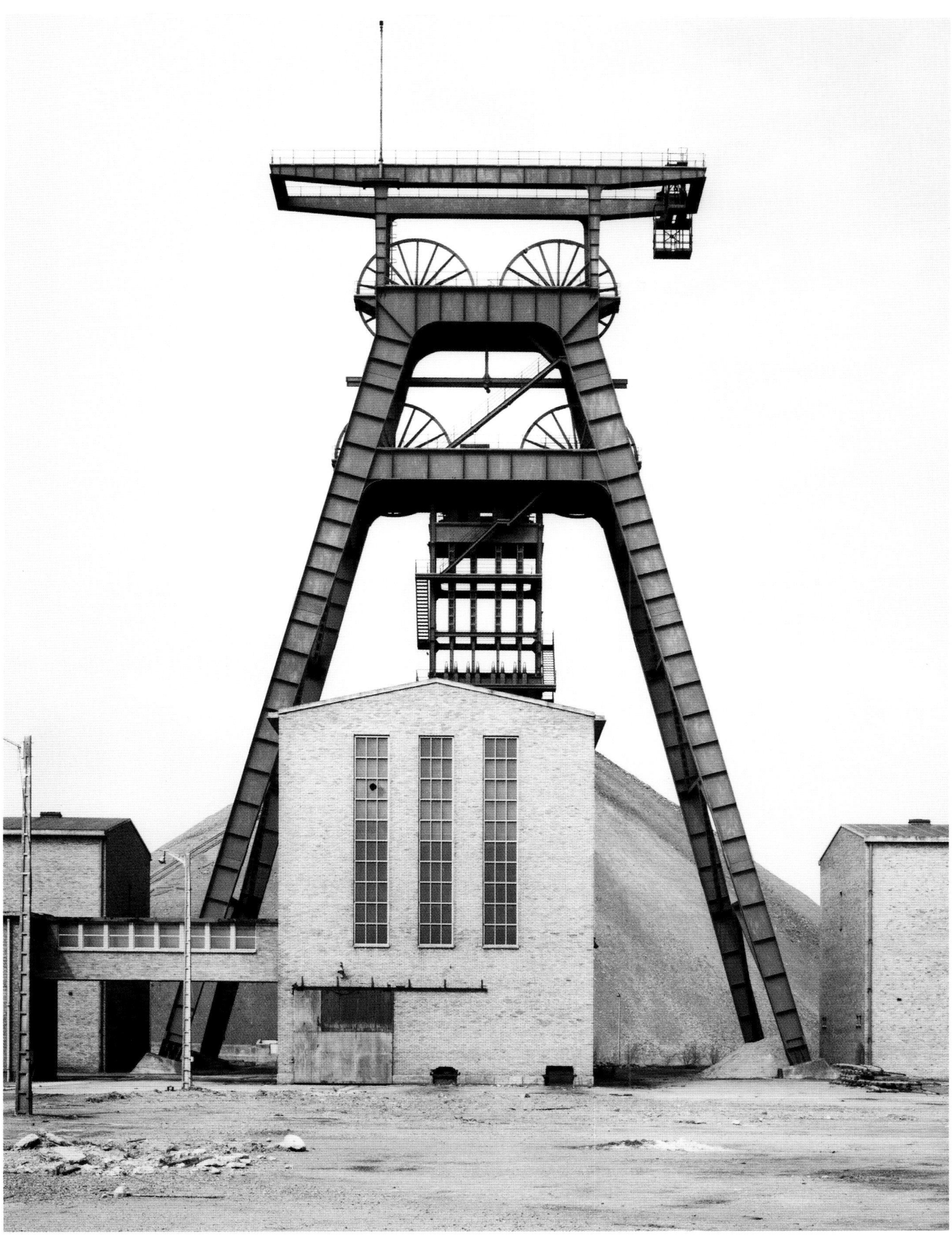

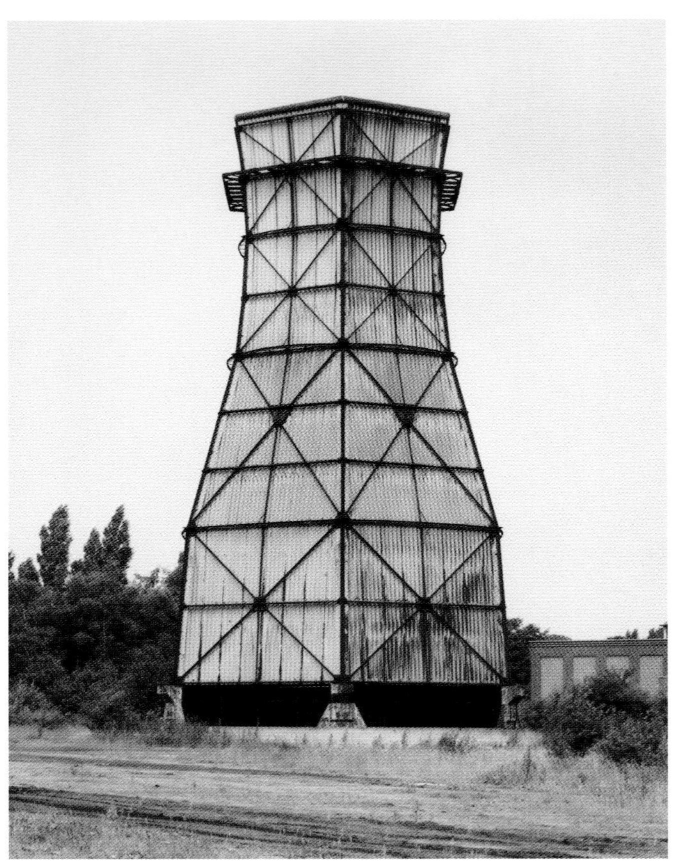

131 Bernd und Hilla Becher:
Kühltürme, Zeche Waltrop, Ruhrgebiet, 1967

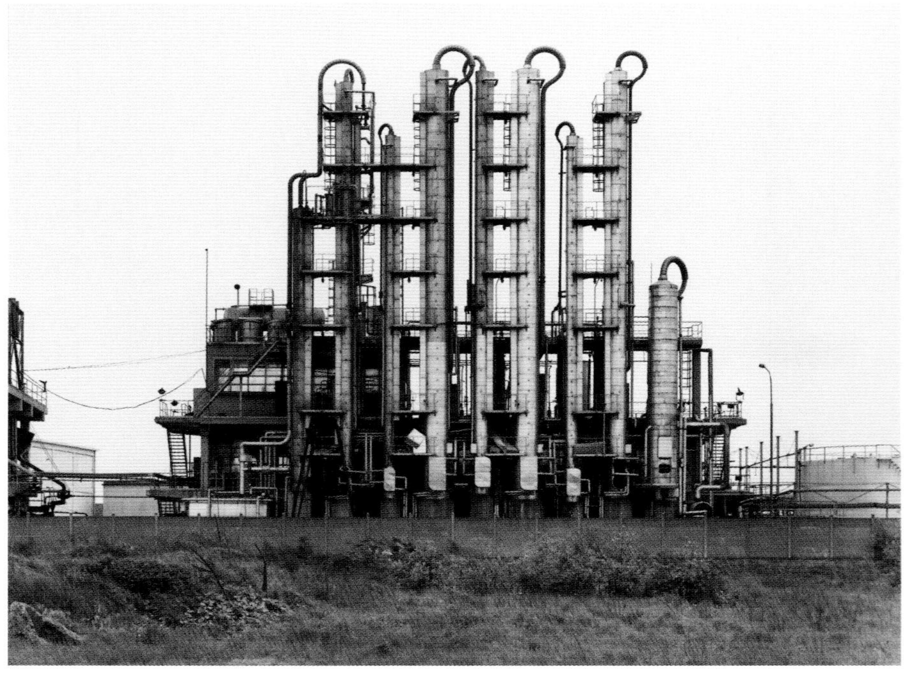

132 Bernd und Hilla Becher:
Raffinerie bei Metz, Frankreich, 1975

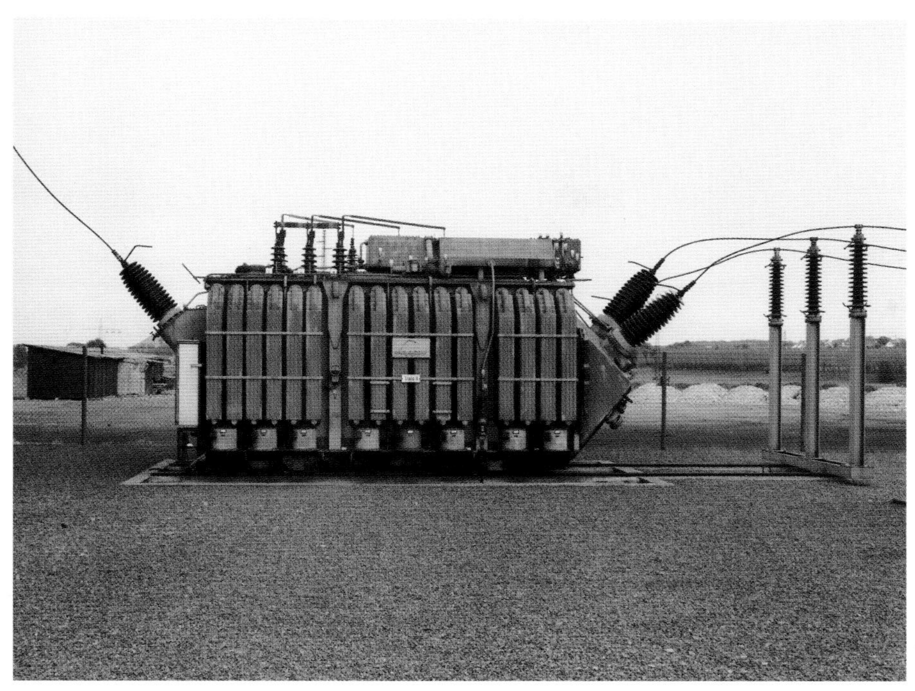

133 Bernd und Hilla Becher:
Transformator, Bous, Saarland, Deutschland,
1970

134 Bernd und Hilla Becher:
Kalköfen, Brielle, Holland, 1968

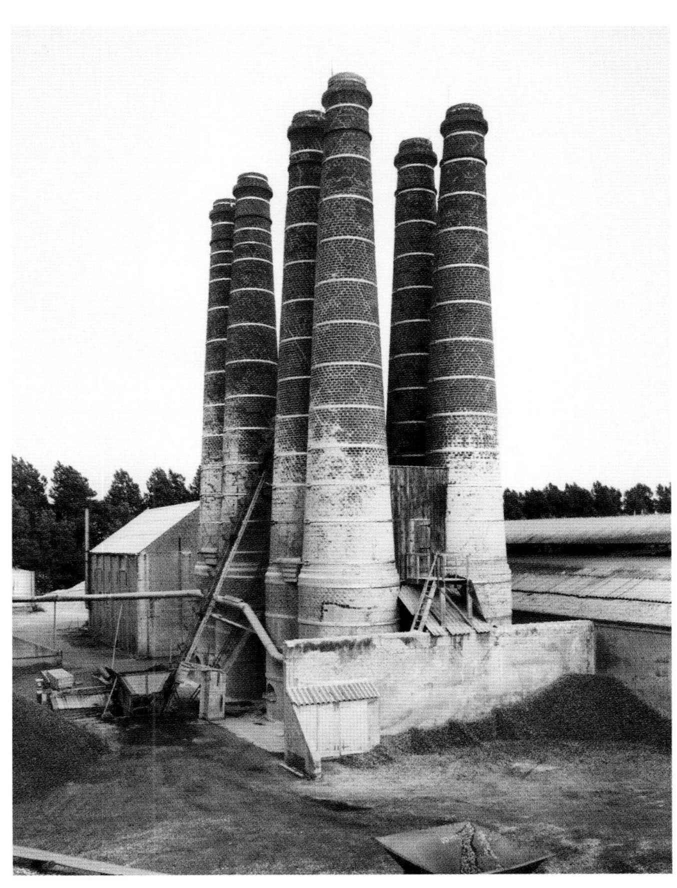

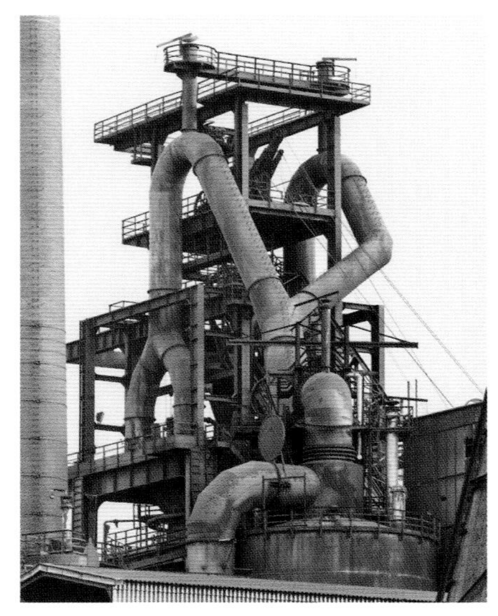
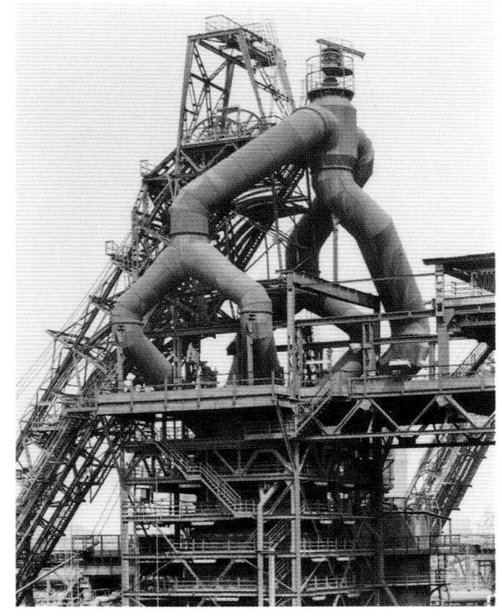
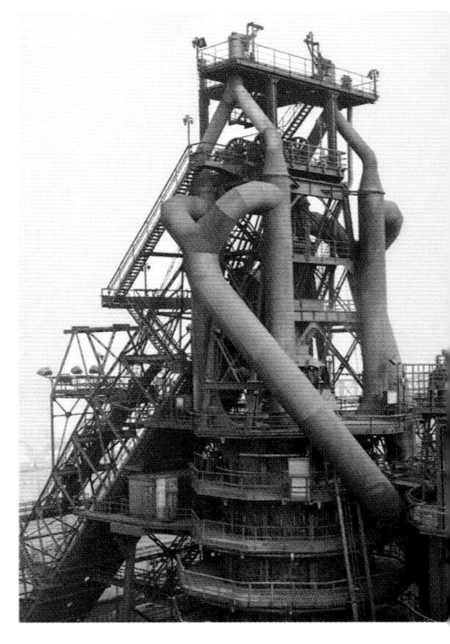
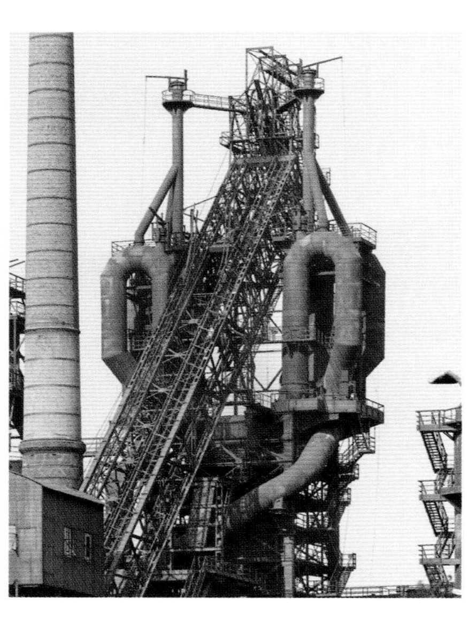
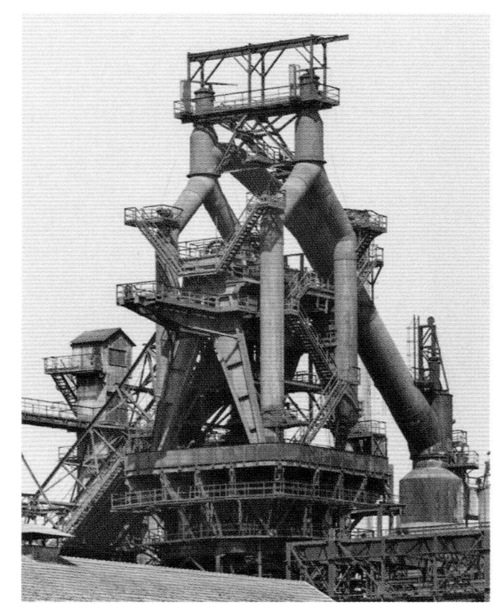
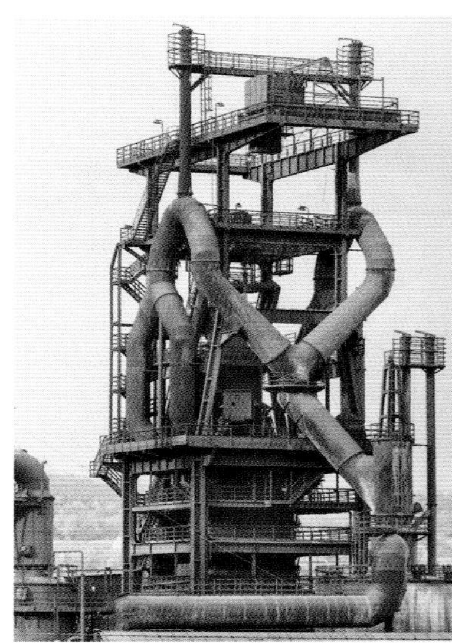
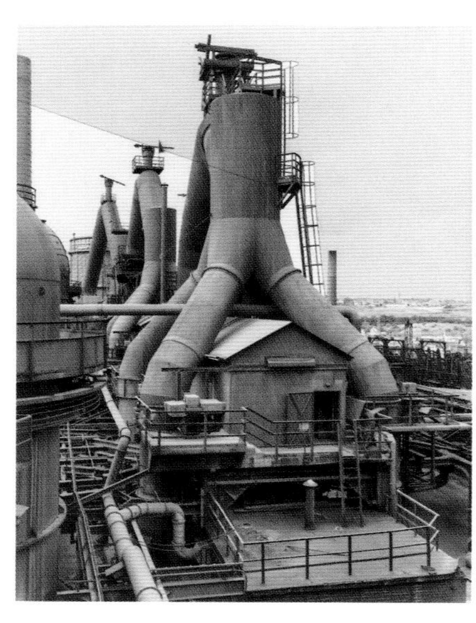
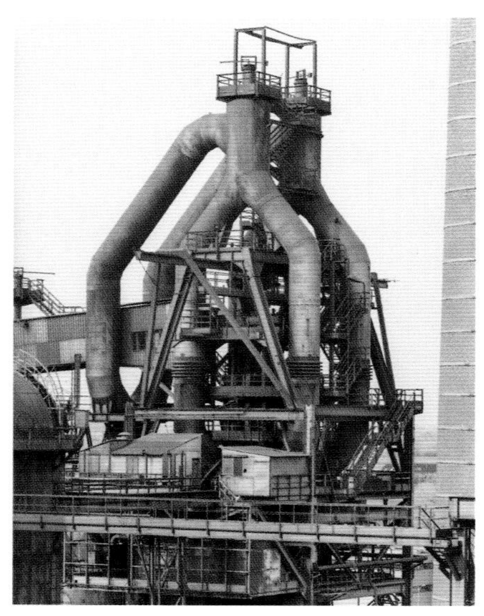
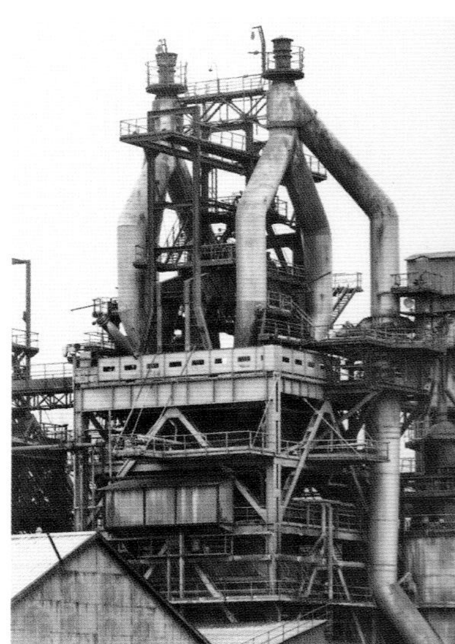

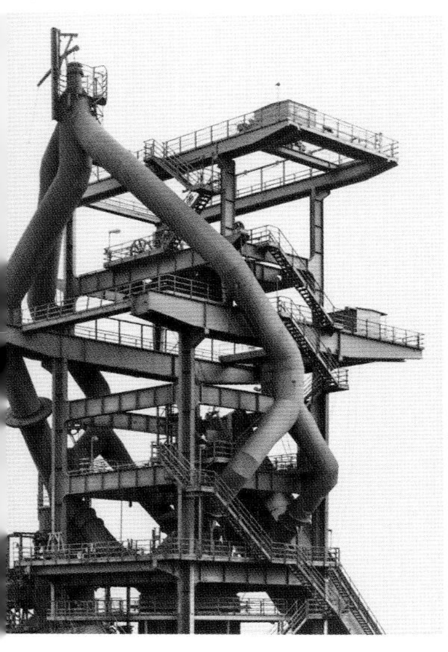
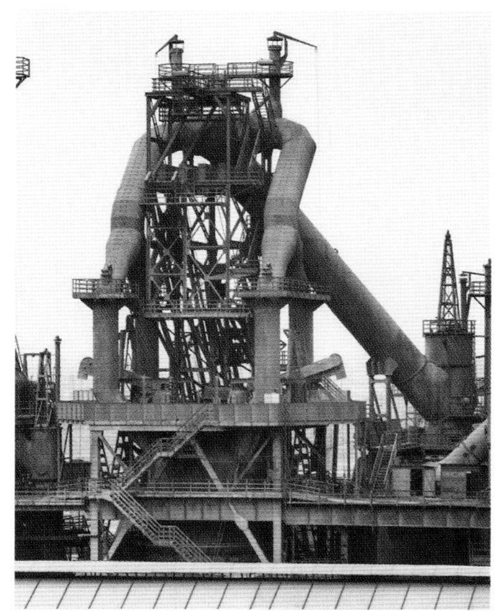
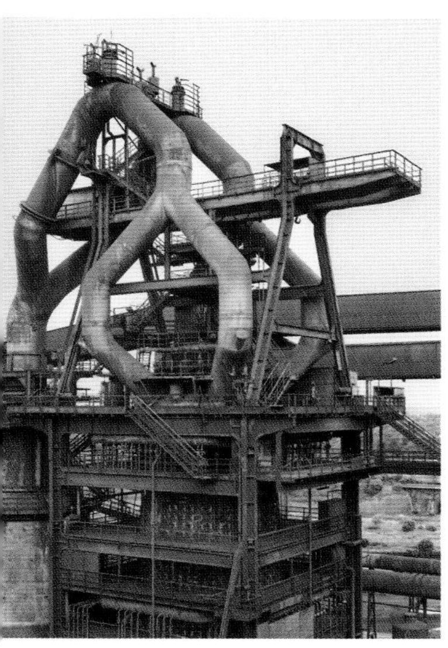
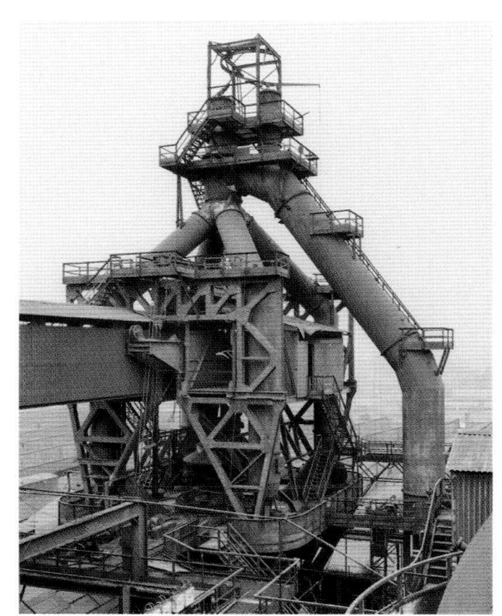
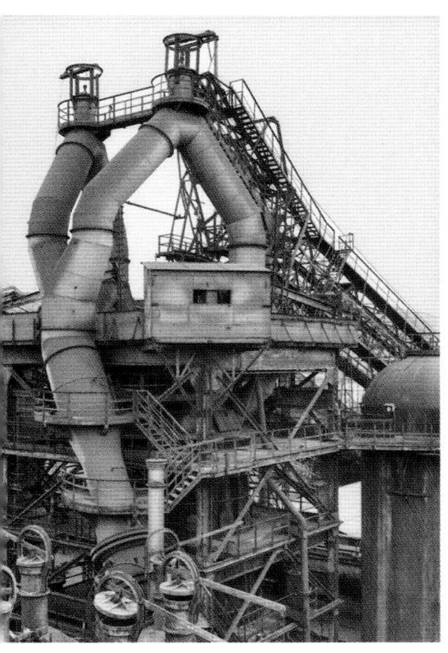
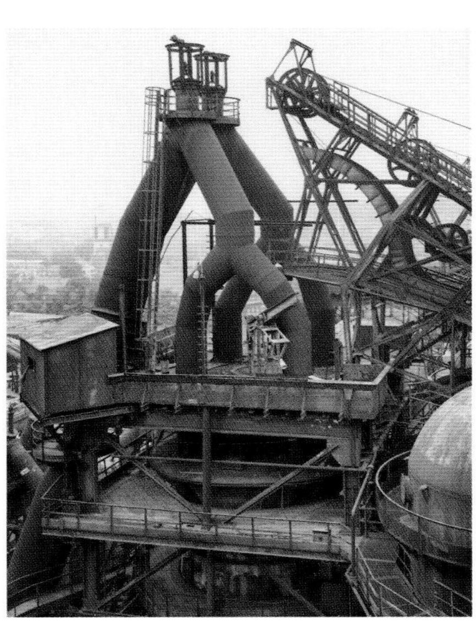

135 Bernd und Hilla Becher:
Hochofenköpfe, 1979–1986

136 Walker Evans:
Bethlehem, Pennsylvania, 1935

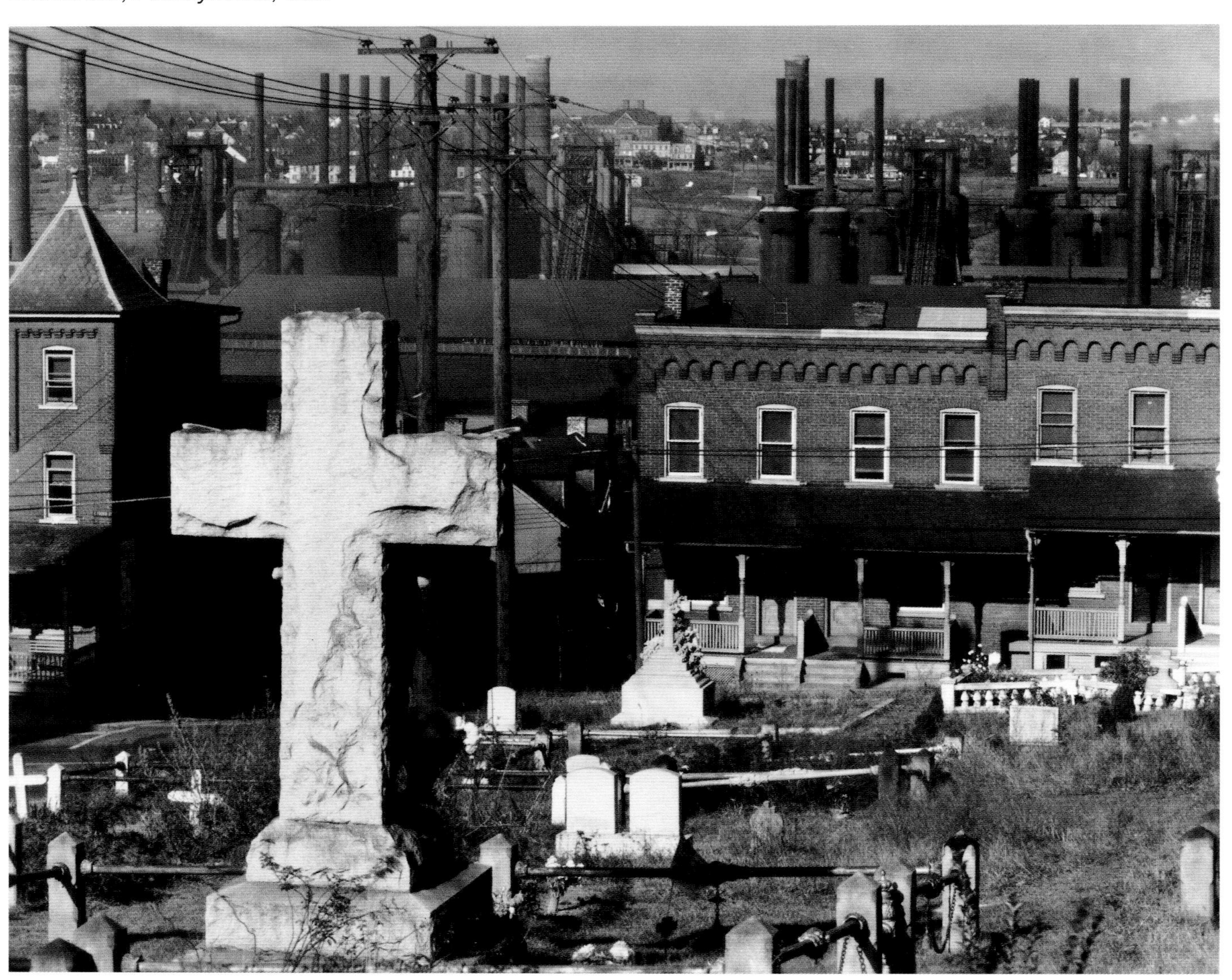

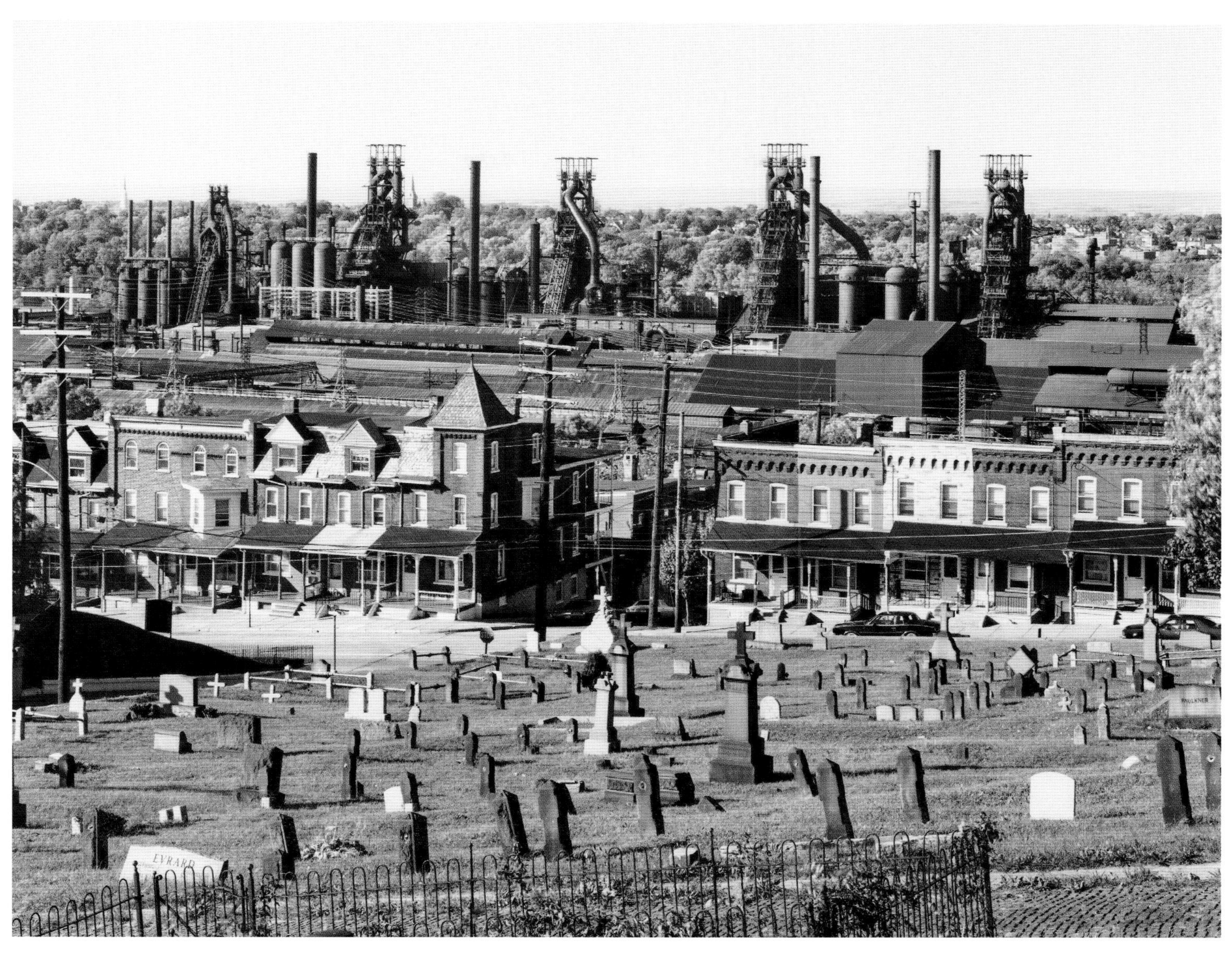

137 Bernd und Hilla Becher:
Bethlehem, Pennsylvania, USA 1986, 1986

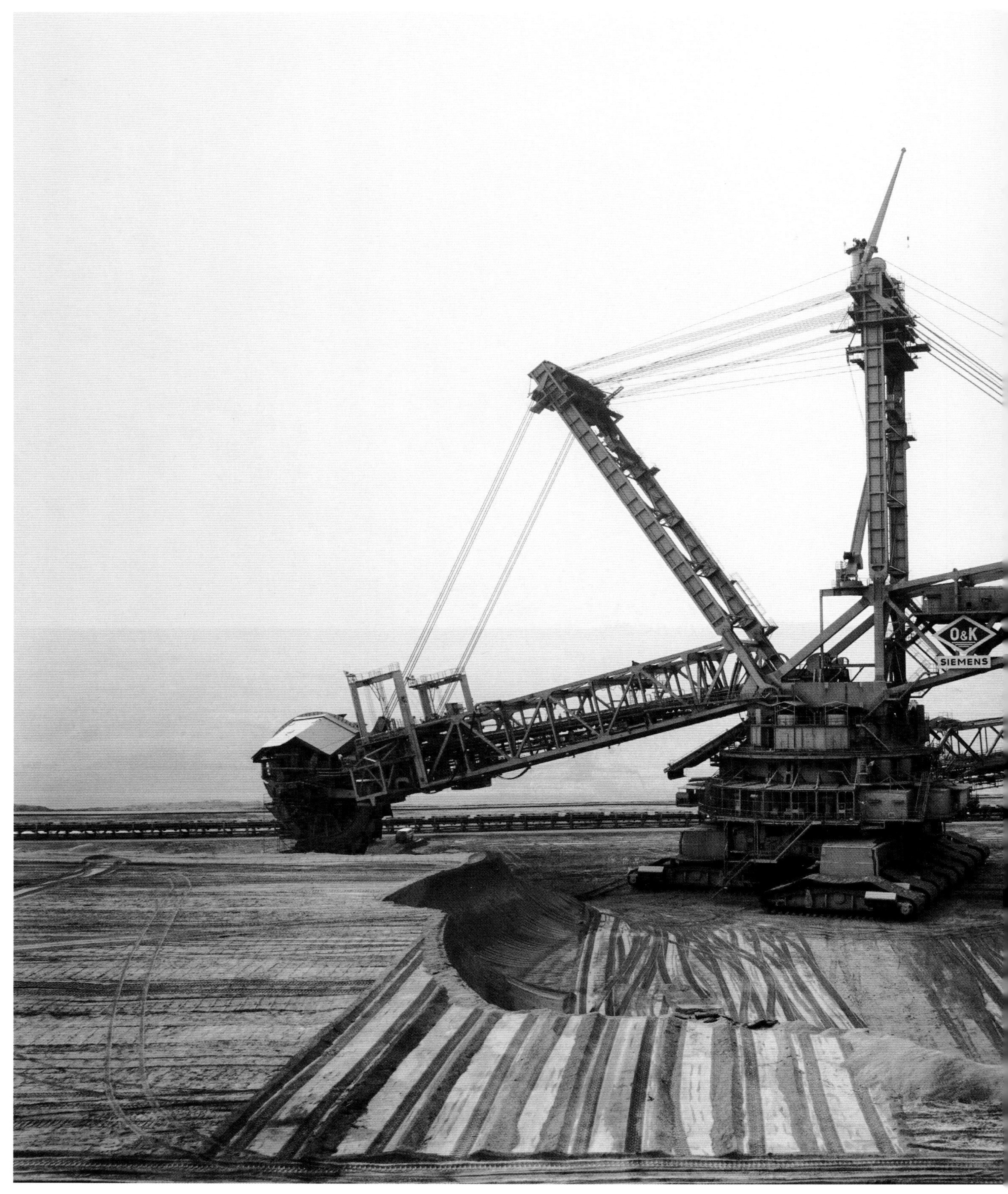
O&K
SIEMENS

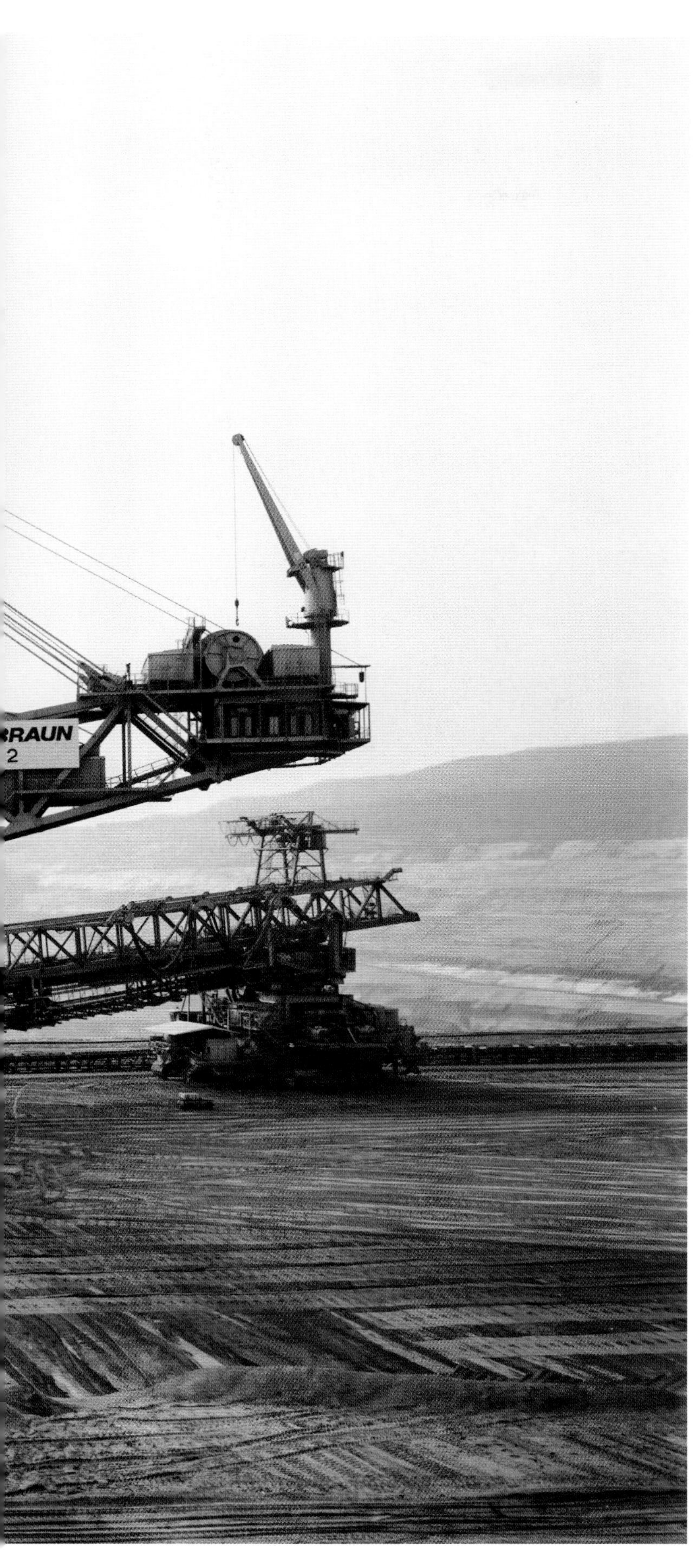

138 Claudia Fährenkemper:
Im Tagebau Hambach, Schaufelradbagger 292, 1991

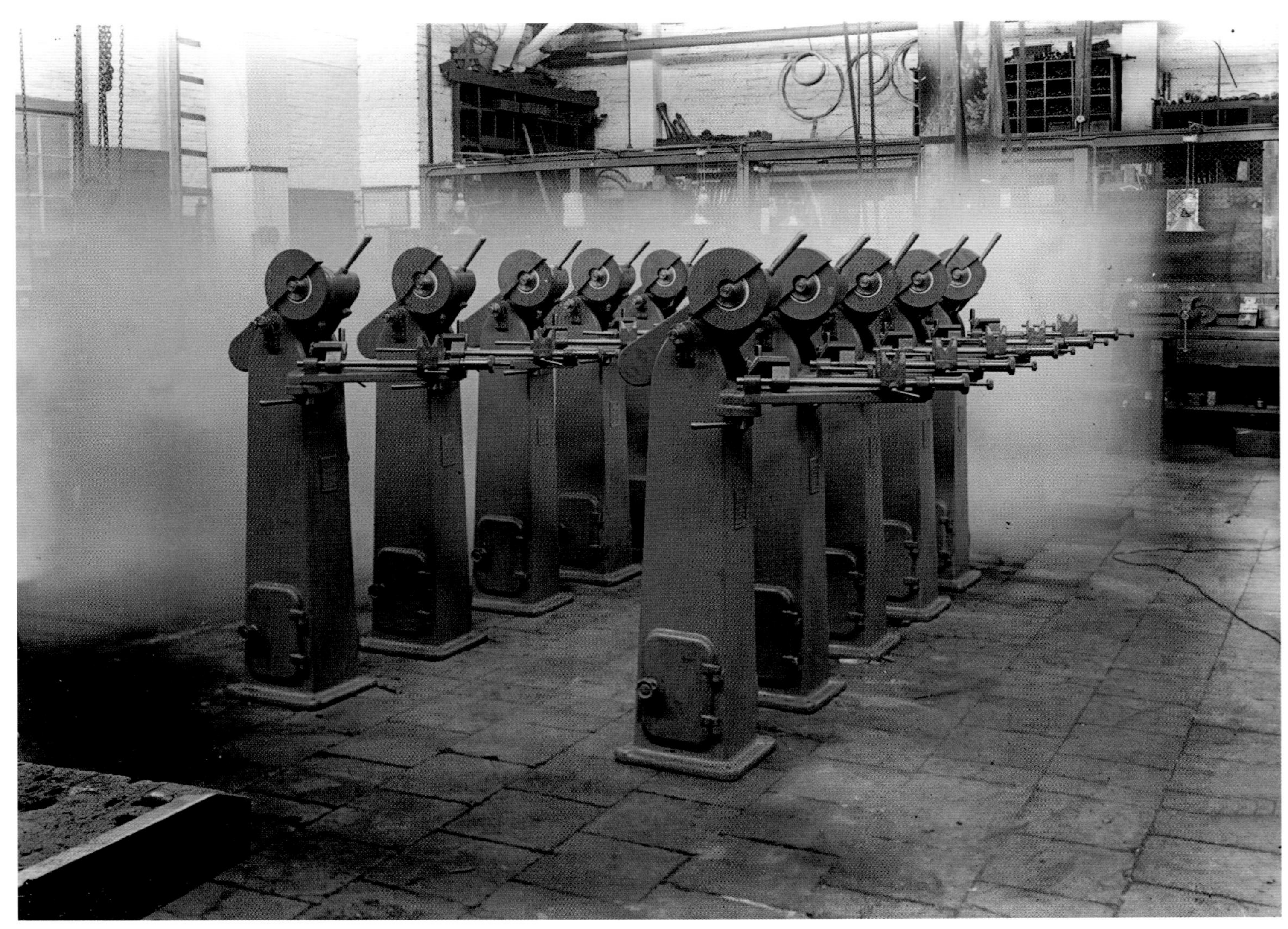

139 Thomas Ruff:
Maschine 0946 aus der Serie *Maschinen*, 2003

140 Andreas Gursky:
Hamm, Bergwerk Ost, 2008

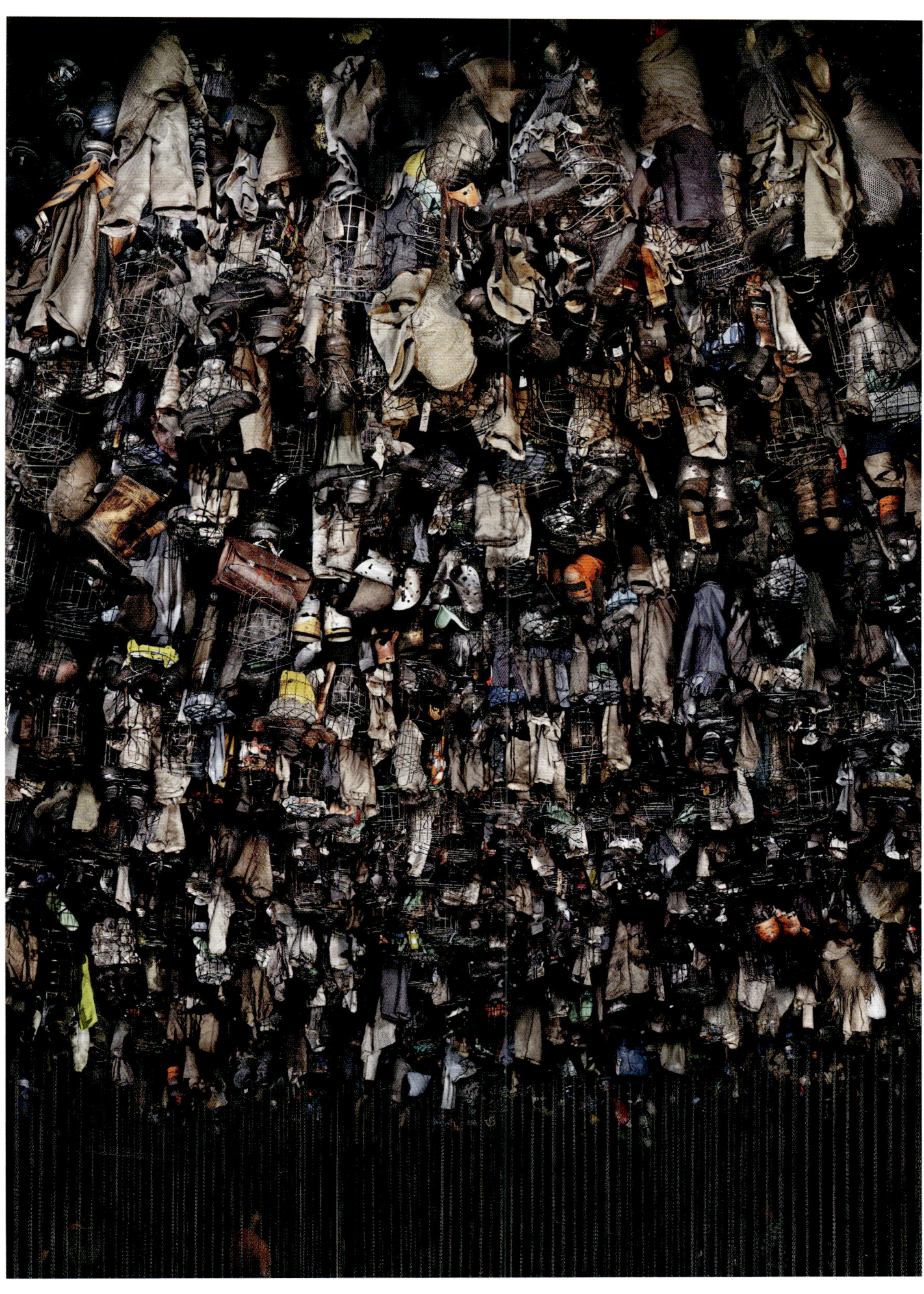

141 Robert Schneider:
Bitterfeld Nr. 51, 1991

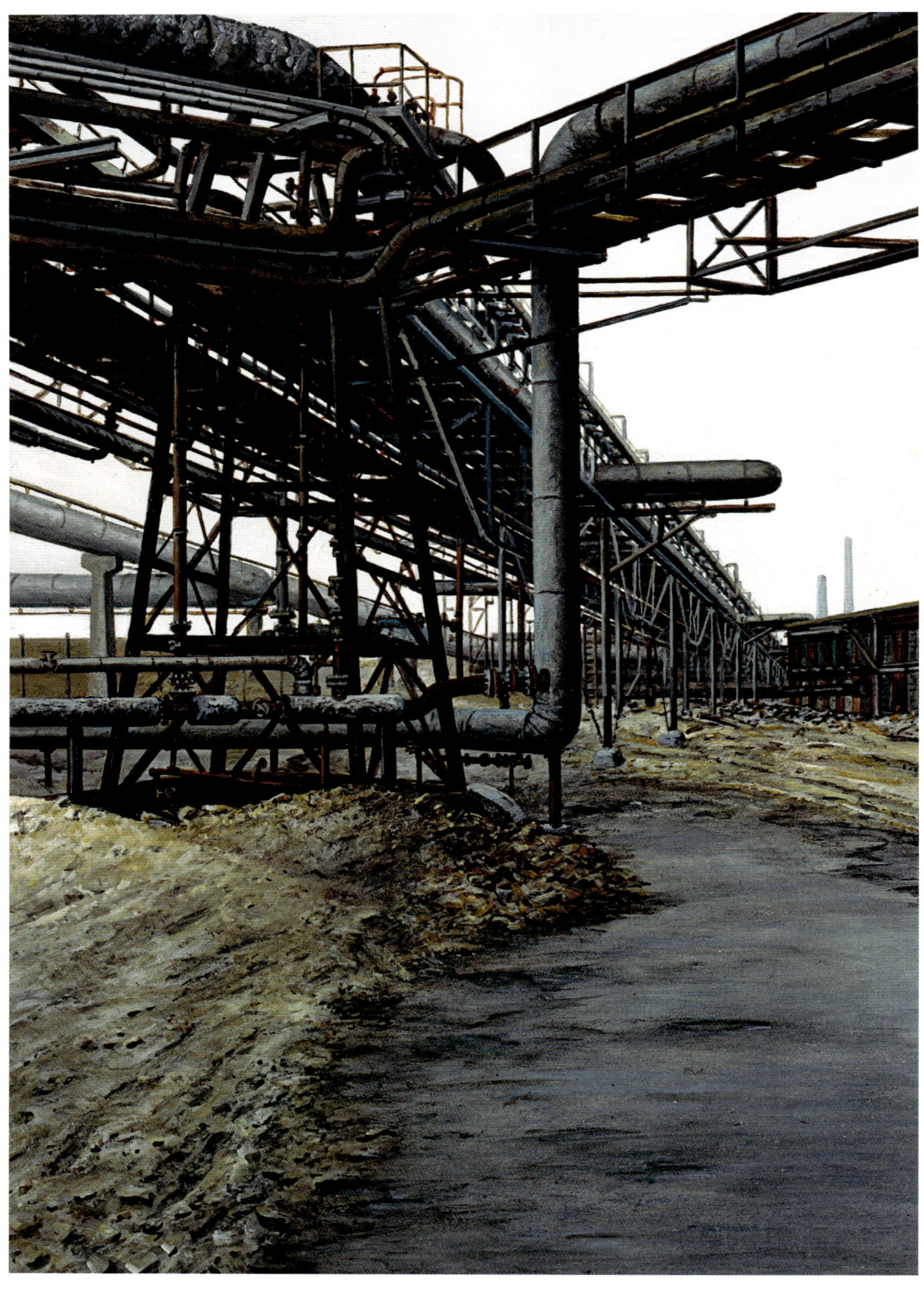

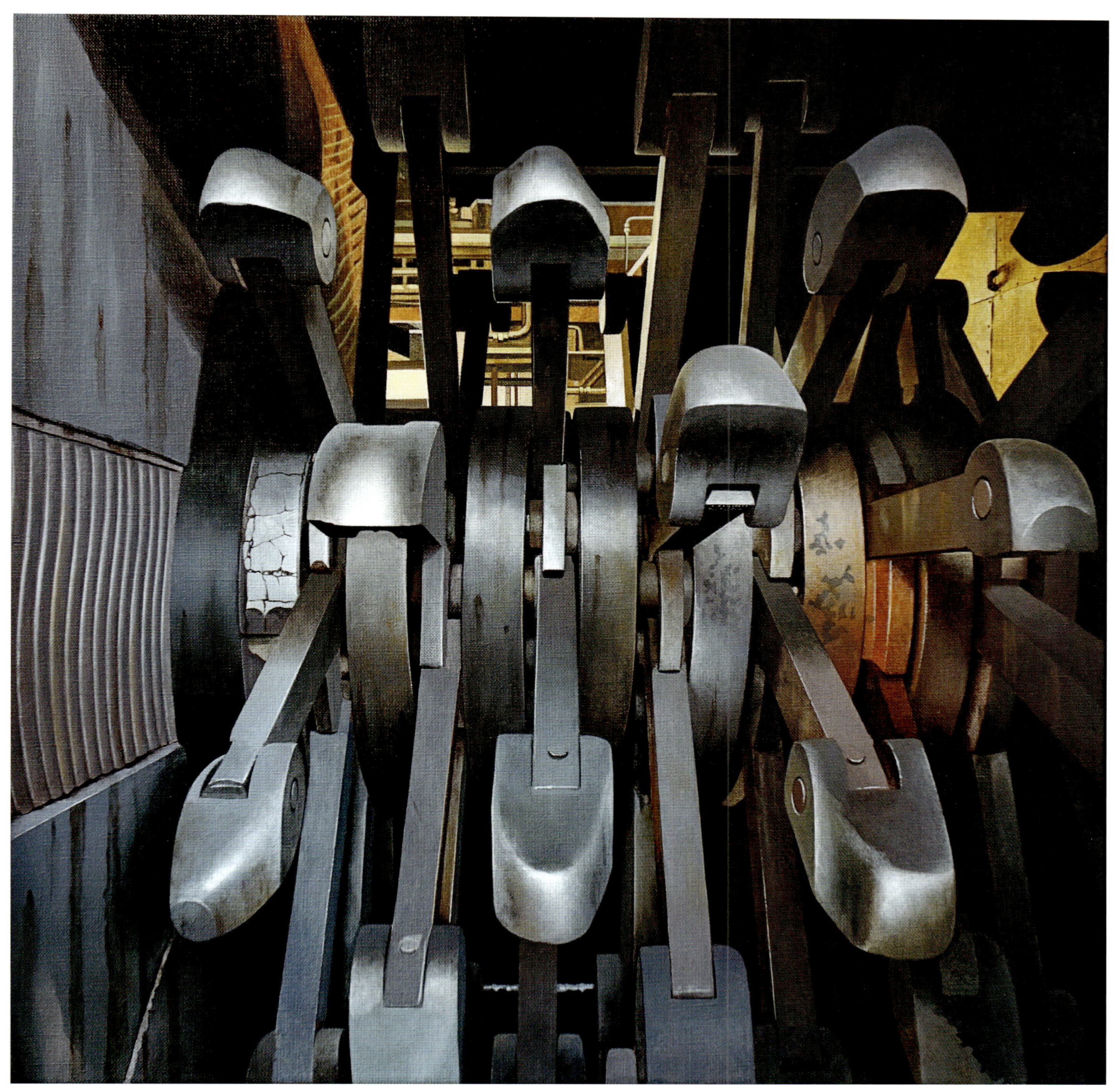

142 Alexander Calvelli:
Kohlemühle / Kraftwerk Shamrock, Herne, 2019

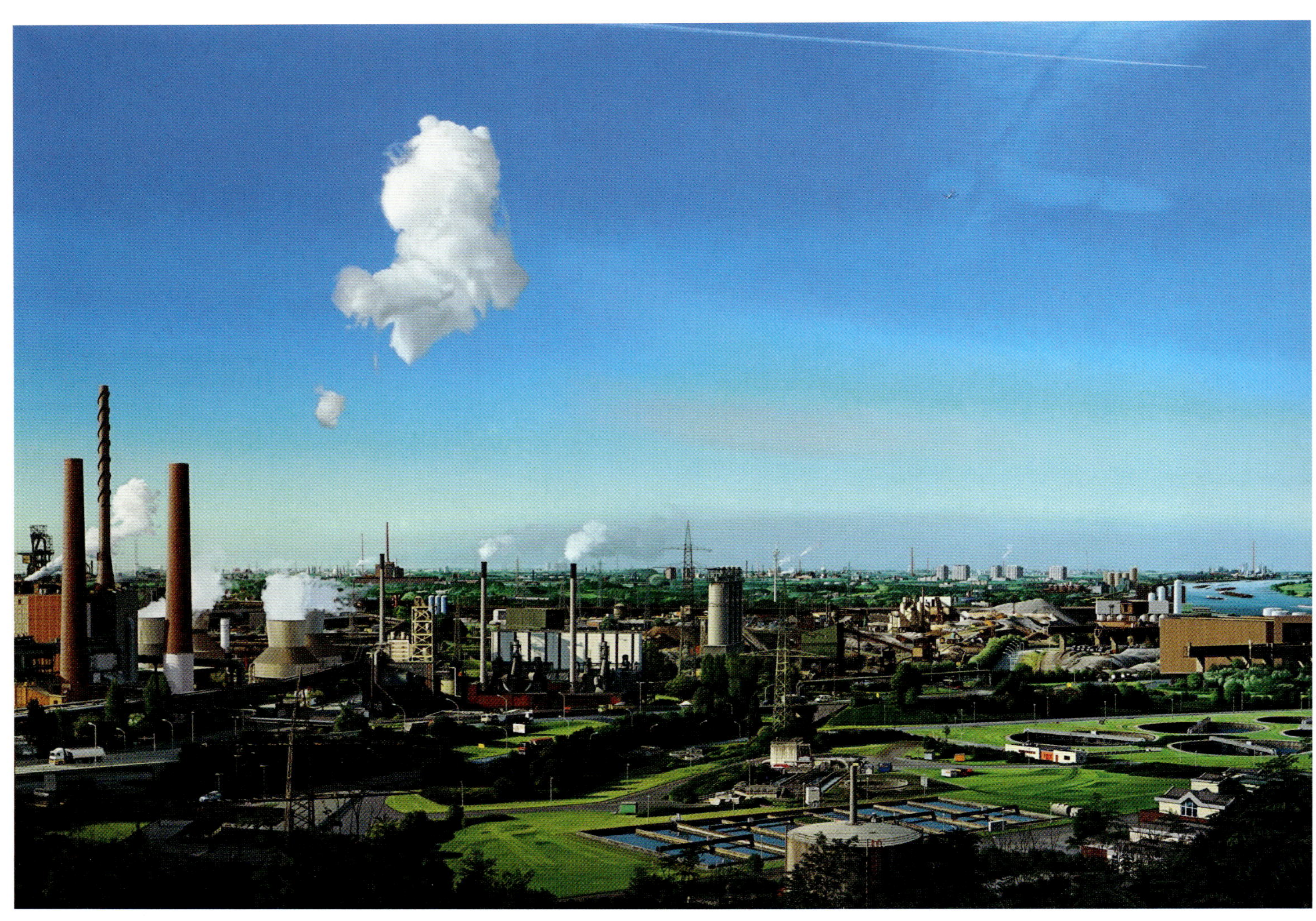

143 Bernd Schwering:
Alsumer Berg, 2005

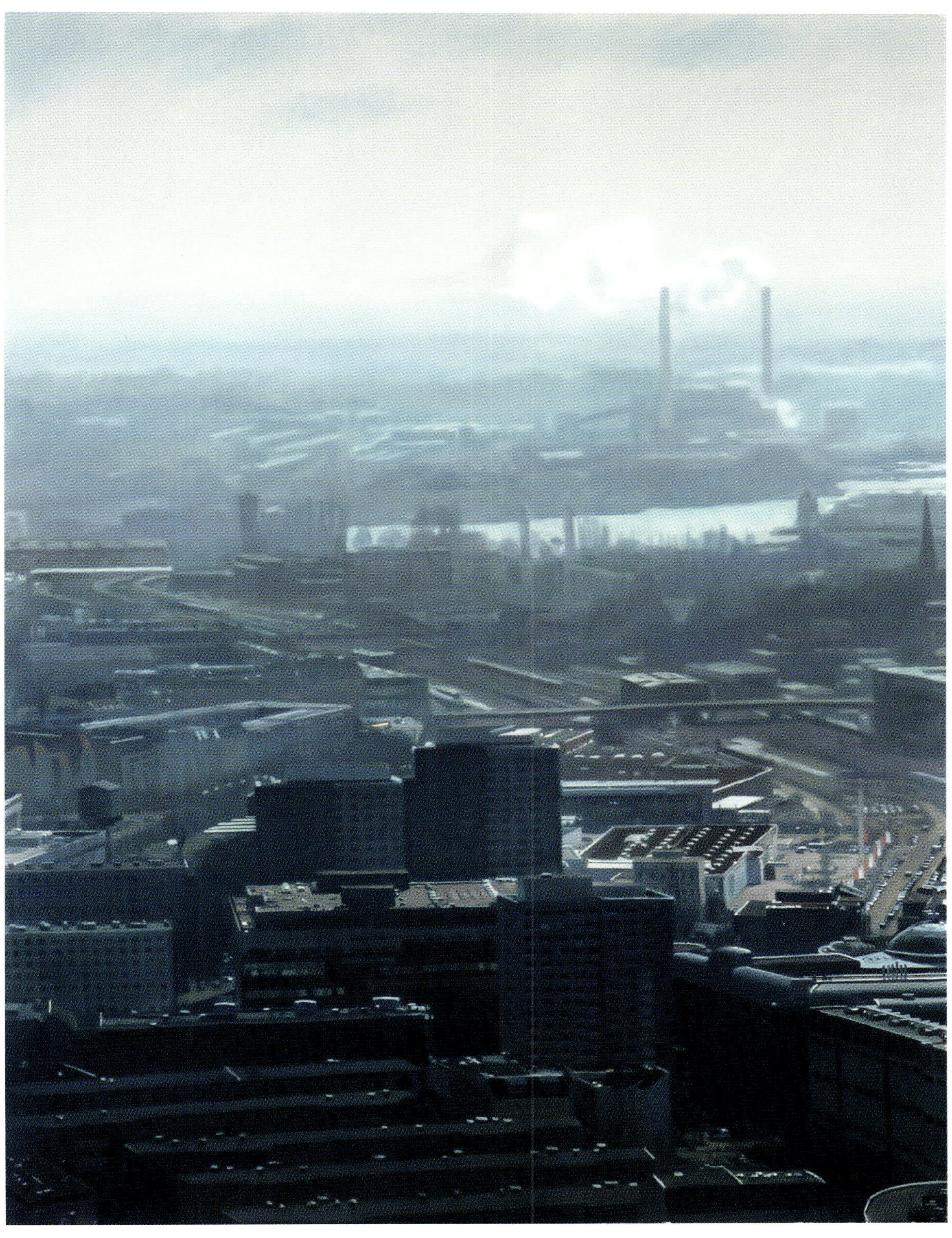

144 Frank Bauer:
Stadt 3, 2019

145 Harald Duwe:
Schweißer bei BMW in München,
1975

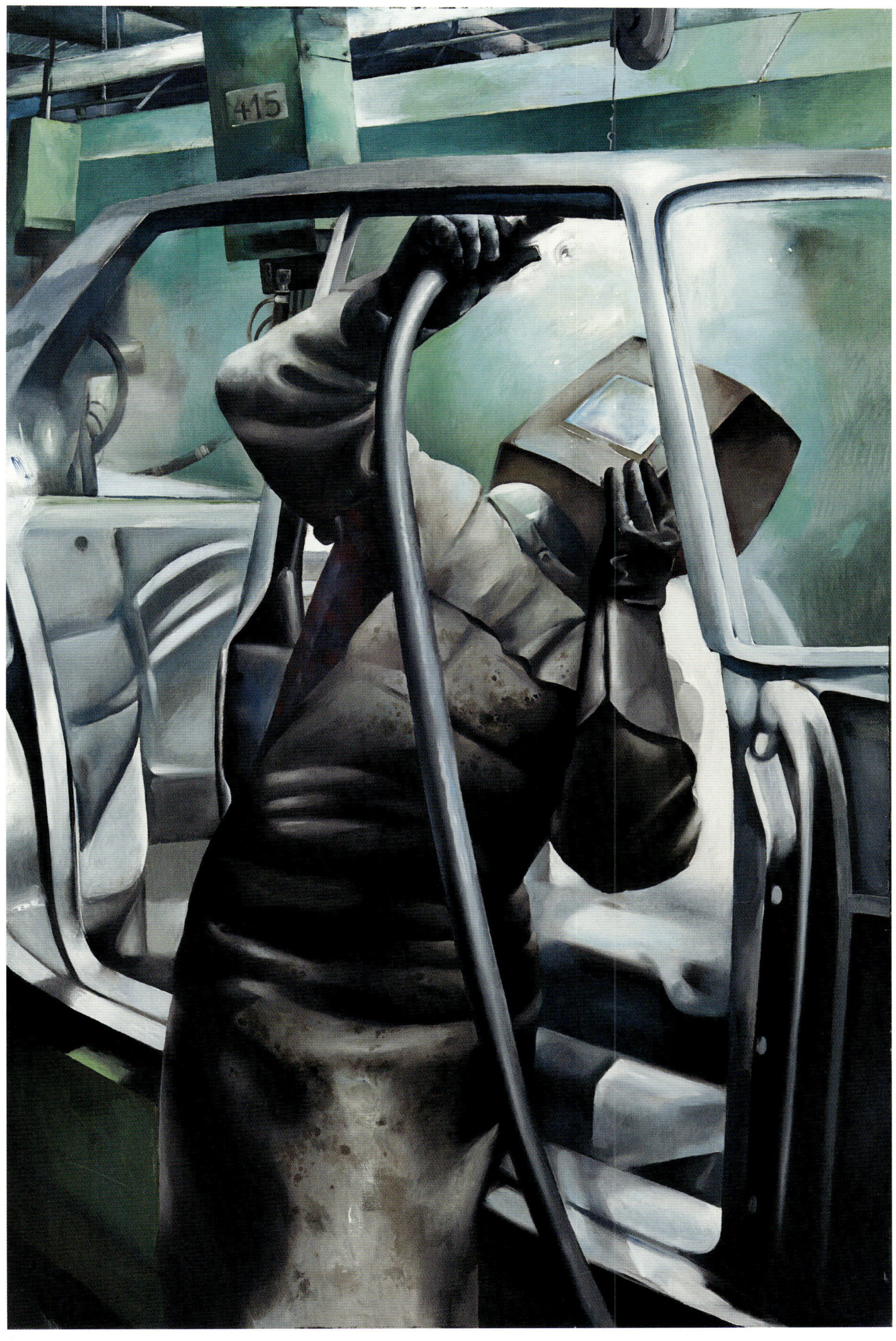
415

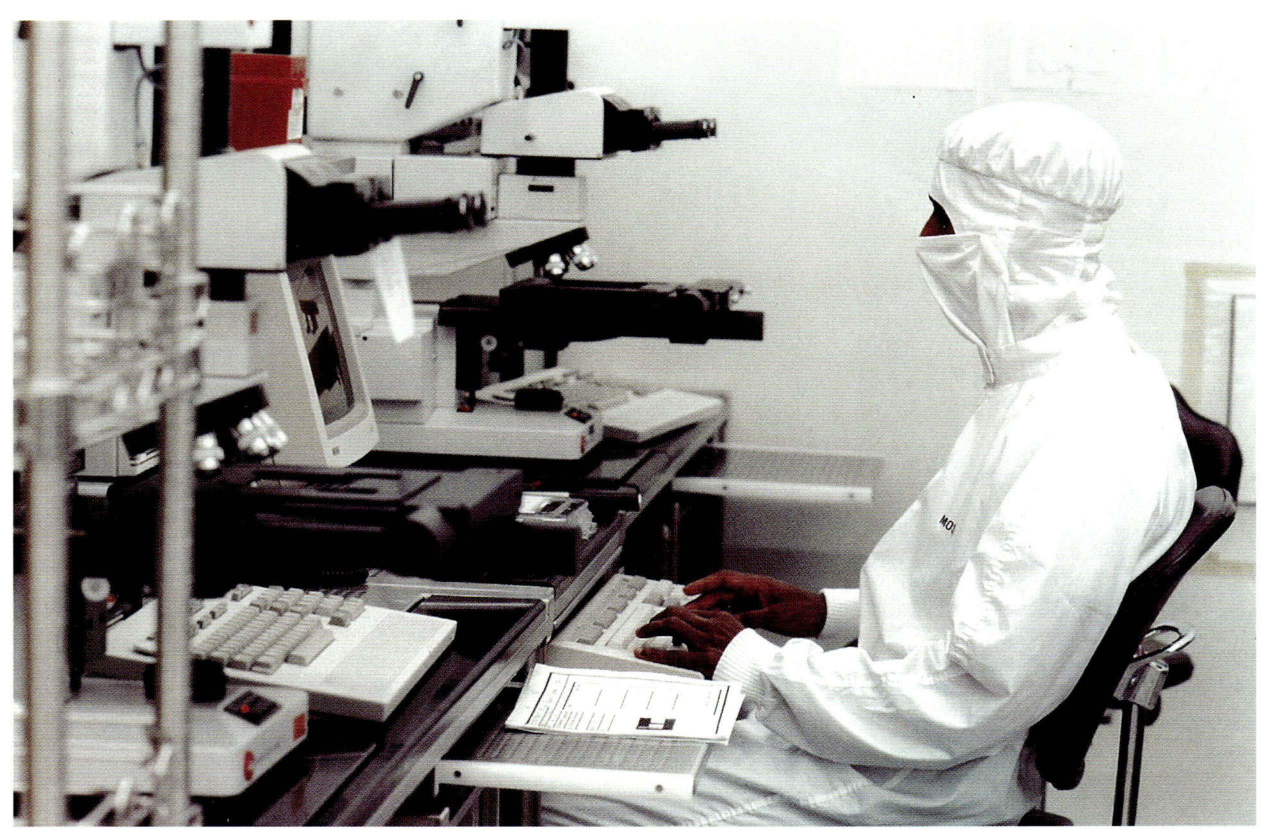

146 Timm Rautert:
Siemens AG, München aus der Serie
Gehäuse des Unsichtbaren, 1989

147 Timm Rautert:
Siemens AG, München aus der Serie
Gehäuse des Unsichtbaren, 1989

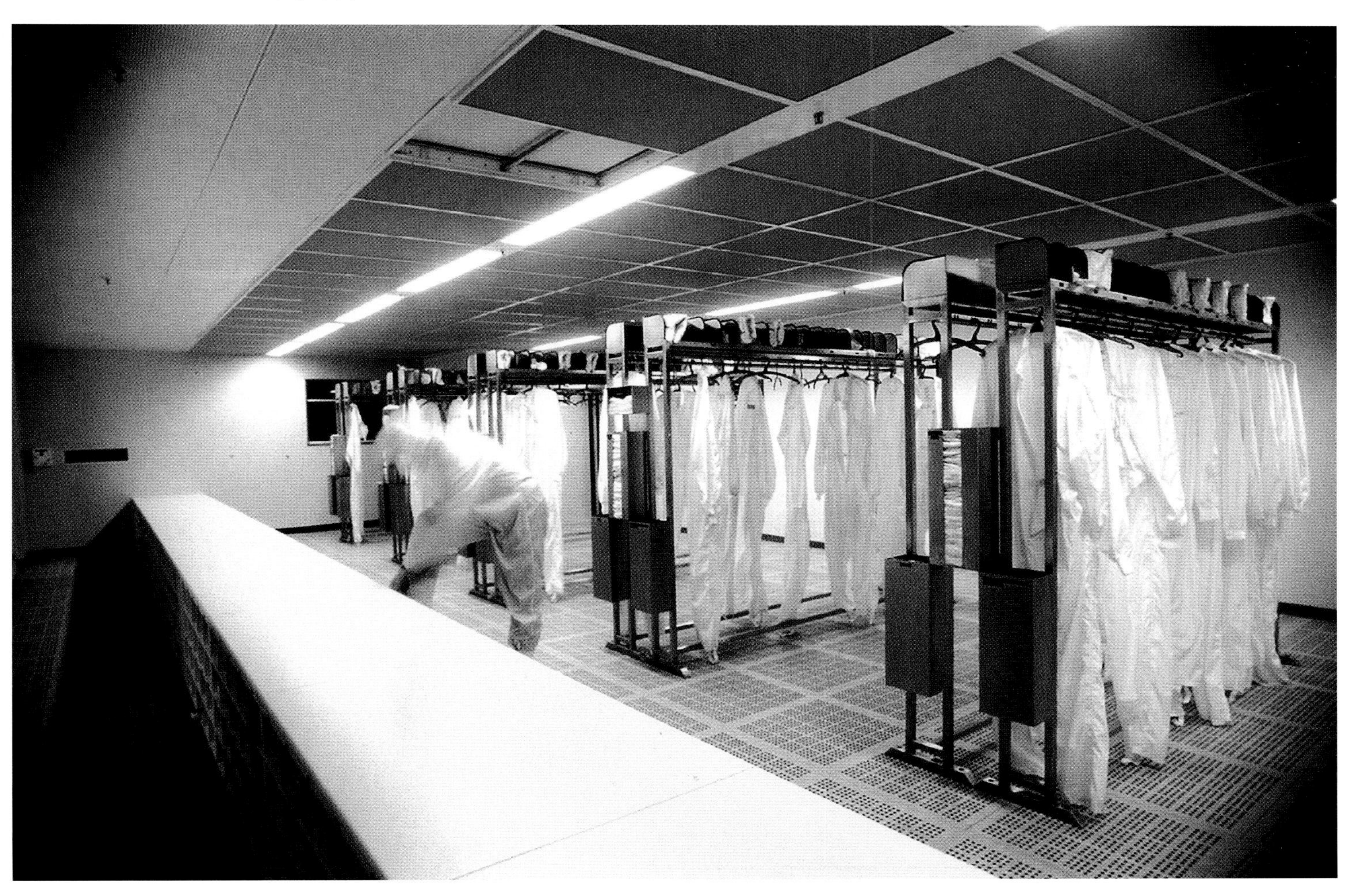

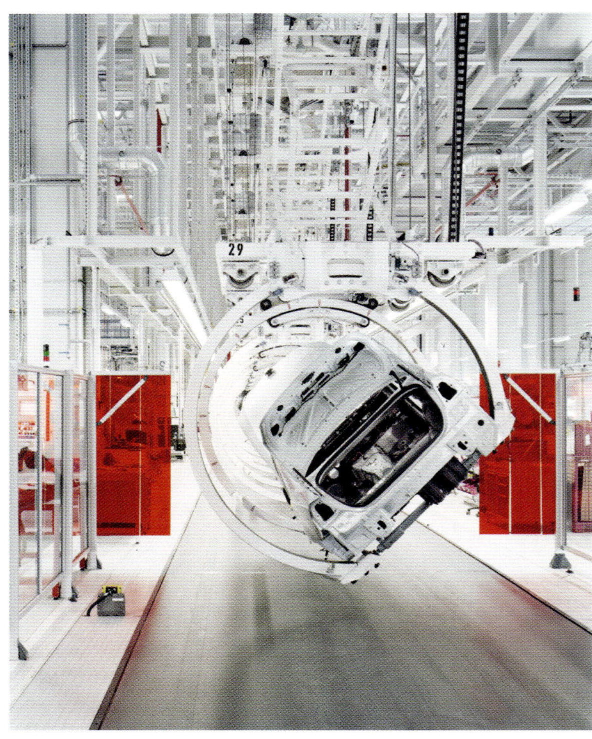

148 Henrik Spohler:
Montagelinie 3 aus der Serie *Global Soul*, 2008

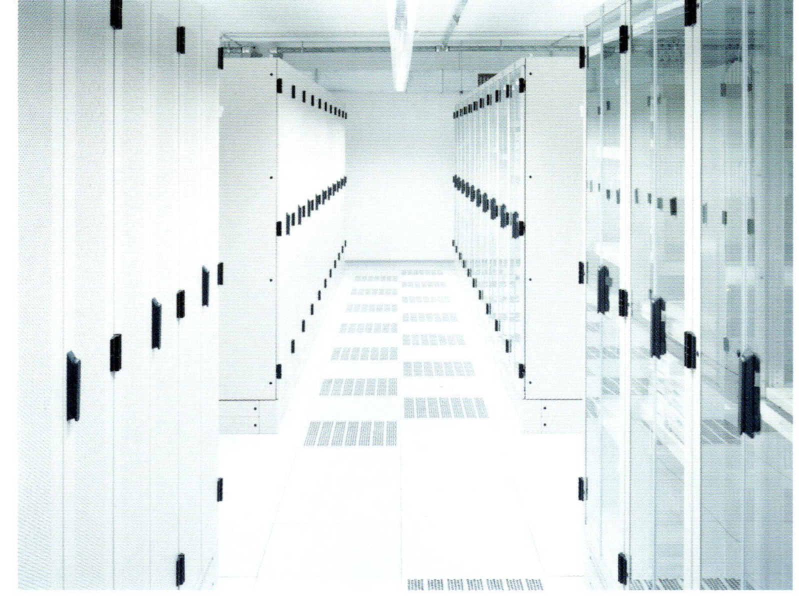

149 Henrik Spohler:
0/1 Dataflow #1 aus der Serie *0/1 Dataflow*, 2000

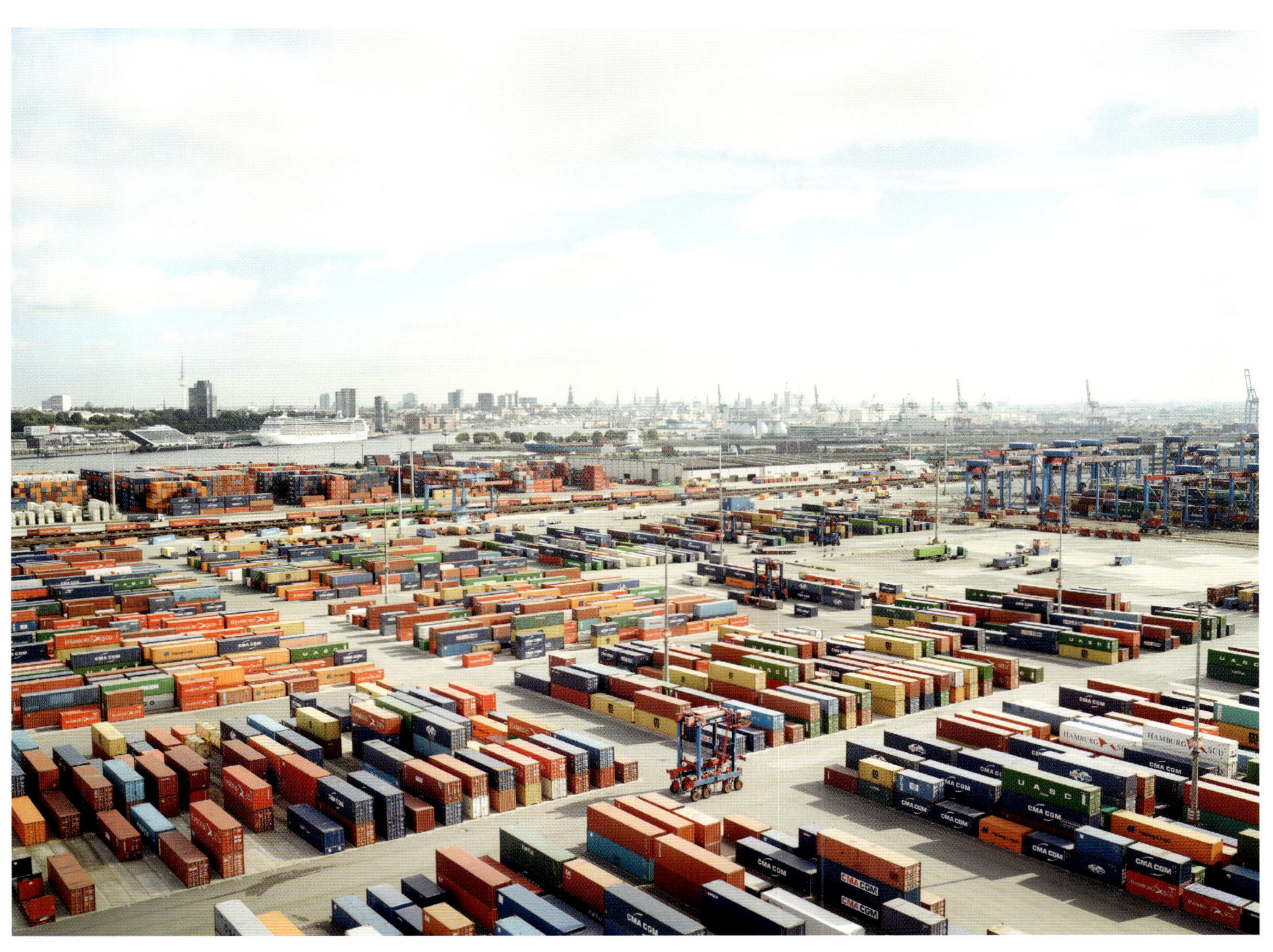

150 Henrik Spohler:
Containerterminal, Hamburg 29 aus der Serie *In Between*, 2013

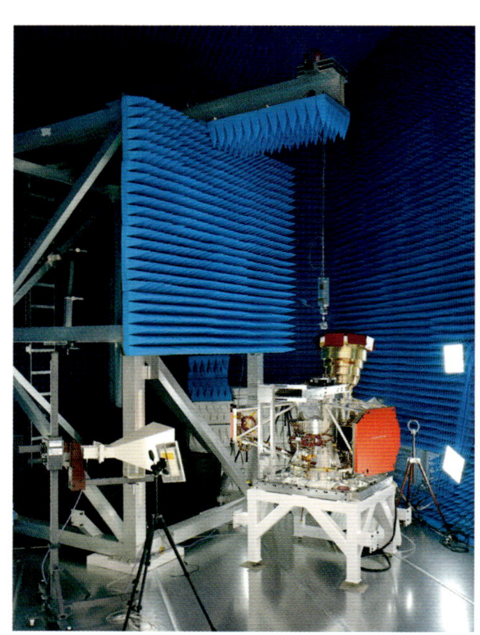

151 Thomas Struth:
*Soil Moisture Active Passive, JPL,
Pasadena 2013* aus der Serie
Nature & Politics

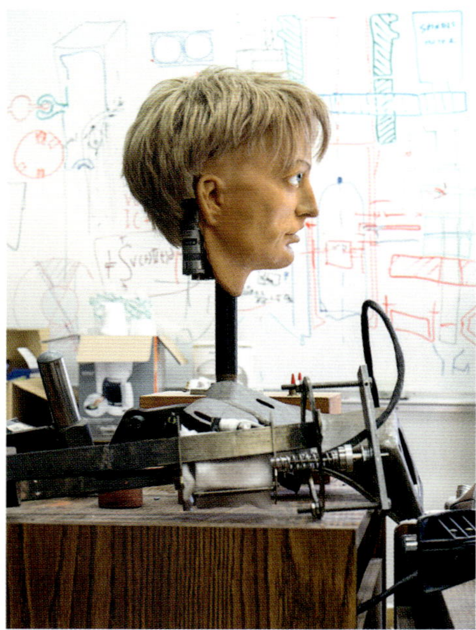

152 Thomas Struth:
Simulator Head, JPL, Pasadena 2013
aus der Serie *Nature & Politics*

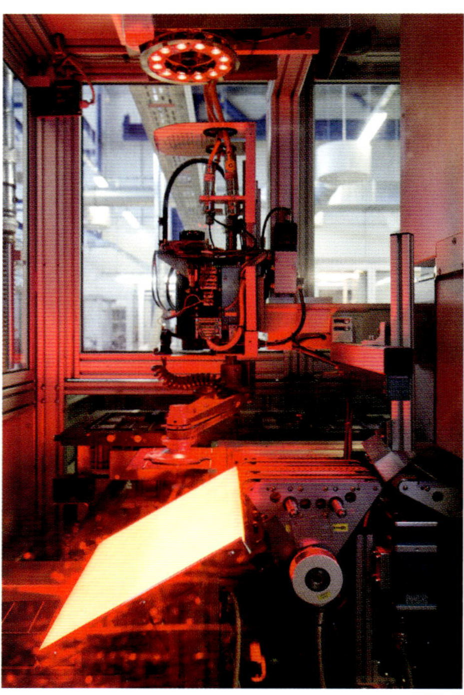

153 Thomas Struth:
*Classification, Solarworld, Freiberg
2013* aus der Serie *Nature & Politics*

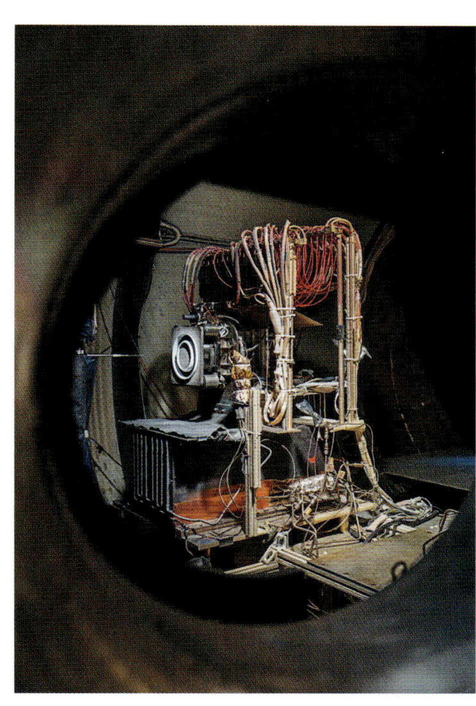

154 Thomas Struth:
Hall Thruster, JPL, Pasadena 2013
aus der Serie *Nature & Politics*

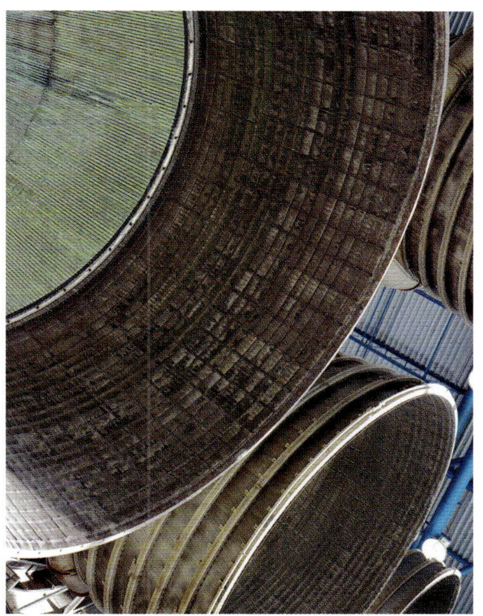

155 Thomas Struth:
*Saturn V Engine, Kennedy Space
Center, Cape Canaveral 2008*
aus der Serie *Nature & Politics*

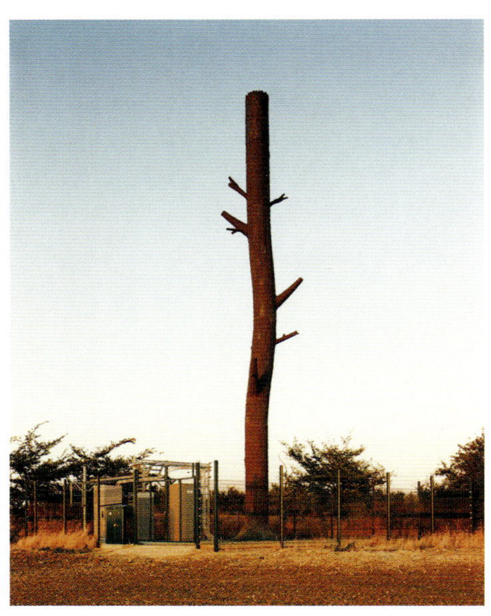

156 Robert Voit:
Hudson, Haverhill, Great Britain aus
der Serie *New Trees*, 2006

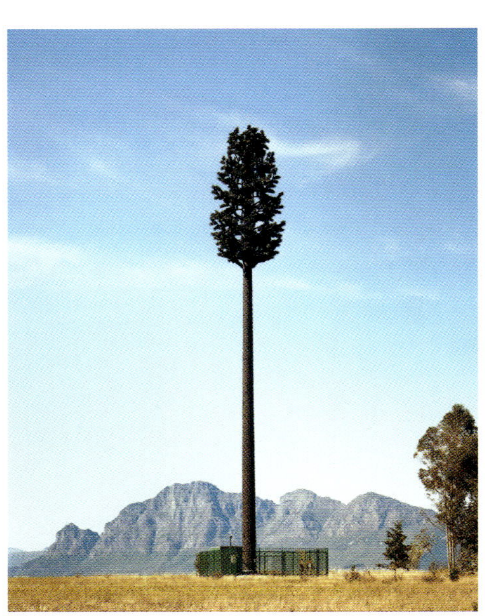

157 Robert Voit:
Paarl, South Africa aus der Serie
New Trees, 2006

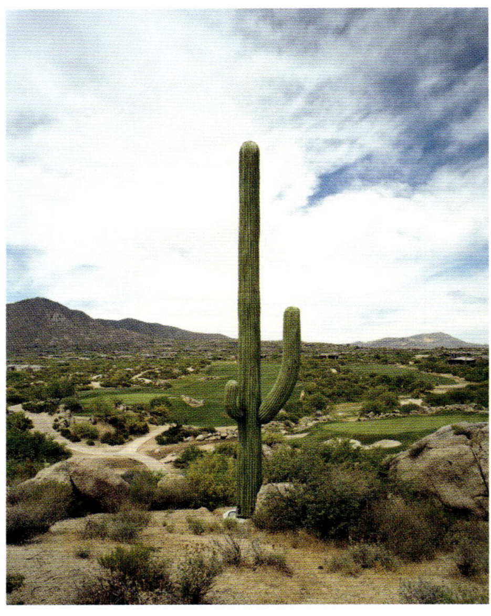

158 Robert Voit:
*Desert Mountain, Scottsdale,
California, USA* aus der Serie
New Trees, 2005

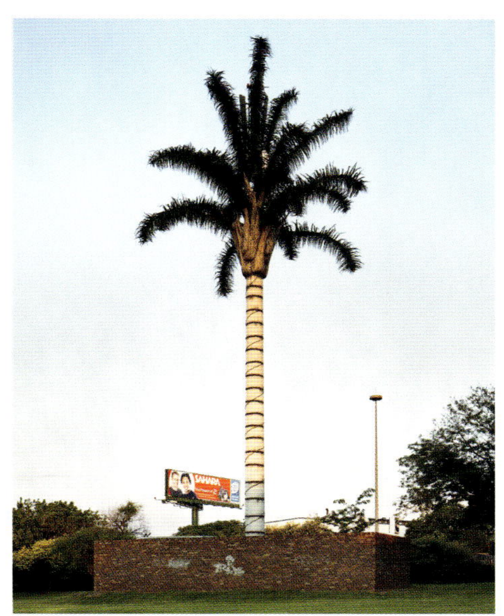

159 Robert Voit:
Wendywood, Alexandra, South Africa
aus der Serie *New Trees*, 2006

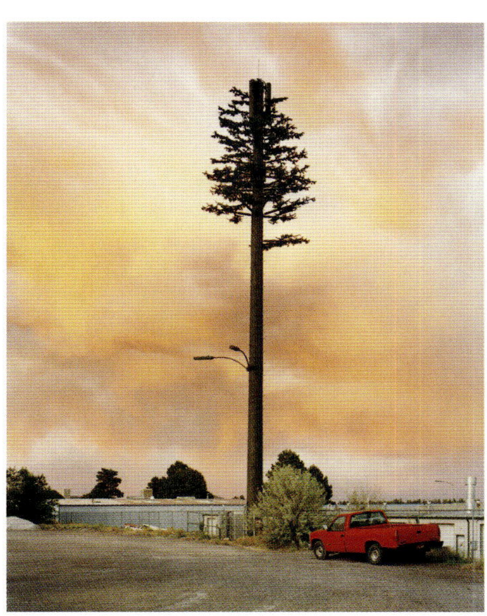

160 Robert Voit:
Industrial Drive, Flagstaff, Arizona,
USA aus der Serie *New Trees*, 2006

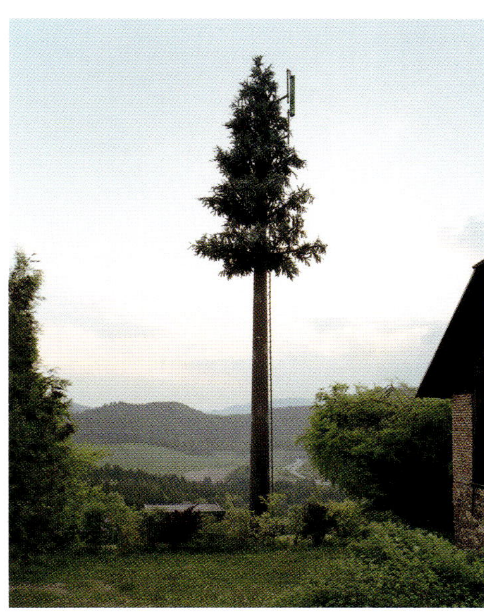

161 Robert Voit:
Haberberg, Griffen, Austria aus der
Serie *New Trees*, 2007

162 Sebastião Salgado:
Goldmine Serra Pelada. State Pará, Brasil aus der Serie
Uncertain Grace, 1986

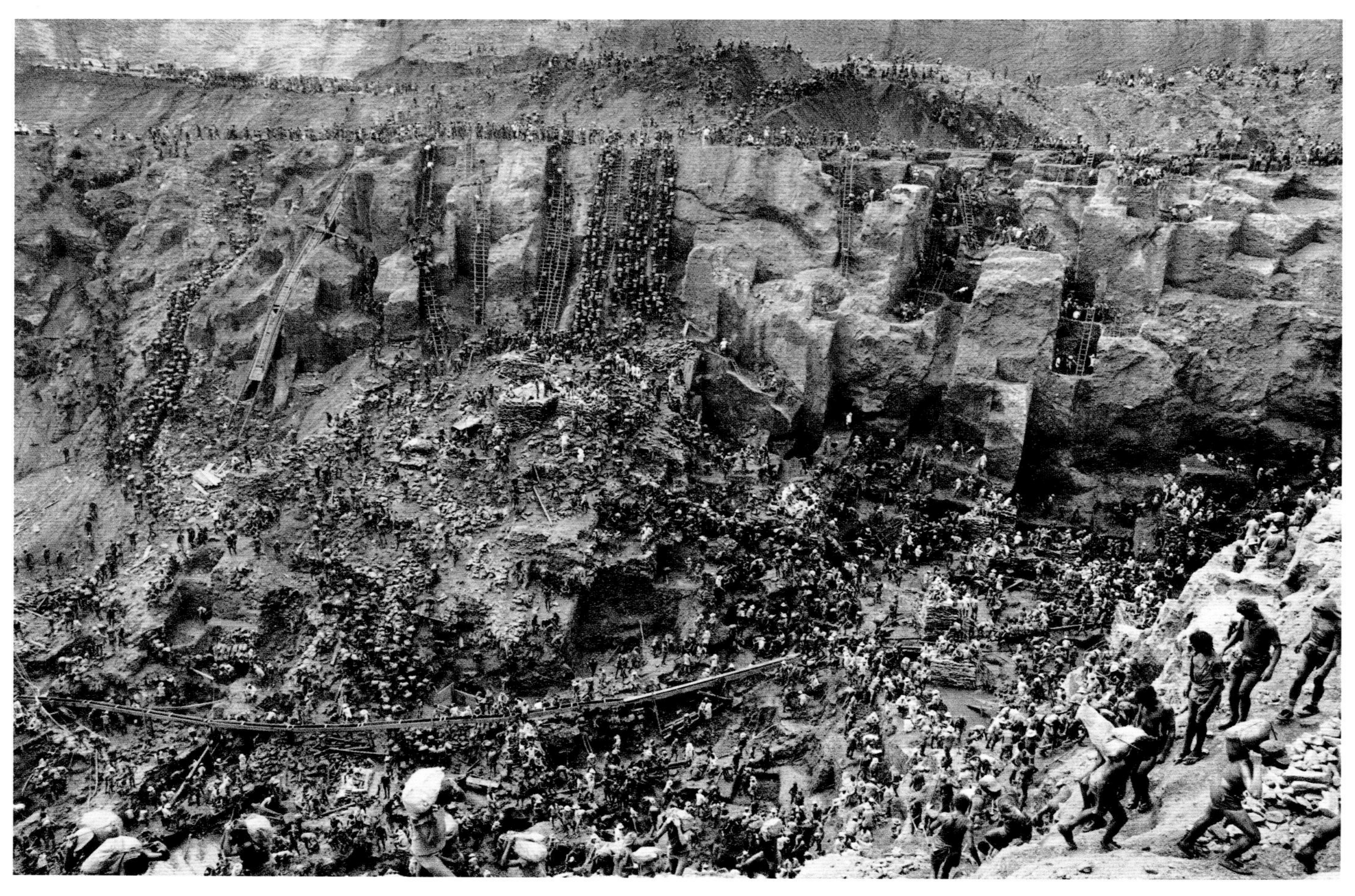

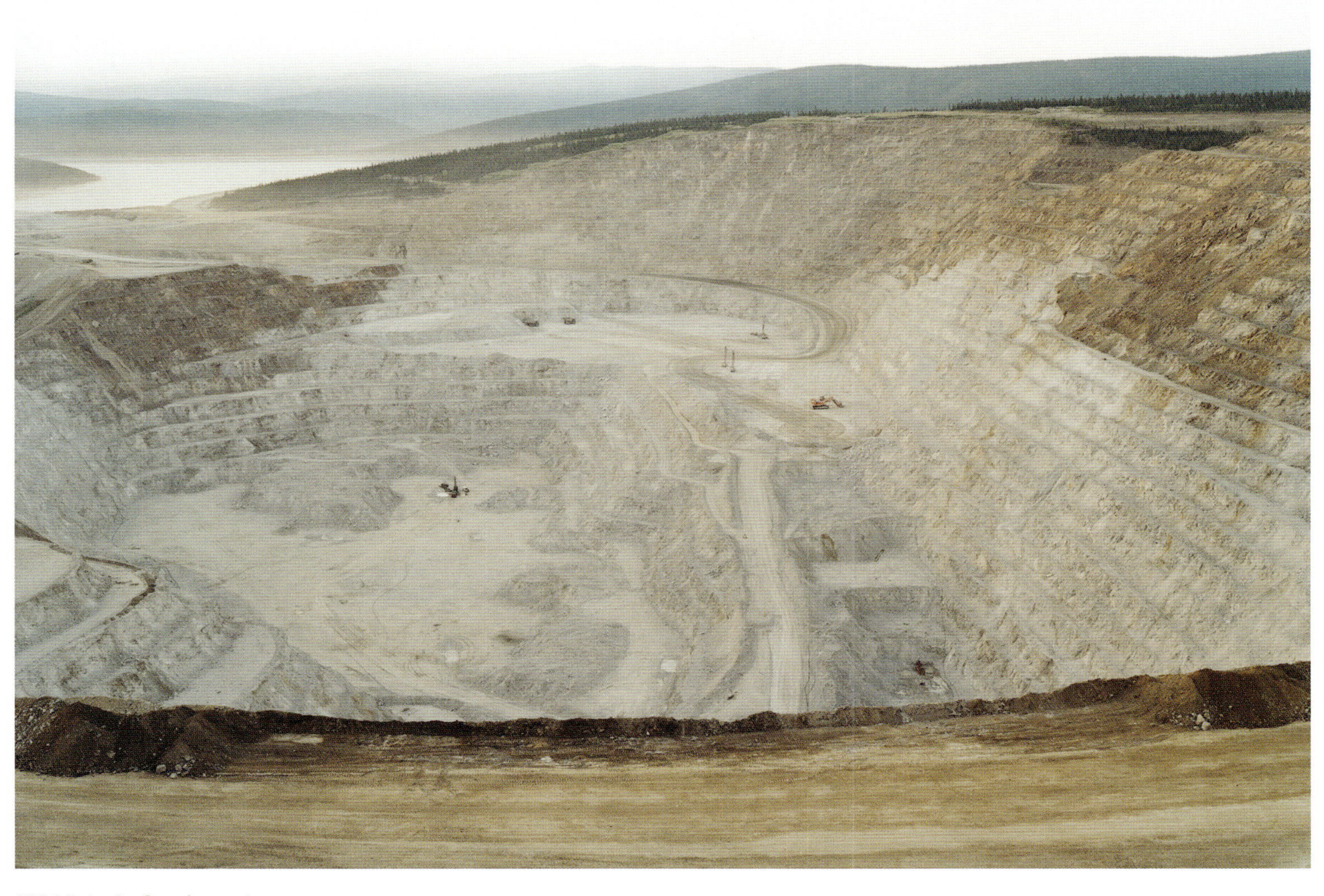

163 Victoria Sambunaris:
Untitled (Gold mine pit, Fairbanks, Alaska), 2003

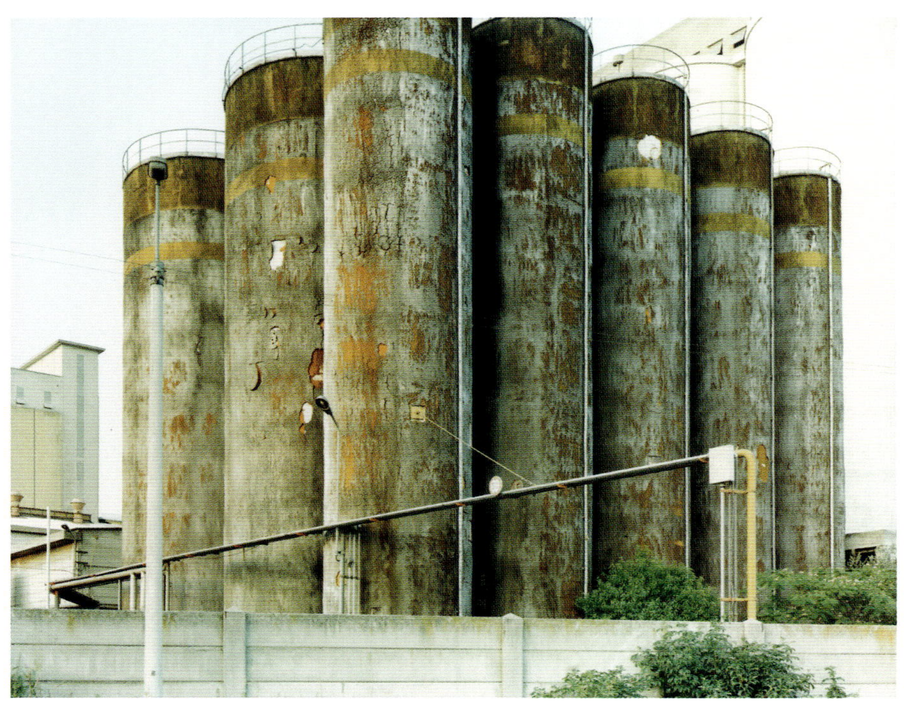

164 Guido Guidi:
Marghera, via Galvani 7 VII 97, 1997

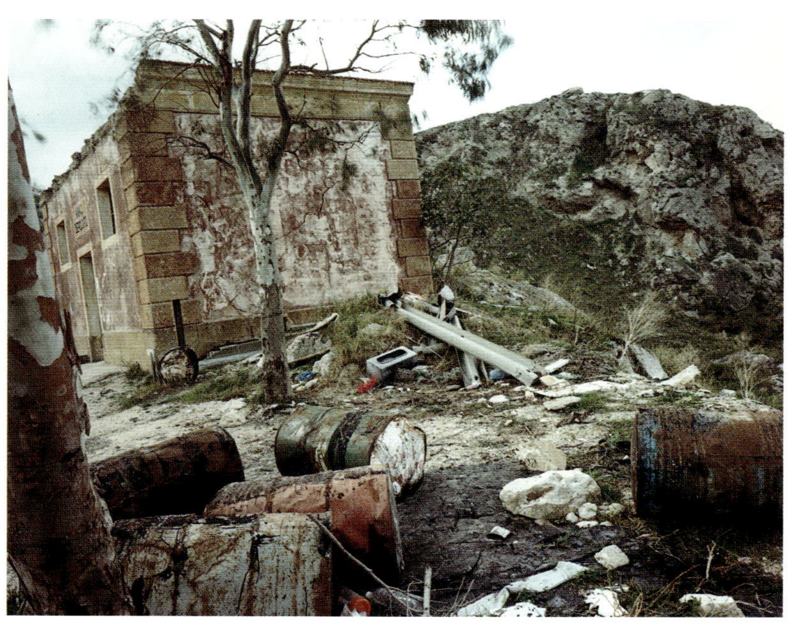

165 Guido Guidi:
Marghera, Maggio 1990, 1990

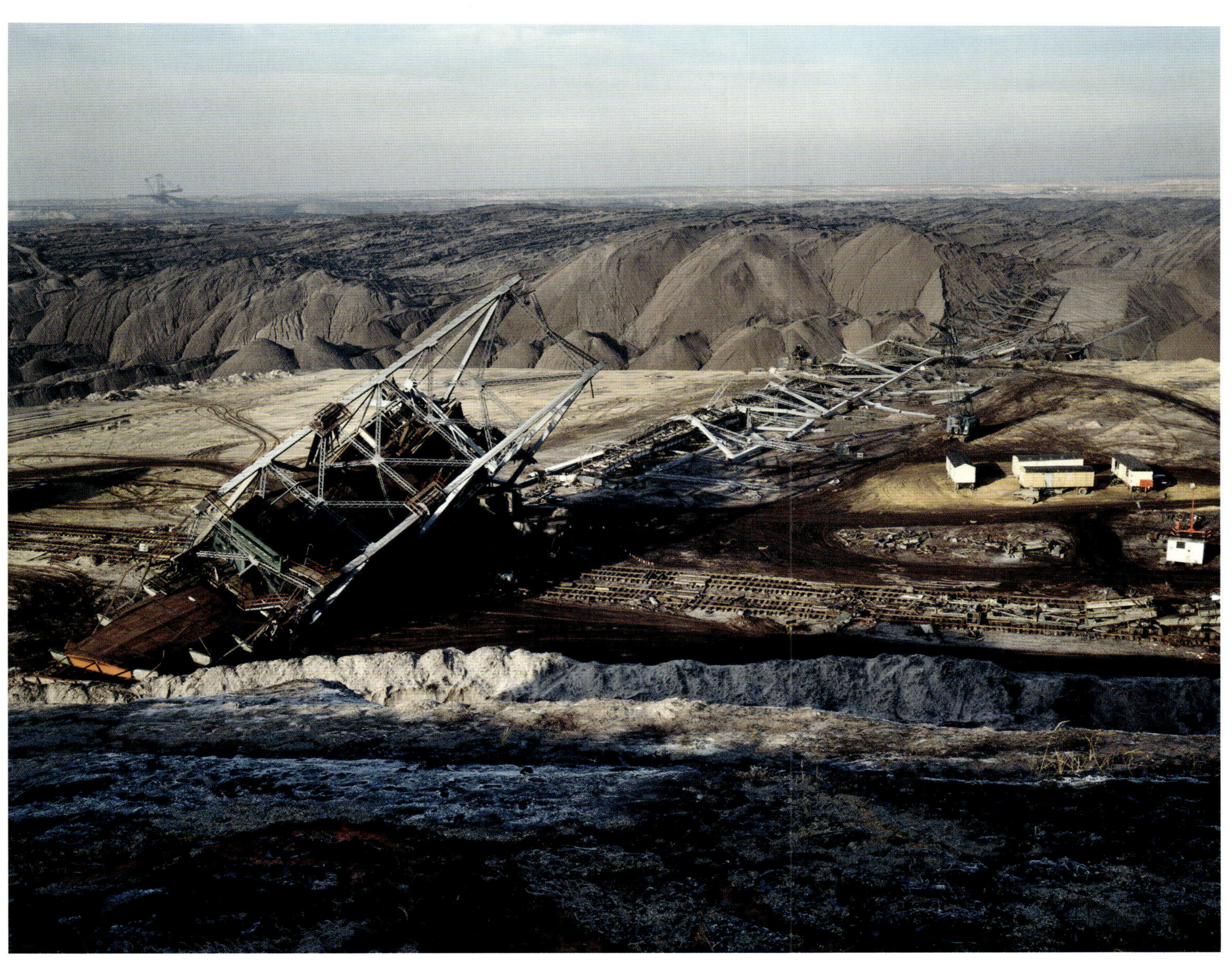

166 Inge Rambow:
Station Römerkeller, Brandenburg aus der Serie *Wüstungen*, 1992

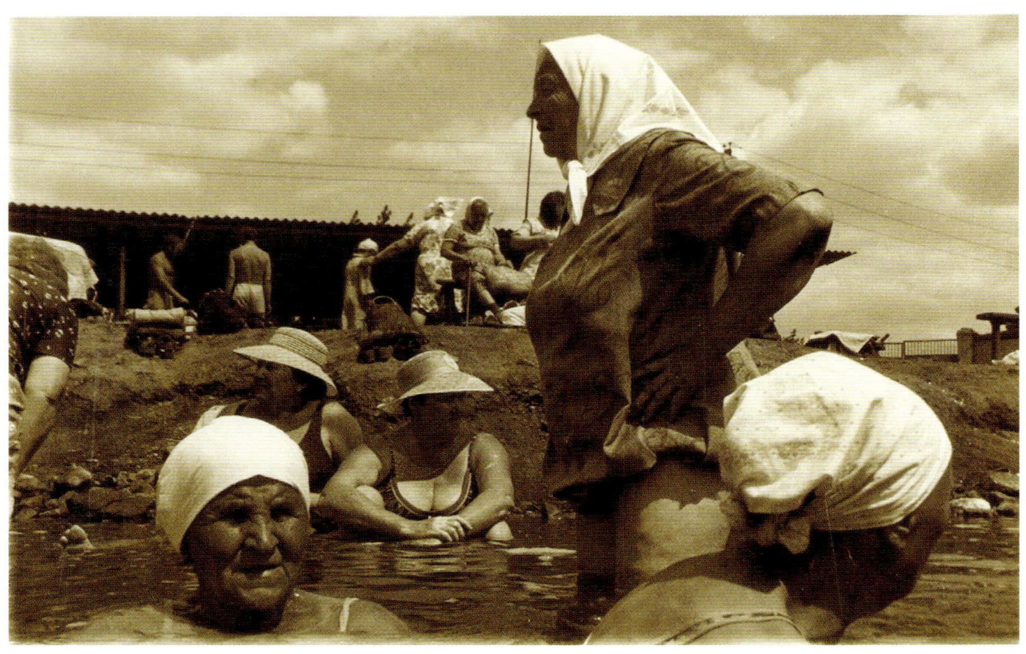

167 Boris Mikhailov:
Ohne Titel aus der Serie *Salzsee/Salt Lake*, 1986

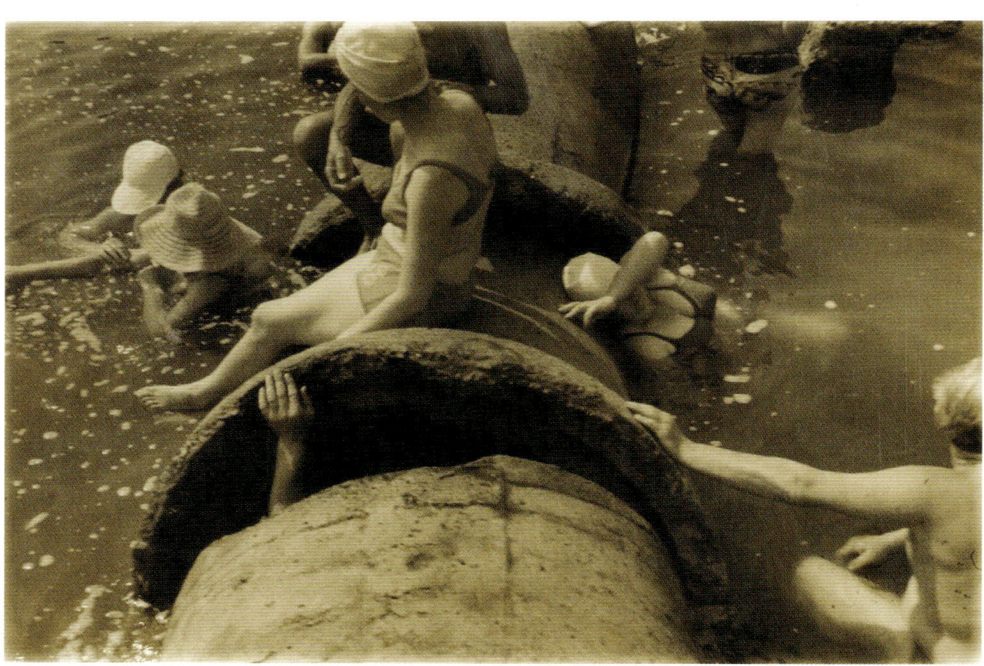

168 Boris Mikhailov:
Ohne Titel aus der Serie *Salzsee/Salt Lake*, 1986

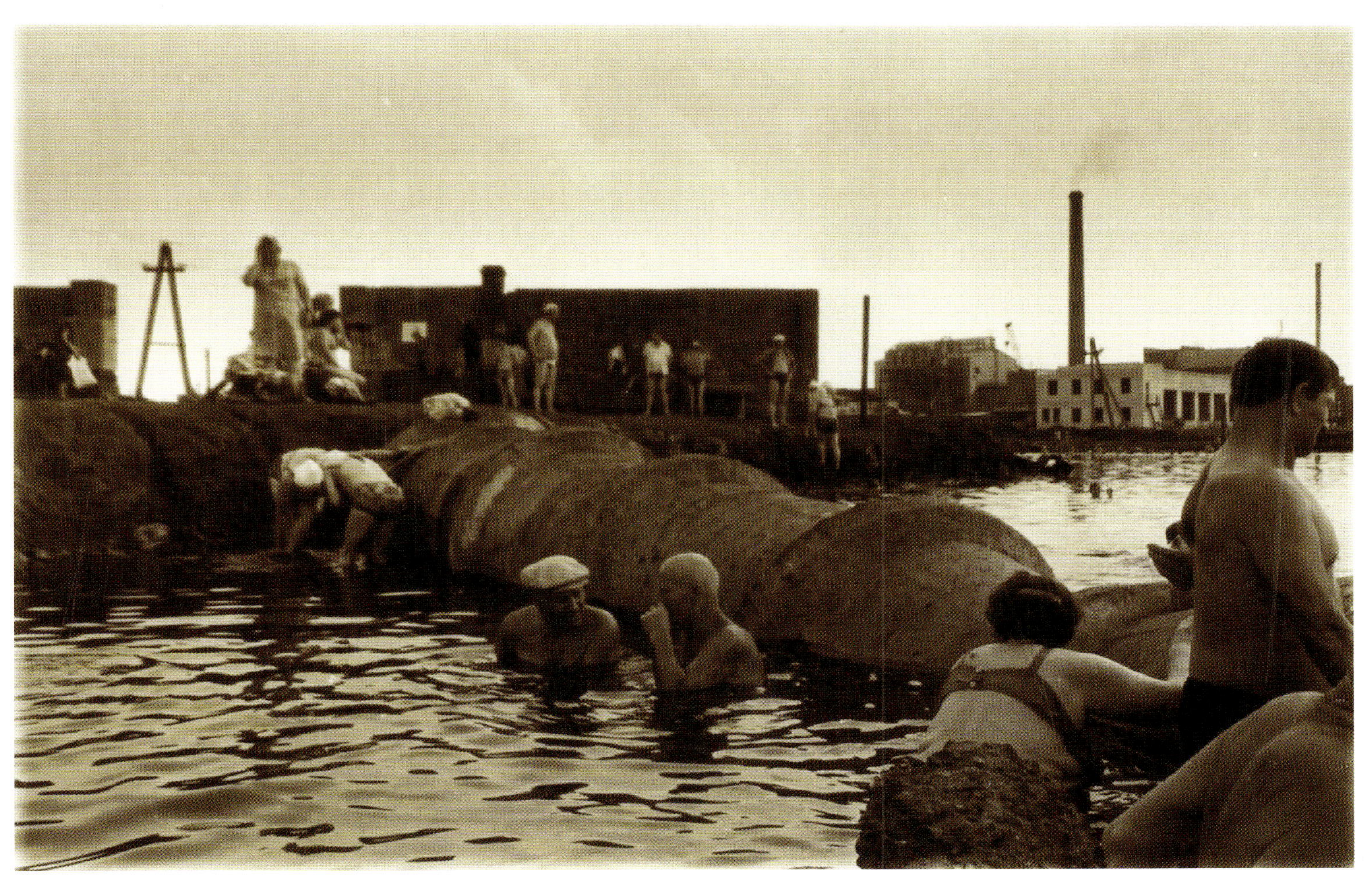

169 Boris Mikhailov:
Ohne Titel aus der Serie *Salzsee/Salt Lake*, 1986

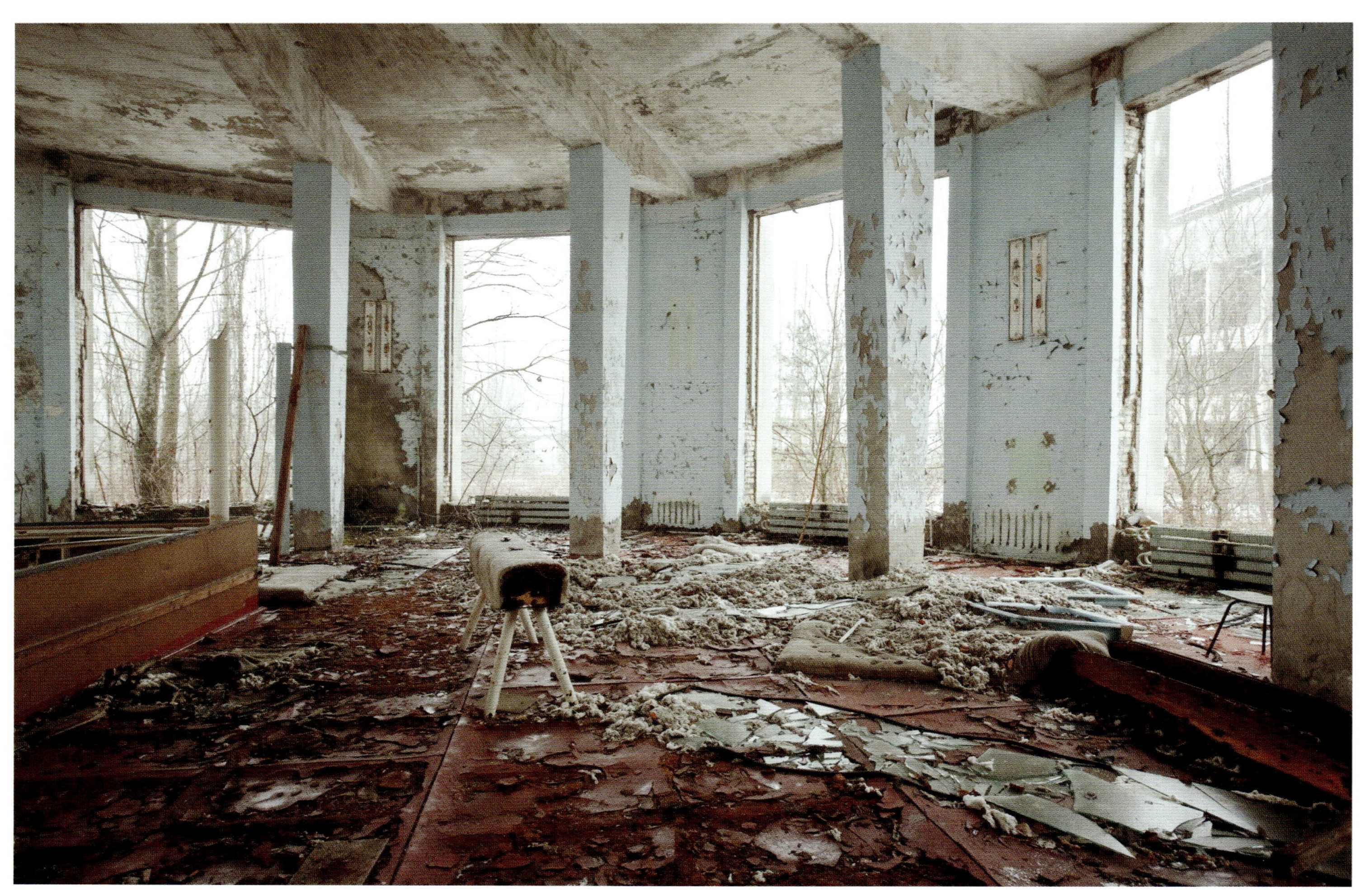

170 Andrej Krementschouk:
Sporthalle mit Pferd, Prypjat, 2009

171 Andrej Krementschouk:
Restaurant im ehemaligen Hotel Prypjat, Prypjat, 2009

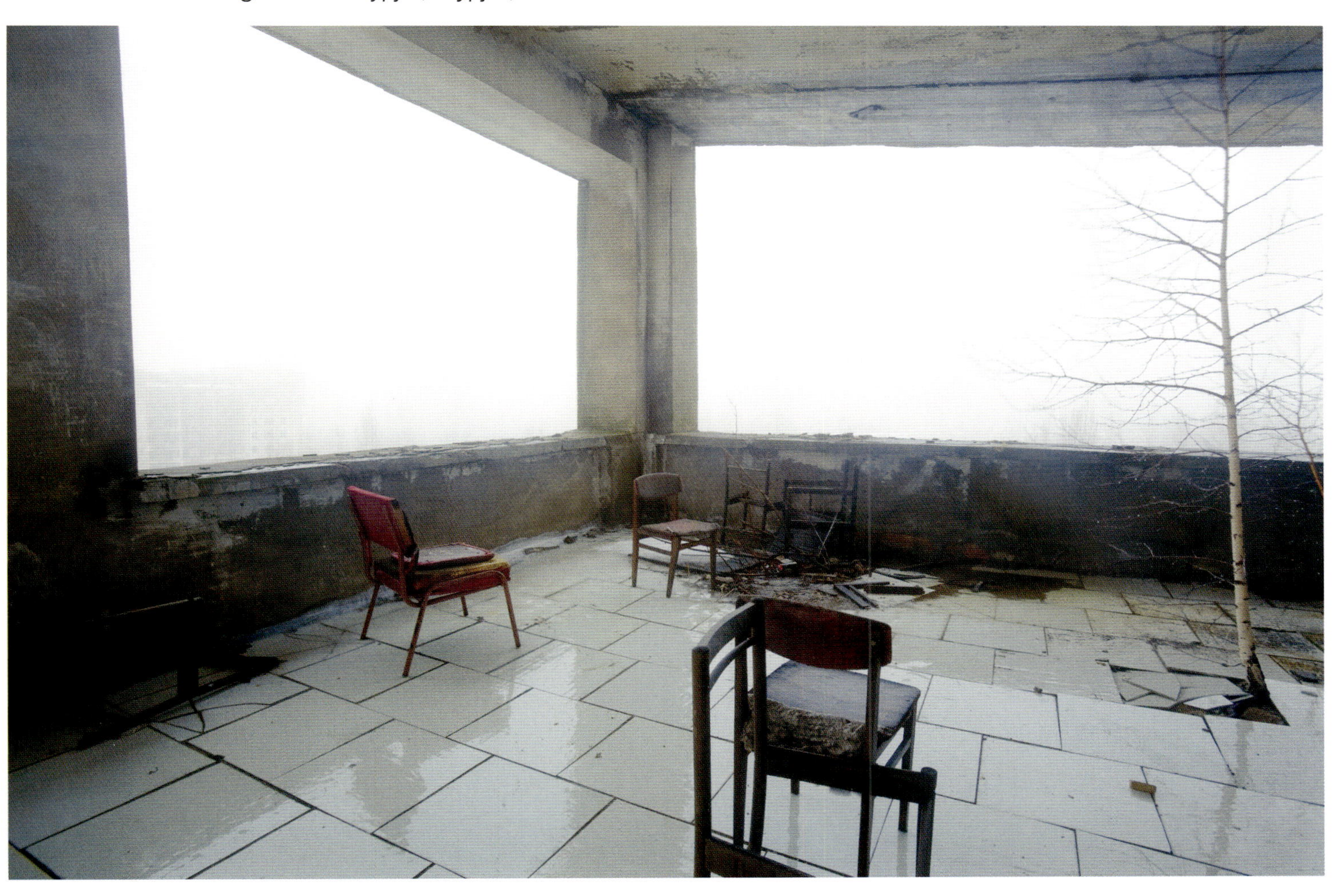

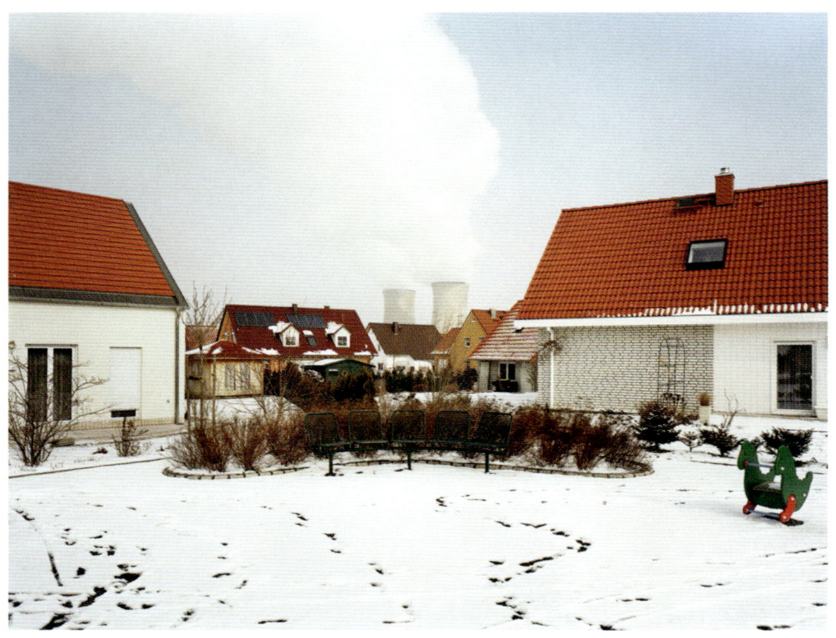

172 Jürgen Nefzger:
Grafenrheinfeld, Deutschland aus der Serie *Fluffy Clouds*, 2005

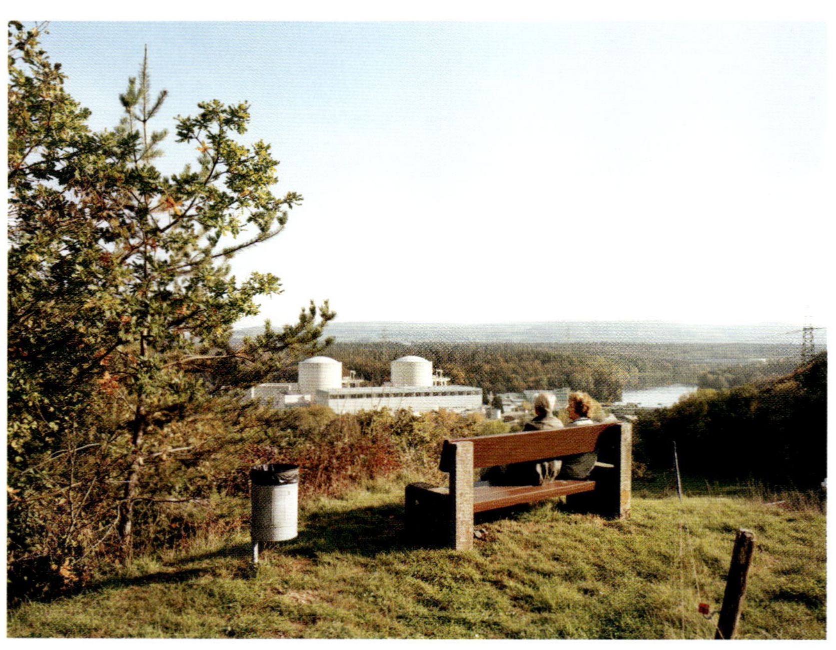

173 Jürgen Nefzger:
Beznau, Schweiz aus der Serie *Fluffy Clouds*, 2005

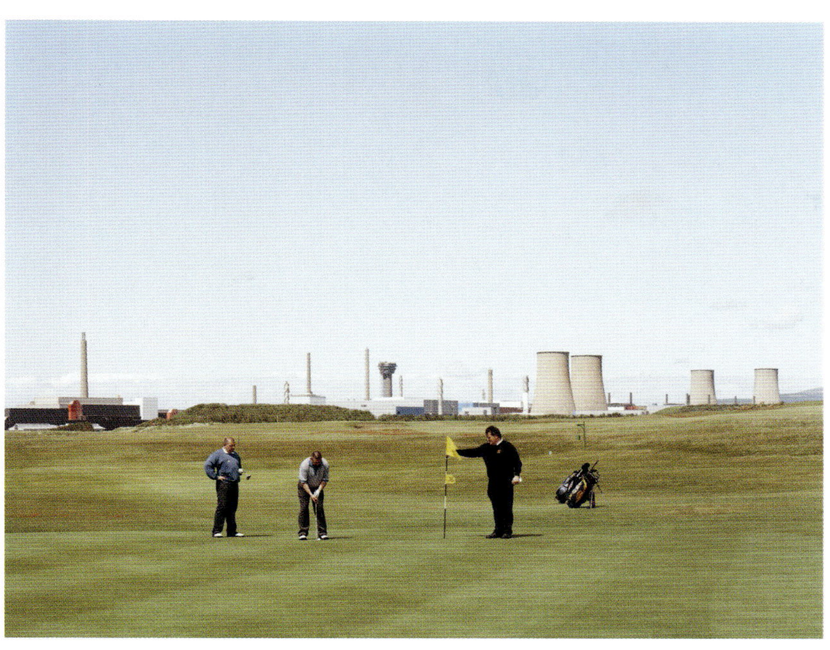

174 Jürgen Nefzger:
Sellafield, England aus der Serie *Fluffy Clouds*, 2005

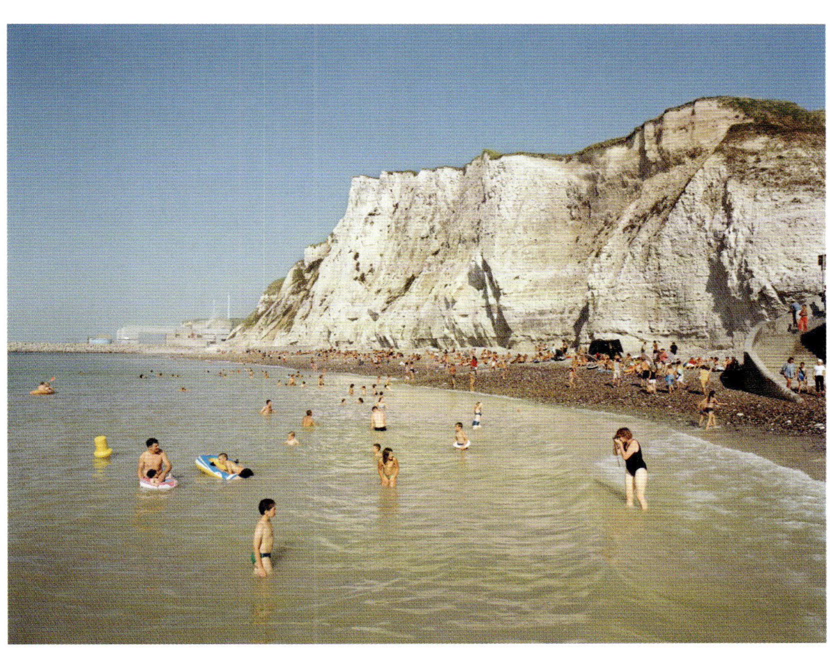

175 Jürgen Nefzger:
Penly, Frankreich aus der Serie *Fluffy Clouds*, 2005

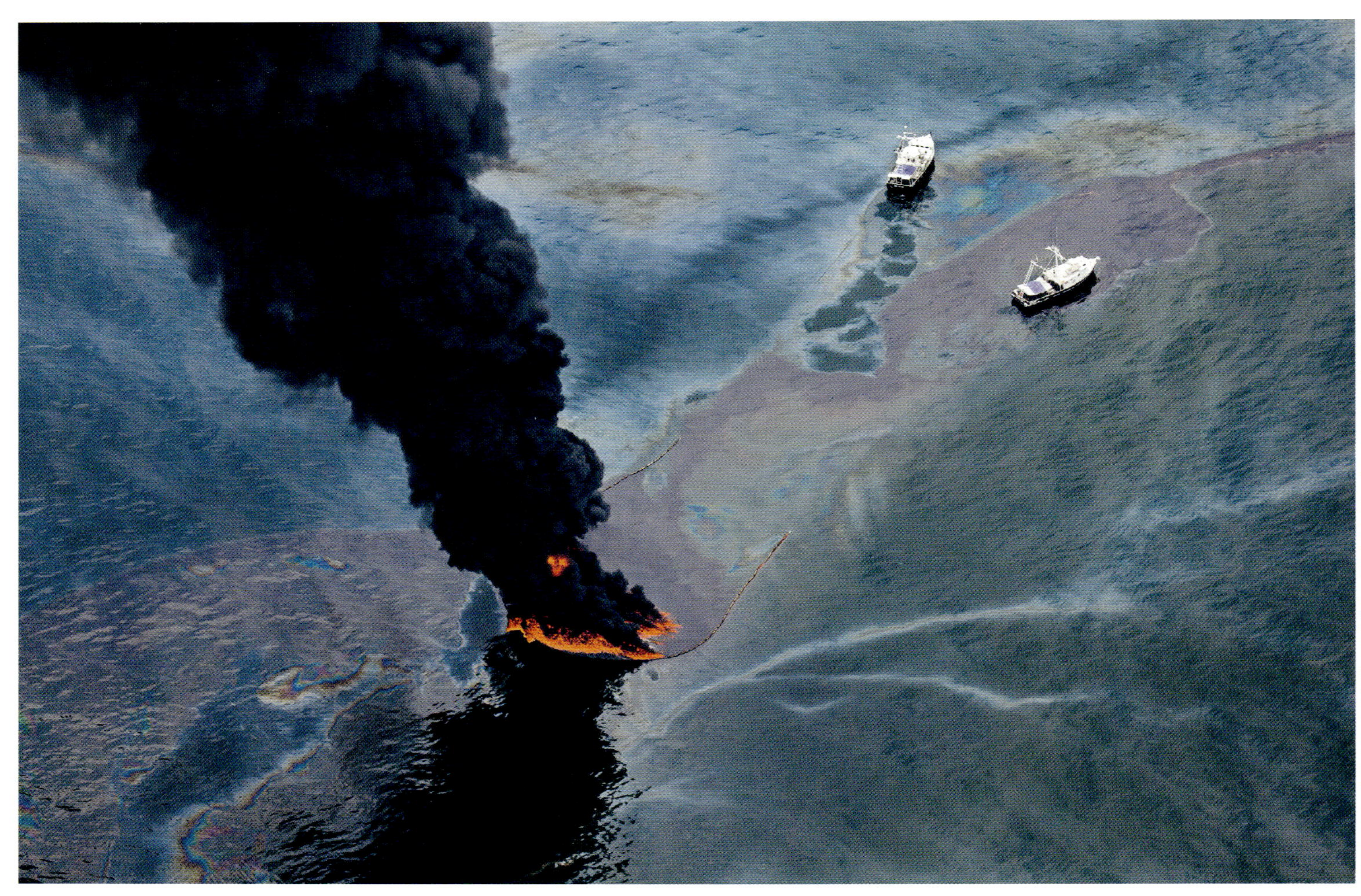

176 Daniel Beltrá:
Oil Spill 2 aus der Serie *Spill*, 2010

177 Daniel Beltrá:
Oil Spill 17 aus der Serie *Spill*, 2010

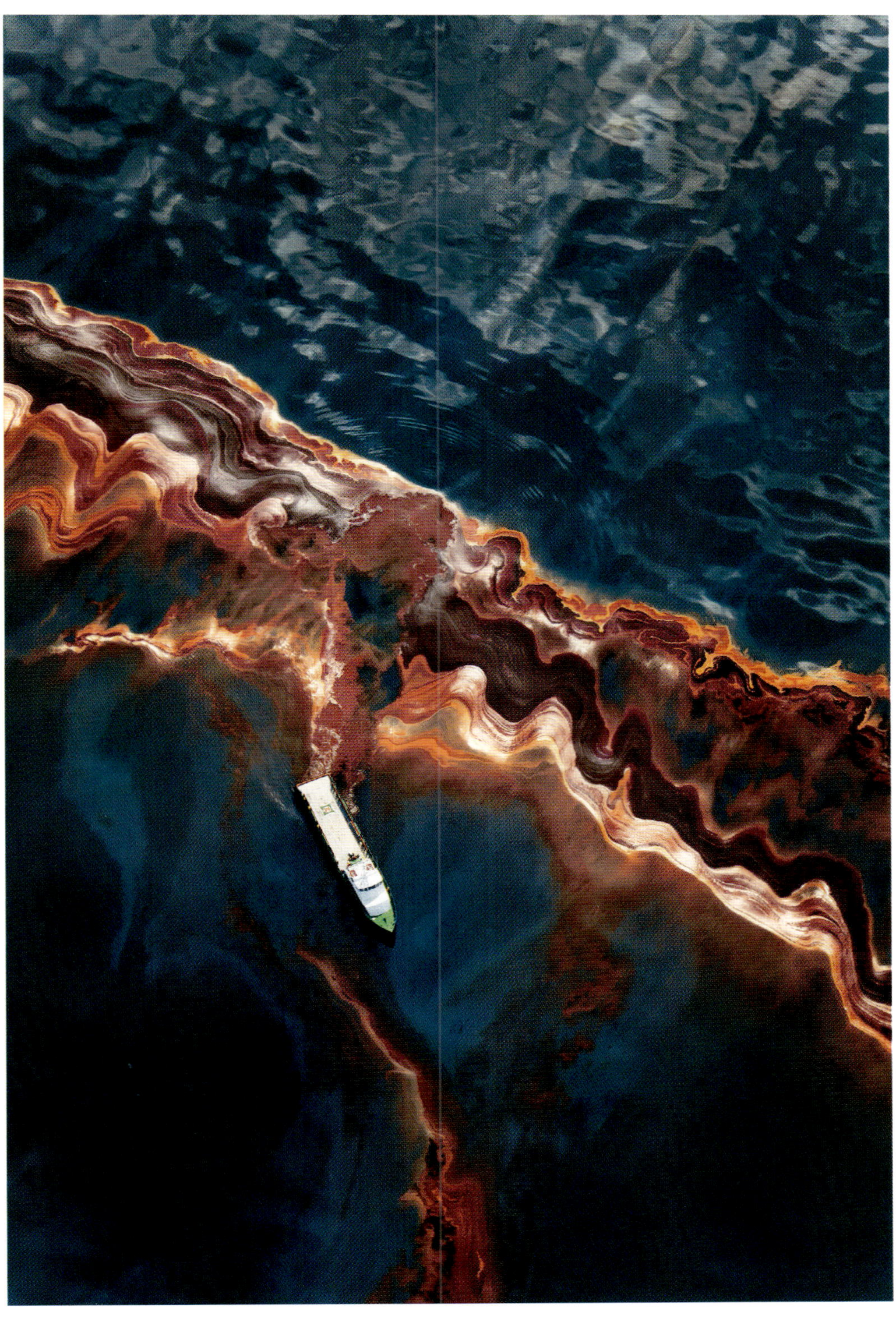

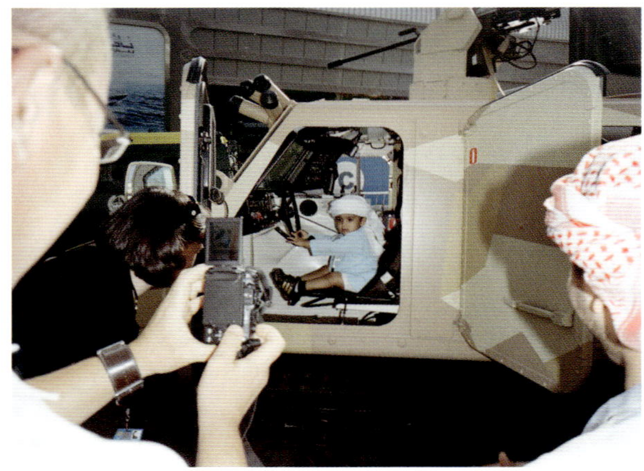

178 Julian Röder:
Ohne Titel aus der Serie *World of Warfare*,
Abu Dhabi, 2011

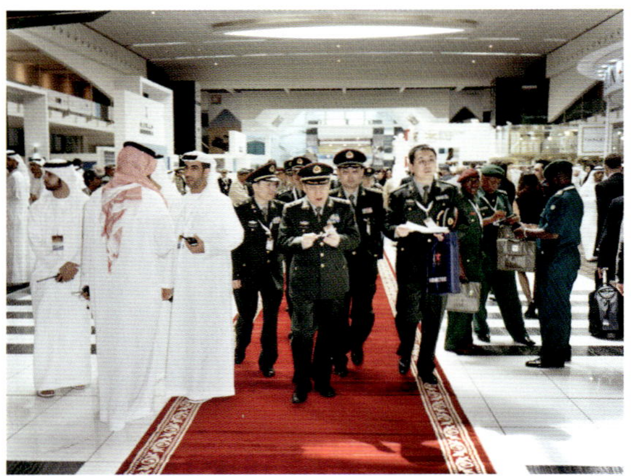

180 Julian Röder:
Ohne Titel aus der Serie *World of Warfare*,
Abu Dhabi, 2011

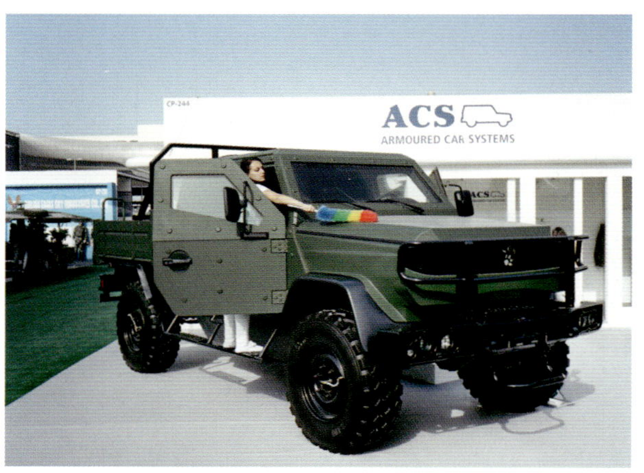

179 Julian Röder:
Ohne Titel aus der Serie *World of Warfare*,
Abu Dhabi, 2011

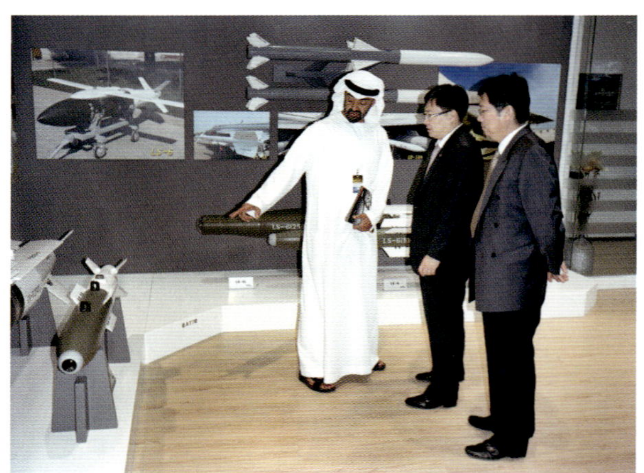

181 Julian Röder:
Ohne Titel aus der Serie *World of Warfare*,
Abu Dhabi, 2011

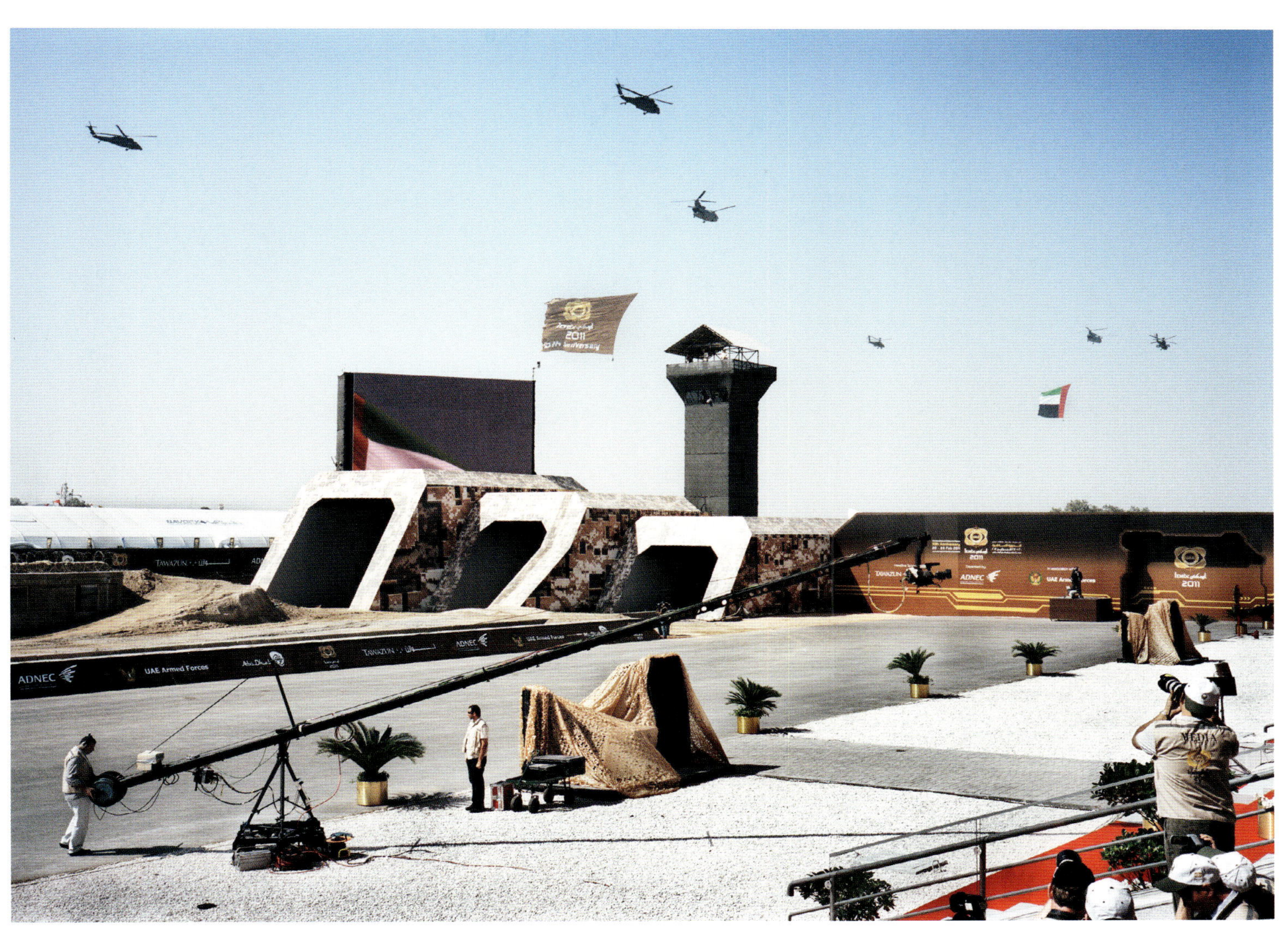

182 Julian Röder:
Ohne Titel aus der Serie *World of Warfare*,
Abu Dhabi, 2011

On that day, early in the morning many garment workers walked into the factories of Rana Plaza, their working place. Within an hour everything was shattered. Nobody knows how many workers were running to save his or her lives at the end moment. Workers' scream echoed on the walls of Rana Plaza. Many of their voices could not reach out passing through the heavy concrete walls. Over a thousand workers lost their lives in the deathtrap. They are the cheapest labors of the world. They are not only numbers; they are human beings. Who could imagine the collapse that caused the most unacceptable fate for the cheapest labors from Bangladesh?

24th April 2013, 9am. Becoming a brutal incident of history, a nine-story commercial building Rana Plaza collapsed at Savar, Dhaka, Bangladesh and left more than 1134 workers dead, more than hundred missing and many other wounded. Around a thousand families have found dead bodies of their beloved family members. Many families moved from police stations to morgues in search of their relatives. Many people are still missing. They are even missing in the DNA test list of the unidentified bodies. After 8 months of collapse, street boys have found some bones and skulls in the debris. But the families of missing workers do not know if they would find any trace from those. Still a mother of missing worker waits in front of the collapse site barricade with a hope to find any trace. Horrible memory of 24th April haunts them even in their sleep.

Workers of the Rana Plaza are a part of the 4 million garment workers from Bangladesh; among them 80% are women. They are the cheapest labor in the world and they toil from dawn to dusk for a minimum wage of BDT 3000 taka a month (less than $ 37) till 2013. Government declared a new gross minimum wage BDT 5300 (near about $ 66), which is not sufficient for them to survive.

They represent workers who produce clothes for Europe, America, international markets and international brands. By the tag 'Made by Bangladesh' on the products they earn a lot of foreign currency for national economy. With a dream of living a better life, people from villages come to the workers barracks at cities. With the collapse of Rana Plaza all of their dreams have been ruined.

Rana Plaza Collapse: Death of a thousand dreams is a documentary photo essay, a part of my continuous work. As a witness of history, an activist and as a photographer I have been documenting the lives and struggle of garment workers in Bangladesh since 2008. Rana plaza collapse raises question to national-international owners, brands and government about their role to secure working condition. It also raises question about all citizens and consumers responsibility. With this documentary photo story I have tried to portray the narrative of the death of thousand dreams.

Taslima Akhter

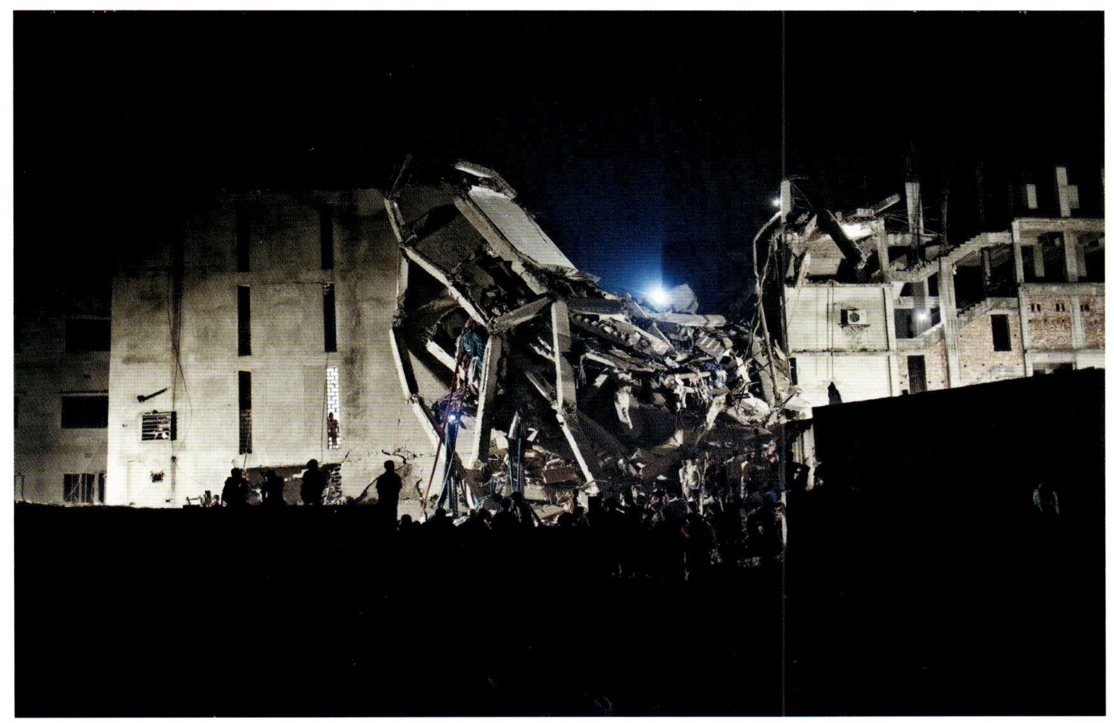

183 Taslima Akhter:
Ohne Titel aus der Serie *Death of a Thousand Dreams*, 2013

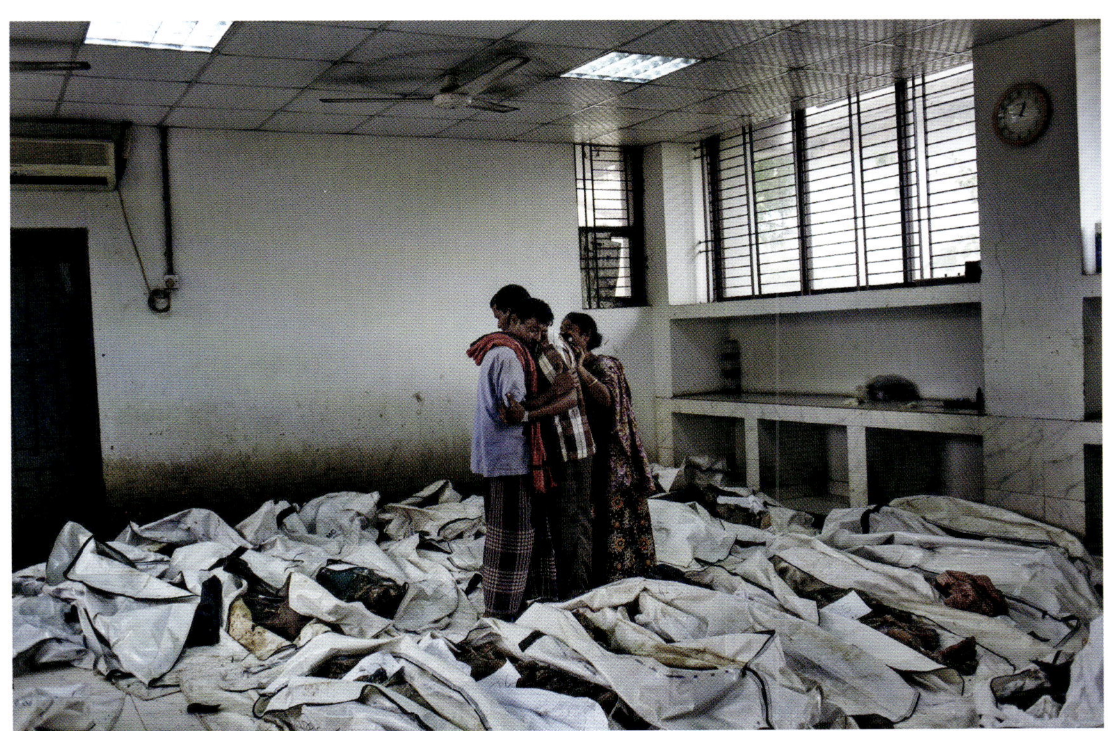

184 Taslima Akhter:
Ohne Titel aus der Serie *Death of a Thousand Dreams*, 2013

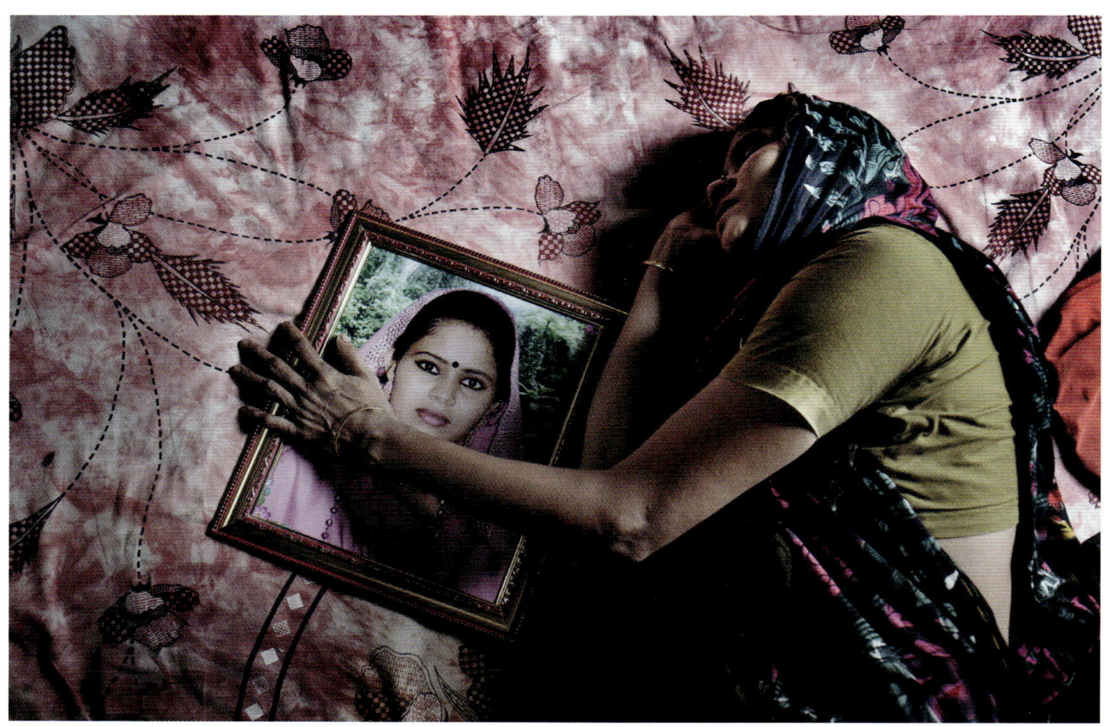

185 Taslima Akhter:
Ohne Titel aus der Serie *Death of a Thousand Dreams*, 2013

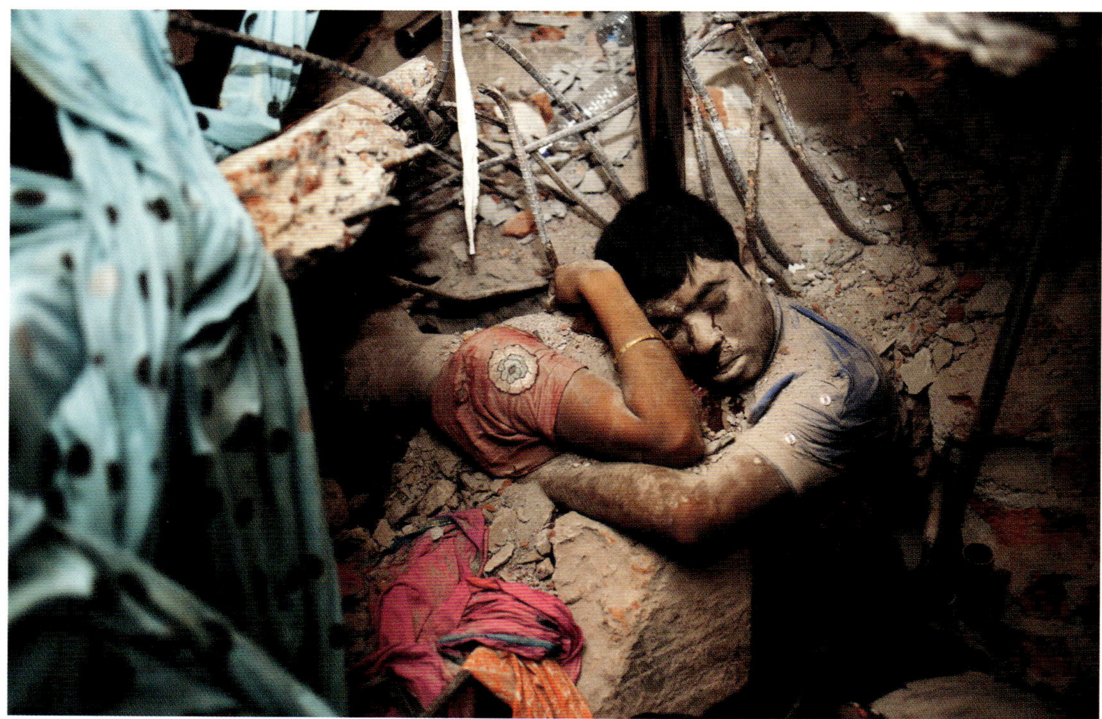

186 Taslima Akhter:
Ohne Titel aus der Serie *Death of a Thousand Dreams*, 2013

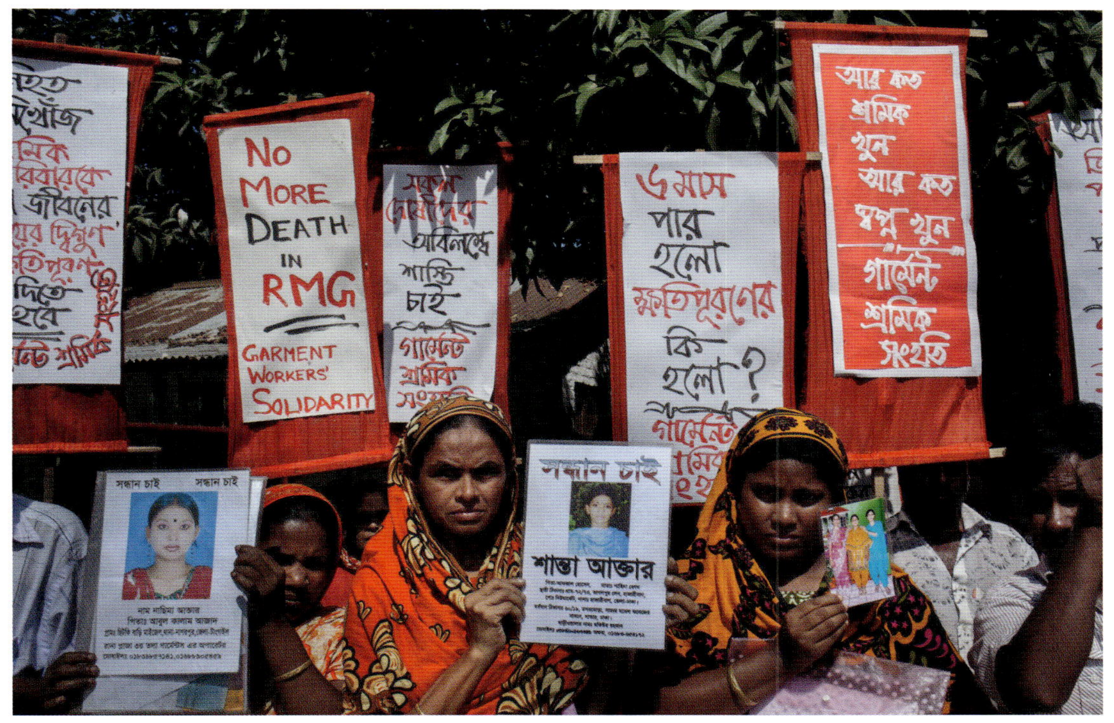

187 Taslima Akhter:
Ohne Titel aus der Serie *Death of a Thousand Dreams*, 2013

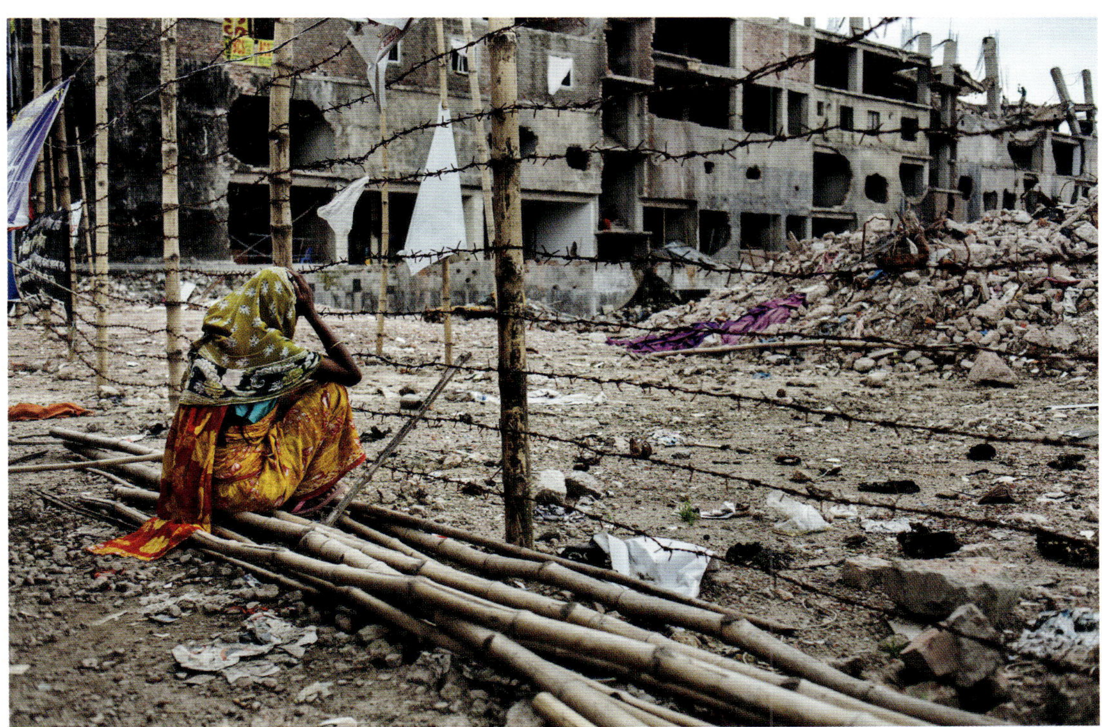

188 Taslima Akhter:
Ohne Titel aus der Serie *Death of a Thousand Dreams*, 2013

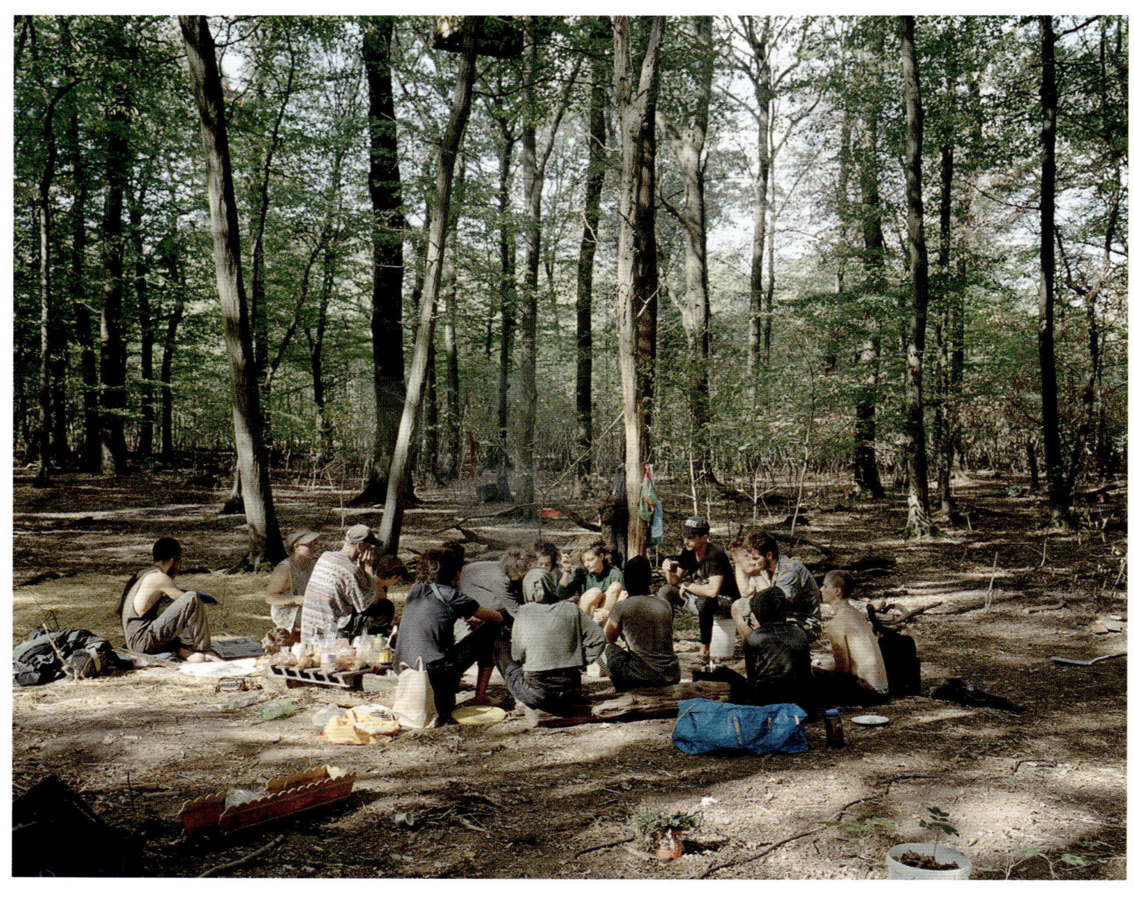

189 Daniel Chatard:
Plenum, Hambacher Forst aus der Serie *Niemandsland*, 2018

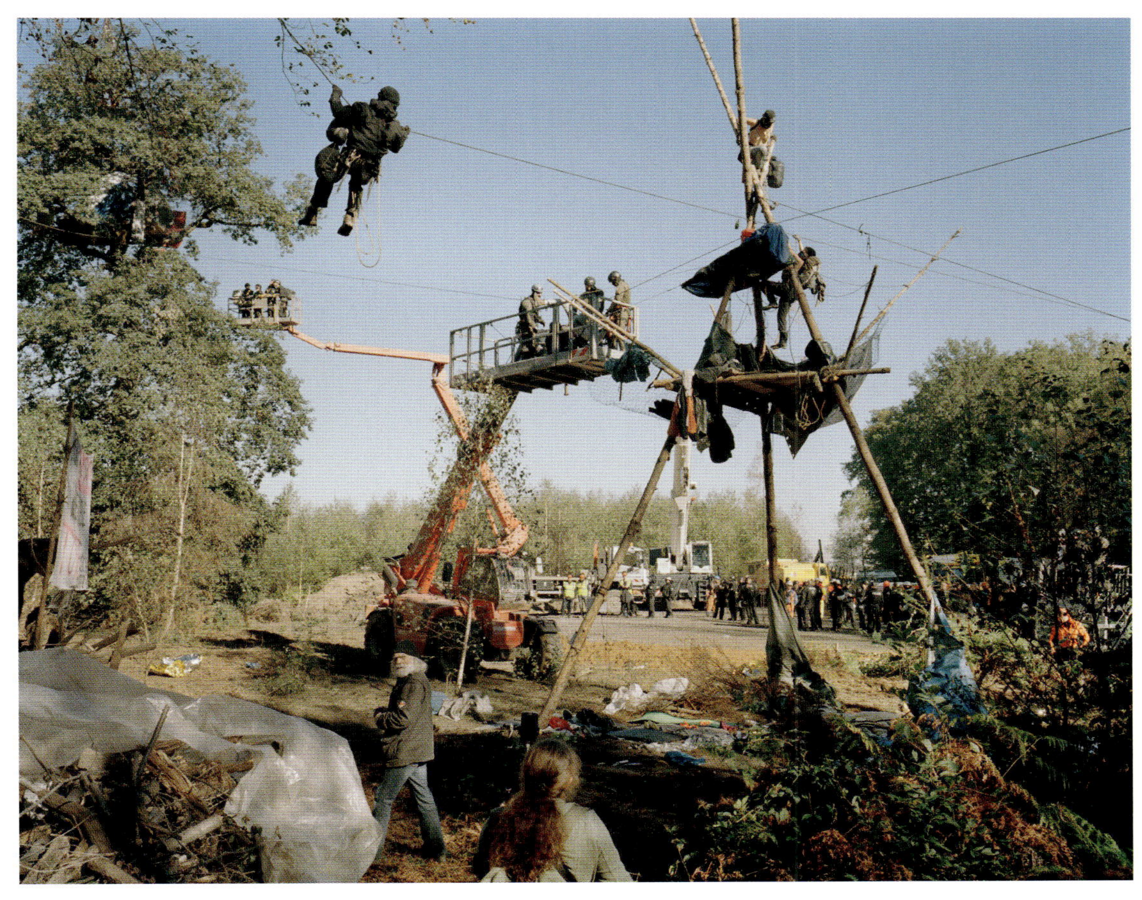

190 Daniel Chatard:
Räumung des Baumhausdorfs Lorien, Hambacher Forst aus der Serie *Niemandsland*, 2018

DIE ZECHE ALS MODERNER BERGFRIED

ZUR POLITISCHEN IKONOGRAFIE DER BERGBAULANDSCHAFT

Lukas Schepers

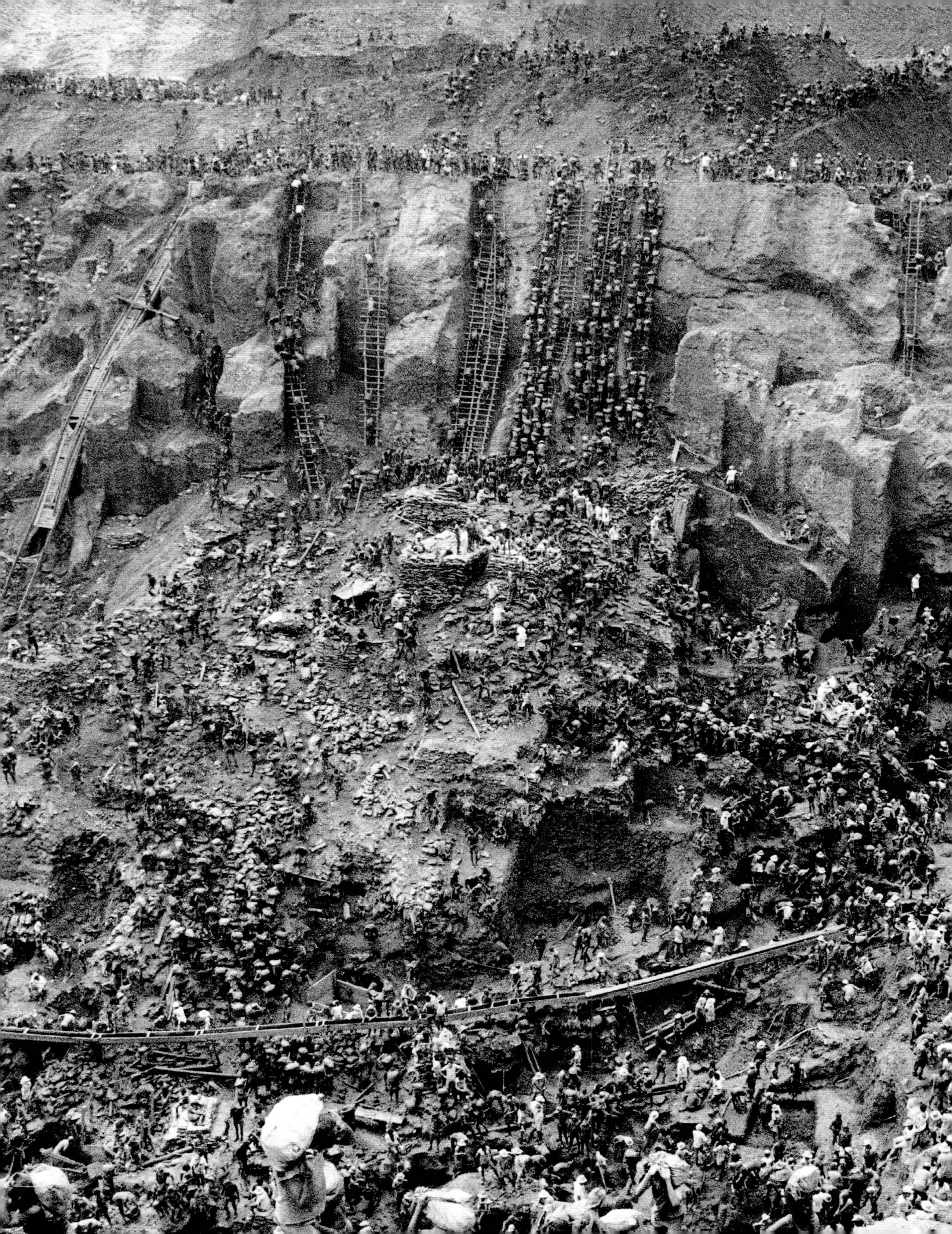

K ohle und Stahl sind Macht."[1] Auf diese einfache,
aber umso treffendere Formel brachte Heinrich Böll
die politische Bedeutsamkeit des Bergbaus im 20. Jahrhundert. Obwohl sich die Gewinnung und Aufbereitung von
Bodenschätzen über die Jahrhunderte grundlegend veränderte, war der Bergbau schon immer ein Machtfaktor.
Die älteste erhaltene Darstellung untertägigen Erzabbaus
findet sich auf einem im 9. Jahrhundert v. Chr. geschaffenen
Türbeschlag aus Bronze (The British Museum, London),
auf dem der assyrische König Salmanassar III. samt Gefolge
eine Quellgrotte am Tigris besichtigt. Dort treiben drei
in der Bedeutungsperspektive klein gehaltene Sklaven einen
immer enger werdenden Streb voran.[2] Nicht nur ist dieses
einst an den Stadttoren des Palastes in Imgur-Enlil
angebrachte Artefakt aufgrund seiner erzenen Materialität
selbst ein Produkt des Bergbaus, es zeugt darüber hinaus
auch von einem herrschaftlichen Interesse für bergbauliche
Vorgänge.

Ein gut funktionierendes Bergwerk war häufig die
Grundlage für prosperierende Städte. Zunächst kommen
hier die wertvollen Erze und Edelsteine in den Sinn, die zu
Münzen, Waffen, Rüstungen und Schmuck verarbeitet
wurden. Der Bergbau war materieller Ausgangspunkt jeder
Krone und jedes repräsentativen Palastes. Darüber hinaus
sind aber auch technische Innovationen nicht gering
zu schätzen. Selbst die mit Pferdegöpeln angetriebenen
Springbrunnen in den Gärten von Versailles sind der
Notwendigkeit zur Entwässerung von Gruben zu verdanken.[3]
Ein bekannter Reim aus dem 16. Jahrhundert spielt auf
diesen weitreichenden Einfluss des Bergbaus an: „Das und
anderes mehr – kumbt alles vom Berckwerck her."[4]

Im Zuge der Industrialisierung nahm dieser Einfluss
sprunghaft zu. Der Ingenieur Thomas Savery patentierte
1698 seine für das Bergwerk entwickelte Dampfmaschine
bezeichnenderweise unter dem Titel *The Miner's Friend*.

Für die Wasserhebung in noch größeren Teufen wurde sie
von Thomas Newcomen 1712 weiterentwickelt und schließlich
1796 von James Watt so weit revolutioniert, dass sie von
nun an in zahlreichen Industriezweigen zur Anwendung kam.[5]
Auch die erste Dampfeisenbahn, 1804 von Richard
Trevithick in Südwales gebaut, verband Berg- und Stahlwerke mit dem nahe gelegenen Kanal.[6] Die Kohle war
„Motor der Industrialisierung"[7] und „Urstoff, aus dem unser
Zeitalter der Technik hervorgegangen ist"[8].

Außerdem hat „die naturverändernde Kraft berg-
männischer Arbeit tief ins Landschaftsbild eingegriffen".[9] Es
ist daher naheliegend, dass sich die mit dem Bergbau
verbundene Macht in der von ihm geformten Landschaft
manifestiert. Um dieses Wechselverhältnis von politischer
Macht und Landschaft zu beleuchten, sollen Bilder aus
der Frühen Neuzeit bis in die Gegenwart untersucht werden.

DIE VORINDUSTRIELLE BERGBAULANDSCHAFT

Ein bemerkenswertes Blatt aus dem sogenannten *Wolfegger
Hausbuch* ist zentral für die Darstellungsgeschichte der
Bergbaulandschaft (Abb. 1). Die Künstler wie der Auftraggeber bleiben leider anonym. Mit großer Sicherheit stammt
dieses bemerkenswerte Buch jedoch aus den Kreisen
des Hochadels um den Habsburgerkaiser Friedrich III.[10] Auf
den ersten Blick schon ist das landschaftsverändernde
Moment des Bergbaus zu erkennen. In den fantastisch
geformten Berg sind zahlreiche Stollenmünder und Haspel-
schächte eingetrieben, aus denen die werkenden Arbeiter
entweder das Erz herauskarren oder an handbetriebenen
Haspeln senkrecht aus der Tiefe kurbeln. Mit dieser regen
Betriebsamkeit kontrastiert der Berg, der mit Ausnahme seines
Gipfels vollkommen kahl geschlagen ist. Das so gewonnene
Holz wird direkt zur Sicherung der Stollenmünder umgenutzt.
Darüber hinaus befindet sich am linken oberen Bildrand

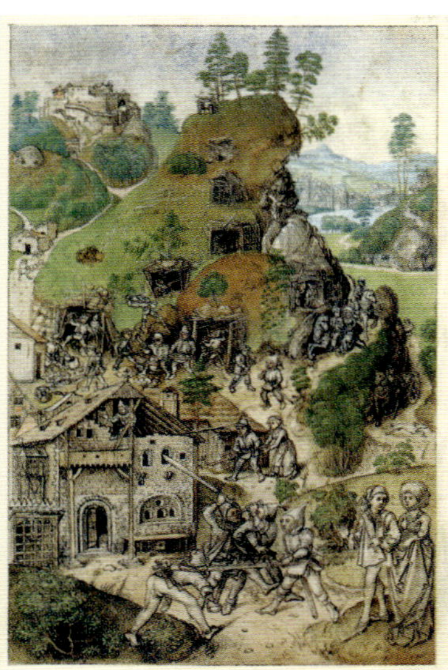

1 Anonym:
Bergwerk, in:
Wolfegger Hausbuch,
um 1475–1485,
Privatsammlung

ein Kohlenmeiler, in dem das Holz zu Holzkohle verarbeitet wird, die damals noch für die Eisenverhüttung unverzichtbar war. Die Detailhandlungen besitzen neben diesen Tätigkeitsbeschreibungen großen politischen Gehalt.

Die Gesamtheit der Vorgänge veranschaulicht juristische Eigenheiten des Bergrechts und deutet auf einen „sozialkritischen Aspekt"[11] des Blattes hin. Bodenschätze und Grundeigentum waren seit dem Hochmittelalter voneinander entkoppelt. Dies garantierte, dass die Landes- oder Territorialherren jederzeit und überall, wo ergiebiges Erzvorkommen gefunden wurde, eine Bergstadt gründen konnten, die der sogenannten Bergfreiheit, das heißt eigenen Gesetzen, unterlag.[12] Hierauf deutet das noch im Bau befindliche Gebäude samt eisenvergittertem Kerker. Die durch die Bergfreiheit nicht feudal gebundenen, sprich „freien", Bergleute genossen das Privileg, Waffen zu tragen. Oft kam es in den Bergstädten zu kriminellen Handlungen wie Diebstahl von Erz[13] und zu gewalttätigen Konflikten, die mit Waffen ausgetragen wurden, wie im Vordergrund des Blattes zu sehen ist.

Am rechten unteren Bildrand führt ein Herr gleich einer narrativen Repoussoirfigur die Dame und auch die Betrachtenden in das Bildgeschehen ein. Dabei handelt es sich um einen Ritter des Kannenordens, der diese unterrichtende Funktion auf weiteren Blättern des Hausbuchs ausübt. Das Auftreten des Ritters stellt hier aber auch einen ständespezifischen Kommentar dar: „Der junge Adelige mit der Gerte hebt seine Hand, als wolle er diese Streiterei seiner Gefährtin als übliche Handlungsweise dieser Personen erklären."[14] Es ist bezeichnend, dass fast 400 Jahre später ein deutlicher Widerhall dieser herrschaftlichen Geste als Pathosformel in die Gruppe von Bergbauunternehmern eingegangen ist, die am Rande von Johann Joseph Leyendeckers Darstellung der Mechernicher Bleigrube das von ihnen bestimmte Geschehen überblicken (Kat. 12).

Besonders relevant erscheint bei dem Blatt aus dem *Wolfegger Hausbuch* die prächtige Burg im Hintergrund. Wie die Hauptschlagader des Reichtums führt ein Weg vom Bergwerk direkt zu ihr hinauf. Sie veranschaulicht die Verbindung von hier in schwerer Arbeit geschöpftem, dort in Prächtigkeit resultierendem Reichtum. Ähnlich wie die Landarbeit auf den Kalenderblättern im *Stundenbuch des Herzogs von Berry* aus dem frühen 15. Jahrhundert erscheint hier die Bergarbeit „als das selbstverständliche Attribut der Burg".[15] In der über alles erhabenen Festung kommt der „herrschaftliche Zugriff auf das Territorium, das sich wie ein politisches Tableau darbietet" zum Ausdruck.[16] Gleiches ließe sich über die zahlreichen Gemälde des 16. Jahrhunderts, etwa von Herri met de Bles oder den Brüdern Marten und Lucas van Valckenborch, sagen. Für ein vorrangig höfisches Publikum betteten sie Szenen des Bergbaus sowie der Eisenverhüttung in imaginierte Weltlandschaften ein, die durch winzige Figuren aus biblischen Erzählungen angereichert sind. Stets sieht man dort die majestätischen Schlösser und Städte in bizarre Felsstrukturen eingearbeitet und die glühenden Herzkammern der Macht in ein fantastisches Licht gerückt.

Eines der wohl imposantesten Bilder mit bergbaulicher Landschaft ist die Rückseite des *Annaberger Bergaltars* (Abb. 2). Das Flügelretabel wurde von der ortsansässigen Knappschaft gestiftet, also von einem Bergarbeiterverbund, der als historisches Vorbild des modernen Sozialversicherungssystems gilt. Daher stellt es eine „Manifestation des Selbstverständnisses und auch des Selbstbewußtseins des einheimischen Bergmannstandes"[17] dar. Auf den Tafeln wird die Bergbaulegende des Daniel Knappe mit der Heiligenlegende des Propheten Daniel synthetisiert.[18] Der Legende nach erschien dem Bergmann Daniel Knappe – hier verkörpert durch den heiligen Daniel – ein Engel, der ihn anwies, in den Ästen eines Baumes silberne Eier zu suchen.

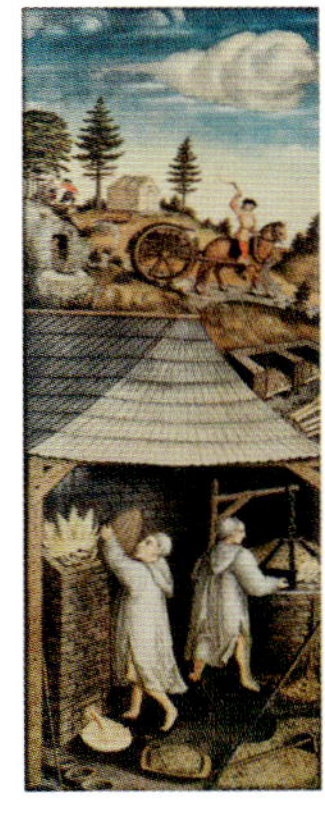
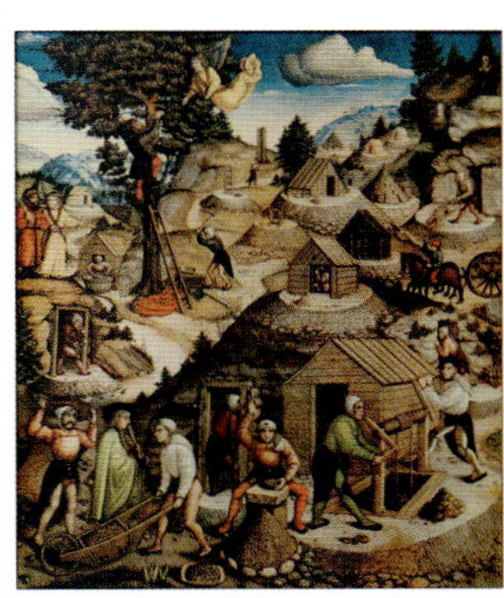
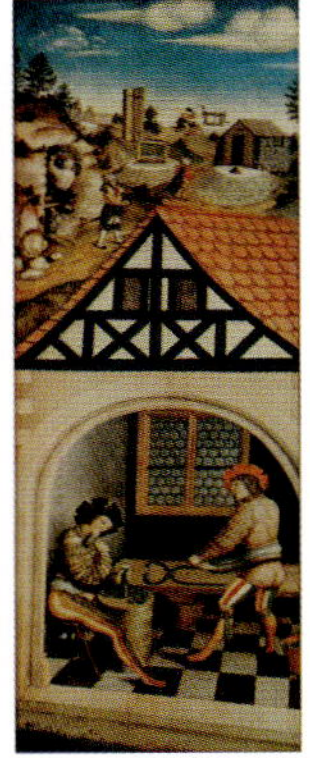
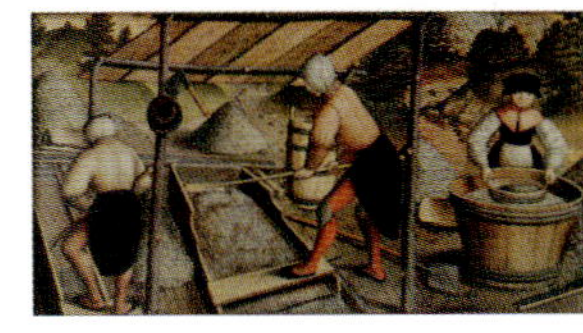

2 Hans Hesse: Rückseite des *Annaberger Bergaltars*, 1521, St. Annenkirche, Annaberg-Buchholz

Doch erst der mit dem lateinischen Schriftzug „Knappius"
versehene Bergmann als Gehilfe des Heiligen findet am
Fuße des Baumes die dauerhaft ergiebigen Schätze.[19]

Neben der zentralen Legende wird aus heutiger
Perspektive die radikale Umwälzung des Ökosystems als
Resultat eines solchen Fundes sichtbar. Bis zum Horizont
säumen Kauen, Haspel- und Bewetterungsschächte die
beinahe baumlose „Werkstättenlandschaft".[20] All die kleinen
Erdlöcher sind in ihrer Zeit das Äquivalent der stählernen
Fördergerüste, welche spätestens im 19. Jahrhundert
zum markanten Symbol der Kohleindustrie wurden. Auffallend
sind die Szenen der Aufbereitung, Schmelzung und
Vermünzung in der Predella sowie den beiden Flügeltafeln.
Gerade in der prominenten Wiedergabe der Münzherstellung
„dokumentiert sich der Sinn des Bergbaus in der Darstellung von gemünztem Geld als Symbol wirtschaftlicher
und politischer Macht".[21] Auf der Mitteltafel lassen sich zwei
Elemente als Ausdruck hoheitlicher Verfügung ausfindig
machen. Zum einen der durch den grünen Umhang als
Edelmann markierte Aufseher im Vordergrund, zum anderen
die auf den bläulichen Hügeln im Hintergrund sichtbaren
Hinrichtungs- und Folterinstrumente: „Galgen und Rad [...]
warnen eindringlich vor Widerstand gegen die Obrigkeit,
Verletzung der Bergordnung oder Gewalttat und Raub."[22]

Dass der Bergbau mit einer rasanten Verstädterung,
einer radikalen Abholzung der Wälder und großem Einfluss auf
das Ökosystem einherging, thematisierte auch Georgius
Agricola in seinem 1530 erschienenen Dialog *Bermannus*.[23]
In dem epochemachenden, 1556 erstmals publizierten Werk
De re metallica libri XII nahm der Gelehrte dann die
wachsenden Vorbehalte der ländlichen Bevölkerung gegen
die Zerstörung ihres Lebensraumes zum Anlass einer
Apologie des Berg- und Hüttenwesens. Zu Beginn des ersten
Buches führt er die häufigsten Vorbehalte an: Vergiftung
der Bäche und Flüsse durch das Waschen der Erze, Verwüstung

von Feldern und Wäldern und der daraus resultierende
Mangel an Holz und Nahrung.[24] Die 292 in dem Werk
befindlichen Holzschnitte haben nicht nur die Geschichte
bergbaulicher Techniken, sondern auch die Darstellung
bergbaulicher Vorgänge entscheidend geprägt.[25] Sein
die Erdrinde sezierender Blick ist vor allem ein technisch
vermittelnder, dennoch stellen die Bilder heute wertvolle
historische Zeugnisse dar, die auch den Wandel der
Landschaft dokumentieren.

In den Anatomien der Landschaft wird neben der
oberflächlichen auch die subterrane Umwälzung in ihrer
technischen Meisterschaft veranschaulicht (Abb. 3). Wir
erblicken nicht nur ein sich ständig durch neue Aufschlüsse
erweiterndes Tunnelsystem unter der Erde, sondern
auch eine sichtlich kahl geschlagene Gegend mit zahlreichen
Baumstümpfen. Die rauchenden Kaminschlote im Hintergrund deuten auf die rohstoffintensive Weiterverarbeitung in
den Hütten. Agricola war insgesamt vier Mal Bürgermeister
von Chemnitz, und so wirkt es beinahe wie der Beschwichti-
gungsversuch eines Lokalpolitikers gegenüber Umwelt-
aktivisten, wenn er die „nützlichen Seiten"[26] des Bergbaus
starkmacht. Er argumentiert, dass der Bergmann „in
kurzer Zeit großen Reichtum"[27] sammeln kann. Wem dieser
Reichtum zugutekommt, bleibt unausgesprochen. Erst in den
Bildern des 20. Jahrhunderts, die in ihrer Darstellungs-
weise an Agricola erinnern, drängt sich diese Frage umso
eklatanter in den Vordergrund.

DIE BERGBAULANDSCHAFT ZUR HOCHZEIT DER INDUSTRIALISIERUNG

Das für Agricola bereits präsente Problem der Abholzung
nahm im Laufe der Zeit weiter zu. Mit dem rasanten Anstieg
der Bevölkerungszahlen in Deutschland nach dem Ende
des Dreißigjährigen Krieges 1648 ging ein ständig steigender

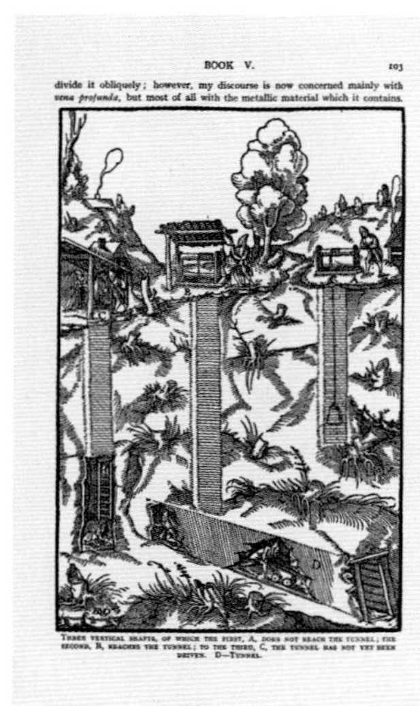

3 Hans Rudolf Manuel gen. Deutsch:
*Schacht und Stollensystem
mit Förderhaspeln,* in:
Georgius Agricola: *De re metallica
libri XII,* Basel 1556

Holzbedarf einher, so dass im 18. Jahrhundert der Holzmangel in eine handfeste Rohstoffkrise umzuschlagen drohte.[28]

Holz wurde im wärmenden Kamin verfeuert, hauptsächlich aber für den Häuserbau und die Herstellung von Holzkohle gebraucht, welche nach wie vor für die Produktion von qualitätsvollem Eisen notwendig war. Steinkohle war zur Verhüttung aufgrund ihrer chemischen Unreinheit zunächst ungeeignet. Erst durch die 1713 vom industriellen Pionier Abraham Darby in Coalbrookdale entwickelte Methode der Verkokung konnte die Steinkohle für die Stahlindustrie nutzbar gemacht werden. Während der Verkokung eines Kohlegemischs zum sogenannten Koks werden durch Erhitzung die störenden Bestandteile ausgesondert und gleichzeitig wertvolle Nebenprodukte wie beispielsweise Gas und Teer gewonnen. Zusammen mit der fast zeitgleich erfundenen Newcomen-Dampfmaschine, die schließlich auch mit Kohle befeuert wurde, führte dies zu einem explosiven Wachstum der Kohle- und Stahlindustrie.

Darbys Wirkungsstätte Coalbrookdale, wo Eisenerz und Kohle in unmittelbarer Nähe zueinander lagerten, wurde so zum Ausgangspunkt der Industrialisierung.[29] Dementsprechend nahm die Veränderung der Landschaft dort merklich neue Züge an. Da die wertvollen Bodenschätze ausgerechnet in einer außergewöhnlich romantischen Landschaft gefunden wurden, bezeichnet Francis Klingender Coalbrookdale zu Recht als „Versuchsfeld für das Studium der neuen Beziehung zwischen Mensch und Natur, welche die Großindustrie geschaffen hatte".[30] Diese noch nie dagewesene Kombination aus Höllenfeuer spuckenden Fabrikanlagen sowie weitläufiger Wald- und Wiesenlandschaft lockte zahlreiche Touristen an.[31] Die in Werbekampagnen und Reiseberichten gepriesene Region entsprach dem Erhabenen, dem „wichtigste[n] Zentralbegriff der romantischen Kunsttheorie".[32] Edmund Burke zufolge ist alles, was geeignet ist, „die Idee von Schmerz und Gefahr" zu erregen oder „in einer dem Schrecken ähnlichen Weise wirkt", eine Quelle des Erhabenen.[33] Außerdem können Gefahr oder Schmerz „aus einer gewissen Entfernung und unter gewissen Modifikationen froh machen".[34] Ein distanzierter Spaziergang in der Höllenlandschaft von Coalbrookdale oder ein repräsentatives Gemälde, das Betrachter ohne Strapazen in den Genuss des Erhabenen kommen lässt, sind hierfür exemplarisch.

Das 1777 entstandene Landschaftsgemälde *An Afternoon View of Coalbrookdale* (Abb. 4) von William Williams konnte die Schaulust des frühindustriellen Bürgertums umfassend befriedigen. Keine Burgen säumen mehr die Hügel, sondern eine Reihe von Fabriken und einige Villen, zu denen mit großer Wahrscheinlichkeit auch das Dale House sowie das Haus auf dem Rosehill zählen, in denen die Familie Darby residierte. Die Figuren im Vordergrund stehen im Kontrast zu dem noch zaghaft in den Himmel hineintreibenden Rauch. Ihre Haltung signalisiert wenig Interesse am Geschehen zu ihren Füßen. Der Mann im roten Frack lässt sich lieber von einem Diener die Gegend zeigen, während die mit prunkvollen Hüten gekrönten Damen im sicheren Abstand zum Getöse im Tal in ein Gespräch vertieft sind. Die Distanz der Touristen zu der im Tal gelegenen Fabrik wird durch den Bildbetrachter mit seinem erhöhten Blickpunkt noch übertroffen. In dem antagonistischen Verhältnis von Betrachtenden und dem betrachteten Gegenstand ist ein weiterer Satz aus Burkes *Philosophical Enquiry into the Origin of our Ideas of the Sublime and Beautiful* bedeutsam: „Außer den Dingen, die *unmittelbar* die Idee einer Gefahr eingeben, und außer denen, die aus mechanischen Ursachen eine ähnliche Wirkung haben, kenne ich nichts Erhabenes, das nicht eine gewisse Modifikation von Macht wäre."[35] Auf das Bild angewandt bedeutet dies, dass die gut gekleidete Gesellschaft sowie der Bildbetrachter durch ihr distanziertes

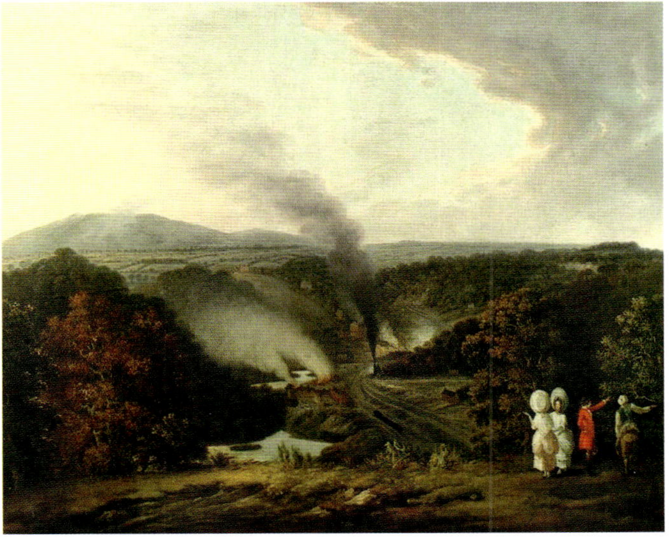

4 William Williams:
An Afternoon View of Coalbrookdale, 1777,
Shrewsbury Museum and Art Gallery

Verhältnis zum Objekt ihrer Schaulust vom Einfluss der Macht und einer damit verbundenen Gefahr verschont bleiben, während die im Rauch der Fabriken verborgenen Arbeiterscharen ihr unmittelbar ausgesetzt sind.

Der aus Newcastle stammende Thomas H. Hair gilt als erster Künstler, der den Bergbau in einer systematischen Nüchternheit festhielt, die an Bernd und Hilla Bechers Typologien erinnert (Kat. 135).[36] Sein 1844 herausgegebenes Buch *A Series of Views of the Collieries in the Counties of Northumberland and Durham* enthält 44 Kupferstiche mit minutiös wiedergegebenen Zechen. Sofort fallen die noch zaghaft wirkenden Seilfördergerüste aus Holz auf, die bald schon das markanteste Symbol des Bergbaus darstellen. Zwar ist den Bildern definitiv ein hoher Realitätsgehalt zuzusprechen, gleichzeitig scheint ihr Urheber von dem Versuch getrieben, die aus der Nähe durchaus als unansehnlich geltenden Zechen möglichst organisch in die Landschaft einzubetten. Deshalb setzt er die Anlagen des Öfteren in den entfernten Hintergrund und bevölkert in bukolischen Szenerien im Vordergrund Weiden mit Schafen und im Gras ruhenden Hirten (Abb. 5). Die Zechen nehmen zu dieser Zeit jenen kompositorischen Platz ein, der einst den Burgen vorbehalten war. Dass die Arbeiter die Großunternehmer schon bald mit Spottnamen wie „Kohlekönig" oder „Schlotbaron" bedachten, ist deshalb nicht verwunderlich. Wenige Bilder zeigen diese Machtablösung deutlicher als Alfred Rethels *Porträtlandschaft mit Fabrickgebäuden* (1834, Demag Cranes & Components GmbH, Düsseldorf), in der aus dem Gemäuer der mittelalterlichen Burg Wetter eines der ersten rheinischen Eisenindustriewerke, die Harkort'sche Fabrik, erwächst.

Die begleitenden Texte zu Hairs Kupferstichen belegen, wie gefährlich – und dies ist nach Burke gleichbedeutend mit einer Modifikation von Macht – die Arbeit an diesen Orten war:

„Zu allen Tages- und Nachtzeiten sieht man Gruppen von Männern und Jungen auf ihrem Weg in die Zeche. In einem Förderkorb fahren sie in den Schacht hinunter, oder sie hängen sich einfach an die Kette, die am äußersten Ende des Förderseils befestigt ist, und werden mit unbegreiflicher Schnelligkeit von einer Dampfmaschine hinuntergelassen. Sauber und ordentlich stürzen sie sich kühn in einen schwarzen, qualmenden und bodenlos scheinenden Krater, in dem, so sollte man meinen, keine Menschenlunge atmen und kein Blut durchs Herz tanzen könnte. Fast im selben Augenblick sieht man andere heraufkommen, pechschwarz wie die Kohlen, die sie suchen, durchnässt und müde. [...] Die Männer, mit ihren rußigen und grimmigen Gesichtern blickten mit funkelnden Augen um sich, und wenn sie sprachen, entblößte die Bewegung ihrer roten Lippen elfenbeinweiße Zahnreihen. [...] Das Ganze ist ein so wilder und furchtbarer Anblick, wie sich ihn ein Maler oder Dichter nur wünschen kann."[37]

Die Fotografien von Erich Angenendt geben lebhaft wieder, dass sich über hundert Jahre nach dieser Beschreibung wenig an der äußeren Erscheinung der wieder über Tage kommenden Bergleute verändert hat (Kat. 100). Vielen Künstlern und Schriftstellern wurde schnell bewusst, dass die unmittelbare Arbeit im Bergwerk mit Romantik nicht viel zu tun hat.[38]

Die sozialkritische Wende in der Malerei lässt sich exemplarisch an dem belgischen Maler Constantin Meunier aufzeigen. Nicht mehr das Erhabene, sondern Leid und Elend des Bergbaus sind seine Themen. In den Werken von Henry Perlee Parker hatte der Bergmann zum ersten Mal als typisierter Proletarier mit kohlegeschwärztem Gesicht und zerschlissener Kleidung die ästhetische Sphäre des industriellen Bürgertums betreten. Während Parkers Bilder von spielenden Bergleuten noch von einem sehr jovialen Blick geprägt sind, stilisiert

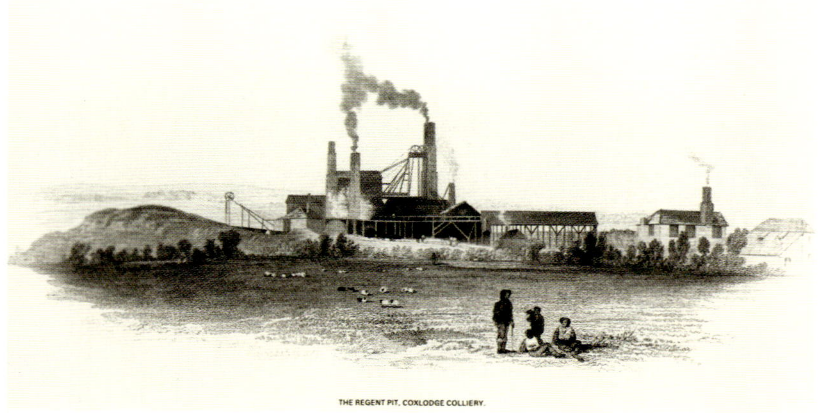

5 Thomas H. Hair:
The Regent Pit, Coxlodge Colliery, 1839

der emphatische Realismus Meuniers sie zu „Helden der Arbeit".[39] Meuniers Blick auf die Arbeiterklasse ist fast enzyklopädisch (Abb. 6). Er zeigt sie vor neutralem Hintergrund und ohne jegliche Narration in stark hochformatigen Typenporträts, die mit denjenigen Georg Friedrich Zundels (Kat. 58 und 59) vergleichbar sind. Zugleich setzt er sie aber auch, ebenso wie Franz Skarbina (Kat. 53), ins Verhältnis zur Landschaft, in der sie sich verdingen. Er zeigt sie während der Arbeit, in den Pausen und nach einer Grubengasexplosion trauernd. Die Eindrücke dafür sammelte er unweit von Brüssel in dem berühmten Industriegebiet des Borinage, in dem zeitgleich Vincent van Gogh als Prediger wirkte.[40] Aus Meuniers Reisen dorthin resultierte auch *Au pays noir* (Kat. 44). In einem für sein Werk untypischen, fast impressionistischen Duktus setzt er die verdüsterte Lichtstimmung malerisch um. Durch den allgegenwärtigen Ruß verschmelzen Himmel, Zechen und verwüstete Landschaft zu einem atmosphärischen Konglomerat. Mit Blick auf das Œuvre Meuniers ist anzunehmen, dass die sich bis zum Horizont erstreckenden Fabrikschlote nicht mehr als Symbole industriellen Wohlstands fungieren, sondern als „Indikatoren von Gefährdung und Krankheit".[41]

Eine lebhafte Schilderung des Schriftstellers Camille Lemonnier, der zusammen mit Meunier das Borinage zum ersten Mal besuchte, klingt beinahe wie eine exakte Beschreibung von *Au pays noir*:

„Von der Terrasse des Schlosses von Mons sehen wir die verwüstete und verkümmerte Landschaft, die vom Ruß der hohen Schornsteine wie mit einem dicken Leichentuch zugedeckt wirkt. Unter der langsamen, unaufhörlichen Flut von Kohlenstaub verschwimmt die Luft in rußigen Tönen; die Sonne selbst versinkt in den Wellen des allgegenwärtigen Rauchs wie ein Schiff, das von einem Meer aus Tinte verschlungen wird. [...] Was man vom Schloss von Mons aus sehen kann, ist das eigentliche Herz des Kohlenlandes."[42]

Die sozial engagierten Künstler nehmen die Burg nunmehr als Aussichtspunkt. Sie kehren ihr damit den Rücken und blicken auf die Industrielandschaft als Teil von ihr und nicht mehr als distanzierte Betrachter.

Ein frühes Panorama wie das der unweit vom Borinage gelegenen Förderanlage in Roselies ist ein wertvolles Dokument des industriellen Wandels (Kat. 45). Wieder lohnt es sich, Meuniers Freund und aufmerksamen Zeitgenossen Camille Lemonnier heranzuziehen:

„Mit geringen Abständen, sich fast berührend, folgen die Zechen hier aufeinander und verschließen mit ihren Halden den Horizont nach allen Richtungen, richten überall ihre Schornsteine und Gerüste auf und überdecken mit ihrem Schatten nicht weniger als ihrem Kohleregen die kleinen Häuser mit den roten Dächern, die wie Pilze zu ihren Füßen wachsen. Wie sich um die alten Burgen die Katen der Leibeigenen scharten, drängen sich die Hütten der Bergleute von allen Seiten um die Zeche und ducken sich dort in der glühenden Atmosphäre des Ungeheuers [...]. Die Zeche ist in der Tat der moderne Bergfried der Gegend; wie sein Vorfahr erhebt er den Zehnten und den Frondienst von der Bevölkerung; in seinem Umkreis, selbst von weitem hört man das dumpfe Raunen, das seine Nähe ankündigt, und von seinen Wellen her, die gleich Riesenwurzeln den Saft und das Leben der Umgebung einsaugen, dringt er ein, stürzt sich in das Herz der Erde und der Jahrhunderte."[43] Hier findet die in zahlreichen Bildern bezeugte Beziehung von Burg und Bergwerk literarische Bestätigung.

In Deutschland war das Ruhrgebiet mit Abstand am stärksten von diesen Umwälzungen betroffen. Als Friedrich Grillo in der Mitte des 19. Jahrhunderts die drei Zechen Consolidation, Nordstern und Bismarck in Gelsenkirchen errichtete, verwandelte sich die ehemals bäuerliche Gegend in den Moloch, der ihr traurige Berühmtheit bescherte:

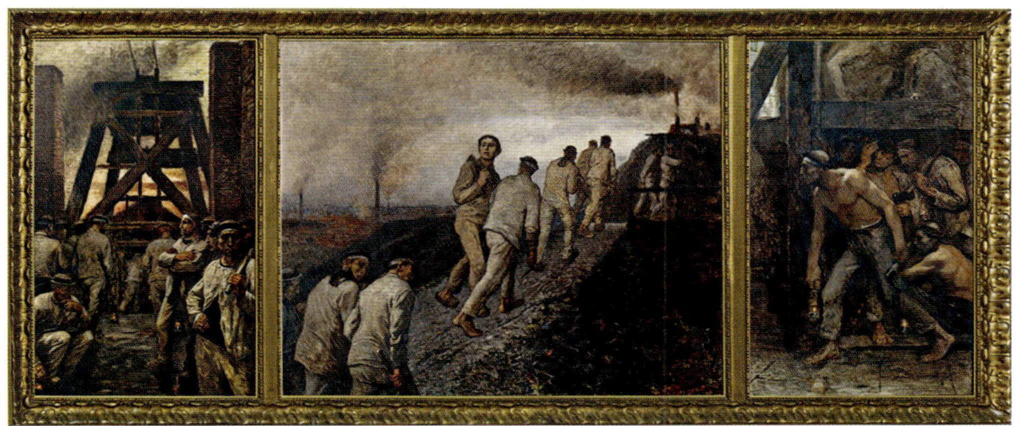

6 Constantin Meunier:
Triptyque de la mine, 1831, Musées royaux des Beaux-Arts de Belgique, Brüssel

„Diese Landschaft südlich der Emscher war damals noch ein einziges, großes, ländliches Idyll, nur dünn bevölkert. Mittelalterliche Wasserburgen standen trutzig hinter breiten Gräben, umschattet von uralten Eichen und Buchen. Dann lagen verstreut die Bauernhöfe zwischen Feldern und sattgrünen Wiesen. Hie und da ein Kotten mit einigen Morgen Ackerland und einem Hausgärtchen."[44]

Gleiches gilt für den Recklinghäuser Stadtteil Hochlarmark. Ehemals ein naturbelassenes Gebiet aus Hochwald, Weide und Sumpfland, beherrschte nach der Errichtung des ersten Förderturms schon bald die Berghalde die landschaftliche Silhouette der Region. 1836 lebten dort vier Familien, 1914 bereits 6530 Personen, fast 2000 davon arbeiteten auf der Zeche.[45] Das explosivste Wachstum hatte jedoch das „aus dem Nichts entstandene Oberhausen".[46] Um 1843 lebten dort nur etwa 700 Menschen, 1860 bereits 5600. Es ist nicht übertrieben, wenn man betont, dass all diese Orte mit ihren Bewohnern gänzlich von den Zechen abhängig waren – ganz wie die ländliche Bevölkerung von der Burg in der Zeit des Herzogs von Berry.

DIE BERGBAULANDSCHAFT IM 20. JAHRHUNDERT

Das Ruhrgebiet ist die „Werkstättenlandschaft" des *Annaberger Bergaltars* in kolossalem Ausmaß. Allerdings zeichnete sich mit dem Beginn der Industrialisierung ab, dass die Zeit des Feudalismus abgelaufen und die des freien Unternehmertums gekommen war. Mit dem *Allgemeinen Berggesetz für die Preußischen Staaten* von 1865 ging in Deutschland der Bergbau aus staatswirtschaftlicher in privatwirtschaftliche Form über.[47] Das industrielle Bürgertum ersetzte nun auch dem Recht nach den Adel.

Aufgrund seiner ökonomischen sowie kriegsentscheidenden Rolle rückte der Bergmann im 20. Jahrhundert zunehmend ins Visier der Bildpropaganda. Auf politischen Plakaten erscheint er idealisiert, meist freudig lächelnd und seine kräftigen Muskeln präsentierend, und soll so helfen, das jeweilige politische Ziel zu erreichen. Die Landschaft rückt dabei zunehmend in den Hintergrund. Mehr Variation bietet die Karikatur, in der es häufig zu einer Verknüpfung von Ober- und Unterwelt kommt, deren darstellerische Tradition auf die höchst unpolitischen Agricola-Holzschnitte zurückgeführt werden kann. Unter der Erde hat sich durch die Tätigkeit des Menschen ein weitverzweigtes Netzwerk aus Schächten und Strecken gebildet. Bis zu 1500 Meter tief und Hunderte Kilometer lang erstreckt sich beispielsweise das Grubenlabyrinth des Ruhrgebiets.[48] Das Leben über Tage war seit der Industrialisierung vollkommen von der Arbeit unter Tage abhängig.

Diese dem Augenschein meist verborgene Verknüpfung visuell herzustellen war das Ziel einiger dezidiert politischer Künstler. Anlässlich des Bergarbeiterstreiks im Ruhrgebiet von 1912 veröffentlichte der Karikaturist A. Mrawek in der sozialdemokratischen Satirezeitschrift *Der wahre Jakob* einen Holzschnitt mit dem Titel *Der moderne Simson* (Abb. 7). Der Titel spielt auf die alttestamentliche Legende an, der zufolge der mit übermächtigen Kräften ausgestattete Simson den Tempel der Philister zum Einsturz brachte. In Mraweks Blatt ist ein Bergmann stellvertretend für die streikende Masse zu einem gigantischen Simson stilisiert, der statt des Tempels metaphorisch das Grubengebäude einstürzen lässt. Die darüberliegende Stadt samt repräsentativen Gebäuden, Fabriken und Bürgern wird von dieser Erhebung erschüttert. Macht und Last des Bergmanns kommen gleichsam zum Ausdruck.

Im Gegensatz dazu gigantisiert Augustin Tschinkel in seinem Holzschnitt *Kohle* (Abb. 8) den vereinzelten Kapitalisten, der über Tage noch die Schornsteine und Fördergerüste überragt, während unter Tage die Bergleute in gebückter Haltung die Kohle aus dem Berg schlagen. Ebenso

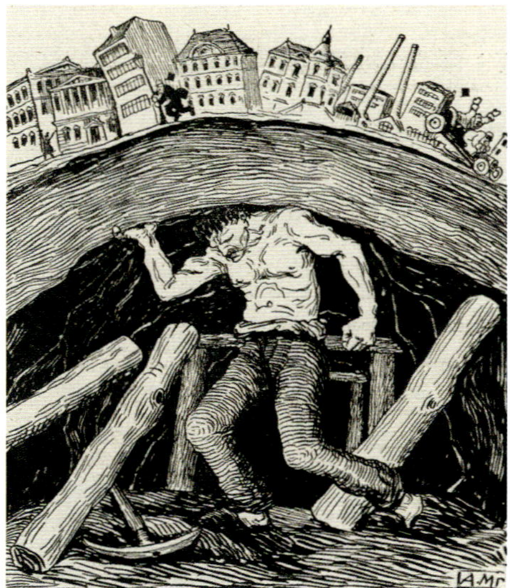

7 A. Mrawek:
Der moderne Simson, 1912

wie der befreundete Grafiker Gerd Arntz versuchte auch
Tschinkel mit konstruktivistisch schematisierten Formen die
sonst getrennten Sphären von Ober- und Unterwelt sichtbar
zu verbinden. Beide publizierten Texte und Grafiken in
Heinrich Hoerles Politzeitschrift *a bis z* und gehörten dem
Umkreis der Kölner Progressiven an, denen sich unter
anderen August Sander (Kat. 81, 83–87) und Franz Wilhelm
Seiwert (Kat. 74) anschlossen. Tschinkel war der Überzeugung,
dass „wirklich soziale kunst" auch „formal tendenziös" sein
müsse, denn „so erst kann sie den menschen als produkt
seiner verhältnisse darstellen".[49]

Ein Künstler, der zwar keine tendenziösen Bilder
schuf, aber umso eindrücklicher die subterrane Bergbau-
landschaft ins ästhetische Bewusstsein brachte, war
Manfred Szejstecki. Er arbeitete selbst von 1948 bis 1963 als
Reviersteiger auf mehreren Zechen des Ruhrgebiets.
In Werken wie der Tuschezeichnung *Unter Essen* (Abb. 9)
verwendete Szejstecki exakte Vermessungsdaten des berg-
männischen Markscheidewesens, so dass die geologischen
Strukturen sowie die eingezeichneten Schächte und
Strecken ein Ebenbild der subterranen Landschaft darstellen.
In *Unter Essen* versetzt er den Betrachterstandpunkt
750 Meter tief unter die Erde, mitten in den Schacht XII der
heute als UNESCO-Weltkulturerbe erhaltenen Zeche
Zollverein. Im Gegensatz zu früheren Darstellungen der
subterranen Landschaft hat Szejstecki die Bedeutung des
Begriffs Perspektive, der auf das lateinische Verb „perspi-
cere", das heißt „mit dem Blick durchdringen", zurückgeht[50]
und von Dürer als „Durchsehung" übersetzt wurde,[51] wörtlich
genommen. Szejstecki macht in seinen Werken bestimmte
geologische Merkmale ansichtig, die mit bloßem Auge
nicht erkennbar wären. Unter Auslassung des tauben – nicht
verwertbaren – Gesteins entsteht ein exakt perspektiviertes
Landschaftsbild des unterirdischen Ruhrgebiets. Dadurch,
dass der Betrachterstandpunkt unter die Erde gesunken ist,

erscheint der Boden, auf dem wir leben, selbst als Himmels-
gebilde, aus dem streckenartige Verbindungen hinunter-
reichen in einen Raum, der wie die eigentliche Landschaft
anmutet. Die Flöze mit ihren wellenförmigen Faltungen
und eingezeichneten Kohleschichten wirken wie weite Hügel
und Berge, über die man den Blick zum sich in der Unend-
lichkeit verlierenden Horizont schweifen lässt. Im Gegensatz
zur Darstellung der werktätigen Arbeit unter Tage ist ein
solches Bild die herrschaftsfreie Wiedergabe der eigentlich
bergmännischen Tätigkeit.

Nach dem Zweiten Weltkrieg erlebten die Bergarbeiter
eine Phase der materiellen Privilegierung. Um den Wiederaufbau voranzubringen, wurden ihre Löhne und Essensrationen
erhöht, Hausbrandkohle verteilt und die Knappschafts-
rente wieder eingeführt. „Bisher nahezu unerschwingliche
Nahrungs- und Genußmittel wie Speck, Kaffee, Zucker,
Schnaps und Zigaretten lagen plötzlich in Reichweite der
Bergarbeiter."[52]

In dieser Hochphase erfuhr die künstlerische
Darstellung der Bergbaulandschaft einen grundlegenden
Wandel. Ehemals erbitterter Kampfplatz politischer
Auseinandersetzungen, wurde sie zu Beginn der 1950er
Jahre durch die Subjektive Fotografie ästhetisiert. Jegliche
Parteilichkeit sollte vermieden werden. Es wäre allerdings
verkürzt zu behaupten, die Werke der Subjektiven Foto-
grafie träfen keine politischen Aussagen über die Welt.
Denn ihr Gegenstand, die Industrielandschaft, ist genuin
politisch. Das bedeutet ein Ringen zwischen Mittel und
Zweck, zwischen Landschaft und Bild. Dieser Widerspruch
sollte gelöst werden, indem die Ästhetik des Bildes den
politischen Charakter der Landschaft überdeckt. Das
Brachland der *Lothringischen Industrielandschaft* (Kat. 113)
von Otto Steinert erscheint mit seinen aus einer dünnen
Schneedecke hervorragenden Baumresten nicht wie
die Wiedergabe einer verstümmelten Natur, sondern wie

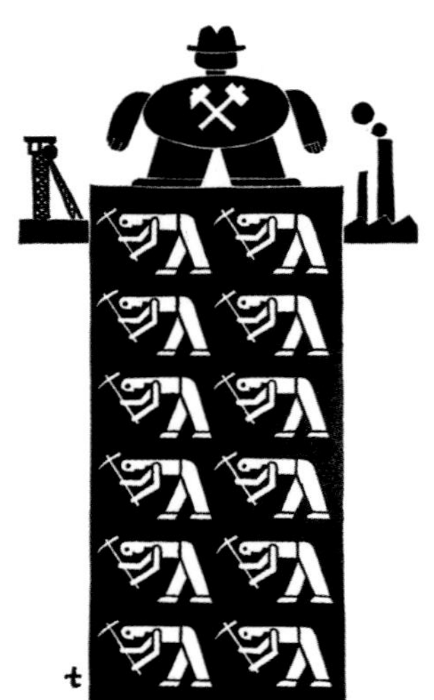

8 Augustin Tschinkel:
Kohle, 1932

ein bewusst gestaltetes Kunstwerk, in dem die Brache als kompositionelles Tableau fungiert. Es wird deutlich, dass die sich am Horizont als Silhouette abzeichnende Zeche für die ästhetisierte Verwüstung verantwortlich ist.

Guido Mangolds ebenfalls im Stil der Subjektiven Fotografie gehaltenen *Industrielandschaften* (Kat. 114 und 115) weisen erstaunliche Unterschiede zu Jürgen Nefzgers Serie *Fluffy Clouds* (Kat. 172–175) auf, obwohl sie auf den ersten Blick einiges gemeinsam haben. In Mangolds Bildern erscheint die Industrie als integraler Bestandteil eines neuen Landschaftstypus. Sie ergeben als Ganzes eine intakte Industrielandschaft. Nefzgers Bilder dagegen setzen die Industrie als Überraschungsmoment in eine vermeintlich idyllische Kulturlandschaft. Durch diesen Kontrast entfalten die Bilder eine eigentümlich surreale Wirkung.

ÄSTHETISCHER EPILOG DER DEUTSCHEN SCHWERINDUSTRIE

Die gute materielle Situation der Bergleute endete spätestens mit der ersten Feierschicht am 22. Februar 1958, auf welche die zehnjährige Kohlekrise folgte. Der „Zusammenbruch im Revier"[53] führte zu großer sozialer Unsicherheit, starken Lohneinbußen und Entlassungen.[54]

Mit dem Niedergang der deutschen Kohle- und Stahlindustrie erfolgte der Aufstieg einer fotografischen Mission, die Geschichte schrieb. In einer streng systematischen Vorgehensweise dokumentierten Bernd und Hilla Becher zahlreiche vor dem Abriss stehende Industrieanlagen, die dadurch als Denkmäler einer vergangenen Epoche verewigt wurden (Kat. 130–135). Anders als die Subjektive Fotografie versuchten Bernd und Hilla Becher jedoch nicht, den politischen Dingen eine Ästhetik überzustülpen, vielmehr sollten ihre Bilder die den Industriebauten innewohnende Ästhetik hervorkehren. In der fotografischen Würdigung der

„anonymen Skulpturen"[55] liegt gleichsam eine menschliche Würdigung der im Schatten der industriellen Produktion verborgenen Bildhauer.

Eine politisch aufgeladene Perspektive auf die postindustrielle Bergbaulandschaft bietet Inge Rambows Serie *Wüstungen*. Von 1991 bis 1993 fotografierte sie Braunkohletagebaustätten der ehemaligen Deutschen Demokratischen Republik. In dem Bild der *Station Römerkeller, Brandenburg* (Kat. 166) dokumentiert sie anhand des ruinösen Braunkohlebaggers die Spuren eines politischen Zusammenbruchs. Rambow betont, dass dieser exzessive Abbau mit dem gerade ästhetisch so reizvollen „Rekultivierungsdefizit" unter „ökonomischen Zwängen" entstand: „Für die DDR war Braunkohle der beinahe einzige und daher mit Abstand wichtigste Energieträger. Durch die Braunkohle erfolgte die gesamte Elektrizitätsversorgung für die industrielle Produktion sowie die Beheizung aller Haushalte."[56] Dieser ökonomische Zwang in seiner privatwirtschaftlichen Wendung sorgt aktuell im rheinischen Braunkohlerevier für politischen Widerstand, von dem Daniel Chatards Werke berichten (Kat. 189 und 190).

Der Dichter William Wordsworth gebrauchte für das Erscheinungsbild des übertägigen Bergbaus in Zinn- und Kupfergruben die Metapher des „betriebsamen Bienenstocks", welche wir in dem bereits erwähnten Bild aus Mechernich bestätigt finden (Kat. 12).[57] Gleiches trifft auf Sebastião Salgados Bild der brasilianischen Goldmine zu (Kat. 162). In dem Gewimmel lässt sich kaum noch differenzieren, was Stein ist und was Mensch. Auf eine befremdliche Art und Weise werden hier die ameisenartigen Arbeiter dem Erdboden gleichgemacht. Sowohl Salgado als auch Rambow und Victoria Sambunaris (Kat. 163) spielen mit der schaurigen Empfindung des Erhabenen. Der größte Schrecken, in schöne Bilder gebannt und damit ungefährlich gemacht, kann ästhetisches

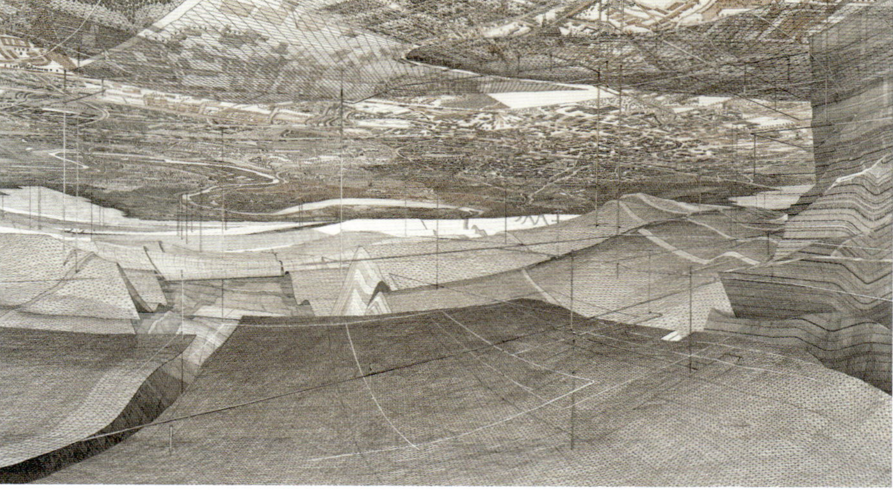

9 Manfred Szejstecki: *Unter Essen,* 1988, Ruhr Museum, Essen

Wohlgefallen erregen. Die Fotografien beweisen im
Vergleich zur Malerei der Romantik jedoch, dass die
verheerenden Verhältnisse, unter denen sich das Erhabene
entfaltet, nicht verschleiert werden müssen, um schön
zu sein.

Die Landschaft, so lässt sich abschließend feststellen,
ist immer Produkt menschlicher und damit politischer
Verhältnisse. Sie ist nicht nur materiell stetig im Wandel,
sondern wird auch ständig auf eine andere Art und Weise
aufgefasst. Die ehemals abstoßend wirkenden Fördertürme
sind mittlerweile schützenswerte Wahrzeichen. Welche
Landschaft erhaltenswert ist, ist jedoch keine ästhetische,
sondern eine politische Frage. Ihre Beantwortung ist mit
heftigen Kontroversen verknüpft, denn „Landschaft gilt
als Gemeingut, während Flächen, Gebäude und Bäume [...]
meist Privateigentum sind".[58] Wie im Bundesberggesetz
und im Bundesnaturschutzgesetz nachzulesen ist, lässt sich
jeder noch so schwere Eingriff in Natur und Landschaft
vom Eigentümer in letzter Konsequenz „durch einen Ersatz in
Geld"[59] kompensieren. Nachdem der Feudaladel durch
den Staat abgelöst wurde, liegt in dieser Ökonomisierung
der Natur der größte Faktor ihrer Veränderung.

[1] Böll/Chargesheimer 1958, S. 27.

[2] Vgl. Helmut Wilsdorf: *Kulturgeschichte des Bergbaus. Ein illustrierter Streifzug durch Zeiten und Kontinente,* Essen 1987, S. 18 f.

[3] Hans Holländer: Kommentare und Notizen zur Bildgeschichte des Bergbaus, in: ders. (Hrsg.): *Erkenntnis, Erfindung, Konstruktion. Studien zur Bildgeschichte von Naturwissenschaften und Technik vom 16. bis zum 19. Jahrhundert,* Berlin 2000, S. 643–672, hier S. 664.

[4] *Meisterwerke bergbaulicher Kunst vom 13. bis 19. Jahrhundert,* hrsg. von Rainer Slotta und Christoph Bartels, Ausst.-Kat. Deutsches Bergbau-Museum Bochum / Schloß Cappenberg, Selm, 1990, Schmutztitel.

[5] Klingender 1947, S. 15.

[6] Ebd., S. 94 f.

[7] Christoph Bartels: Der Bergbau vor der hochindustriellen Zeit. Ein Überblick, in: Bochum 1990 (wie Anm. 4), S. 14–32, hier S. 25.

[8] Friedrich A. Freundt: *Kapital und Arbeit. Festschrift der Gelsenkirchener Bergwerks-Aktien-Gesellschaft zum 80. Geburtstag von Emil Kirdorf am 8. April 1926,* Berlin 1927, S. 1.

[9] Gerhard Heilfurth: *Der Bergbau und seine Kultur. Eine Welt zwischen Dunkel und Licht,* Zürich/Freiburg im Breisgau 1981, S. 76.

[10] Vgl. ausführlich Bochum 1990 (wie Anm. 4), S. 176–180.

[11] *Auf breiten Schultern. 750 Jahre Knappschaft,* hrsg. von Michael Fessner, Christoph Bartels und Rainer Slotta, Ausst.-Kat. Deutsches Bergbau-Museum Bochum, 2010, S. 84.

[12] Für einen Überblick vgl. Raimund Willecke: *Die deutsche Berggesetzgebung. Von den Anfängen bis zur Gegenwart,* Essen 1977.

[13] Holländer 2000 (wie Anm. 3), S. 647 f.

[14] Bochum 2010 (wie Anm. 11), S. 84.

[15] Warnke 1992, S. 53.

[16] Ebd., S. 13.

[17] Bochum 1990 (wie Anm. 4), S. 213.

[18] Da dem Propheten Daniel ein Bote Gottes mit wie Erz glänzenden Gliedern erschien (Dan. 10), dachte man, er wisse um das Wesen des Erzes. Die von der Löwengrube ausgehende Gefahr, die er überlebte, bot ebenfalls eine willkommene Projektionsfläche.

19 Vgl. ausführlich Bochum 1990 (wie Anm. 4), S. 212–215.

20 Holländer 2000 (wie Anm. 3), S. 650.

21 Bochum 1990 (wie Anm. 4), S. 214.

22 Bochum 2010 (wie Anm. 11), S. 104.

23 Georgius Agricola: *Ausgewählte Werke,* Bd. 2: *Bermannus oder über den Bergbau. Ein Dialog,* Berlin 1955 (Erstausgabe: 1530), S. 76–80.

24 Georgius Agricola: *De re metallica libri XII. Zwölf Bücher vom Berg- und Hüttenwesen, in denen die Ämter, Instrumente, Maschinen und alle Dinge, die zum Berg- und Hüttenwesen gehören, nicht nur aufs deutlichste beschrieben, sondern auch durch Abbildungen, die am gehörigen Orte eingefügt sind, unter Angabe der lateinischen und deutschen Bezeichnungen aufs klarste vor Augen gestellt werden, sowie sein Buch von den Lebewesen unter Tage,* hrsg. von der Agricola-Gesellschaft beim Deutschen Museum, Berlin 1928 (Erstausgabe: 1556), Buch I, S. 6.

25 Vgl. hierzu ausführlich Holländer 2000 (wie Anm. 3), S. 660–665.

26 Agricola 1928 (wie Anm. 24), S. 17.

27 Ebd., S. 18.

28 Rolf Peter Sieferle: *Der unterirdische Wald. Energiekrise und Industrielle Revolution,* München 1982, S. 182. Es gibt zahlreiche Berichte über die ungehemmten Rodungen in der Frühphase der Industrialisierung. Johann Heinrich Zedler vermerkte in seinem Universallexikon von 1747 unter dem Stichwort „Wald": „Es hat aber Zeithero das Holtzhauen dermassen überhand genommen, daß fast allenthalben die entblösten Gebürge und kahle Wälder, jederman ihre Armuth am Holtze zeigen, und ihre Einwohner bey dem Schöpffer verklagen, wie übel sie Haus gehalten", Johann Heinrich Zedler: *Grosses vollständiges Universal-Lexicon Aller Wissenschafften und Künste,* Bd. 52, Halle/Leipzig 1747, Sp. 1161. Ernst Moritz Arndt, der trotz seiner problematischen Position in der Vorbereitung einer faschistischen Ideologie als Zeitzeuge herangezogen werden kann, schrieb 1820: „In manchen Landschaften Teutschlands hat man in den letzten zwanzig und dreißig Jahren sehen können, wie der heilloseste und ruchloseste Unfug mit den edlen Bäumen und Wäldern getrieben [worden] ist und ganze Forsten ausgehauen und ganze Bezirke entblößt sind, weil der einzelne Besitzer mit der Natur auf das willkührlichste schalten und walten kann. Was kümmert es den, der Geld bedarf und in zehen Jahren zu verbrauchen gedenkt, wovon sein Urenkel noch zehren sollte, ob er eine öde und Menschen künftig wenig erfreuliche, ja, Menschen oft kaum brauchbare Erde hinterläßt? Er will leben, und sie mögen auch sehen, wie sie es machen", Ernst Moritz Arndt: *Ein Wort über die Pflegung und Erhaltung der Forsten und der Bauern im Sinne einer höheren d. h. menschlichen Gesetzgebung,* Schleswig 1820, S. 57.

29 Vgl. ausführlich Klingender 1947, S. 78–80.

30 Ebd., S. 79.

31 Sabine Krifka: Die Industrie und ihre Rezeption in den Bildkünsten des 19. Jahrhunderts, in: Holländer 2000 (wie Anm. 3), S. 807–832, hier S. 812.

32 Hans Holländer: Mundus subterraneus, das Sublime und das Labyrinth der Zeit, in: Holländer 2000 (wie Anm. 3), S. 483–508, hier S. 483.

33 Edmund Burke: *Philosophische Untersuchung über den Ursprung unserer Ideen vom Erhabenen und Schönen,* Hamburg 1980 (Originalausgabe: London 1757), S. 72.

34 Ebd., S. 73.

35 Ebd., S. 99 (Hervorhebung im Original).

36 Vgl. Thomas Hair: *A Series of Views of the Collieries in the Counties of Northumberland and Durham,* London 1844, o. S. [V] (Vorwort): „It may be stated, however, that the design of the work has been to afford faithful delineations of the various objects connected with the working and shipment of coal, and not, by the introduction of meretricious effects, to produce a display of pictorial beauty at the expense of truth to nature."

37 Zit. n. Klingender 1947, S. 112 (mit leichten Veränderungen durch den Autor).

38 In der Literatur treffend
beschrieben bei Engels 1845.
Vgl. auch Georg Weerth: Die
englische Mittelklasse (1844),
in: ders.: *Vergessene Texte,*
hrsg. von Jürgen-W. Goette,
Jost Hermand und Rolf
Schloesser, Bd. 1, Köln 1975,
S. 230 f.: „Wir sehen, daß wir
uns in allen Erwartungen
getäuscht haben; aus einer
Landschaft voller Wiesen und
Gärten sind wir mitten in
das Geräusch der Industrie
geraten. Hier stehen die
Dampfmaschinen über der
Öffnung von Eisen- und Kohlegruben und arbeiten wie toll,
um die Schätze des Bodens
herauf ans Licht zu bringen;
dort schauen wir in die Gluten
einer Schmelze, die von
riesigen Gesellen umringt ist;
einige Schritte weiter, da zittert
der Boden vom Schlage der
Eisenhämmer, und im Fluge
schauen wir hinab in die
Wohnungen der Arbeiter, die
sich zu Tausenden um die Sitze
der Industrie angesiedelt
haben. […] Ringsum scheinen
alle Täler und Schluchten
in vollen Flammen zu stehen;
wir hören es zischen und
kochen und rasseln, wenn wir
an den Fenstern der Fabriken
vorüberziehen, die Sonne
verfinstert sich wie beim
Hereinbrechen eines dichten
Höhrauchs. […] In Bradford

glaubt man aber nirgendswo
als beim leibhaftigen Teufel
eingekehrt zu sein." Émile
Zolas Roman *Germinal* (1885)
sticht besonders im Kontrast
zu dem Bergbaukapitel aus
Novalis' Romanfragment
Heinrich von Ofterdingen
(1802) hervor.
39 Türk 2000, S. 181.
40 Von van Gogh sind Zeichnungen
erhalten, welche die schwere
Arbeit der Bevölkerung mit
der Landschaft in Beziehung
setzen.
41 Türk 2000, S. 182.
42 Camille Lemonnier:
La Belgique, Brüssel 1903,
S. 480 (übersetzt vom Autor).
43 Zit. n. Berlin 2002, S. 235.
44 Paul Coelestin Ettighoffer:
*Kohle. Tatsachenbericht über
Rohstoff Eins von der Ruhr,*
Essen 1952, S. 149 f.
45 Vgl. Michael Zimmermann:
*Schachtanlage und Zechen-
kolonie. Leben, Arbeit und
Politik in einer Arbeitersiedlung
1880–1980,* Essen 1987,
S. 9–23.
46 Bochum 1990 (wie Anm. 4),
S. 126.
47 Vgl. ausführlich ebd., S. 122 f.
48 Werner Abelshauser:
*Der Ruhrkohlebergbau seit
1945,* München 1984, S. 12.

49 August Tschinkel: tendenz und
form, in: *a bis z. organ der
gruppe progressiver künstler* 12
(1930), S. 45.
50 Digitales Wörterbuch der
deutschen Sprache,
https://www.dwds.de/wb/
Perspektive (aufgerufen am
19. Februar 2021).
51 Erwin Panofsky: Die Perspektive
als „symbolische Form" (1927),
in: ders.: *Aufsätze zu Grund-
fragen der Kunstwissenschaft,*
hrsg. von Hariolf Oberer und
Egon Verheyen, Berlin 1980,
S. 99–167, hier S. 99.
52 Abelshauser 1984 (wie Anm. 48),
S. 38 f.
53 Ebd., S. 101.
54 Einige kalte Zahlen verdeut-
lichen das Ausmaß dieses
Strukturwandels, dessen
menschliche Konsequenzen
man nur erahnen kann:
1950 förderten im Ruhrgebiet
143 Bergwerke mit 433 369
Beschäftigten 103 Millionen
Tonnen Kohle, davon 19 Pro-
zent auf mechanische Art und
Weise. 1980 waren es noch
29 Bergwerke mit 141 000
Beschäftigten, welche voll-
mechanisiert 69 Millionen
Tonnen Kohle förderten.
Vgl. Joachim Huske: *Die Stein-
kohlenzechen im Ruhrrevier.
Daten und Fakten von den
Anfängen bis 1997,* Bochum
1998, S. 16–18.

55 Becher/Becher 1970.
56 *Inge Rambow. Wüstungen.
Fotografien 1991–1993,*
Ausst.-Kat. Museum für
Moderne Kunst, Frankfurt
am Main, 1998, o. S.
57 Vgl. Klingender 1947, S. 84.
58 Olaf Kühne: Landschaft – ein
emotionales Konstrukt. Das
ästhetische Erleben von
Landschaften zu Zeiten der
regenerativen Energie-
gewinnung, in: Deutsche
Gesellschaft für Gartenkunst
und Landschaftskultur (Hrsg.):
*Energielandschaften.
Geschichte und Zukunft der
Landnutzung,* München 2013,
S. 17–20, hier S. 18.
59 Bundesnaturschutzgesetz,
Kapitel 3, § 13 Allgemeiner
Grundsatz, S. 15.

1
Carl Eduard Biermann
(1803–1892): *Borsig's Maschinen-
bau-Anstalt zu Berlin,* 1847,
Öl auf Leinwand, 110 x 161,5 cm,
Stiftung Stadtmuseum Berlin,
Inv.-Nr. GS 07/35 GM

2
Georg Koppmann (1842–1909):
*150 Tons Kran am Segel-
schiffhafen,* Februar 1888,
Albuminpapier, 37,3 x 27 cm,
Stiftung Historische Museen
Hamburg, Museum für
Hamburgische Geschichte,
Inv.-Nr. 2014-3798-2

3
Paul Friedrich Meyerheim
(1842–1915): *In der Werkhalle
beim Lokomotivenbau,
Schmieden eines Treibrades,*
1872/73, Öl auf Leinwand
auf Karton, 64,5 x 44,5 cm,
Museum Georg Schäfer,
Schweinfurt, Inv.-Nr. MGS 5699

4
Carl Ferdinand Stelzner
(1805–1894): *Eisenbahnbrücke
von Altona-Neumühlen,* 1844,
Daguerreotypie, 12 x 14,7 cm,
Stiftung Historische Museen
Hamburg, Altonaer Museum,
Inv.-Nr. 1406c

5
Carl Ferdinand Stelzner
(1805–1894): *Altonaer Bahnhof,*
1844, Daguerreotypie,
12 x 14,7 cm, Stiftung Historische
Museen Hamburg, Altonaer
Museum, Inv.-Nr. 1406b

6
Carl Ferdinand Stelzner
(1805–1894): *Altonaer Bahnhof,*
1844, Daguerreotypie,
12 x 14,7 cm, Stiftung Historische
Museen Hamburg, Altonaer
Museum, Inv.-Nr. 1406a

7
Franz Hanfstaengl (1804–1877):
*Belastungsprobe der Groß-
hesseloher Brücke in München,*
1857, Salzpapier, 28,5 x 37 cm,
Münchner Stadtmuseum,
Sammlung Graphik/Gemälde,
Inv.-Nr. G IVA/174

8
Anonym: *Die unvollendete
Elbbrücke bei Harburg,* um 1870,
Albuminpapier, 25,9 x 43,2 cm,
DB Museum, Inv.-Nr. F54.M5.5b

9
Anonym: *Die unvollendete
Elbbrücke bei Harburg,* um 1870,
Albuminpapier, 25,5 x 42,3 cm,
DB Museum, Inv.-Nr. F54.M7.6a

10
Anonym: *Die unvollendete
Elbbrücke bei Harburg,* um 1870,
Albuminpapier, 25,8 x 42 cm,
DB Museum, Inv.-Nr. F54.M7.7

11
Marie-Charles-Isidore Choiselat
(1815–1858) und Stanislas
Ratel (1824–1904):
Stahlwerk in Decazeville, 1845,
Daguerreotypie, 16,2 x 21,6 cm,
Fotosammlung OstLicht, Wien

12
Johann Joseph Leyendecker
(1810–1867): *Mechernicher
Bleibergwerk,* 1854,
Öl auf Leinwand, 108 x 155 cm,
Bergbaumuseum Mechernich

13
Carl Heinrich Jacobi (1824–1890):
*Neunkirchener Eisenhütten-
werk* aus der Mappe *Ansichten
der Gruben- und Hütten-Anlagen
des Saarbrücker Steinkohlen-
reviers,* 1860–1868, Albuminpapier
auf Karton, 22,3 x 28,2 cm,
Saarlandmuseum Saarbrücken –
Moderne Galerie, Stiftung
Saarländischer Kulturbesitz,
Inv.-Nr. 5148 EII-1958

14
Carl Heinrich Jacobi (1824–1890):
*Grube Heinitz, Coaksanlage
von Schmidtborn und
Gebr. Röchling* aus der Mappe
*Ansichten der Gruben- und
Hütten-Anlagen des Saarbrücker
Steinkohlenreviers,* 1860–1868,
Albuminpapier auf Karton,
22,3 x 28,3 cm, Saarlandmuseum
Saarbrücken – Moderne Galerie,
Stiftung Saarländischer Kultur-
besitz, Inv.-Nr. 5148 EII-1953

15
Carl Heinrich Jacobi (1824–1890):
*Dechen-Schächte, Coaksanlage
von Lamarche & Schwarz*
aus der Mappe *Ansichten der
Gruben- und Hütten-Anlagen
des Saarbrücker Steinkohlen-
reviers,* 1860–1868, Albumin-
papier auf Karton, 22,2 x 28,4 cm,
Saarlandmuseum Saarbrücken –
Moderne Galerie, Stiftung
Saarländischer Kulturbesitz,
Inv.-Nr. 5148 EII-1964

16
Ernest-Jean Delahaye (1855–1921):
L'Usine à gaz de Courcelles,
1884, Öl auf Leinwand,
137 x 183 cm, Petit Palais,
Musée des Beaux-Arts de la
Ville de Paris, Inv.-Nr. PP3678

17
Léon-Auguste Mellé (1816–1889):
Carrières de Gentilly, 1879,
Öl auf Leinwand, 90 x 125 cm,
Département des Hauts-de-
Seine / Musée du Domaine
Départemental de Sceaux,
Inv.-Nr. 73.24.2

18
Adolph von Menzel (1815–1905):
*Selbstbildnis mit Arbeiter am
Dampfhammer im Walzwerk,*
1872, Gouache, 16 x 12,5 cm,
Museum der bildenden Künste,
Leipzig, Inv.-Nr. 1972 – 5

19
Arthur Kampf (1864–1950):
Walzwerk, um 1904, Öl auf
Leinwand, 48 x 92 cm,
Deutsches Patent- und Marken-
amt, Inv.-Nr. PA 29175

20
Joseph Albert (1825–1886):
*Belegschaft der Lokomotivfabrik
Maffei anlässlich der Her-
stellung der 500. Lokomotive,
München-Hirschau,* 1864,
Albuminpapier, 24,4 x 38,5 cm,
Münchner Stadtmuseum,
Sammlung Graphik/Gemälde,
Inv.-Nr. G38/672

21
Julius Hesz (1869/70–1953):
Schmiede, Wien, um 1910,
Kollodiumpapier, 17,4 x 22,7 cm,
Münchner Stadtmuseum,
Sammlung Fotografie,
Inv.-Nr. FM-2014/300.1213.86

22
Anonym: *Arbeiter einer Gießerei,
Neusalz in Schlesien* aus dem
Album *Ihrem Hochverehrten
Herrn Chef von dem Personal
des Neusalzer Hüttenwerks
am 7. Dezember 1865,* 1865,
Salzpapier, 16,2 x 20,6 cm,
Stiftung Stadtmuseum Berlin,
Inv.-Nr. 50,17b-4

23
R. Law: *Arbeiter,
Fribourg/Schweiz,* 1893,
Gelatineauskopierpapier,
13,3 x 20 cm, Münchner Stadt-
museum, Sammlung Fotografie,
Inv.-Nr. FM-2014/300.1213.27
24
Anonym: *Waggonfabrik in
Stauding,* um 1905–1910,
Gelatineauskopierpapier,
28 x 37,7 cm, Münchner Stadt-
museum, Sammlung Fotografie,
Inv.-Nr. FM-2014/300.1213.45
25
Anonym: *Parfümerieangestellte,
Parfümerie Gottlieb Taussig,
Wien,* 1892, Albuminpapier,
24,8 x 30,8 cm, Münchner Stadt-
museum, Sammlung Fotografie,
Inv.-Nr. FM-2014/300.1213.30
26
Anonym: *Spinnereiarbeiter
der Kleinmünchener Actien
Gesellschaft, Zizlau,* 1903,
Kollodiumpapier, 15,8 x 22,7 cm,
Münchner Stadtmuseum,
Sammlung Fotografie,
Inv.-Nr. FM-2014/300.1213.29
27
Atelier Anton Wasserbauer:
Handwerker in Wien, um 1885,
Albuminpapier, 21,1 x 27 cm
Münchner Stadtmuseum,
Sammlung Fotografie,
Inv.-Nr. FM-2014/300.1213.107
28
Anonym: *Zimmerer,* um 1900,
Kollodiumpapier, 23 x 29,5 cm
Münchner Stadtmuseum,
Sammlung Fotografie,
Inv.-Nr. FM-2014/300.1213.81
29
Rudolf Schrötter: *Gesamt-
personal der Firma Kempf und
Geiger, Abteilung Möbelbau,
Mühldorf am Inn,* um 1900,
Kollodiumpapier, 21,9 x 29 cm,
Münchner Stadtmuseum,
Sammlung Fotografie,
Inv.-Nr. FM-2014/300.1213.160
30
Thomas Backens (1850–1925):
*Deringsche Handwerker,
Brunsbüttel,* 1894, Gelatine-
auskopierpapier, 30,8 x 36,7 cm,
Münchner Stadtmuseum,
Sammlung Fotografie,
Inv.-Nr. FM-2014/300.1213.33

31
Heinrich Kley (1863–1945):
Die Krupp'schen Teufel,
um 1912/13, Öl auf Leinwand,
165 x 234,5 cm, LWL-Industrie-
museum, Westfälisches Landes-
museum für Industriekultur,
Inv.-Nr. WIM 1999/1877
32
Anonym: *Die Gussstahlfabrik
Fried. Krupp aus der Vogel-
schau, nach einer Zeichnung
von J. Scheiner,* 1879/80,
Druck, auf Karton aufgezogen,
53 x 98 cm, Alfried Krupp von
Bohlen und Halbach-Stiftung.
Historisches Archiv Krupp, Essen,
Inv.-Nr. WA 16 a 37.1
33
Hugo van Werden (1836–1911):
*Die Krupp'sche Gussstahlfabrik,
Essen,* 8-teiliges Panorama, 1864,
Albuminpapier, 45,6 x 338,8 cm,
Alfried Krupp von Bohlen und
Halbach-Stiftung. Historisches
Archiv Krupp, Essen, Inv.-Nr.
WA 16 a 19.1
34
London Stereoscopic & Photo-
graphic Company: *Krupp-Stand
auf der internationalen Kunst-
und Gewerbeausstellung in
Dublin,* 1865, Albuminpapier auf
Karton, 22,8 x 27,8 cm, Alfried
Krupp von Bohlen und Halbach-
Stiftung. Historisches Archiv
Krupp, Essen, Inv.-Nr. WA 16 h 7
35
Anonym: *Panzer-Schießversuche
der Kaiserlichen Deutschen
Marine, Schießplatz Visbeck,*
2. April 1875, Albuminpapier auf
Karton, 24,5 x 34,5 cm, Alfried
Krupp von Bohlen und Halbach-
Stiftung. Historisches Archiv
Krupp, Essen, Inv.-Nr. WA 16 e 8.1
36
Anonym: *Panzer-Schießversuche
der Kaiserlichen Deutschen
Marine, Schießplatz Visbeck,*
7. Juli 1875, Albuminpapier
auf Karton, 24,4 x 34,4 cm,
Alfried Krupp von Bohlen und
Halbach-Stiftung, Historisches
Archiv Krupp, Essen, Inv.-Nr.
WA 16 e 13.1

37
Anonym: *Geschossdreherei
in Essen,* 4-teiliges Panorama,
1905, Chlorsilberauskopier-
papier auf Karton, 21 x 112,5 cm,
Alfried Krupp von Bohlen
und Halbach-Stiftung.
Historisches Archiv Krupp,
Essen, Inv.-Nr. WA 16 b 17
38
Anonym: *„Letzte Schicht des
Hammers Fritz", Gussstahlfabrik
der Firma Krupp, Essen,* 4. März
1911, Chlorsilberauskopierpapier
auf Karton, 16,5 x 23 cm,
Alfried Krupp von Bohlen
und Halbach-Stiftung.
Historisches Archiv Krupp,
Essen, Inv.-Nr. WA 16 b 41.1
39
Photographische Anstalt Krupp:
*Tiegelguss im Schmelzbau
der Gussstahlfabrik der Firma
Krupp,* 6. März 1902, Chlorsilber-
auskopierpapier auf Karton,
21 x 28 cm, Alfried Krupp von
Bohlen und Halbach-Stiftung.
Historisches Archiv Krupp,
Essen, Inv.-Nr. WA 16 b 15.3
40
Anonym: *Probenentnahme,
Essen,* 28. Oktober 1899,
Chlorsilberauskopierpapier auf
Karton, 21,1 x 16,4 cm,
Alfried Krupp von Bohlen und
Halbach-Stiftung. Historisches
Archiv Krupp, Essen,
Inv.-Nr. WA 16 b 104 b 04
41
Anonym: *Am Puddelofen,
Essen,* 28. Oktober 1899,
Chlorsilberauskopierpapier auf
Karton, 15,5 x 22 cm,
Alfried Krupp von Bohlen und
Halbach-Stiftung. Historisches
Archiv Krupp, Essen,
Inv.-Nr. WA 16 b 104 b 01
42
René Burri (1933–2014):
*Stahlarbeiter, Hüttenwerk
Rheinhausen,* 1961,
Bromsilbergelatinepapier,
29,7 x 19,5 cm, Alfried Krupp
von Bohlen und Halbach-
Stiftung. Historisches Archiv
Krupp, Essen, Inv.-Nr. WA 16 v 71

43
Ludwig Windstosser (1921–1983):
*Demontiertes Werksgelände
von Krupp, Essen,* 1946,
Silbergelatineabzug, 24,1 x 23 cm,
Münchner Stadtmuseum,
Sammlung Fotografie,
Inv.-Nr. FM-91/421.45
44
Constantin Meunier (1831–1905):
Au pays noir, um 1893,
Öl auf Leinwand, 81 x 94,5 cm,
Musée d'Orsay, Paris,
Inv.-Nr. R.F. 1986-81
45
Anonym: *Siège d'extraction.
Vue d'ensemble des installations,
Roselies, Belgique,* 3-teiliges
Panorama, 1895, Pigmentdruck,
28,5 x 119,5 cm, Sammlung
S. Winkler, München
46
Félix Thiollier (1842–1914):
Paysage de mine, Saint-Étienne,
um 1895–1910, Gelatine-Silber-
bromid-Abzug auf Barytpapier
(Modern Print), 28 x 39,5 cm,
Paris, musée d'Orsay, acquis en
1997, Inv.-Nr. PHO 1997 12 11
47
Félix Thiollier (1842–1914):
*Paysage de mine, les puits
Chatelus à Saint-Étienne,*
um 1907–1912, Gelatine-Silber-
bromid-Abzug auf Barytpapier
(Modern Print), 28 x 40 cm,
Paris, musée d'Orsay, acquis en
1997, Inv.-Nr. PHO 1997 12 5
48
Félix Thiollier (1842–1914):
*Grappilleurs au sommet
d'un crassier, Saint-Étienne,*
um 1895–1910, Gelatine-Silberbromid-Abzug auf Barytpapier
(Modern Print), 23,8 x 37,5 cm,
Paris, musée d'Orsay, acquis en
1997, Inv.-Nr. PHO 1997 12 7
49
Félix Thiollier (1842–1914):
Les Grappilleurs sur le terril,
um 1890–1900, Gelatine-Silberbromid-Abzug auf Barytpapier
(Modern Print), 29,6 x 39,5 cm
Paris, musée d'Orsay, acquis en
1997, Inv.-Nr. PHO 1997 12 2

50
Félix Thiollier (1842–1914):
Le Port sec à Saint-Chamond,
um 1907–1912, Autochrome,
9 x 12 cm, Paris, musée d'Orsay,
don de Noël et Dominique
Sénéclauze, 2014,
Inv.-Nr. RF MO PHO 2014 3 15

51
Félix Thiollier (1842–1914): *La
Cokerie Verpilleux, environs de
Saint-Étienne,* um 1895–1910,
Gelatine-Silberbromid-Abzug
auf Barytpapier (Modern Print),
29,7 x 40 cm, Paris, musée
d'Orsay, acquis en 1997,
Inv.-Nr. PHO 1997 12 13

52
Félix Thiollier (1842–1914):
*Mineurs préparant le remblai
pour la mine, environs de
Saint-Étienne,* um 1895–1910,
Gelatine-Silberbromid-Abzug
auf Barytpapier (Modern Print),
29,2 x 39 cm, Paris, musée
d'Orsay, acquis en 1997,
Inv.-Nr. PHO 1997 12 1

53
Franz Skarbina (1849–1910):
Braunkohlenwerk, 1899,
Öl auf Leinwand, 69,5 x 100 cm,
Bröhan-Museum, Landes-
museum für Jugendstil,
Art Deco und Funktionalismus,
Inv.-Nr. 73-793

54
Eugen Bracht (1842–1921):
*Hoeschstahlwerk, Dortmund,
Mittagspause,* 1906,
Öl auf Leinwand, 138 x 138 cm,
Kunsthalle Mannheim,
Inv.-Nr. M252

55
Eduard Christian Arning
(1855–1936): *Hüttenwerk,* 1900,
mehrfarbiger Gummidruck,
65,9 x 91,3 cm, Museum für
Kunst und Gewerbe Hamburg,
Inv.-Nr. AB 1988.779

56
Anonym: *Blick vom Gasometer,
Charlottenburg,* 5. November
1908, Cyanotypie, 24 x 29,5 cm,
Sammlung S. Winkler, München

57
Hans Baluschek (1870–1935):
Arbeiterinnen, 1900,
Öl auf Leinwand, 121 x 176,5 cm,
Stiftung Stadtmuseum Berlin,
Inv.-Nr. VII 59/280x

58
Georg Friedrich Zundel
(1875–1948): *Streik,* 1903,
Öl auf Leinwand, 198 x 90 cm,
Nachlass Georg Friedrich Zundel

59
Georg Friedrich Zundel
(1875–1948): *Bildnis eines
Schlossers,* 1901,
Öl auf Leinwand, 127 x 67 cm,
Nachlass Georg Friedrich Zundel

60
Brown Brothers (gegründet von
Arthur und Charles Brown 1904
in New York): *Schlachthof in
Chicago – Zerteilen von Schafen
in der Großschlachterei,*
um 1904, Silbergelatineabzug,
15,2 x 20,6 cm, Münchner Stadtmuseum, Sammlung Fotografie,
Inv.-Nr. FM-87/61.584.16

61
Anonym: *The Braiding Machines,
Pirelli General Cable Works,
Southampton, England,*
1914, Silbergelatineabzug,
24 x 28,9 cm, Münchner Stadt-
museum, Sammlung Fotografie,
Inv.-Nr. FM-2009/83.19

62
Franz Radziwill (1895–1983):
Der Sender Norddeich, 1933,
Öl auf Leinwand, 78,6 x 98 cm,
Museumsstiftung Post und
Telekommunikation / Museum
für Kommunikation Frankfurt,
Inv.-Nr. 4.0.849

63
Charles Sheeler (1883–1965):
*Bleeder Stacks, Ford Plant,
Detroit,* um 1927–1930, Silber-
gelatineabzug, 24 x 19,2 cm,
Kunsthalle Emden,
Inv.-Nr. Kat. 2009/25

64
Volker Böhringer (1912–1961):
Dick, Esslingen, um 1930,
Gouache auf Holz, 53 x 41,4 cm,
Geschichts- und Altertums-
verein Esslingen am Neckar e. V.,
Inv.-Nr. STME 003003

65
Albert Renger-Patzsch (1897–
1966): *Fabrikschornstein,*
um 1925, Silbergelatineabzug,
28,7 x 22,8 cm, Sammlung
Dietmar Siegert, München

66
Oskar Nerlinger (1893–1969):
An die Arbeit, 1930, Kasein
und Tempera, Spritztechnik auf
Leinwand, 121 x 81 cm
Kulturstiftung Sachsen-Anhalt,
Kunstmuseum Moritzburg Halle
(Saale), Inv.-Nr. MOI01410

67
Conrad Felixmüller (1897–1977):
*Hochöfen, Klöckner-Werke,
Haspe, nachts,* 1927,
Öl auf Leinwand, 85 x 110 cm,
Von der Heydt-Museum
Wuppertal, Inv.-Nr. G 1759

68
Albert Renger-Patzsch
(1897–1966): *Formsandgruppe
bei Bottrop,* 1929, Silbergelatineabzug, 37,3 x 27 cm, Sammlung
Lothar Schirmer, München

69
Konrad Koch (1879–1965):
Beim Kokslöschen, 1927,
Bromöldruck, 32 x 42 cm,
Museum Folkwang,
Inv.-Nr. 108/3

70
Felix H. Man (1893–1985):
*Stahlwerk Haniel, Abstich eines
Hochofens, Rheinland,* 1929,
Silbergelatineabzug,
29,3 x 40,4 cm, Münchner Stadt-
museum, Sammlung Fotografie,
Inv.-Nr. FM-95/110.81

71
Otto Bollhagen (1861–1924):
*Neuere Mechanische Werk-
stätte für die Bearbeitung
schwerster Schmiede- und
Gussstücke,* 1924, Öl auf
Leinwand, 113,5 x 193 cm,
Deutsches Museum,
Inv.-Nr. 55908

72
Fernand Léger (1881–1955):
Les Constructeurs, Anfang
1950er Jahre, Farblithografie,
50 x 65 cm, Prof. Dr. Neubert

73
Gerd Arntz (1900–1988): *Fabrik-
besetzung,* 1931, Holzschnitt,
36,7 x 26,7 cm, Kunstmuseum
Den Haag, The Hague,
The Netherlands,
Inv.-Nr. PRE-1976-0097

74
Franz Wilhelm Seiwert (1894–
1933): *Vier Männer vor Fabriken
(Hoerle – Faust – Seiwert –
Haubrich),* 1926, Öl auf Pappe,
78,8 x 109,8 cm, Hamburger
Kunsthalle, Inv.-Nr. HK-5266

75
Alice Lex-Nerlinger (1893–1975):
Der Maschinist, um 1929,
Fotogramm von einer
Seidenpapiermontage, Silber-
gelatineabzug, 22 x 16,5 cm,
Galerie Berinson, Berlin

76
Lewis W. Hine (1874–1940):
Power House Mechanic, um
1920/21, Silbergelatineabzug,
15,5 x 12,5 cm, Münchner Stadtmuseum, Sammlung Fotografie,
Inv.-Nr. FM-95/71

77
Anonym: *Modern Times
(Pressefoto),* 1936, Modern Print,
14,5 x 21 cm, Stiftung Deutsche
Kinemathek, Inv.-Nr. 2179_02

78
Anonym: *Modern Times
(Pressefoto),* 1936, Modern Print,
14,5 x 21 cm, Stiftung Deutsche
Kinemathek, Inv.-Nr. 2179_01

79
Herbert List (1903–1975):
*Hafenarbeiter in Viareggio,
Italien,* 1936, Silbergelatine-
abzug, 12,6 x 12 cm, Münchner
Stadtmuseum, Sammlung
Fotografie, Inv.-Nr. FM-
2000/710.J-IT-VIA-002

80
Arkadi Schaichet (1898–1959):
*Komsomolze am Handrad-
steuer,* 1929, Silbergelatine-
abzug, 29 x 23 cm, Galerie
Berinson, Berlin
81
August Sander (1876–1964):
Arbeiter an der Maschine, 1926,
Silbergelatineabzug (Abzug
Gunther Sander), 27,5 x 19,2 cm,
Münchner Stadtmuseum,
Sammlung Fotografie,
Inv.-Nr. FM 92/437.1.31
82
Otto Nagel (1894–1967):
Anilinarbeiter, 1928, Öl auf Lein-
wand, 73,5 x 57 cm, Akademie
der Künste, Berlin, Kunstsamm-
lung, Inv.-Nr. KS-Nagel MA 49
83
August Sander (1876–1964):
*Arbeiterwohnung in Frechen,
Ruhrgebiet,* 1928,
Silbergelatineabzug,
15,9 x 21,8 cm, Sammlung
Dietmar Siegert, München
84
August Sander (1876–1964):
*Arbeiterwohnung in Frechen,
Ruhrgebiet,* 1924,
Silbergelatineabzug,
17,3 x 23,7 cm, Sammlung
Dietmar Siegert, München
85
August Sander (1876–1964):
*Arbeiterwohnung in Frechen,
Ruhrgebiet,* 1924,
Silbergelatineabzug,
17,4 x 22,6 cm, Sammlung
Dietmar Siegert, München
86
August Sander (1876–1964):
Lackarbeiter, um 1930,
Silbergelatineabzug (Abzug Gerd
Sander), 26 x 18,3 cm, Die Photo-
graphische Sammlung/
SK Stiftung Kultur, Köln,
Inv.-Nr. ASA3-11-9

87
August Sander (1876–1964):
Straßenarbeiter im Ruhrgebiet,
um 1928, Silbergelatineabzug
(Abzug Gunther Sander),
29,3 x 23,9 cm, Münchner
Stadtmuseum, Sammlung Foto-
grafie, Inv.-Nr. FM-92/437.1.32
88
Walter Ballhause (1911–1991):
*Arbeitslose im Hof des
Arbeitsamtes Hannover,*
1930/31, Silbergelatineabzug,
22,8 x 33,8 cm, Kupferstich-
Kabinett, Staatliche Kunst-
sammlungen Dresden,
Inv.-Nr. D 1982-1
89
Erna Lendvai-Dircksen
(1883–1962): *Hochofenarbeiter
von der Saar,* 1934–1938, Silber-
gelatineabzug, 23,3 x 17,3 cm,
Berlinische Galerie – Landes-
museum für Moderne Kunst,
Fotografie und Architektur,
Inv.-Nr. BG-FS 004/81,1539
90
Paul Wolff (1887–1951) und
Alfred Tritschler (1905–1970):
Der Nieter, 1937, Silbergelatine-
abzug, auf Karton aufgezogen,
30,2 x 21,8 cm, Museum für
Kunst und Gewerbe Hamburg,
Inv.-Nr. P1976.78.19
91
Paul Wolff (1887–1951) und
Alfred Tritschler (1905–1970):
Schwebende Lokomotive, 1941,
Hochglanzprint auf Barytpapier
(Modern Print), 18 x 24 cm,
Dr. Paul Wolff & Tritschler,
Historisches Bildarchiv, 77654
Offenburg, Inv.-Nr. 2215/42
92
Jakob Tuggener (1904–1988):
*Fabrikmädchen, Maschinen-
fabrik Oerlikon,* 1934, Silber-
gelatineabzug, 30,4 x 22,5 cm,
Jakob Tuggener-Archiv,
Inv.-Nr. Tuggener_A.406
93
Jakob Tuggener (1904–1988):
Zählwerk, Bühler Uzwil, 1939,
Silbergelatineabzug,
22,7 x 16,8 cm, Jakob Tuggener-
Archiv, Inv.-Nr. Tuggener_A.397

94
Jakob Tuggener (1904–1988):
*Arbeiter (Der Scharfrichter),
Maschinenfabrik Oerlikon,* 1936,
Silbergelatineabzug,
16,8 x 22,7 cm, Jakob Tuggener-
Archiv, Inv.-Nr. Tuggener_A.402
95
Jakob Tuggener (1904–1988):
*Dampfpfeife, Kunstseidefabrik
Steckborn,* 1938, Silbergelatine-
abzug, 39,7 x 29,8 cm,
Jakob Tuggener-Archiv,
Inv.-Nr. Tuggener_A.411
96
Gustav Schikola (1914–1990):
*Füllen eines Konverters mit
Roheisen. Erzeugung von Stahl
im LD-Verfahren, Donawitz,
Österreich,* 1950er Jahre, Silber-
gelatineabzug, 37,6 x 28,4 cm,
Münchner Stadtmuseum,
Sammlung Fotografie,
Inv.-Nr. FM-2010/1044.1
97
Gustav Schikola (1914–1990):
*Stahlwerk Donawitz, Öster-
reich,* 1950er Jahre, Silber-
gelatineabzug, 41,5 x 52 cm,
Münchner Stadtmuseum,
Sammlung Fotografie,
Inv.-Nr. FM-2010/1044.4
98
Erich Angenendt (1894–1962):
Zeche Hugo, Gelsenkirchen,
1951, Silbergelatineabzug,
40,5 x 30,7 cm, Münchner Stadt-
museum, Sammlung Fotografie,
Inv.-Nr. FM-93/946
99
Erich Angenendt (1894–1962):
Kohlechemie (Pseudosolarisa-
tion), 1951, Silbergelatineabzug
42,2 x 31,7 cm, Münchner Stadtmuseum, Sammlung Fotografie,
Inv.-Nr. FM-93/381

100
Erich Angenendt (1894–1962):
Nach der Schicht (Überblendung),
1952, Silbergelatineabzug,
68 x 49,1 cm, Münchner Stadtmuseum, Sammlung Fotografie,
Inv.-Nr. FM-98/16
101
Ludwig Windstosser (1921–1983):
Selbstporträt, Ruhrgebiet,
1950er Jahre, Silbergelatineabzug,
18,1 x 17,6 cm, Münchner Stadtmuseum, Sammlung Fotografie,
Inv.-Nr. FM-91/421.69
102
Ludwig Windstosser (1921–1983):
Mannesmann, Ruhrgebiet,
um 1954, Silbergelatineabzug,
23,5 x 17,3 cm, Münchner Stadt-
museum, Sammlung Fotografie,
Inv.-Nr. FM-91/421.6
103
Ludwig Windstosser (1921–1983):
Zeche, Ruhrgebiet, 1950er
Jahre, Silbergelatineabzug,
22,8 x 29,5 cm, Münchner Stadt-
museum, Sammlung Fotografie,
Inv.-Nr. FM-91/421.51
104
Ludwig Windstosser (1921–1983):
Mannesmann, Ruhrgebiet,
um 1954, C-Print, 28,7 x 23,4 cm,
Münchner Stadtmuseum,
Sammlung Fotografie,
Inv.-Nr. FM-96/527-3
105
Ludwig Windstosser (1921–1983):
Chargenplan, Klöckner, 1958,
Silbergelatineabzug,
23,6 x 29,3 cm, Münchner Stadt-
museum, Sammlung Fotografie,
Inv.-Nr. FM-91/561
106
Ludwig Windstosser (1921–1983):
*Stahlarbeiter warten auf ihren
Einsatz, Ruhrgebiet,* 1950er
Jahre, Silbergelatineabzug,
28,7 x 20 cm, Münchner Stadt-
museum, Sammlung Fotografie,
Inv.-Nr. FM-91/421.11

107
Ludwig Windstosser (1921–1983):
Waschkaue, Ruhrgebiet,
um 1954, Silbergelatineabzug,
23,3 x 17,5 cm, Münchner Stadtmuseum, Sammlung Fotografie,
Inv.-Nr. FM-91/421.62

108
Ludwig Windstosser (1921–1983):
Steinkohlebergarbeiter, um
1960, Silbergelatineabzug,
29,2 x 22,6 cm, Münchner Stadtmuseum, Sammlung Fotografie,
Inv.-Nr. FM-91/421.38

109
Toni Schneiders (1920–2006):
Stahlwalzwerk, 1959, Silber-
gelatineabzug, 34,9 x 25,5 cm,
Münchner Stadtmuseum,
Sammlung Fotografie,
Inv.-Nr. FM-83/4.2

110
Max Scheler (1928–2003):
Kumpel, Gelsenkirchen, 1958,
Silbergelatineabzug, 45 x 30,7 cm,
Münchner Stadtmuseum,
Sammlung Fotografie,
Inv.-Nr. FM-2010/457.1

111
Otto Steinert (1915–1978):
*Saarländische Industrieland-
schaft 3,* 1950, Silbergelatineabzug, 60 x 45,5 cm, Münchner
Stadtmuseum, Sammlung Fotografie, Inv.-Nr. FM-93/644.6

112
Otto Steinert (1915–1978):
Schlammweiher (Saarland),
1952, Silbergelatineabzug,
40 x 30 cm, Münchner Stadtmuseum, Sammlung Fotografie,
Inv.-Nr. FM-93/632.18

113
Otto Steinert (1915–1978):
*Lothringische Industrieland-
schaft,* 1956, Silbergelatineabzug, 60 x 45,5 cm, Münchner
Stadtmuseum, Sammlung Fotografie, Inv.-Nr. FM-93/644.5

114
Guido Mangold (geb. 1934):
*Industrielandschaft Völklingen,
Saarland,* 1958, Silbergelatine-
abzug, 40,4 x 29,5 cm, Münchner
Stadtmuseum, Sammlung Foto-
grafie, Inv.-Nr. FM-2010/833.23

115
Guido Mangold (geb. 1934):
*Industrielandschaft mit
Kühltürmen, Gelsenkirchen,*
1959, Silbergelatineabzug,
31,1 x 29,2 cm, Münchner Stadt-
museum, Sammlung Fotografie,
Inv.-Nr. FM-2010/833.22

116
Peter Keetman (1916–2005):
Vorgeformte Kotflügel aus
der Serie *Eine Woche im
Volkswagenwerk, Wolfsburg,*
1953, Silbergelatineabzug,
30,1 x 32,1 cm, Münchner Stadtmuseum, Sammlung Fotografie,
Inv.-Nr. FM-81/192

117
Peter Keetman (1916–2005):
Vordere Abschlussbleche aus
der Serie *Eine Woche im
Volkswagenwerk, Wolfsburg,*
1953, Silbergelatineabzug,
28,2 x 23,4 cm, Münchner Stadtmuseum, Sammlung Fotografie,
Inv.-Nr. FM-81/190

118
Peter Keetman (1916–2005):
Dächer für den Käfer aus
der Serie *Eine Woche im
Volkswagenwerk, Wolfsburg,*
1953, Silbergelatineabzug,
23,1 x 30 cm, Münchner Stadtmuseum, Sammlung Fotografie,
Inv.-Nr. FM-81/188

119
Heinrich Heidersberger
(1906–2006): *Mensch und
Technik, Braunschweig,* 1953,
Silbergelatineabzug,
39,3 x 29,2 cm, Münchner Stadt-
museum, Sammlung Fotografie,
Inv.-Nr. FM-90/771

120
Heinrich Heidersberger
(1906–2006): *Das Kraftwerk
der Volkswagen AG,* 1971,
Silbergelatineabzug, 18 x 24 cm,
Benjamin Heidersberger Archiv
Fotos Heinrich Heidesberger

121
Toni Schneiders (1920–2006):
Signale, Köln, 1951, Silber-
gelatineabzug, 40,3 x 26,6 cm,
Münchner Stadtmuseum,
Sammlung Fotografie,
Inv.-Nr. FM-83/4.19

122
Toni Schneiders (1920–2006):
Weichen, 1957, Silbergelatine-
abzug, 40,2 x 29,6 cm, Münchner
Stadtmuseum, Sammlung
Fotografie, Inv.-Nr. FM-83/4.18

123
Heinrich Riebesehl (1938–2010):
Hamburg-Harburg aus der
Serie *Bahnlandschaften,* 1981,
Silbergelatineabzug,
26,5 x 35,6 cm, Archiv Heinrich
Riebesehl / Dauerleihgabe
des Landes Niedersachsen im
Sprengel Museum Hannover,
Inv.-Nr. D 7205

124
Rudolf Holtappel (1923–2013):
Gastarbeitersonntag, Oberhausen,
1961, Lambda-Print (Modern
Print), 32 x 39,9 cm, LUDWIG-
GALERIE Schloss Oberhausen,
Inv.-Nr. HPL 2933

125
Rudolf Holtappel (1923–2013):
„Vor August Thyssenhütte",
Duisburg-Hamborn,* 1959,
Silbergelatineabzug (Modern
Print), 22,9 x 23 cm, Nachlass
Holtappel, LUDWIGGALERIE
Schloss Oberhausen,
Inv.-Nr. GA 1409

126
Bruce Davidson (geb. 1933):
Welsh Miners, Wales, 1965,
Silbergelatineabzug,
16,3 x 24,6 cm, Münchner Stadt-
museum, Sammlung Fotografie,
Inv.-Nr. FM-88/248

127
Bruce Davidson (geb. 1933):
Welsh Miners, Wales, 1965,
Silbergelatineabzug, 15,4 x 23 cm,
Münchner Stadtmuseum,
Sammlung Fotografie,
Inv.-Nr. FM-93/555

128
Evelyn Richter (geb. 1930):
Kammgarnspinnerei, Leipzig,
1970, Silbergelatineabzug,
19 x 27,5 cm, Münchner Stadtmuseum, Sammlung Fotografie,
Inv.-Nr. FM-85/11.b

129
Evelyn Richter (geb. 1930):
Magdeburg, 1968, Silbergelatine-
abzug, 19 x 29 cm, Münchner
Stadtmuseum, Sammlung
Fotografie, Inv.-Nr. FM-85/11.n

130
Bernd Becher (1931–2007) und
Hilla Becher (1934–2015):
*Förderturm, Fosse Nœux no. 13,
Frankreich,* 1972, Silbergelatine-
abzug, 39,5 x 30,2 cm, Münchner
Stadtmuseum, Sammlung
Fotografie, Inv.-Nr. FM-85/7.h

131
Bernd Becher (1931–2007) und
Hilla Becher (1934–2015):
*Kühltürme, Zeche Waltrop,
Ruhrgebiet,* 1967, Silber-
gelatineabzug, 50,5 x 39,8 cm,
Münchner Stadtmuseum,
Sammlung Fotografie,
Inv.-Nr. FM-85/7.b

132
Bernd Becher (1931–2007) und
Hilla Becher (1934–2015):
Raffinerie bei Metz, Frankreich,
1975, Silbergelatineabzug,
30,4 x 39,8 cm, Münchner Stadt-
museum, Sammlung Fotografie,
Inv.-Nr. FM-85/7.m

133
Bernd Becher (1931–2007) und
Hilla Becher (1934–2015):
*Transformator, Bous, Saarland,
Deutschland,* 1970, Silber-
gelatineabzug, 39,8 x 50,5 cm,
Münchner Stadtmuseum,
Sammlung Fotografie,
Inv.-Nr. FM-85/7.l

134
Bernd Becher (1931–2007) und
Hilla Becher (1934–2015):
Kalköfen, Brielle, Holland, 1968,
Silbergelatineabzug,
50,5 x 39,8 cm, Münchner
Stadtmuseum, Sammlung
Fotografie, Inv.-Nr. FM-85/7.e

135
Bernd Becher (1931–2007) und
Hilla Becher (1934–2015):
Hochofenköpfe, 15-teilig,
1979–1986, Silbergelatineabzug,
je 40,7 x 30,6 cm, Bayerische
Staatsgemäldesammlungen,
München, Pinakothek der
Moderne, 2014 Schenkung
Lothar Schirmer, München,
Inv.-Nr. 16306 1/15–15/15
136
Walker Evans (1903–1975):
Bethlehem, Pennsylvania, 1935,
Gelatinepapier (Modern Print),
35,5 x 28 cm, Münchner Stadt-
museum, Sammlung Fotografie,
Inv.-Nr. FM-96/416.1
137
Bernd Becher (1931–2007) und
Hilla Becher (1934–2015):
*Bethlehem, Pennsylvania, USA
1986,* 1986, Silbergelatineabzug,
50 x 60 cm, Bayerische Staats-
gemäldesammlungen, München,
Pinakothek der Moderne,
Inv.-Nr. 151618
138
Claudia Fährenkemper
(geb. 1959): *Im Tagebau
Hambach, Schaufelradbagger
292,* 1991, Silbergelatineabzug,
30 x 40 cm, Leihgabe der
Künstlerin
139
Thomas Ruff (geb. 1958):
Maschine 0946 aus der Serie
Maschinen, 2003, C-Print,
150 x 195 cm, Leihgabe des
Künstlers
140
Andreas Gursky (geb. 1955):
Hamm, Bergwerk Ost, 2008,
C-Print, 250 x 183 cm,
Sprüth Magers
141
Robert Schneider (1944–2021):
Bitterfeld Nr. 51, 1991, Gouache,
42,5 x 30 cm, Nachlass Robert
Schneider

142
Alexander Calvelli (geb. 1963):
*Kohlemühle / Kraftwerk
Shamrock, Herne,* 2019, Acryl
auf Leinwand, 43 x 43 cm,
Leihgabe des Künstlers
143
Bernd Schwering (1945–2019):
Alsumer Berg, 2005, Acryl
auf Leinwand, 170 x 240 cm,
Privatsammlung
144
Frank Bauer (geb. 1954): *Stadt 3,*
2019, Öl auf Leinwand,
200 x 150 cm, Galerie Voss
145
Harald Duwe (1926–1984):
Schweißer bei BMW in München,
1975, Öl auf Hartfaserplatte,
122 x 80 cm, Heilwig Duwe-Ploog
146
Timm Rautert (geb. 1941):
Siemens AG, München aus der
Serie *Gehäuse des Unsichtbaren,*
1989, C-Print, 70 x 100 cm,
Leihgabe des Künstlers
147
Timm Rautert (geb. 1941):
Siemens AG, München aus der
Serie *Gehäuse des Unsichtbaren,*
1989, C-Print, 70 x 100 cm,
Leihgabe des Künstlers
148
Henrik Spohler (geb. 1965):
Montagelinie 3 aus der Serie
Global Soul, 2008, C-Print,
100 x 84 cm, Leihgabe des
Künstlers
149
Henrik Spohler (geb. 1965):
0/1 Dataflow #1 aus der Serie
0/1 Dataflow, 2000, Inkjet-
Pigment-Ausdruck, 109 x 135 cm,
Leihgabe des Künstlers
150
Henrik Spohler (geb. 1965):
Containerterminal, Hamburg 29
aus der Serie *In Between,* 2013,
Inkjet-Pigment-Ausdruck,
105 x 135 cm, Leihgabe des
Künstlers

151
Thomas Struth (geb. 1954):
*Soil Moisture Active Passive,
JPL, Pasadena 2013* aus der
Serie *Nature & Politics,* Litho-
grafie von vier Steinen,
89 x 69 cm, Galerie Max Hetzler
152
Thomas Struth (geb. 1954):
*Simulator Head, JPL, Pasadena
2013* aus der Serie *Nature &
Politics,* Lithografie von vier
Steinen, 89 x 69 cm, Galerie
Max Hetzler
153
Thomas Struth (geb. 1954):
*Classification, Solarworld,
Freiberg 2013* aus der Serie
Nature & Politics, Lithografie
von vier Steinen, 89 x 69 cm,
Galerie Max Hetzler
154
Thomas Struth (geb. 1954):
*Hall Thruster, JPL, Pasadena
2013* aus der Serie *Nature &
Politics,* Lithografie von vier
Steinen, 89 x 69 cm, Galerie
Max Hetzler
155
Thomas Struth (geb. 1954):
*Saturn V Engine, Kennedy
Space Center, Cape Canaveral
2008* aus der Serie *Nature &
Politics,* Lithografie von vier
Steinen, 89 x 69 cm,
Galerie Max Hetzler
156
Robert Voit (geb. 1969):
Hudson, Haverhill, Great Britain
aus der Serie *New Trees,*
2006, C-Print, 52 x 41,5 cm,
Münchner Stadtmuseum,
Sammlung Fotografie,
Inv.-Nr. FM-2008/402.4

157
Robert Voit (geb. 1969): *Paarl,
South Africa* aus der Serie
New Trees, 2006, C-Print,
52 x 41,5 cm, Münchner Stadt-
museum, Sammlung Fotografie,
Inv.-Nr. FM-2008/402.7
158
Robert Voit (geb. 1969): *Desert
Mountain, Scottsdale, California,
USA* aus der Serie *New Trees,*
2005, C-Print, 52 x 41,5 cm,
Münchner Stadtmuseum,
Sammlung Fotografie,
Inv.-Nr. FM-2008/402.5
159
Robert Voit (geb. 1969):
*Wendywood, Alexandra, South
Africa* aus der Serie *New Trees,*
2006, C-Print, 52 x 41,5 cm,
Münchner Stadtmuseum,
Sammlung Fotografie,
Inv.-Nr. FM-2008/402.1
160
Robert Voit (geb. 1969):
*Industrial Drive, Flagstaff,
Arizona, USA* aus der Serie
New Trees, 2006, C-Print,
52 x 41,5 cm, Münchner Stadt-
museum, Sammlung Fotografie,
Inv.-Nr. FM-2008/402.3
161
Robert Voit (geb. 1969): *Haber-
berg, Griffen, Austria* aus der
Serie *New Trees,* 2007, C-Print,
52 x 41,5 cm, Münchner Stadt-
museum, Sammlung Fotografie,
Inv.-Nr. FM-2008/402.8
162
Sebastião Salgado (geb. 1944):
*Goldmine Serra Pelada. State
Pará, Brasil* aus der Serie
Uncertain Grace, 1986, Silber-
gelatineabzug auf Barytpapier,
40,5 x 50,8 cm,
DZ BANK Kunststiftung
gGmbH, Platz der Republik,
60265 Frankfurt am Main,
Inv.-Nr. 309-012-000-000

163
Victoria Sambunaris (geb. 1964):
*Untitled (Gold mine pit,
Fairbanks, Alaska),* 2003,
Chromogener Abzug auf
PE-Papier, 99 x 139,7 cm,
DZ BANK Kunststiftung
gGmbH, Platz der Republik,
60265 Frankfurt am Main,
Inv.-Nr. 656-001000-000
164
Guido Guidi (geb. 1941):
Marghera, via Galvani 7 VII 97,
1997, C-Print, 30 x 40 cm,
DZ BANK Kunststiftung
gGmbH, Platz der Republik,
60265 Frankfurt am Main,
Inv.-Nr. 364-012-000-000
165
Guido Guidi (geb. 1941):
Marghera, Maggio 1990, 1990,
C-Print, 30 x 40 cm,
DZ BANK Kunststiftung
gGmbH, Platz der Republik,
60265 Frankfurt am Main,
Inv.-Nr. 364-013-000-000
166
Inge Rambow (geb. 1940):
*Station Römerkeller, Branden-
burg* aus der Serie *Wüstungen,*
1992, Cibachrome-Abzug,
100 x 115 cm, DZ BANK
Kunststiftung gGmbH,
Platz der Republik, 60265
Frankfurt am Main,
Inv.-Nr. 232-013-000-000
167
Boris Mikhailov (geb. 1938):
Ohne Titel aus der Serie
Salzsee/Salt Lake, 1986,
Silbergelatineabzug getönt,
30,5 x 40,5 cm, Bayerische
Staatsgemäldesammlungen,
München, Pinakothek der
Moderne, Inv.-Nr. GV 158 6

168
Boris Mikhailov (geb. 1938):
Ohne Titel aus der Serie
Salzsee/Salt Lake, 1986,
Silbergelatineabzug getönt,
30,5 x 40,5 cm, Bayerische
Staatsgemäldesammlungen,
München, Pinakothek der
Moderne, Inv.-Nr. GV 158 12
169
Boris Mikhailov (geb. 1938):
Ohne Titel aus der Serie
Salzsee/Salt Lake, 1986,
Silbergelatineabzug getönt,
30,5 x 40,5 cm, Bayerische
Staatsgemäldesammlungen,
München, Pinakothek der
Moderne, Inv.-Nr. GV 158 13
170
Andrej Krementschouk
(geb. 1973): *Sporthalle mit
Pferd, Prypjat,* 2009, C-Print,
66 x 99 cm, Leihgabe des
Künstlers
171
Andrej Krementschouk
(geb. 1973): *Restaurant im
ehemaligen Hotel Prypjat,
Prypjat,* 2009, C-Print,
66 x 99 cm, Leihgabe des
Künstlers
172
Jürgen Nefzger (geb. 1968):
Grafenrheinfeld, Deutschland
aus der Serie *Fluffy Clouds,*
2005, C-Print, 68,3 x 88,7 cm,
Münchner Stadtmuseum,
Sammlung Fotografie,
Inv.-Nr. FM-2010/314.2
173
Jürgen Nefzger (geb. 1968):
Beznau, Schweiz aus der Serie
Fluffy Clouds, 2005, C-Print,
68,3 x 88,7 cm, Münchner
Stadtmuseum, Sammlung Foto-
grafie, Inv.-Nr. FM-2010/314.1
174
Jürgen Nefzger (geb. 1968):
Sellafield, England aus der
Serie *Fluffy Clouds,* 2005,
C-Print, 68,3 x 88,7 cm,
Münchner Stadtmuseum,
Sammlung Fotografie,
Inv.-Nr. FM-2010/314.3

175
Jürgen Nefzger (geb. 1968):
Penly, Frankreich aus der Serie
Fluffy Clouds, 2005, C-Print,
68,3 x 88,7 cm, Münchner
Stadtmuseum, Sammlung Foto-
grafie, Inv.-Nr. FM-2010/314.4
176
Daniel Beltrá (geb. 1964):
Oil Spill 2 aus der Serie *Spill,*
2010, C-Print, 67,6 x 101,6 cm,
Leihgabe des Künstlers
177
Daniel Beltrá (geb. 1964):
Oil Spill 17 aus der Serie *Spill,*
2010, C-Print, 101,6 x 67,6 cm,
Leihgabe des Künstlers
178
Julian Röder (geb. 1981);
Ohne Titel aus der Serie
World of Warfare, Abu Dhabi,
2011, Archival Pigment Print,
24 x 32 cm, Leihgabe des
Künstlers
179
Julian Röder (geb. 1981):
Ohne Titel aus der Serie
World of Warfare, Abu Dhabi,
2011, Archival Pigment Print,
24 x 32 cm, Leihgabe des
Künstlers
180
Julian Röder (geb. 1981):
Ohne Titel aus der Serie
World of Warfare, Abu Dhabi,
2011, Archival Pigment Print,
24 x 32 cm, Leihgabe des
Künstlers
181
Julian Röder (geb. 1981):
Ohne Titel aus der Serie
World of Warfare, Abu Dhabi,
2011, Archival Pigment Print,
24 x 32 cm, Leihgabe des
Künstlers

182
Julian Röder (geb. 1981): *Ohne
Titel* aus der Serie *World of
Warfare, Abu Dhabi,* 2011,
Archival Pigment Print,
70 x 93 cm, Leihgabe des
Künstlers
183
Taslima Akhter (geb. 1974):
Ohne Titel aus der Serie
Death of a Thousand Dreams,
2013, C-Print, 41,5 x 52 cm,
Leihgabe der Künstlerin
184
Taslima Akhter (geb. 1974):
Ohne Titel aus der Serie
Death of a Thousand Dreams,
2013, C-Print, 41,5 x 52 cm,
Leihgabe der Künstlerin
185
Taslima Akhter (geb. 1974):
Ohne Titel aus der Serie
Death of a Thousand Dreams,
2013, C-Print, 41,5 x 52 cm,
Leihgabe der Künstlerin
186
Taslima Akhter (geb. 1974):
Ohne Titel aus der Serie
Death of a Thousand Dreams,
2013, C-Print, 41,5 x 52 cm,
Leihgabe der Künstlerin
187
Taslima Akhter (geb. 1974):
Ohne Titel aus der Serie
Death of a Thousand Dreams,
2013, C-Print, 41,5 x 52 cm,
Leihgabe der Künstlerin
188
Taslima Akhter (geb. 1974):
Ohne Titel aus der Serie
Death of a Thousand Dreams,
2013, C-Print, 41,5 x 52 cm,
Leihgabe der Künstlerin
189
Daniel Chatard (geb. 1996):
Plenum, Hambacher Forst aus
der Serie *Niemandsland,* 2018,
C-Print, 60 x 75 cm,
Leihgabe des Künstlers
190
Daniel Chatard (geb. 1996):
*Räumung des Baumhausdorfs
Lorien, Hambacher Forst* aus
der Serie *Niemandsland,* 2018,
C-Print, 60 x 75 cm,
Leihgabe des Künstlers

AUSWAHLBIBLIOGRAFIE

AUSSTELLUNGSKATALOGE

Amsterdam 2000
Zeche Hannibal. Bernd & Hilla Becher: De Mijnen. Een fotografische studie van 10 fabriekscomplexen, Ausst.-Kat. Huis Marseille, Museum voor Fotografie Amsterdam, 2000.

Amsterdam/Helsinki 2010
Illusions of Reality. Naturalist Painting, Photography and Cinema 1875–1918, hrsg. von Gabriel P. Weisberg, Ausst.-Kat. Van Gogh Museum, Amsterdam / Ateneum Art Museum, Finnish National Gallery, Helsinki, 2010.

Baden-Baden/Hannover/Wuppertal 2016
Technische Paradiese. Die Zukunft in der Karikatur des 19. Jahrhunderts, hrsg. von Eberhard Illner und Matthias Winzen, Ausst.-Kat. Museum LA8, Baden-Baden / Wilhelm Busch – Deutsches Museum für Karikatur & Zeichenkunst, Hannover / Historisches Zentrum Wuppertal, 2016.

Bergisch Gladbach 1993
Ins Bild gesetzt. Industriefotografie bei Zanders gestern und heute, hrsg. von Magdalene Christ, Ausst.-Kat. Kulturhaus Zanders, Bergisch Gladbach, 1993.

Berlin 1934
Deutsches Volk – Deutsche Arbeit. Amtlicher Führer durch die Ausstellung, hrsg. von der Gemeinnützigen Berliner Ausstellungs-, Messe- und Fremdenverkehrs-GmbH, Ausst.-Kat. Ausstellungshallen am Funkturm, Berlin, 1934.

Berlin 1992
Streik. Realität und Mythos, hrsg. von Agnete von Specht, Ausst.-Kat. Deutsches Historisches Museum, Berlin, 1992.

Berlin 1995
Franz Skarbina, Ausst.-Kat. Bröhan-Museum, Berlin, 1995.

Berlin 2002
Die zweite Schöpfung. Bilder der industriellen Welt vom 18. Jahrhundert bis in die Gegenwart, hrsg. von Sabine Beneke und Hans Ottomeyer, Ausst.-Kat. Martin-Gropius-Bau, Berlin, 2002.

Berlin 2008
Gründerzeit 1848–1871. Industrie & Lebensträume zwischen Vormärz und Kaiserreich, hrsg. von Ulrike Laufer und Hans Ottomeyer, Ausst.-Kat. Deutsches Historisches Museum, Berlin, 2008.

Berlin 2011
Die Moderne im Blick. Albert Renger-Patzsch fotografiert das Fagus-Werk, Ausst.-Kat. Bauhaus-Archiv Berlin, 2011.

Berlin 2012
Otto Nagel (1894–1967). Orte – Menschen. Ölbilder und Pastelle aus der Kunstsammlung der Akademie der Künste, hrsg. von Rosa von der Schulenburg, Ausst.-Kat. Schloss Biesdorf, Berlin, 2012.

Berlin 2016a
Alice Lex-Nerlinger 1893–1975. Fotomonteurin und Malerin, hrsg. von Marion Beckers, Ausst.-Kat. Das Verborgene Museum, Berlin, 2016.

Berlin 2016b
Licht und Angst. Julian Röder, hrsg. von Katja Blomberg, Ausst.-Kat. Haus am Waldsee, Berlin, 2016.

Berlin 2019
Ludwig Windstosser. Fotografie der Nachkriegsmoderne, hrsg. von Stefanie Dietzel und Ludger Derenthal, Ausst.-Kat. Museum für Fotografie, Berlin, 2019.

Berlin 2020
„Zu wenig Parfüm, zu viel Pfütze“. Hans Baluschek zum 150. Geburtstag, hrsg. von Tobias Hoffmann, Anna Grosskopf und Fabian Reifferscheidt, Ausst.-Kat. Bröhan-Museum, Berlin, 2020.

Berlin/Zwolle/London 2020
John Heartfield. Fotografie plus Dynamit, hrsg. von Angela Lammert, Rosa von der Schulenburg und Anna Schultz, Ausst.-Kat. Akademie der Künste, Berlin / Museum de Fundatie, Zwolle / Royal Academy of Arts, London, 2020.

Bochum 1994
Bernd und Hilla Becher. Industriephotographie. Im Spiegel der Tradition, hrsg. von Monika Steinhauser, Ausst.-Kat. Kunstsammlungen der Ruhr-Universität Bochum, 1994.

Bologna 2015
Masterworks of industrial photography. Exhibitions 2013–2014, hrsg. von Federica Tommasi, Ausst.-Kat. Fondazione MAST, Bologna, 2015.

Bologna 2017
Masterworks of industrial photography. Exhibitions 2016, hrsg. von Giovanna Crespi, Ausst.-Kat. Fondazione MAST, Bologna, 2017.

Bologna 2018
Masterworks of industrial photography. Exhibitions 2017, hrsg. von Giovanna Crespi und Marina Rotondo, Ausst.-Kat. Fondazione MAST, Bologna, 2018.

Bologna 2020
Masterworks of industrial photography. Exhibitions 2018, hrsg. von Giovanna Crespi und Marina Rotondo, Ausst.-Kat. Fondazione MAST, Bologna, 2020.

Bonn 1992
Carl Andreas Abel. Der Beobachter hinter der Kamera. Handwerk und Industrie an Rhein und Ruhr, hrsg. von Dorothee Haffner, Ausst.-Kat. Rheinisches Landesmuseum Bonn, 1992.

Boston 1995
From Icon to Irony. German and American Industrial Photography, Ausst.-Kat. Boston University Art Gallery, 1995.

Bottrop 2010
Bernd & Hilla Becher. Bergwerke und Hütten, Ausst.-Kat. Josef Albers Museum, Quadrat Bottrop, 2010.

Brüssel 1975
Le paysage de l'industrie. Het industrielandschap. The landscape of industry. Région du Nord-Wallonie-Ruhr, hrsg. von der École Nationale Supérieure d'Architecture et des Arts Visuels, Ausst.-Kat. Hôtel van de Velde, Brüssel, 1975.

Canberra 1995
The changing face of work. Photography and the industrial age, Ausst.-Kat. Orde Poynton Gallery, National Gallery of Australia, Canberra, 1995.

Chalon-sur-Saône/Le Creusot 1977
La Représentation du travail. Mines, forges, usines, Ausst.-Kat. Maison de la culture, Chalon-sur-Saône / Château de la Verrerie, Le Creusot, 1977.

Charleroi 1997
Gustave Marissiaux. La possibilité de l'art, hrsg. von Marc-Emmanuel Mélon, Ausst.-Kat. Musée de la Photographie, Charleroi, 1997.

Chemnitz 2012
Conrad Felixmüller. Zwischen Kunst und Politik, hrsg. von Ingrid Mössinger und Thomas Bauer-Friedrich, Ausst.-Kat. Kunstsammlungen Chemnitz – Museum Gunzenhauser, 2012.

Chemnitz/Gera 2013
Schicht im Schacht. Die Kunstsammlung der Wismut – eine Bestandsaufnahme, hrsg. von Paul Kaiser, Holger Peter Saupe und Claudia Petzold, Ausst.-Kat. Neue Sächsische Galerie Chemnitz / Kunstsammlung Gera – Orangerie, 2013.

Clausthal-Zellerfeld 1998
Photographieren im Bergwerk um 1900. Bergwerksphotographie im Oberharz 1890–1910, Ausst.-Kat. Oberharzer Geschichts- und Museumsverein e. V., Clausthal-Zellerfeld, 1998.

Darmstadt 1992
Eugen Bracht (1842–1921). Landschaftsmaler im wilhelminischen Kaiserreich, Ausst.-Kat. Mathildenhöhe, Darmstadt, 1992.

Dole/Évian/Roubaix 2017
Jules Adler, 1865–1952. Peindre sous La Troisième République, hrsg. von Dario Cimorelli, Ausst.-Kat. Musée des Beaux-Arts, Dole / Palais Lumière, Évian / La Piscine – Musée d'Art et d'Industrie André Diligent, Roubaix, 2017.

Dortmund 1958
Das Bild der deutschen Industrie 1800–1850, Ausst.-Kat. Schloß Cappenberg, Museum für Kunst und Kulturgeschichte, Dortmund, 1958.

Dortmund 1990
Elektrifizierung in Westfalen. Fotodokumente aus dem Archiv der VEW, hrsg. von Theodor Horstmann, Ausst.-Kat. Museum für Kunst und Kulturgeschichte, Dortmund, 1990.

Dortmund 1996
Angenendt. Eine Fotografenfamilie, hrsg. von Brigitte Buberl, Ausst.-Kat. Museum für Kunst und Kulturgeschichte, Dortmund, 1996.

Dresden 1912
Das Reich der Kraft. Stätten der Arbeit, hrsg. von Franz Goerke, Ausst.-Kat. Galerie Ernst Arnold, Dresden, 1912.

Dresden 2009
Arbeit. Sinn und Sorge, hrsg. von Nicola Lepp und Daniel Tyradellis, Ausst.-Kat. Deutsches Hygiene-Museum, Dresden, 2009.

Duisburg 1969
Industrie und Technik in der deutschen Malerei. Von der Romantik bis zur Gegenwart, Ausst.-Kat. Lehmbruck Museum, Duisburg, 1969.

Dunkerque/Pau/Évreux 2001
Des plaines à l'usine. Images du travail dans la peinture française de 1870 à 1914, Ausst.-Kat. Musée des Beaux-Arts, Dunkerque / Musée des Beaux-Arts, Pau / Musée Municipal, Évreux, 2001.

Düsseldorf 1937
Schaffendes Volk. Große Deutsche Ausstellung, Ausst.-Kat. Düsseldorf-Schlageterstadt, 1937.

Düsseldorf 1952
Kunstausstellung Eisen und Stahl, Ausst.-Kat. Kunstpalast, Düsseldorf, 1952.

Düsseldorf u. a. 2003
Bernd & Hilla Becher. Typologien industrieller Bauten, Ausst.-Kat. Kunstsammlung Nordrhein-Westfalen, Düsseldorf, u. a., 2003.

Erlangen/Ingolstadt 1983
Riese Proletariat und große Maschinerie. Zur Darstellung der Arbeiterklasse in der Fotografie von den Anfängen bis zur Gegenwart, Ausst.-Kat. Städtische Galerie Erlangen / Kunstverein Ingolstadt, 1983.

Essen 1912
Die Industrie in der bildenden Kunst, Ausst.-Kat. Kunstmuseum der Stadt Essen, 1912.

Essen 1928
Kunst und Technik, Ausst.-Kat. Folkwang Museum, Essen, 1928.

Essen 1956
Das Ruhrgebiet vor hundert Jahren. Land und Leute, hrsg. von Wilhelm Brepohl, Rolf Fritz und Carl Nobbe, Ausst.-Kat. Ruhrland- und Heimatmuseum der Stadt Essen, 1956.

Essen 1985
Willy van Heekern. 50 Jahre Lokalreporter im Revier 1920 bis 1970, Ausst.-Kat. Museum Folkwang, Essen, 1985.

Essen 1989
Ausbeute. Bergbau und Bergarbeit in der Fotografie, Ausst.-Kat. Ruhrlandmuseum, Essen, 1989.

Essen 1990a
Joachim Brohm. Industriezeit, hrsg. von Ute Eskildsen, Ausst.-Kat. Museum Folkwang, Essen, 1990.

Essen 1990b
Josef Stoffels. Bergwerke. Industriefotografie aus der Mitte des 20. Jahrhunderts, hrsg. von Ulrich Borsdorf und Rolf Kania, Ausst.-Kat. Ruhrlandmuseum, Essen, 1990.

Essen 1990c
Ruth Hallensleben. Industrie und Arbeit. Industriefotografie aus der Mitte des 20. Jahrhunderts, hrsg. von Ulrich Borsdorf, Ausst.-Kat. Ruhrlandmuseum, Essen, 1990.

Essen 1992
Gehäuse des Unsichtbaren. Fotografien von Timm Rautert von der dritten industriellen Revolution, Ausst.-Kat. Ruhrlandmuseum, Essen, 1992.

Essen 1995
Bildberichte. Aus dem Ruhrgebiet der Nachkriegszeit, hrsg. von Sigrid Schneider, Ausst.-Kat-Ruhrlandmuseum, Essen, 1995.

Essen 1998
*Als der Himmel blau wurde.
Bilder aus den 60er Jahren,*
hrsg. von Sigrid Schneider,
Ausst.-Kat. Ruhrland-
museum, Essen, 1998.
Essen 2000
*Schwarzweiß und Farbe.
Das Ruhrgebiet in der
Fotografie,* hrsg. von Sigrid
Schneider, Ausst.-Kat.
Ruhrlandmuseum, Essen,
2000.
Essen 2010a
*Alles wieder anders.
Fotografien aus der Zeit
des Strukturwandels,*
hrsg. von Sigrid Schneider,
Ausst.-Kat. Ruhr Museum,
Essen, 2010.
Essen 2010b
*Ruhrblicke. Bernd & Hilla
Becher,* hrsg. von Thomas
Weski und Heike Kramer,
Ausst.-Kat. Zeche Zollverein,
Essen, 2010.
Essen 2012a
*200 Jahre Krupp. Ein Mythos
wird besichtigt,* hrsg. von
Heinrich Theodor Grütter,
Ausst.-Kat. Ruhr Museum,
Essen, 2012.
Essen 2012b
Chris Killip. Arbeit. Work,
hrsg. von Ute Eskildsen,
Ausst.-Kat. Museum
Folkwang, Essen, 2012.
Essen [2012]
*Von A bis Z. Fotografie
im Ruhr Museum,* hrsg. von
Heinrich Theodor Grütter
und Sigrid Schneider,
Ausst.-Kat. Ruhr Museum,
Essen [2012].
Essen 2014a
*Chargesheimer. Die Ent-
deckung des Ruhrgebiets,*
hrsg. von Heinrich Theodor
Grütter und Stefanie Grebe,
Ausst.-Kat. Ruhr Museum,
Essen, 2014.

Essen 2014b
*Wirtschaft! Wunder! Krupp
in der Fotografie 1949–1967,*
hrsg. von der Alfried Krupp
von Bohlen und Halbach-
Stiftung, Ausst.-Kat.
Villa Hügel, Essen, 2014.
Essen 2018a
*Albert Renger-Patzsch.
Die Ruhrgebietsfotografien,*
hrsg. von Stefanie Grebe
und Heinrich Theodor Grütter,
Ausst.-Kat. Ruhr Museum,
Essen, 2018.
Essen 2018b
*Josef Stoffels. Steinkohlen-
zechen. Fotografien aus dem
Ruhrgebiet,* hrsg. von
Heinrich Theodor Grütter und
Stefanie Grebe, Ausst.-Kat.
Ruhr Museum, Essen, 2018.
Essen 2019
Der montierte Mensch,
hrsg. von Nadine Engel, Anna
Fricke und Antonina Krezdorn,
Ausst.-Kat. Museum
Folkwang, Essen, 2019.
Essen u. a. 1981
*Wie lebt man im Ruhrgebiet.
Bewohner fotografierten.
Bilder von Amateuren und
Profis,* Ausst.-Kat. Museum
Folkwang, Essen, u. a., 1981.
Essen u. a. 2016
*Thomas Struth. Nature &
Politics,* Ausst.-Kat. Museum
Folkwang, Essen, u. a., 2016.
Essen/Dortmund 2016
*Erich Grisar. Ruhrgebiets-
fotografien 1928–1933,*
hrsg. von Heinrich Theodor
Grütter u. a., Ausst.-Kat.
Ruhr Museum, Essen / Zeche
Zollern LWL-Industrie-
museum, Dortmund, 2016.
Essen/Hamburg/München 2016
*Peter Keetman. Gestaltete
Welt,* hrsg. von F. C. Gundlach,
Ausst.-Kat. Museum Folkwang,
Essen / Haus der Photo-
graphie in den Deichtorhallen
Hamburg / Kunstfoyer,
München, 2016.
Essen/Madrid/Paris 2018
Luigi Ghirri. Karte und Gebiet,
hrsg. von James Lingwood,
Ausst.-Kat. Museum Folkwang,
Essen / Museo Nacional
Centro de Arte Reina Sofía,
Madrid / Jeu de Paume,
Paris, 2018.

Essen/Saarbrücken/Kiel 1999
Der Fotograf Otto Steinert,
hrsg. von Ute Eskildsen,
Ausst.-Kat. Museum Folkwang,
Essen / Saarlandmuseum –
Stiftung Saarländischer
Kulturbesitz, Saarbrücken /
Kunsthalle zu Kiel, 1999.
Essen/Stuttgart/Valencia 1995
*Glaube, Hoffnung,
Anpassung. Sowjetische
Bilder 1928–1945,* hrsg. von
Margarita Tupitsyn, Ausst.-
Kat. Museum Folkwang,
Essen / Württembergischer
Kunstverein, Stuttgart /
IVAM Centro Julio Gonzales,
Valencia, 1995.
Esslingen 1987
Volker Böhringer, Ausst.-Kat.
Galerie der Stadt Esslingen
am Neckar, Villa Merkel, 1987.
Frankfurt am Main 2018
*Glanz und Elend in der
Weimarer Republik,* hrsg. von
Ingrid Pfeiffer, Ausst.-Kat.
Schirn Kunsthalle Frankfurt
am Main, 2017.
Gelsenkirchen 1984
*Bilder der Industrie- und
Arbeitswelt. Fotografien,*
Ausst.-Kat. Städtisches
Museum Gelsenkirchen,
1984.
Glashütte 2011
*Albert Renger-Patzsch.
Industriefotografien
für Schott,* hrsg. von der
Schott AG, Ausst.-Kat.
LWL-Industriemuseum,
Glashütte, 2011.
Goslar 2020
*Orte der Arbeit. Gemälde und
Grafiken aus der Sammlung
Prof. Dr. Volkmar Neubert,*
Ausst.-Kat. Bergwerk
Rammelsberg, Goslar, 2020.
Hamburg 1999
*Industrie und Fotografie.
Sammlungen in Hamburger
Unternehmensarchiven,* hrsg.
von Lisa Kosok und Stefan
Rahner, Ausst.-Kat. Museum
der Arbeit, Hamburg, 1999.

Hamburg 2015
*Stadt Bild Wandel. Hamburg
in Fotografien 1870–1914,*
hrsg. von Olaf Matthes,
Ausst.-Kat. Hamburg
Museum, 2015.
Hamburg/Lübeck 1995
*Die neue Sicht der Dinge.
Carl Georg Heises Lübecker
Fotosammlung aus den 20er
Jahren,* Ausst.-Kat. Hamburger
Kunsthalle / Museum für
Kunst und Kulturgeschichte
der Hansestadt Lübeck, 1995.
Hamburg/München 2009
*Max Scheler. Fotografien.
Von Konrad A. bis Jackie O.
Bilder aus Deutschland,
China und den USA,* hrsg.
von Peer-Olaf Richter,
Ausst.-Kat. Deichtorhallen,
Hamburg / Münchner Stadt-
museum, 2009.
Hamburg/München 2019
*Welt im Umbruch. Kunst der
20er Jahre,* hrsg. von Kathrin
Baumstark u. a., Ausst.-Kat.
Bucerius Kunst Forum,
Hamburg / Münchner Stadt-
museum, 2019.
Hannover 1997
*Heinrich Riebesehl. Bahn-
landschaften. Fotografien von
1981 bis 1997,* Ausst.-Kat.
Sprengel Museum, Hannover,
1997.
Hannover/Barcelona/Porto 1999
*El Lissitzky. Jenseits der
Abstraktion,* Ausst.-Kat.
Sprengel Museum, Hannover /
Museu d'Art Contemporani,
Barcelona / Fundação
de Serralves, Porto, 1999.
Innsbruck 2007
*Industrielle Bildwelten.
Tiroler Industrie in zeit-
genössischer Fotografie,*
hrsg. von Günther Moschig,
Ausst.-Kat. BTV-Stadtforum,
Innsbruck, 2007.
Jarville-la-Malgrange 1996
*François Bonhommé, peintre,
témoin de la vie industrielle
au XIXe siècle,* Ausst.-Kat.
Musée de l'Histoire du Fer,
Jarville-la-Malgrange, 1996.

Jena u. a. 1997
Der letzte Schliff. 150 Jahre Arbeit und Alltag bei Carl Zeiss, hrsg. von Frank Markowski, Ausst.-Kat. Kulturamt der Stadt Jena u. a., 1997.

Kiel 1987
Harald Duwe 1926–1984. Werkverzeichnis der Gemälde und Ölstudien, Ausst.-Kat. Kunsthalle zu Kiel, 1987.

Köln 1981
Heinrich Hoerle. Leben und Werk 1895–1936, Ausst.-Kat. Kölnischer Kunstverein, 1981.

Köln 2008
Köln progressiv 1920–1933. Seiwert – Hoerle – Arntz, Ausst.-Kat. Museum Ludwig, Köln, 2008.

Köln 2010
Zeche Hannover. Photographien aus dem Ruhrgebiet von Bernd und Hilla Becher, Ausst.-Kat. Die Photographische Sammlung/SK Stiftung Kultur der Sparkasse KölnBonn, 2010.

Köln/Kiel 2000
Zeitgenossen. August Sander und die Kunstszene der 20er Jahre im Rheinland, hrsg. von der Photographischen Sammlung/SK Stiftung Kultur der Sparkasse KölnBonn, Ausst.-Kat. Josef-Haubrich-Kunsthalle, Köln / Kunsthalle zu Kiel, 2000.

Kommern 1980
Hauberg und Eisen. Landwirtschaft und Industrie im Siegerland um 1900, Ausst.-Kat. Rheinisches Freilichtmuseum für Volkskunde, Kommern, 1980.

Le Creusot 2017
Raymond Rochette. L'obsession de l'industrie, hrsg. von Typhaine Le Foll und Nicolas Neumann, Ausst.-Kat. Écomusée de la Communauté Le Creusot – Montceau-les-Mines, 2017.

Leipzig 2005
Evelyn Richter. Rückblicke, Konzepte, Fragmente, hrsg. von Hans-Werner Schmidt, Ausst.-Kat. Museum der bildenden Künste, Leipzig, 2005.

Lissabon/Brüssel 2007
Ingenuity. Photography and Engineering 1846–2006, Ausst.-Kat. Fundação Calouste Gulbenkian, Lissabon / Palais des Beaux-Arts, Brüssel, 2007.

London u. a. 1986
Industrial Image. British Industrial Photography 1843 to 1986, hrsg. von Sue Davies und Caroline Collier, Ausst.-Kat. The Photographers' Gallery, London, u. a., 1986.

Manchester/Amsterdam/New Haven 1988
Hard Times. Social Realism in Victorian Art, Ausst.-Kat. Manchester City Art Gallery / Van Gogh Museum, Amsterdam / Yale Center for British Art, New Haven, 1988.

Mannheim 2018
Konstruktion der Welt. Kunst und Ökonomie 1919–1939, hrsg. von Eckhart J. Gillen und Ulrike Lorenz, Ausst.-Kat. Kunsthalle Mannheim, 2018.

München 1980
Kunst und Technik in den 20er Jahren. Neue Sachlichkeit und Gegenständlicher Konstruktivismus, hrsg. von Helmut Friedel, Ausst.-Kat. Städtische Galerie im Lenbachhaus, München, 1980.

München 1984
Franz Hanfstaengl. Von der Lithographie zur Photographie, Ausst.-Kat. Münchner Stadtmuseum, 1984.

München 2003
Philipp Kester – Fotojournalist. New York, Berlin, München 1903–1935, hrsg. von Dirk Halfbrodt und Ulrich Pohlmann, Ausst.-Kat. Münchner Stadtmuseum, 2003.

München 2004
Arbeitswelten. Industriefotografien aus den Beständen des Bayerischen Wirtschaftsarchivs, Ausst.-Kat. Bayerisches Wirtschaftsarchiv, München, 2004.

München 2008
Adolph Menzel: radikal real, hrsg. von Bernhard Maaz, Ausst.-Kat. Kunsthalle der Hypo-Kulturstiftung, München, 2008.

München 2010
Guido Mangold. Fotografien, hrsg. von Ulrich Pohlmann und Guido Mangold, Ausst.-Kat. Münchner Stadtmuseum, 2010.

München 2018
LAND_SCOPE. Fotoarbeiten von Roni Horn bis Thomas Ruff aus der DZ Bank Kunstsammlung, hrsg. von Ulrich Pohlmann u. a., Ausst.-Kat. Münchner Stadtmuseum, 2018.

München/Hannover 2011
Heinrich Kley 1863–1945. Meister der Zeichenfeder im Kontext der Zeit, hrsg. von Michael Buhrs, Ausst.-Kat. Museum Villa Stuck, München / Wilhelm Busch – Deutsches Museum für Karikatur & Zeichenkunst, Hannover, 2011.

München/Lindau 1999
Toni Schneiders. Photographien 1946–1980, hrsg. von Ulrich Pohlmann, Ausst.-Kat. Münchner Stadtmuseum / Stadtmuseum in Lindau, 1999.

München/Neunkirchen 2011
IndustrieZEIT. Fotografien 1845–2010, hrsg. von Ulrich Pohlmann und Rudolf Scheutle, Ausst.-Kat. Münchner Stadtmuseum / Städtische Galerie Neunkirchen, 2011.

München/Singen 2020
Schaut her! Toni Schneiders, hrsg. von Sebastian Lux, Ausst.-Kat. Kunstfoyer, München / Kunstmuseum Singen, 2020.

Münster 1979
Industriebilder aus Westfalen. Gemälde, Aquarelle, Handzeichnungen, Druckgrafik 1800–1960, Ausst.-Kat. Westfälisches Landesmuseum für Kunst und Kulturgeschichte, Münster, 1979.

Münster 1990
Industrie im Bild. Gemälde 1850–1950, Ausst.-Kat. Westfälisches Landesmuseum für Kunst und Kulturgeschichte, Münster, 1990.

Münster 1994
Bernd und Hilla Becher. Fabrikhallen, Ausst.-Kat. Westfälisches Landesmuseum für Kunst und Kulturgeschichte, Münster, 1994.

New York/Montreal/Paris 1994
The Photographs of Édouard Baldus, Ausst.-Kat. The Metropolitan Museum of Art, New York / Canadian Centre for Architecture, Montreal / Musée National des Monuments Français, Paris, 1994.

Nürnberg 1985
Leben und Arbeiten im Industriezeitalter, hrsg. von Gerhard Bott, Ausst.-Kat. Germanisches Nationalmuseum, Nürnberg, 1985.

Nürnberg 2016
Luft Wasser Schiene Straße. Industriegemälde von H. D. Tylle, Ausst.-Kat. DB Museum Nürnberg, 2016.

Oberhausen 1994
Feuer & Flamme. 200 Jahre Ruhrgebiet, hrsg. von Ulrich Borsdorf, Ausst.-Kat. Gasometer Oberhausen, 1994.

Oberhausen 1999
*„Schön ist es auch anderswo …"
Fotografien vom Ruhrgebiet
1989–99,* Ausst.-Kat.
Rheinisches Industriemuseum,
Oberhausen, 1999.

Oberhausen 2010
*Feuerländer. Regions of
Vulcan. Malerei um Kohle
und Stahl,* Ausst.-Kat.
LVR-Industriemuseum,
Oberhausen, 2010.

Oberhausen 2020
*Rudolf Holtappel. Die
Zukunft hat begonnen.
Ruhrgebietschronist,
Theaterdokumentarist,
Warenhausfotograf.
Eine fotografische Werk-
schau von 1950–2013,* hrsg.
von Miriam Hüning und
Christine Vogt, Ausst.-Kat.
Ludwiggalerie Schloss
Oberhausen, 2020.

Paris 2012
*Félix Thiollier (1842–1914).
Photographies,* Ausst.-Kat.
Musée d'Orsay, Paris, 2012.

Paris/Le Creusot 1995
*Les Schneider, Le Creusot.
Une famille, une entreprise,
une ville (1836–1960),* hrsg.
von Dominique Schneider,
Ausst.-Kat. Musée d'Orsay,
Paris / Écomusée de la
Communauté Le Creusot –
Montceau-les-Mines, 1995.

Paris/Madrid/Rotterdam 2010
*Lewis Hine. From the
Collections of George Eastman
House, International Museum
of Photography and Film,*
Ausst.-Kat. Fondation
Henri Cartier-Bresson, Paris /
Fundación MAPFRE, Madrid /
Nederlands Fotomuseum,
Rotterdam, 2010.

Paris/Washington/Berlin 1996
*Adolph Menzel 1815–1905.
Das Labyrinth der Wirklich-
keit,* hrsg. von Claude Keisch
und Marie Ursula Riemann-
Reyher, Ausst.-Kat. Musée
d'Orsay, Paris / National
Gallery of Art, Washington /
Nationalgalerie, Berlin, 1996.

Pforzheim/Berlin 1994
Oskar Nerlinger 1893–1969,
hrsg. von Heidrun Schröder-
Kehler, Ausst.-Kat. Reuchlin-
haus, Pforzheim / Akademie
der Künste, Berlin, 1994.

Recklinghausen 1980
*Aus Schacht und Hütte. Ein
Jahrhundert Industriearbeit
im Bild 1830–1930,* Ausst.-
Kat. Städtische Kunsthalle
Recklinghausen, 1980.

Recklinghausen 2010
*Revier unter Strom.
Fotografien zur Elektrizitäts-
geschichte des Ruhrgebiets,*
hrsg. von Peter Döring
und Theo Horstmann,
Ausst.-Kat. Umspannwerk
Recklinghausen – Museum
Strom und Leben, 2010.

Saarbrücken 2009
*Gebanntes Licht. Die Foto-
grafie im Saarlandmuseum
von 1844 bis 1995,* hrsg.
von Ralph Melcher,
Ausst.-Kat. Saarlandmuseum,
Saarbrücken, 2009.

Saint-Étienne/Stuttgart 1995
Félix Thiollier. Photographe,
hrsg. von Jean-François
Chevrier, Ausst.-Kat.
Musée d'Art Moderne,
Saint-Étienne / Staatsgalerie
Stuttgart, 1995.

Toronto/Ottawa 2018
*Anthropocene. Edward
Burtynsky, Jenniver Baichwal,
Nick de Pencier,* Ausst.-Kat.
Art Gallery of Ontario,
Toronto / National Gallery
of Canada, Ottawa, 2018.

Toulouse 2010
*Jürgen Nefzger. Fluffy
Clouds,* Ausst.-Kat.
Le Château d'Eau,
Toulouse, 2010.

Trier/Dortmund 1990
*Bilder der Arbeit. Malerei –
Graphik – Skulptur,*
hrsg. von Klaus Türk,
Ausst.-Kat. Tuchfabrik Trier /
Bundesanstalt für Arbeits-
schutz, Dortmund, 1990.

Tübingen 1975
*Georg Friedrich Zundel
1875–1975,* Ausst.-Kat.
Kunsthalle Tübingen, 1975.

Washington/Amsterdam 2009
Burtynsky. Oil, Ausst.-Kat.
Corcoran Gallery of Art,
Washington / Huis Marseille,
Museum voor Fotografie
Amsterdam, 2009.

Wetzlar 2019
*Dr. Paul Wolff & Tritschler.
Licht und Schatten –
Fotografien 1920 bis 1950,*
hrsg. von Hans-Michael
Koetzle, Ausst.-Kat. Ernst
Leitz Museum, Wetzlar, 2019.

Wien 2011
*Die Explosion der Bilderwelt.
Die Photographische Gesell-
schaft in Wien 1861–1945,*
hrsg. von Michael Ponstingl,
Ausst.-Kat. Albertina,
Wien, 2011.

Wien 2017
*Marianne Strobl. „Industrie-
Photograph", 1894–1914,*
hrsg. von Ulrike Matzer,
Ausst.-Kat. Photoinstitut
Bonartes, Wien, 2017.

Wilhelmshaven 1997
Robert Schneider. Bitterfeld,
Ausst.-Kat. Kunsthalle
Wilhelmshaven, 1997.

Wilhelmshaven/Dangast/
Bremen 2000
*Franz Radziwill. Mythos
Technik,* hrsg. vom Landes-
museum Oldenburg,
Ausst.-Kat. Kunsthalle
Wilhelmshaven / Franz
Radziwill-Haus, Dangast /
Städtische Galerie im
Buntentor, Bremen, 2000.

Winterthur 1994
*Industriebild. Der Wirt-
schaftsraum Ostschweiz in
Fotografien von 1870 bis
heute,* hrsg. von Giorgio
J. Wolfensberger und
Urs Stahel, Ausst.-Kat.
Fotomuseum Winterthur,
1994.

Winterthur 2010
*Arbeit. Labour. Set 7 aus
Sammlung und Archiv des
Fotomuseums Winterthur,*
Ausst.-Kat. Fotomuseum
Winterthur, 2010.

Winterthur/Münster/
München 2002
*Joachim Brohm. Areal.
Ein fotografisches Projekt
1992–2002,* Ausst.-Kat.
Fotomuseum Winterthur /
Westfälischer Kunstverein,
Münster / Münchner
Stadtmuseum, 2002.

Wolfsburg 2003
*Peter Keetman. Volkswagen-
werk 1953,* hrsg. von
Holger Broeker, Ausst.-Kat.
Kunstmuseum Wolfsburg,
2003.

Wolfsburg 2016
*Wolfsburg Unlimited. Eine
Stadt als Weltlabor,* hrsg.
von Ralf Beil, Ausst.-Kat.
Kunstmuseum Wolfsburg,
2016.

Wuppertal 1983
*Ruth Hallensleben
(1898–1977). Industrie-
photographie,* Ausst.-Kat.
Von der Heydt-Museum
Wuppertal, 1983.

Wuppertal 2020
*Vision und Schrecken der
Moderne. Industrie und
künstlerischer Aufbruch,*
hrsg. von Antje Birthälmer
und Roland Mönig,
Ausst.-Kat. Von der Heydt-
Museum Wuppertal, 2020.

Zürich 2000
Jakob Tuggener. Fotografien,
hrsg. von Martin Gasser,
Ausst.-Kat. Kunsthaus
Zürich, 2000.

Zwickau u. a. 2020
*Boom. 500 Jahre Industrie-
kultur in Sachsen,* hrsg.
von Thomas Spring für das
Deutsche Hygiene-Museum,
Dresden, Ausst.-Kat.
Audi-Bau, Zwickau, u. a.,
2020.

WEITERFÜHRENDE LITERATUR

Adam/Schmitz 1991
Hans Christian Adam und Kurt Thomas Schmitz: *100 Jahre Metall im Bild. Fotodokumente zu Arbeit und Zeit*, Köln 1991.

Alfried Krupp von Bohlen und Halbach-Stiftung 2011
Alfried Krupp von Bohlen und Halbach-Stiftung (Hrsg.): *Krupp. Fotografien aus zwei Jahrhunderten*, Berlin/München 2011.

Asselin 2017
Matthieu Asselin: *Monsanto. Une Enquête Photographique*, Arles 2017.

Bachmeier/Achten 2010
Werner Bachmeier und Udo Achten: *Arbeitswelten. Einblicke in einen nichtöffentlichen Raum*, Essen 2010.

Baltz 1974
Lewis Baltz: *The new Industrial Parks near Irvine, California*, New York 1974.

Basilico 2009
Gabriele Basilico: *Milano, ritratti di fabbriche*, Mailand 2009.

Beaucamp 1985
Eduard Beaucamp: *Werner Tübke. Arbeiterklasse und Intelligenz. Eine zeitgenössische Erprobung der Geschichte*, Frankfurt am Main 1985.

Becher/Becher 1970
Bernd und Hilla Becher: *Anonyme Skulpturen. Eine Typologie technischer Bauten*, Düsseldorf 1970.

Becher/Becher 2002
Bernd und Hilla Becher: *Industrielandschaften*, München 2002.

Becher/Becher 2004
Bernd und Hilla Becher: *Grundformen industrieller Bauten*, München 2004.

Becher/Becher 2005
Bernd und Hilla Becher: *Kühltürme*, München 2005.

Bell/Spencer 2009
Susan Bell und Ryan Spencer (Hrsg.): *Mitch Epstein. American Power*, Göttingen 2009.

Block 1928
Max Paul Block (Hrsg.): *Der Gigant an der Ruhr*, Berlin 1928.

Böll/Chargesheimer 1958
Heinrich Böll und Karl-Heinz Chargesheimer: *Im Ruhrgebiet*, Köln/Berlin 1958.

Bouin-Luce/Bazetoux 1986
Jean Bouin-Luce und Denise Bazetoux: *Maximilien Luce. Catalogue raisonné de l'œuvre peint*, 2 Bde., Paris 1986.

Brandstätter/Hubmann 1977
Christian Brandstätter und Franz Hubmann: *Made in Germany. Die Gründerzeit deutscher Technik und Industrie in alten Photographien 1840–1914*, Wien/München/Zürich 1977.

Brandt 1927/28
Paul Brandt: *Schaffende Arbeit und bildende Kunst*, 2 Bde., Leipzig 1927/28.

Breyer 1934
Hans Breyer: *Schaffendes Volk. Stätten deutscher Arbeit in 83 Bildern. Von der Reise des Führers der Deutschen Arbeitsfront Staatsrat Dr. Robert Ley*, Berlin 1934.

Burchartz u. a. 1932
Max Burchartz u. a.: *Kohle an der Ruhr. Eine Bilderfolge mit erzählendem Text*, Essen 1932.

Büthe u. a. 1977
Joachim Büthe u. a.: *Der Arbeiter-Fotograf. Dokumente und Beiträge zur Arbeiterfotografie 1926–1932*, Köln 1977.

Capa 1974
Cornell Capa: *Lewis W. Hine*, New York 1974.

Cazeau 1982
Philippe Cazeau: *Maximilien Luce*, Lausanne/Paris 1982.

Čekmenev 2011
Aleksandr Čekmenev: *Donbass*, Heidelberg 2011.

Collins 2004
Michael Collins: *Record Pictures. Photographs from the Archives of the Institution of Civil Engineers*, London 2004.

Colombo 1988
Cesare Colombo: *La fabbrica di immagini. L'industria italiana nella fotografia d'autore*, Florenz 1988.

Comité pour l'Histoire Économique et Financière de la France 2002
Comité pour l'Histoire Économique et Financière, Ministère de l'Économie, des Finances et de l'Industrie (Hrsg.): *Les images de l'industrie de 1850 à nos jours. Actes du colloque tenu à Bercy, les 28 et 29 juin 2001*, Paris 2002.

Dancer-Mourès/Méaux 2014
Martine Dancer-Mourès und Danièle Méaux (Hrsg.): *Les Photographes et la commande industrielle autour des éditions Paul-Martial. Actes du colloque organisé par le Musée d'Art Moderne Saint-Étienne, du 10 au 12 octobre 2013*, Saint-Étienne 2014.

Davidson 1979
Bruce Davidson: *Photographs*, London 1979.

De Haas/Fenzl 1959
Helmuth de Haas und Fritz Fenzl: *Ruhrgebiet. Porträt ohne Pathos*, Stuttgart 1959.

Debschitz/Debschitz 2009
Uta und Thilo von Debschitz: *Fritz Kahn. Man Machine / Maschine Mensch*, Wien/New York 2009.

Debschitz/Debschitz 2013
Uta und Thilo von Debschitz: *Fritz Kahn*, Köln 2013.

Dewitz 2007
Bodo von Dewitz (Hrsg.): *Bohemien aus Köln. Chargesheimer. 1924–1971*, Köln 2007.

Die Photographische Sammlung/SK Stiftung Kultur der Sparkasse KölnBonn 2002
Die Photographische Sammlung/SK Stiftung Kultur der Sparkasse KölnBonn (Hrsg.): *August Sander. Menschen des 20. Jahrhunderts. Ein Kulturwerk in Lichtbildern, eingeteilt in sieben Gruppen*, München 2002.

Diesel 1931
Eugen Diesel: *Das Werk. Technische Lichtbildstudien*, Königstein im Taunus/Leipzig 1931.

Diesel 1934
Eugen Diesel: *Deutschland arbeitet. Ein Bildbuch zum Kampf um die Arbeit*, Berlin/Leipzig 1934.

Dückershoff 1999.
Michael Dückershoff: *Alexander Calvelli. Relikte der Arbeit. Industriebilder und Stadtlandschaften*, Essen 1999.

Ebert/Bednorz 1996
Wolfgang Ebert und Achim Bednorz: *Kathedralen der Arbeit. Historische Industriearchitektur in Deutschland*, Tübingen/Berlin 1996.

Engels 1845
Friedrich Engels: *Die Lage der arbeitenden Klasse in England. Nach eigener Anschauung und authentischen Quellen*, Leipzig 1845.

Eskildsen/Borsdorf 1987
Ute Eskildsen und Ulrich Borsdorf (Hrsg.): *Endlich so wie überall? Bilder und Texte aus dem Ruhrgebiet*, Essen 1987.

Evans 1938
Walker Evans: *American Photographs*, New York 1938.

Evrard 1955
René Evrard: *Les artistes et les usines à fer. Œuvres d'art inspirées par les usines à fer*, Lüttich 1955.

Farrenkopf 2009
Michael Farrenkopf: *Mythos Kohle. Der Ruhrbergbau in historischen Fotografien aus dem Bergbau-Archiv Bochum*, Münster 2009.

Fehrenbach 2020
Lenka Fehrenbach: *Bildfabriken. Industrie und Fotografie im Zarenreich (1860–1917)*, Paderborn 2020.

Feininger 1981
Andreas Feininger: *Industrial America 1940–1960*, New York 1981.

Féry/Burais 1896
Charles Féry und A. Burais: *Traité de photographie industrielle. Théorie et pratique*, Paris 1896.

Fleckner/Warnke/Ziegler 2011
Uwe Fleckner, Martin Warnke und Hendrik Ziegler (Hrsg.): *Politische Ikonographie. Ein Handbuch*, 2 Bde., München 2011.

Friedlander 2002
Lee Friedlander: *At Work*, Göttingen 2002.

Friese-Oertmann 2017
Sabine Friese-Oertmann: *Arbeiter in Malerei und Fotografie des 19. Jahrhunderts. Deutschland, Großbritannien, USA*, Berlin 2017.

Fürst 1912
Artur Fürst: *Das Reich der Kraft, nebst: Hans Baluschek, Die Poesie der Eisenbahn*, Berlin 1912.

Gall 2000
Lothar Gall: *Krupp. Der Aufstieg eines Industrieimperiums*, Berlin 2000.

Gall 2007
Alexander Gall (Hrsg.): *Konstruieren, Kommunizieren, Präsentieren. Bilder von Wissenschaft und Technik*, Göttingen 2007.

Gaßner/Gillen 1979
Hubertus Gaßner und Eckhart Gillen: *Zwischen Revolutionskunst und Sozialistischem Realismus. Dokumente und Kommentare. Kunstdebatten in der Sowjetunion von 1917 bis 1934*, Köln 1979.

Giebelhausen 1966
Joachim Giebelhausen: *Industriefotografie für Technik und Wirtschaft*, München 1966.

Giedion 1982
Sigfried Giedion: *Die Herrschaft der Mechanisierung. Ein Beitrag zur anonymen Geschichte*, Frankfurt am Main 1982.

Gilbreth/Gilbreth 2012
Frank Bunker Gilbreth und Lillian Moller Gilbreth: *Die Magie des Bewegungsstudiums. Photographie und Film im Dienst der Psychotechnik und der Wissenschaftlichen Betriebsführung*, hrsg. von Bernd Stiegler, München 2012.

Glaeser/Weiskopf 1931
Ernst Glaeser und Franz Carl Weiskopf: *Der Staat ohne Arbeitslose. Drei Jahre „Fünfjahresplan"*, Berlin 1931.

Glaeser/Weiskopf [1932]
Ernst Glaeser und Franz Carl Weiskopf: *La Russie au travail*, Paris [1932].

Glaser 1981
Hermann Glaser: *Maschinenwelt und Alltagsleben. Industriekultur in Deutschland vom Biedermeier bis zur Weimarer Republik*, Frankfurt am Main 1981.

Goldberg 2016
Vicki Goldberg: *Bruce Davidson. An Illustrated Biography*, München/London/New York 2016.

Gronert 2009
Stefan Gronert: *Die Düsseldorfer Photoschule. Photographien 1961–2008*, München 2009.

Günther 1929
Hanns Günther: *Technische Schönheit*, Zürich 1929.

Hallensleben 1985
Ruth Hallensleben: *Frauenarbeit in der Industrie. Fotografien aus den Jahren 1938–1967*, Berlin 1985.

Hamm/Sieferle 2003
Manfred Hamm und Rolf Peter Sieferle: *Die antiken Stätten von morgen. Ruinen des Industriezeitalters*, Berlin 2003.

Hannavy 2008
John Hannavy (Hrsg.): *Encyclopedia of Nineteenth-Century Photography*, 2 Bde., London/New York 2008.

Hauser 1930
Heinrich Hauser: *Schwarzes Revier*, Berlin 1930.

Hauser 1936
Heinrich Hauser: *Am laufenden Band*, Frankfurt am Main 1936.

Hauser 1940
Heinrich Hauser: *Im Kraftfeld von Rüsselsheim*, München 1940.

Hauser 1951
Heinrich Hauser: *Bevor dies Stahlherz schlägt*, Rüsselsheim 1951.

Hauser 1952
Heinrich Hauser: *Unser Schicksal. Die deutsche Industrie*, München/Düsseldorf 1952.

Heidersberger 1963
Heinrich Heidersberger: *Wolfsburg. Bilder einer jungen Stadt*, München 1963.

Heise 1928
Carl Georg Heise (Hrsg.): *Die Welt ist schön. 100 photographische Aufnahmen von Albert Renger-Patzsch*, München 1928.

Heiting/Jaeger 2012/2014
Manfred Heiting und Roland Jaeger (Hrsg.): *Autopsie. Deutschsprachige Fotobücher 1918 bis 1945*, 2 Bde., Göttingen 2012/2014.

Hesse/Starke 2017
Wolfgang Hesse und Holger Starke (Hrsg.): *Arbeiter / Kultur / Geschichte. Arbeiterfotografie im Museum*, Leipzig 2017.

Hoppé 1930
Emil Otto Hoppé: *Deutsche Arbeit. Bilder vom Wiederaufstieg Deutschlands*, Berlin 1930.

Hult-Lewis 2011
Christine Hult-Lewis: *The mining photographs of Carleton Watkins, 1858–1891, and the origins of corporate photography*, Boston 2011.

Jaeger 2018
Roland Jaeger (Hrsg.): *Foto-Auge Fritz Block. Neue Fotografie. Moderne Farbdias*, Zürich 2018.

James 2011
Harold James: *Krupp. Deutsche Legende und globales Unternehmen*, München 2011.

Keetman 1985
Peter Keetman: *Eine Woche im Volkswagenwerk. Fotografien aus dem April 1953*, Berlin 1985.

Keller 1983
Ulrich Keller: *The Building of the Panama Canal in Historic Photographs*, New York 1983.

Kierdorf 1997
Alexander Kierdorf (Hrsg.): *Kraftwerke in historischen Photographien 1890–1960*, Köln 1997.

Klingender 1947
Francis Donald Klingender: *Art and the Industrial Revolution*, Carrington 1947.

Kraemer 1906–1913
Hans Kraemer: *Der Mensch und die Erde. Die Entstehung, Gewinnung und Verwertung der Schätze der Erde als Grundlage der Kultur*, 10 Bde., Berlin/Leipzig 1906–1913.

Krementschouk 2011
Andrej Krementschouk: *Chernobyl Zone*, 2 Bde., Heidelberg 2011.

Kugler 2000
Lieselotte Kugler (Hrsg.): *Die AEG im Bild*, Berlin 2000.

Kunkel 2010
Alexander Kunkel: *Heinrich Kley. Leben und Werk*, Weimar 2010.

LaChapelle 2014
David LaChapelle: *Landscape*, London 2014.

Lang 2000
Horst Lang: *… als der Pott noch kochte. Photographien aus dem Ruhrgebiet*, München 2000.

Le Bot 1973
Marc Le Bot: *Peinture et machinisme*, Paris 1973.

Lindner 1927
Werner Lindner: *Bauten der Technik. Ihre Form und Wirkung. Werkanlagen*, Berlin 1927.

Lunecke 1930
Hermann Lunecke: *Das Ruhrgebiet in Wort und Bild. Ein Heimatbuch*, Düsseldorf 1930.

Manz/Matz 1980
Martin Manz und Reinhard Matz: *Unsere Landschaften*, Köln 1980.

Marcilloux 2005
Patrice Marcilloux: *Le travail en représentations. Congrès National des Sociétés Historiques et Scientifiques 127ᵉ, Nancy, 15–20 avril 2002*, Paris 2005.

Matz 1987
Reinhard Matz: *Industriefotografie. Aus Firmenarchiven des Ruhrgebiets*, Essen 1987.

Matz 2017
Reinhard Matz: *Fotografien verstehen*, Köln 2017.

Maugendre 1851
Adolphe Maugendre: *Société Anonyme des Mines et Fonderies de Zinc de la Vieille Montagne. Album de 30 Vues. 1850–1851*, Paris 1851.

Mayring 2008
Eva A. Mayring (Hrsg.): *Bilder der Technik, Industrie und Wissenschaft. Ein Bestandskatalog des Deutschen Museums*, München 2008.

Meurer 1989
Thomas Meurer: *Die Eisenbahn in der deutschen Kunst. Die künstlerische Rezeption der Technik im 19. und frühen 20. Jahrhundert*, Bonn 1989.

Mikhailov 2002
Boris Mikhailov: *Salt Lake*, Göttingen 2002.

Moos/Smeenk 1983
Stanislaus von Moos und Chris Smeenk (Hrsg.): *Avant-Garde und Industrie*, Delft 1983.

Mora/Hill 1998
Gilles Mora und John T. Hill (Hrsg.): *W. Eugene Smith. The Camera as Conscience*, London 1998.

Motz 1980
Sigrid-Jutta Motz: *Fabrikdarstellungen in der deutschen Malerei von 1800 bis 1850*, Frankfurt am Main 1980.

Niebler 2007
Renate Niebler: *Die Maxhütte*, Viechtach 2007.

Nochlin 2018
Linda Nochlin: *Misère. The Visual Representation of Misery in the 19th Century*, London 2018.

Nye 1985
David E. Nye: *Image Worlds. Corporate Identities at General Electric, 1890–1930*, Cambridge (MA)/London 1985.

Ockhardt 1954
Kuno Ockhardt (Hrsg.): *Deutschland arbeitet. Mensch und Werk. Ein Dokument in Wort und Bild*, Bonn 1954.

Oechslin/Harbusch 2010
Werner Oechslin und Gregor Harbusch: *Sigfried Giedion und die Fotografie. Bildinszenierungen der Moderne*, Zürich 2010.

Peroni/Roux 1996
Michel Peroni und Jacques Roux (Hrsg.): *Le travail photographié*, Paris 1996.

Piovano 2017
Pablo E. Piovano: *El costo humano de los agrotóxicos. The human cost of agrotoxins*, Heidelberg 2017.

Pottgießer 1985
Heinz Pottgießer: *Eisenbahnbrücken aus zwei Jahrhunderten*, Basel 1985.

Prodger 2015
Phillip Prodger: *E. O. Hoppé. The German Work, 1925–1938*, Göttingen 2015.

Rasch/Laube 2014
Manfred Rasch und Robert Laube (Hrsg.): *Licht über Hamborn. Der Magnum-Fotograf Herbert List und die August Thyssen-Hütte im Wiederaufbau*, Essen 2014.

Reitz 1948
Adolf Reitz: *Mensch und Metall*, Ulm 1948.

Renger-Patzsch 1931
Albert Renger-Patzsch: *Eisen und Stahl*, Berlin 1931.

Retzlaff 1931
Erich Retzlaff: *Menschen am Werk. Sechsundfünfzig photographische Bildnisse aus deutschen Industriestädten*, Göttingen 1931.

Rieß 1925
Margot Rieß: *Der Arbeiter in der bildenden Kunst*, Berlin-Hessenwinkel 1925.

Rogge 1983
Henning Rogge: *Fabrikwelt um die Jahrhundertwende am Beispiel der AEG Maschinenfabrik in Berlin-Wedding*, Köln 1983.

Rosenhagen 1922
Hans Rosenhagen: *Arthur Kampf*, Bielefeld/Leipzig 1922.

Runge 2012
Evelyn Runge: *Glamour des Elends. Ethik, Ästhetik und Sozialkritik bei Sebastião Salgado und Jeff Wall*, Köln/Weimar/Wien 2012.

Ruppert 1983
Wolfgang Ruppert: *Die Fabrik. Geschichte von Arbeit und Industrialisierung in Deutschland*, München 1983.

Sachsse 1999
Rolf Sachsse: *Hilla und Bernhard Becher. Silo für Kokskohle. Zeche Hannibal, Bochum-Hofstede, 1967. Das Anonyme und das Plastische der Industriephotographie*, Frankfurt am Main 1999.

Salgado 1993
Sebastião Salgado: *Arbeiter. Zur Archäologie des Industriezeitalters*, Frankfurt am Main 1993.

Salgado 2016
Sebastião Salgado: *Kuwait. A desert on fire. Eine Wüste in Flammen. Un désert en feu*, Köln 2016.

Salgado 2019
Sebastião Salgado: *Gold. Serra Pelada Gold Mine. Mine d'or Serra Pelada*, Köln 2019.

Schirmbeck 1984
Peter Schirmbeck: *Adel der Arbeit. Der Arbeiter in der Kunst der NS-Zeit*, Marburg 1984.

Schivelbusch 1977
Wolfgang Schivelbusch: *Geschichte der Eisenbahnreise. Zur Industrialisierung von Raum und Zeit im 19. Jahrhundert*, München 1977.

Schmücker 1930
Hedwig Schmücker: *Das Industriemotiv in der deutschen Malerei des 19. und 20. Jahrhunderts*, Emsdetten 1930.

Scholl 1992
Lars U. Scholl: *Der Industriemaler Otto Bollhagen 1861–1924*, Herford 1992.

Schwan 1955
Helmut Schwan: *Die tausend Hände des Bergmanns*, Darmstadt 1955.

Schwarz 1929
Rudolf Schwarz: *Wegweisung der Technik. Mit Bildern nach Aufnahmen von Albert Renger-Patzsch*, Potsdam 1929.

Seiwert 1978
Franz Wilhelm Seiwert: *Der Schritt, der einmal getan wurde, wird nicht zurückgenommen. Schriften*, hrsg. von Uli Bohnen und Dirck Backes, Berlin 1978.

Sembach/Hütsch 1990
Klaus-Jürgen Sembach und Volker Hütsch: *Industriedenkmäler des 19. Jahrhunderts im Königreich Bayern*, München 1990.

Smith/Smith 1975
W. Eugene und Aileen M. Smith: *Minamata*, New York 1975.

Spohler 2004
Hendrik Spohler: *0/1 Dataflow*, Heidelberg 2004.

Spohler [2016]
Hendrik Spohler: *In Between*, Stuttgart [2016].

Stadlmann 1985
Franz Stadlmann (Hrsg.): *Vom Tagwerk der Jahrhundertwende. Bilder der Arbeit 1870–1930*, Wien 1985.

Steinert 1952/1955
Otto Steinert: *Subjektive Fotografie. Ein Bildband moderner europäischer Fotografie*, 2 Bde., Bonn 1952/1955.

Steinwarz 1941
Herbert Steinwarz (Hrsg.): *Schönheit der Arbeit*, Berlin 1941.

Stenbock-Fermor 1928
Alexander Graf Stenbock-Fermor: *Meine Erlebnisse als Bergarbeiter*, Stuttgart 1928.

Stenbock-Fermor 1931
Alexander Graf Stenbock-Fermor: *Deutschland von unten. Reise durch die proletarische Provinz*, Stuttgart 1931.

Stremmel 2009
Ralf Stremmel: *Historisches Archiv Krupp. Entwicklungen, Aufgaben, Bestände*, 2. Aufl., Berlin/München 2009 (1: 2005).

Stremmel 2017
Ralf Stremmel: *Industrie und Fotografie. Der „Bochumer Verein für Bergbau- und Gussstahlfabrikation". 1854–1926*, Münster 2017.

Tenfelde 1994
Klaus Tenfelde (Hrsg.): *Bilder von Krupp. Fotografie und Geschichte im Industriezeitalter*, München 1994.

Todtmann/Tritschler 1952
Heinz Todtmann und Alfred Tritschler: *Die Industrie der Zauberer*, München/Düsseldorf 1952.

Trautz 1991
Martin Trautz: *Eiserne Brücken in Deutschland im 19. Jahrhundert. Eine Analyse der ersten eisernen Balkenbrücken in Deutschland unter Berücksichtigung des gesellschaftlichen und politischen Hintergrundes der Zeit am Beispiel der König-Wilhelms-Rhein-Eisenbahnbrücke, der „Hammer-Brücke" über den Rhein zwischen Düsseldorf und Neuss*, Düsseldorf 1991.

Tuggener 1943
Jakob Tuggener: *Fabrik. Ein Bildepos der Technik*, Erlenbach 1943.

Tupitsyn 1996
Margarita Tupitsyn: *The Soviet Photograph 1924–1937*, New Haven 1996.

Türk 1997
Klaus Türk (Hrsg.): *Arbeit und Industrie in der bildenden Kunst. Beiträge eines interdisziplinären Symposiums*, Stuttgart 1997.

Türk 2000
Klaus Türk: *Bilder der Arbeit. Eine ikonografische Anthologie*, Wiesbaden 2000.

Unverferth/Kroker 1979
Gabriele Unverferth und Evelyn Kroker: *Der Arbeitsplatz des Bergmanns in historischen Bildern und Dokumenten*, Bochum 1979.

Voit 2014
Robert Voit: *New Trees*, Göttingen 2014.

Waldstein 1929
Agnes Waldstein: *Das Industriebild. Vom Werden einer neuen Kunst*, Berlin 1929.

Warnke 1992
Martin Warnke: *Politische Landschaft. Zur Kunstgeschichte der Natur*, München/Wien 1992.

Weski 1993
Thomas Weski (Hrsg.): *Siemens Fotoprojekt 1987–1992*, Berlin 1993.

Wilde/Wilde 1982
Ann und Jürgen Wilde: *Albert Renger-Patzsch. Ruhrgebiet-Landschaften 1927–1935*, Köln 1982.

Winkelmann u. a. 1958
Heinrich Winkelmann u. a.: *Der Bergbau in der Kunst*, Essen 1958.

Wolff 1937
Paul Wolff: *Arbeit! 200 Tiefdruckbildseiten*, Berlin 1937.

Woronoff 2003
Denis Woronoff: *La France industrielle. Gens des ateliers et des usines, 1890–1950*, Paris 2003.

Zischka 1941
Anton Zischka: *Sieg der Arbeit. Geschichte des fünftausendjährigen Kampfes gegen Unwissenheit und Sklaverei*, Leipzig 1941.

AUTORINNEN UND AUTOREN

FLORIAN EBNER ist seit 2017 Leiter der Fotografie-Abteilung am Pariser Centre Pompidou. Zuvor leitete er die fotografische Sammlung des Museums Folkwang in Essen. Dort kuratierte er u. a. die Ausstellungen *Kairo. Offene Stadt* (2013) und *(Mis)Understanding Photography* (2014) sowie *So weit kein Auge reicht. Berliner Panoramafotografien 1949–1952* an der Berlinischen Galerie (2008) und *Rhetorik der Bilder* am Museum für Photographie Braunschweig (2010). 2015 gestaltete er den deutschen Pavillon der *Biennale di Venezia*. Er ist Autor zahlreicher Texte zur Fotografie der Moderne und der Gegenwart.

SABINE FRIESE-OERTMANN ist freiberuflich als Kunsthistorikerin tätig. Sie gründete 2018 die Agentur Sehhorizonte in München und ist seit diesem Jahr Vorsitzende des Freundeskreises Sölring Museen auf Sylt. Sie machte zunächst ihr Diplom in Wirtschafts-wissenschaften und arbeitete mehrere Jahre in diesem Bereich. Ab 2006 studierte sie Kunstgeschichte, Religionswissenschaft und Bayerische Kirchengeschichte an der Ludwig-Maximilians-Universität München. 2017 veröffentlichte sie ihre Dissertation zum Thema *Arbeiter in Malerei und Fotografie des 19. Jahrhunderts. Deutschland, Großbritannien, USA*.

THILO KOENIG ist Kulturwissenschaftler und freiberuflich als Autor und Kurator tätig. Er studierte Kunstgeschichte, Geschichte und Archäologie an der Ruprecht-Karls-Universität Heidelberg und der Universität Hamburg. 1988 veröffentlichte er seine Dissertation zu *Otto Steinerts Konzept „Subjektive Fotografie" (1951–1958)*. Er war u. a. Dozent an der Zürcher Hochschule der Künste und Lehrbeauftragter an der Universität Zürich. Er kuratierte Ausstellungen wie *Otto Steinert und Schüler. Fotografie und Ausbildung 1948–1978* am Museum Folkwang, Essen (1990), und *Hans Finsler und die Schweizer Fotokultur* am Museum für Gestaltung Zürich (2006).

KRISTINA LOWIS ist freiberuflich als Autorin und Kuratorin mit dem Schwerpunkt Fotografie tätig. Sie studierte Kunstgeschichte, Französische Literatur und Medienwissen-schaften an der Heinrich-Heine-Universität Düsseldorf, der Universität Wien und der Sorbonne (Paris IV). 2003 wurde sie mit der Arbeit *Eine Ästhetik der Kunst-photographie im internationalen Kontext (1891–1914)* promoviert. Als Gastkuratorin realisierte sie u. a. die Ausstellungen *Die nackte Wahrheit und anderes. Aktfotografie um 1900* für das Museum für Fotografie, Berlin (2013), und *new bauhaus chicago: experiment fotografie und film* für das Bauhaus-Archiv / Museum für Gestaltung Berlin (2017).

ULRICH POHLMANN ist seit 1991 Leiter der Sammlung Fotografie (ehemals Fotomuseum) im Münchner Stadtmuseum. Er kuratierte zahlreiche Ausstellungen, darunter *Über Wasser. Malerei und Photographie von William Turner bis Olafur Eliasson* (2015) und *Welt im Umbruch. Kunst der 20er Jahre* (2019) am Bucerius Kunst Forum sowie *Adolphe Braun. Ein europäisches Photographie-Unternehmen und die Bildkünste im 19. Jahrhundert* am Münchner Stadtmuseum (2017) und *Vorbilder – Nachbilder. Die fotografische Lehrsammlung der Universität der Künste Berlin 1850–1930* am Museum für Fotografie, Berlin (2020). Er war Gastprofessor an der Hochschule für bildende Künste Hamburg und lehrte an der Hochschule für Gestaltung und Kunst Zürich sowie an der Ludwig-Maximilians-Universität München.

LUKAS SCHEPERS studiert Kunstgeschichte (MA) an der Universität Hamburg und ist im Rahmen eines DFG-Projekts an der Forschungsstelle für Politische Ikonographie am Warburg-Haus tätig. Von 2019 bis 2021 war er wissenschaftlicher Mitarbeiter am Bucerius Kunst Forum. Zuvor studierte er Journalismus an der Westfälischen Hochschule, Gelsenkirchen (BA), und Digitale Kommunikation an der Hochschule für Angewandte Wissenschaften Hamburg (MA). 2019 schloss er mit einer Arbeit über die griechische Finanzkrise ab, die für den Grimme Online Award nominiert wurde. Er veröffentlichte zahlreiche Texte sowie Fotografien und Filme.

RALF STREMMEL ist seit 2003 Leiter des Historischen Archivs Krupp bei der Alfried Krupp von Bohlen und Halbach-Stiftung in Essen. Er studierte Geschichte, Allgemeine Literaturwissenschaft und Wirtschaftswissenschaft an der Universität Siegen, wo er 1990 promoviert wurde. 2003 hat er an der Universität Siegen habilitiert und veröffentlichte 2005 seine Habilitationsschrift *Kammern der gewerblichen Wirtschaft im „Dritten Reich". Allgemeine Entwicklungen und das Fallbeispiel Westfalen-Lippe*. Seit 2008 ist er apl. Professor für Neuere und Neueste Geschichte an der Ruhr-Universität Bochum. Er veröffent- lichte zahlreiche Beiträge zur Wirtschafts- und Sozial- geschichte, einige auch zur Industriefotografie.

COPYRIGHT UND FOTONACHWEIS

IMPRESSUM

Diese Publikation erscheint anlässlich der Ausstellung
Moderne Zeiten. Industrie im Blick von Malerei und Fotografie

Bucerius Kunst Forum, Hamburg
26. Juni bis 26. September 2021

In Zusammenarbeit mit dem Münchner Stadtmuseum

Herausgegeben von
Kathrin Baumstark, Andreas Hoffmann und Ulrich Pohlmann

Ausstellung und Katalog:
Kathrin Baumstark und Ulrich Pohlmann

Katalogredaktion:
Kathrin Baumstark, Daria Dittmeyer-Hössl, Katrin Dyballa
   und Ulrich Pohlmann

BUCERIUS KUNST FORUM, HAMBURG

Geschäftsführer: Andreas Hoffmann
Künstlerische Leiterin: Kathrin Baumstark
Kuratorin: Katrin Dyballa
Wissenschaftliche Mitarbeiterin: Daria Dittmeyer-Hössl
Leitung Presse- und Öffentlichkeitsarbeit: Julia Meyners
Leitung Online-Kommunikation: Miriam Abada
Leitung Marketing: Evelyn Kritzokat
Projektleitung Multimediaguide: Alwin Brehde
Registrarin und Referentin der Direktion: Dagmar Steffens
Referentinnen der Geschäftsführung: Laura Rohloff,
   Anna-Maria Zapatka, Maria Zinser
Geschäftsführung Bucerius Kunst Club: Stefanie Lüdeking
Geschäftsstelle Bucerius Kunst Club: Katharina Kuhn,
   Viola Kundrun
Leitung Veranstaltungen und Vermittlung: Lena Schütte
Haustechnik: Peter Köhn
Werkstudentin: Luise von Reichenbach
Studentische Mitarbeit: Roman Stocklöv

Konservatorische Betreuung: Annette Stams-Schmitt und
   Nicoline Zornikau, Hamburg

Ausstellungsgestaltung: Gunther Maria Kolck, Hamburg
BrücknerAping, Büro für Gestaltung, Bremen

Bucerius Book Shop: Ute Theissen

KATALOG

Herausgegeben von Kathrin Baumstark, Andreas Hoffmann
   und Ulrich Pohlmann
Grafische Gestaltung und Satz: BrücknerAping, Büro für Gestaltung,
   Bremen
Lektorat: Anke Beck, München
Reproduktion: Reproline Genceller, München
Gesamtherstellung: Hirmer Verlag, München
Druck und Bindung: Printer Trento S. r. l., Trento, Italien

© 2021 Bucerius Kunst Forum, Hamburg, Hirmer Verlag GmbH,
München, und die Autoren

Erschienen im Hirmer Verlag, München

Bibliografische Information der Deutschen Nationalbibliothek:
Die Deutsche Nationalbibliothek verzeichnet diese Publikation
in der Deutschen Nationalbibliografie; detaillierte bibliografische
Daten sind im Internet über http://dnb.dnb.de abrufbar.

ISBN 978-3-7774-3799-6

www.hirmerverlag.de

Printed and bound in Italy

Umschlagabbildung: Bernd und Hilla Becher: *Förderturm,
Fosse Nœux no. 13, Frankreich*, 1972 (Kat. 130)

Frontispiz: Anonym: *Feuer an einem Ölfeld im Kaukasus*, 1898,
Münchner Stadtmuseum, Sammlung Fotografie